肇庆两广总督故事【明朝卷】

端州历史文化

谢健江 著

暨南大学出版社
JINAN UNIVERSITY PRESS

中国·广州

图书在版编目（CIP）数据

肇庆两广总督故事. 明朝卷/ 谢健江著. —广州：暨南大学出版社，2018.8
ISBN 978 - 7 - 5668 - 2402 - 8

Ⅰ.①肇…　Ⅱ.①谢…　Ⅲ.①肇庆—地方史—明代　Ⅳ.①K296.53

中国版本图书馆 CIP 数据核字（2018）第 121533 号

肇庆两广总督故事（明朝卷）
ZHAOQING LIANGGUANG ZONGDU GUSHI（MINGCHAO JUAN）
著　者：谢健江
··

出 版 人：徐义雄
策划编辑：黄文科
责任编辑：李倬吟
责任校对：高　率　陈俞潼
责任印制：汤慧君　周一丹

出版发行：暨南大学出版社（510630）
电　　话：总编室（8620）85221601
　　　　　营销部（8620）85225284　85228291　85228292（邮购）
传　　真：（8620）85221583（办公室）　85223774（营销部）
网　　址：http://www.jnupress.com
排　　版：广州尚文数码科技有限公司
印　　刷：佛山市浩文彩色印刷有限公司
开　　本：787mm×960mm　1/16
印　　张：24.25
字　　数：465 千
版　　次：2018 年 8 月第 1 版
印　　次：2018 年 8 月第 1 次
定　　价：78.00 元

自 序

　　肇庆，很有故事，也很有历史。肇庆两广总督的故事尽管被流光掩盖了遗踪，只剩下过往陈迹的余音，但也能循迹辨音，使人去追索，寻找它的历史意义。

　　历史是不能被偏废的，一切历史都是当代史。宋神宗说："鉴于往事，有资于治道。"肇庆这个地方曾经建立两广总督府，每一个总督的文成武德都记载着这个地区的发生史，并为后人留存一条思索、探求、参照的完整线索。

　　两广总督驻肇庆，开创了肇庆雄镇岭南一百八十余年的历史，昭示了肇庆时代的都会望邑，标志着明清两朝的两广军政首府地位。

　　肇庆时代，总督舞台，思想活跃，文化多元，皆因天时地利人和。顺应社会发展，符合时代要求，又得时势造就，此谓"天时"。吾邦山水秀，雄丽冠西江，况且襟五岭、带三江、控两粤咽喉，为东南扼要之地，这是"地利"。鸿钧气转，福地阳回，政治修明，百业中兴，崇礼尚文，社会安宁，世称"岭峤南来第一州"，可称为"人和"。

　　肇庆时代，钟灵毓秀，王者霸气，蒙恩泽于上苍，得厚赐于国运，养容颜于黎民，弘盛世于军门。且看，藩臬大僚，共商大计，文人墨客，千里相会，官方庆典，名人纷至。城垣以内，房屋堂皇，道路优美，宽阔长直，牌楼十色，演绎风俗。一城雄健，灿灿乎焕然，巍巍乎庄严！

　　肇庆时代，人气大增，风气大开。修学宫尚学重教，芸芸众生，莘莘学子，智者辈出，人才脱颖；移风俗造福百姓，中西文化，合璧于斯，信仰各备，五教齐全；兴商贸安居乐业，卖货为商，售货为贾，舟楫辐辏，财源云集。广府文化基因，顺流而抵珠三角，逆流而上邕柳桂。

　　肇庆时代，光耀五岭，翻腾四海。军门身影，波澜起伏而一闪而过；军门年轮，跌宕跳跃而戛然而止；军门形象，刀光剑影而惨淡消逝；军门宏图，惊心动魄而斗转星移。存亡兴替成前史，百代难销国士愁。诚然，他们留名篇佳句充栋，传趣闻雅典悠然。尘封史册，文字为志。

　　肇庆历史上几乎没有任何一个时期可以与这一时期相比较，困惑与希望的交织、污秽与崇高的辉映、黑暗与光明的搏击，构成了肇庆历史上波澜壮阔、惊心动魄的画卷。

铸造辉煌，更在当代。历史，都是由人而为，只有拥有博大胸怀和聪明才智，并治理有方，社会才能进步，英雄才能辈出，肇庆才能更加辉煌。

肇庆两广总督故事，是一面历史的镜子，映现地域文化，在乎认知。认知是读书的常态，甚至是读书的方法。由此借鉴，启迪后人，贯通智慧。

是为记。

谢健江

2017 年 10 月

简要说明

一、两广地域概念

两广一名，又称两粤，起源于明代宗景泰三年（1452），是中国广东、广西的合称，当时两广总督管辖的范围较广，相当于如今的广东、广西、海南和越南、湖南、贵州、福建的部分地区。

二、两广总督设置

总督，中国明清地方军政大员，又称总制。"督"，是中央派出的钦差大臣，入则为朝廷显官，出则为一方军政之首。指挥和管辖巡抚、总兵官，故称"文帅第一重任"。两广总督1452年开府梧州，1564年驻肇庆，1746年迁广州，总制南粤，历明清两朝计440余年，其中在肇庆182年。

明朝两广总督正式官衔为"总督两广等处地方提督军务、粮饷兼巡抚事"。清朝"综制文武，察举官吏，修饬封疆（全权整治管理某一地区）"。总督层级主管军中对照编制，总兵（提督）：出征临时挂"将军"印；副将：副军级；参将：师级；游击：副师级或是旅级；都司、守备：团级；千总：营级；把总：正连级；外委千总：副连级；外委把总：正排级；额外外委：副排级。

三、军门之称

明朝把总督、巡抚称为军门；清朝则是提督或总兵加提督衔的尊称，相当于现在的大军区司令员。由于两广总督中有"提督"之衔存在，故总称"军门"。

四、总督、巡抚与三司关系

总督与巡抚同级，合称督抚。但总督权力比巡抚大，巡抚位于总督之下。巡抚，是中央派出的巡视各地的军政大臣。主民政兼理军务，居三司之上。洪武二十四年（1391）始设巡抚。嘉靖后专设有布政使司（管民政）、都指挥使司（管军政）、提刑按察使司（管刑狱）。"三司"管理地方日常事务。

五、北京与南京政权

1368 年，朱元璋称帝，以应天府（南京）为京师，国号大明，为洪武、建文、永乐三朝的首都。1421 年明朝迁都北京，并改北京为京师，同时复原南京的名号。明朝迁都北京后，在南京仍然留存六部等官僚机构。原因有：①保留了南京为"留都"。②政治上，便于加强南北方的管理。③军事上，北方战势紧张时，便于退守。其实南京六部基本上属于"养老院"和"发配降官"的地方，属于闲职。

六、"倭寇"之谓

倭寇，古代日本海寇。日本古称倭奴国，故中国古代史籍将这些日本海寇以及后来与之勾结的内陆奸民，通称为倭寇。自元末至明万历年间，一部分日本武士、浪人（失去人身依附的武士）、海盗商人和破产农民，不断侵扰中国、朝鲜沿海地区，前后历时达 300 年之久。

引　言

　　1561年，广东饶平张琏、林朝曦等地方势力十分嚣张，结倭反明，占据福建汀州和漳州，建立"造历政权"。张琏自称"飞龙人主"，狂言攻福建，打广东，进南京，到处散布着"改朝换代出天子"的言论。

　　林朝曦负责向江西扩大福建势力，张琏传令部下王伯宣、徐仁器向南，分兵攻取了潮州、汕头，开拓粤东根据地。一时间，飞龙军攻陷老隆、四都，复占东坝，擒拿官僚、豪绅、大贾千百人，臣民大为恐慌。

　　嘉靖皇帝早有所闻，没想到这事没完没了，他希望有将领出战，拿下张琏。"太平待诏归来日，朕与先生解战袍。"皇帝发话了，于是大臣严嵩下令闽广军务总督张臬统兵镇压飞龙军。

　　总督府时驻广西梧州，张臬把指挥部东移，驻扎在肇庆，指挥着广东总兵官刘显、福建总兵官俞大猷，传令他们各带3万人马，分布闽粤要地，夹攻飞龙军，拿下"飞龙人主"。

　　刘显带领部队开赴潮州，挑战飞龙军部将王伯宣。双方打了一天，王伯宣兵退潮州城，守城不出。刘显久攻不破，便使出一计，诱敌出巢。王伯宣中计，大战后大败。飞龙军散兵突围后，劫掠郊野，民居被拆无数，乡落七八十里皆受其害。最后，王伯宣退回到饶平和漳州交界处的柏嵩关。

　　在福建的俞大猷把握战机，见张琏举兵远出拯救王伯宣，便分兵合围张琏在漳州的巢穴。当张琏回兵救援时，又设下重重埋伏，在途中将张琏击败，斩敌首1 200余级，生擒了张琏、萧雪峰等人。

　　林朝曦一听到张琏被捕，叹气说："福建出天子没指望，潮州做战场忙一场。"于是改道出海，占据饶平巢穴不投降。俞大猷又统率部队，讨伐饶平的飞龙军残部。林朝曦众叛亲离，见大势已去，弃巢逃走，被广东官兵追击擒获。

　　明军一路凯旋，捷报传京，嘉靖皇帝高兴，张臬总督醉倒肇庆，还得意地唱吟七星岩：

　　　七星岩高如巨叟，岩里有天光皎皎。
　　　探奇时复来高人，喜见泰山乃北斗。

然而，部队刚刚凯旋、张臬这个"高人"尽兴之时，军情告急：东南沿海一带，被戚继光击败的倭寇从江浙侵犯福建，逼近广东，烽烟四起。

人们不免疑惑：倭奴国是个岛国，单凭海寇勾结内陆奸民而组成的倭寇，也敢侵犯大明王朝？是大明缺少名将，还是不出忠臣？都不是。明朝武功赫赫，威震八方，四夷来服。在国号前加上一个"大"字，是用不着忸怩的。问题是嘉靖年间，国势疲弱，武力不振，缺乏浩然正气的精神。

朝廷高官徐阶说起了历史，第一次与倭战争，发生在唐朝的 663 年，称为白村江之战。那时候的倭奴国"日军"与百济军联合入侵大唐，被唐军与新罗军打败，"烟焰灼天，海水皆赤"，"日军"400 多艘船被大火吞噬。之后，倭奴国天智天皇不但不敢侵略，反而诚惶诚恐地防止唐军进攻倭奴国。他在生命最后的8 年专注于一件事，修筑九州岛和四国的防御工程"水城"，防止被大唐灭国。

如果说，史书称那时为"唐化日本"，那么，明代的倭奴国出现了"盗化日本"。徐阶说，现在倭奴国忘掉了数百年前大唐的白村江之痛，却膨胀了霸主野心，侵略大明。倭奴国武士、浪人、海盗、商人和破产农民组成倭寇，不断侵扰中国沿海地区，并且日益猖獗，沿海悬挂倭旗，四处抢掠财产，掳掠人口，掳来的男人上前线打仗，掳来的妇女白天织布缫丝干农活，晚上则遭受百般蹂躏。

大明，泱泱文明大国，成了他国堂而皇之的果实抢收地。"盗化日本"的倭寇兵临沿海城下，大开杀戒。同时，"联夷肆劫"的假倭首领汪直、徐海、毛烈、陈东、叶明（叶麻）、邓文俊、林碧川、沈南山等，伙同倭寇，袭用倭人服饰旗号，乘坐题有"八幡大菩萨"旗帜的八幡船，侵扰中国东南沿海地区，掠夺大量财物。

此时严嵩专权，贪贿公行，导致吏治腐败，文恬武嬉，沿海士兵大量逃亡，战船锐减，海防设施久遭破坏，为倭寇活动提供了可乘之机。面对倭寇嚣张的气焰，明军采取抵抗措施，但于事无补，海防形同虚设；倭寇又勾结归善县温七、伍端作乱，益加骄横，战火从江浙绵延到福建、广东沿海，燃烧至华南。

倭寇掳夺闽粤，形势十分严峻。内阁首辅严嵩把罪名推在广东总兵官刘显、福建总兵官俞大猷身上，双双革职。后来，有人上奏说严嵩的儿子与倭寇勾结，皇帝令林润将他们抓了起来，交给司法部门判了斩刑，严嵩和他的孙子也被黜为民。

倭寇节节推进，华南岌岌可危。新内阁首辅徐阶对张臬寄予厚望，迅速平定闽广倭乱。缺失了闽粤总兵官，张臬只好令广东惠州参将谢敕率官军讨伐。谢敕的部队势单力薄，刚在敌前扎寨、部署计划，倭寇就乘其不备，先行偷袭，然后重兵出击，结果谢敕损兵折将，大败而归。此后，倭寇打一仗、掠一个地方就退，无论张臬如何调兵遣将，都打不死这帮倭寇。

　　将帅无能，累死三军。朝廷对张臬的厚望变成了失望："为国家而死的观念基本没有。"特别是当广东和平县李文彪作乱时，张臬以其地险难用兵为由，倡议安抚。朝廷给事中陈懋说他是"纵寇殃民"。张臬大诉苦水："闽广道里远隔，我在广西梧州，不便兼辖广东、福建呀！"

　　徐阶考虑，张臬职可免，两广军务提督辖三省亦可调整，问题是任命谁担任两广军务主帅。由此，肇庆两广总督故事的序幕拉开了。

目　录

吴桂芳震山赶海　　军门府坐镇肇庆

　　吴桂芳43岁任总督兼巡抚，坐镇肇庆4年。御倭有功，肇庆人为他建生祠。古人称赞他"才猷出众，忠勇独特，功业殊巍，舆情允协，成廊庙栋梁之柱，社稷干城之器也"。

谭纶潇洒谈虎将　　端城百姓唱戏曲

　　谭纶46岁任总督，坐镇肇庆1年。人称"谭疯子"，"管兵三十年，积首功二万一千五百。尝战酣，刃血渍腕，累沃乃脱"。与戚继光齐名，称"谭戚"。

张瀚惨败在南海　　熊桴命薄于端州

　　张瀚57岁任总督，坐镇肇庆1年余。两广总督的正式名称从他开始，官衔是"总督地方，提督军务粮饷"，另带一些朝廷兵权虚衔，于是集区内军、政、财、粮、司法等权于一身。

刘焘荡平山海寇　　功成身退默然行

　　刘焘57岁任总督，坐镇肇庆2年余。为皇帝"补天"，为百姓解困，功业赫赫。然而《明史》没有他的传记。一生为"了却君王天下事"而奋斗，却未能"赢得生前身后名"。姚驾龙评价他"负才慢人，众怒群猜"。

吴桂芳震山赶海　军门府坐镇肇庆

明朝中后期，广东有句民谣："嘉靖、嘉靖，弄得家家一干二净。"此话怎讲？皆因明朝第十一位皇帝朱厚熜，年号嘉靖，深居内宫，修仙炼道，不理朝政，弄得百姓不"嘉"、边疆不"靖"，特别是广东、福建沿海虚防，倭患频繁，流寇遍野。

1562年，倭寇又一次大举入侵大明闽粤沿海城乡，连舰数百，蔽海而至，滨海数千里同时告警。倭寇扬言："天下是个开放的世界，谁的武力强，谁就可以去打天下；谁的手段高，谁就可以坐天下。"他们在福建打了几场胜仗，更加狂妄，致使朝中大臣发出"岭表非我版图矣"的忧叹。

此时的两广总督府驻梧州，总督大人是张臬，一年多来抗倭无功，连吃败仗，朝廷对张臬非常失望。张臬被罢免后，两广形势更加危急。

朝廷重臣徐阶向兵部推荐吴桂芳提督两广军务兼理巡抚。

一、临危受命

吴桂芳，江西新建县人，1521年生，进士出身。他年轻英俊、风流倜傥、天庭饱满、玉树临风、仪表堂堂、柔情儒雅，堪称古代社会标准的"高富帅"，人到中年依然是美男子。

徐阶推选42岁的吴桂芳提督两广军务，不是因为他年轻英俊，最主要的是他目光远大，敢想敢干，敢为人先，具有人格魅力。

1563年七月，在家中为父守孝期满的吴桂芳正要赴任总理河道，接到了新调令，立即从江西老家直奔广东西水道。他向朝廷表明决心："把倭寇赶出大明去。"

吴桂芳在路上分析了广东形势。内连五岭，外滨大海；潮惠通瓯闽，高廉向交桂，雷琼逼黎蛮；广州之龙门增城诸邑皆为盗薮；自海岛入犯者为"倭贼"，出没海洋者为"海贼"，据村峒者为"瑶贼"，啸聚山谷者为"山贼"，流劫无定者为"浪贼"，渔户窃珠池者为"疍贼"。他们纵横杀掠，地方骚然……

他沿西江日夜兼程赶往梧州督府，途经肇庆时，脑海中突然泛起了汹涌的浪花：此地扼西江之险要，控两广之咽喉，是训练水兵的好地方。

吴桂芳停留肇庆，邀府尹邹光祚、同知郭文通等到行台议事，了解肇庆西江流域形势。

吴桂芳听完汇报，指出：肇庆在水路应多加设防。在德庆处重兵布防，以控南江；封川江口处设立兵营，以扼贺江。他在地形图上画了一个圈说："延袤千里，万山联络，皆瑶人盘踞，不得不防。"

邹光祚连连低声道："是是是，西江罗旁瑶，沿江劫掠，过往船只时遭不测。行台曾多次围剿，但旋剿旋起。"吴桂芳一听，叹道："此地祸患迟早得解决。"

郭文通提请出兵大征，吴桂芳摆了一下手，说："不！目前还不是时候。"发兵打击，费用大而兵力疲，没有实效，征之徒劳无益。他提出三条计策：

当下瑶乱，所恃者独沿江茂林深箐。为一劳永逸之计，莫如聚兵召商，随山刊木，设立营堡，将就近田地给予戍兵耕种，足食足兵，省饷省费。耕守既定，控制斯严，治以不治之为长策。

在西江120里间设立营堡，沿江开山伐木，各辟土深入10里，立营10所，每营以兵100名或200名戍守。西江沿岸旌旗相望，炮鼓相传，木拔道通，狐潜兔伏，使瑶民不敢出掠为乱，为日后平瑶做准备，此为中期目标。

眼前可选一个目标，打一场小仗，以振军威。邹光祚等人领令。后来，兵备佥事李材调兵三路，夜袭新乐（今罗定）瑶民，毁瑶舍千间，斩杀500多人，夺其田募人耕种。瑶民大惊，归宿山川。西江、南江一带暂时"江道肃清，孤帆夜渡"。

吴桂芳九月初到达梧州督府已是灯火暗淡的夜晚。次日，他立即召集军政要员开会。他说，粤西稍稳，粤东不宁，必须进行战略重心转移，并要求留守官员各司其职，各负其责，保土安民。东征的队伍两天准备，三天出发。

接着，他做出一个惊人的决定，将两广总督府迁置肇庆，建立新的军事指挥中心。

官员们听后多有不解。吴桂芳指出，肇庆有三大优势：一是交通便捷，利于军政指挥。二是居户众多，经济繁盛，有牢固的政治基础和社会基础。三是主战场在粤东，便于监察军令、战报和征调军队。

广西官员失落了，一劝二推三担忧地说："朝廷未复，大人挥师迁府，恐有不妥，不怕削官呀？"

吴桂芳笑着说："削官不怕，只有永远的民，没有永远的官。"

处理了梧州事务后，吴桂芳挥师向东。

1563年十二月初三，朝廷批复：拨两广预备银每年以十万两济边；同意两广总督府迁置肇庆。

而此时，吴桂芳已兵布惠州、潮州，为讨倭平贼做好准备。

倭寇入侵广东，在澄海沙汕街头，一位母亲怀抱着婴儿喊道："他还是个孩子。"这位母亲原以为还有一个在人性边界上的最后前提，但在日本刀下根本就没有这个前提。喊声、哭声换来的是倭寇的骂声和刀声。恼羞成怒的倭寇扬起长鞭狠狠地抽打在瘦骨嶙峋的母亲背上，母亲被打得皮开肉绽，哀哀叫唤。她的凄厉呼叫，和着阴冷的海风，显得分外悲壮。

街尾一位老人，死死护住几卷古书，苦苦哀求："这是苏东坡的真迹。"这位老人原以为还有一个文化价值上的前提，但在这里已根本不复存在了。还没等他说完第二句话，一蓬新的火焰早已腾起。这种毁灭感传染着、腐蚀着广东沿海，最后像地震一样，将这里震塌成一片荒垣残堞、碎石断瓦。

百姓的鲜血沁了出来，染红了日本刀，染红了大地，染红了太阳。整个中国东南沿海被腥风血雨笼罩着……

二、杀倭纾民

东进杀倭寇，举世惊风雷。

粤闽三军总指挥吴桂芳，坐镇粤东惠州；副总指挥谭纶，为福建巡抚兼提督军务，急赴平海卫（今福建省莆田市）。

1564 年，吴桂芳颁布《杀倭令》："二十年来，倭寇犯边，海怒山愤；越闽受苦，国土受屈，朝廷受辱；今日此举，民族决战，国运相赌；我辈将士，报仇雪耻，为国牺牲，从我做起……"

顷刻间，山海响彻："伟哉此举，吾愿从之！"

吴桂芳点燃了南方大地积郁已久的民族矛盾，民族仇恨的烈焰似火山一般汹涌喷发。福建百姓更是争相拥护，誓杀倭寇："莆田不能沦落，抗击倭贼犯边，愿我妈祖显灵。"

下达军令，三军受命：浙江副总兵官戚继光，火速进入闽地，做好断敌退路的准备；福建总兵官俞大猷，整饬营内，疏通河道，扼守海口，直插倭巢；广东总兵官刘显，从广东急速率军，驰赴福建兴化（今莆田市），对倭寇实行重围。

平海卫此役，大战未开，胜负已见！

兴化之战，俞大猷五鼓发兵，奋勇先登，参将王诏、门崇父在呐喊声中各带兵马直奔贼营，大战从早上到午时，才将贼营攻破。接着，俞大猷一鼓作气攻下许家村。倭寇或奔入寨，或奔入山，被刘显率领的广东兵追杀，倭寇狼狈地窜回老巢。

这时，谭纶为防止敌退，主动进攻。以戚继光为先锋，在兴化外围用火器打乱倭寇前锋骑兵，钩镰枪短兵相接，乘势发动猛攻，将敌人围困于巢中。

三军合力，乘勇夹击，用火箭铳炮四面围焚，荡平了兴化倭巢。整个兴化战役，歼灭倭寇2 000多人，解救被掳的民众3 000多人，明军仅阵亡16人。这是吴桂芳指挥下的第一次大胜。

嘉靖皇帝也鼓励："乘胜荡平，以纾民患！"

大明军威大振。战争胜利带来的狂喜，引发民族主义的高扬，使战争迅速往围剿方面发展。

然而，还有一大股倭寇分散各巢，他们行动也迅速，突然聚集于平海卫，倭患又一次严重起来。

吴桂芳再次发力，决定要全力以赴消灭他们。他采取三面进攻、向中心挤压的战略，致使平海卫之敌有来无回，也顾此失彼。

戚继光告捷，俞大猷报喜……刘显兵团干什么去了？

此时，有部分平海卫的倭寇在潜伏，准备内外夹击明军，妄图反扑。吴桂芳早就看破了倭寇的企图，摆下了迷魂阵，令刘显在倭寇进入平海卫时，让出一条通道，然后再杀回马枪。倭寇千算万算没算到这一步，只好硬着头皮过招。

岂料刘显兵团好比天兵神将，从天而降，直接冲击倭寇船队，整个平海卫战场就是一个"乱"字，海战船队乱，陆战刀枪乱，还有炮火也搞乱了风云……

平海卫外滩这一仗，倭寇败得极其窝囊，失去了3个老巢，倭寇只好分散外逃。

倭寇认为明军主力在平海卫，避开就行了。当然，明军势必追剿，故倭寇选择易守难攻之地，逃窜到闽粤交界处，占据有利地形，做好了鱼死网破的准备。

但是很不幸，倭寇在军事战略上遇到了天敌。这个天敌就是"习知军政"的俞大猷，他对军事可不是一般的习知，堪称战略天才，他知道倭寇北上无路可逃，唯有勾结地方"峒匪"才能安身。

俞大猷行伍出身，多年南征北战，可以说是从死人堆里杀出来的，不可谓不勇。倭寇早就有了"恐俞症"，如在1554年，连续4个月，俞大猷与倭寇在嘉善、吴淞等地前后交战21次，无一败绩。生擒倭首方四溪，斩首40级，擒获头目23人，获船10余艘，溺死倭寇3 000余人……

此时的倭寇化整为零，分巢备战。他们万万没想到，俞大猷的俞家军尾随其后。

正所谓攻守之势易转，俞大猷将倭寇一巢一巢地包围起来，然后一巢一巢地歼灭。俞大猷、刘显合力向倭寇发动进攻，都是围敌而胜的，一日一夜连克倭寇3个巢穴，斩杀400多名倭寇。其余倭寇虽是身经百战的武士，心中也惊，遭遇如此勇武的俞家军与刘显土蛮兵，海陆战斗都有兵法，只能逃字为上。

吴桂芳在战报中，看到了俞大猷、刘显节节胜利，也为下一次胜利做更充分的准备。

据侦报，倭寇弃福建，下广东。

吴桂芳总指挥下令：戚继光驻守福建；刘显迂回潮州，包围倭寇；俞大猷立刻从福建入粤，两军乘势截击，以多打少。

吴桂芳将指挥部从惠州府迁到潮州城督战，在邹塘围攻战中，他煞是神勇，亲登战马，在城外摆开阵势决战。一开始，明军打得好，倭寇勉强支撑。可是，倭寇眼尖，一眼看见吴桂芳就在阵中指挥，位置前出，于是命令主力："别的不管，直扑吴桂芳！"倭寇这一招"斩首行动"，一时打得明军乱了套。

眼看就能拿下吴桂芳了，没想到，福建总兵官俞大猷率大军来援。

倭寇见到了克星，又一次逃跑。其中，主力逃进惠州府境内，准备与伍端会合，屯集在广东海丰的金锡都。

首先歼灭邹塘之敌。俞大猷令惠州参将谢敕作为前锋，戴罪立功，对乞求投降的可招安，不投降的都杀掉。

这天，参将谢敕所部诸将一听说打倭寇和伍端，都坐不住了，兴奋至极："当日之耻，今日得报！"他们争相请战，别等俞家大军到来招安，那黄花菜可说是彻底凉了！

俗话说："将在外，君命有所不受。"谢敕决定冒险出征，路程艰苦异常，他亲自上阵与伍端、温七作战，不说"招安"二字。从中午打到下午，双方不分胜负，陷入苦战，拉锯之下，阵地几度易手，伤亡惨重，尸横遍野，鲜血四处流淌。

谢敕听着负伤弟兄们的呻吟声，心如刀绞。他急了："一息尚存，奋斗到底！"

武术对枪炮没用，但近身格斗还是有用的。谢敕会武术，脾气也火爆，走上高地准备再次挥兵冲杀。可能是谢敕脾气太急，不料，一不小心踩空了，从山头滚了下去，一直滚到了敌阵前。

酋首也吓了一跳，刚想让人活捉他，结果谢敕突然跳起来，几步蹿到酋首面前，一把将他的指挥刀抢了过去，顺手一刀，将他砍死。

下面的伍端、温七等人都惊呆了，半天才反应过来。

为壮声势，谢敕大声高喊："俞家军来了！"

一听俞家军到来，倭寇大惧。伍端胆战心惊，磨磨蹭蹭，看到谢敕还有一支援兵接应，他们身着战衣，头盔遮面，手持各式武器，杀气腾腾，这是一支训练有素的精英部队，即刻还巢而逃。自相践踏和掉进河里者过半，岸上遗弃的兵甲堆积如山。

俞大猷果真来了，一片欢呼，士气大振。

俞大猷面对鼻子底下的敌人，自然有办法对付。他特派谢敕轻骑骚扰，然后悄然出击。俞大猷声言："倭寇必杀！"

经此一战，敌酋温七被射中倒地，被谢敕俘获。伍端知道大势已去，全军士气大不如前，且已疲乏不堪，掂量了半天自己的斤两，伍端也只好自缚来见俞大猷，投降并乞求上阵杀倭，自赎罪过。

俞大猷准其降，兵势大大超过倭寇。

俞大猷将伍端收归麾下，用人不疑，以伍端所率少数民族军为先锋，于是，潮州倭寇遁向崎沙、甲子诸澳，夺渔船入海。也该他们倒霉，海上大风，淹死倭寇数千，有大难不死的 2 000 多人还窝在海丰的金锡都。

接着，吴桂芳上前线去激励军心："谢敕所部诸将志气之壮，死士之烈，尤足以惊天地而泣鬼神！"他下达合围走到海丰岸上的倭寇的命令，弹丸之地，必须限期攻下，擒斩殆尽，只可进尺，不可退寸！

由总兵官俞大猷挂帅，副总兵官汤克宽为先锋，沿海集结，强调"计而后动，不贪近功"。

俞大猷率军追至海丰的金锡都附近，抢占四周的有利地形，迅速对屯集的倭寇形成合围之势。倭寇看到官军四面云集，以为大战迫在眉睫，于是逐渐采取守势，他们厉兵秣马，饱食一顿，准备以逸待劳，利用有利地形与明军拼死一搏。

岂料俞家军在合围后只是静守，并不强攻，对于被围的倭寇，来者射杀，回者不追。这样，倭寇此前占据的地利优势化为乌有。

倭寇这才知道中了吴桂芳的围困之计，欲战不能，欲守乏食，进退维谷，已成瓮中之鳖。

倭寇被围困多日，陷入了腹背受敌的态势，全军覆没近在眼前，悲观的情绪在倭寇中蔓延。

吴桂芳探知倭寇粮草已尽，料其必选择突围，于是令总兵官刘显诱逼倭寇进入海丰大德港，一接阵，便佯装败退。同时故意在防线上制造一个薄弱环节，令副总兵官汤克宽于大埔寨设伏以待。这不是眼看要关门打狗了吗？

倭寇不敢久留，也不想与明军周旋，只能急着选择逃窜线路，果然蜂拥而至，欲从海丰大德港突围。

三、海丰大捷

话说上一回，倭寇被明军追杀，自午至暮，苦战了半天，却仍走不出吴桂芳的包围圈。

吴桂芳在海丰大德港设下一个"神仙口袋"，准备将倭寇一举歼灭。他提出破倭良策：十围五剿，使其片甲不返；对已投降的伍端队伍，许其杀倭自效；对蓝松山、余大春的农民起义队伍，"招谕"使之不与明军为敌；然后离间吴平，使之"不与倭合"，若有不降，各个击破。

吴桂芳下达歼灭倭寇命令：刘显率军从粤东奔赴惠州，防止倭寇向北逃脱；俞大猷军从粤东转战海丰，将倭寇歼灭在大德港。

于是，俞大猷派出副总兵官汤克宽指挥一支精锐之兵，在中途伏击倭寇主力，漏网的就由海丰农民武装"花腰蜂"来消灭。

"花腰蜂"名叫黑地蜂，是一种双目炯炯有神、随时可能从盘踞中一跃而起的追人蜂。据说，这支农民武装之所以选择黑地蜂作为自己的图腾，是因为他们的理念就是：要像黑地蜂一样，静静地接近对手，然后发出致命一击。

再说作战结果，伏击嘛，总是自己占便宜，对方吃亏。

倭寇走到半途，明军突然发起伏击，倭寇大惊，汤克宽斩其枭帅三人；参将王诏继续进兵，倭寇已经是惊弓之鸟，当然大溃，被擒斩 1 200 余人，各哨军前后所得倭寇有 1 000 余人。倭寇认栽，因为跳不出吴桂芳的掌心。"于是，余倭无几，不复能军，逃山薮间，渐捕尽"。

这是广东抗击倭寇取得的大胜仗，被称为"海丰大捷"。

在伏击战场上，场面有点惨。汤克宽看见两个伙夫，挑了大半担饭菜从火线上下来，他感到奇怪，怎么饭菜都没吃完？

伙夫说，清晨送去不够吃，晚上送上去，阵地只剩下几十个人，仅吃了一点，其他人都不见了。接着，伙夫的眼泪哗哗地流。

不相信眼泪，只相信捷报。但汤克宽忍不住也哭了，可谓"千古衰人千古恨，一寸山河一寸血"。

海丰，是历史纠缠于人的地方。"海丰大捷"，以地缘命名，用地缘来承受历史之重，写下了明朝广东抗倭史上最辉煌的一页，也是最壮烈的一仗。

从此，这个在历史书上被一笔带过的海丰大捷，像母亲的手臂一样护卫着在战乱中飘零的沿海百姓们，无数的生命在这里得到庇佑，粤东的文明在这里得以延续……

胜利后，领师休整，吴桂芳与俞大猷走到了汕尾碣北乡望海楼村，俞大猷兴奋地对吴桂芳说："我参加抗倭打仗二十多年，觉得这是最痛快的一仗，也是最有价值的一仗，总算把倭寇歼灭了。"

吴桂芳摆了一下手，愉悦之中带着一丝忧虑地说："这一股倭寇歼灭了，还会有下一股倭寇，他们是贼心不死的。"

"为什么？"俞大猷问。

"正如将军你说的价值一样，在这个世界上，人并不是只有一种价值观，当价值观冲突的时候，素不相识的群体就会互相仇恨，互相杀戮。在倭寇看来，我们的财富是最有价值的，所以，他们就总想侵占和掠夺。我认为，世上最难的事或许并非打败敌人，而是擦亮双眼去看清敌人，他们从哪儿来，他们长什么样，他们何以与我们为敌！"

站在卫城北郊一处巨形大石前，吴桂芳触景生情地说："此石可见证倭寇入侵，也见证海丰大捷，不忘国耻不忘痛呀！"

俞大猷觉得有道理，便说："那就请吴大人在石上题刻吧。"

吴桂芳笑了笑说："此役你立头功，题刻应该由你来。"

确实，俞大猷的战功是倭寇"认可"的。俞家军在甲子的待渡山誓师时，曾把数名倭寇祭旗，从此，待渡山麓留下了"番仔坟"。昨夜，又歼倭于大德港，如今，血衣未干人凯旋，他不题刻谁题刻？

俞大猷想了一下，题刻什么内容呢？希望万世太平吧！于是，俞大猷在碣石卫城北郊大石上镌刻"万世太平"四个大字，以纪念此次驱倭战绩，同时也表达了沿海军民期望太平年代、安居乐业的共同美好心愿。后人有诗曰：

倭寇横行掀恶浪，断墙毁橹百黎惶。
王师大德雄威振，夕照满天鱼满仓。

捷报传到朝廷，修炼中的嘉靖皇帝欣喜万分，对吴桂芳、俞大猷、刘显等人大为赞赏，分赐银币，各升一级，另有安排；而戚继光不久升任福建总兵官，镇守福建全省及浙江金华、温州两府。

然而，海倭初定，山贼未平。

山贼，是朝廷对投匪山峒的武装分子的通称。

当时，两广山贼非常活跃，俞大猷收服了伍端、温七之后，又迫降了蓝松三、叶丹楼。但是，粤东的李亚元、粤北的马五、卓文胜，广西的韦银豹威胁着朝廷在两广的统治。

吴桂芳的口号是"扫除起事，兴邦安民"。剿敌总指挥是广东总兵官刘显。

粤桂边界的贺县有个龙南部落，与信都、怀集、连山等地部落首领黄廷光时常作乱。

刘显命令云骑校尉、随邑带兵协镇莫朝玉率兵进剿。

莫朝玉挥军出征大战黄廷光，那一仗围围剿剿、追追杀杀，打得黄廷光四处躲避、四处求救。其他人没有出兵救援，一是看到了官兵浩大的声势，认为黄廷光必败；二是怕惹火烧身，于是以自保为重。

莫朝玉用了半个月便剿杀了黄廷光。吴桂芳闻报，即令记功嘉奖。

莫朝玉又征粤西，抓获流入枫村鲩鱼岭的刘亚六。

总兵官刘显征剿粤湘边界，在英德、梅州二水岭中，也用了半个月擒获冯友荣、冯友贵。

莫朝玉、刘显东征西战，似乎未逢敌手。如果要说碰到硬仗，那就只有粤北南雄、韶关的马五了，马五集众 2 000 余人，时常作乱，流劫乳源、江湾等处。当时明军守备贺铎、纳级指挥蔡允元，曾经分别督兵迎战，最后均不屈而死。

当时消息传到朝廷，嘉靖皇帝"令桂芳等严兵刻限擒剿"，所以才有吴桂芳荡平山贼之举。

彼时，吴桂芳在惠州向兵备金事刘稳、知府吕天恩面授机宜："尔等可协作借刘显、莫朝玉兵多将广良机，将马五一网打尽……"

岂料刘稳、吕天恩求功心切，未等刘显合围，就带领一支地方武装提前进攻，马五闻讯，立刻逃出了包围圈。吴桂芳知此事后大怒，训斥二人道："今尔等打草惊蛇，将众喽啰放跑归去，兹念尔等不晓官府安排，今不究二人贻误战机之罪，各停俸戴罪立功。"

吴桂芳低眉一思量，向刘显授以破敌方略："分三路进攻，中路出其不意，速战速决，打蛇打七寸，擒贼先擒王；左右二路伏击，不得漏网……"

吴桂芳传令，莫朝玉为左，刘稳为右，刘显为中，自己在后督战，并传令吕天恩供给并参与协同作战。

各部到达部署位置后，刘显率官军直杀向韶关，大破敌阵，俘 100 余人，斩首 400 余级。然后三军合力剿杀从南雄、英德流窜的 1 493 人，一举剿杀马五，取得了"连报大捷"的佳绩。

四、平定兵乱

此时，朝廷对各个总兵官重新调整，戚继光任福建总兵官，刘显任四川总兵官，俞大猷任广东总兵官。

俞大猷在广东独当一面，定总兵府在潮州，做好粤东布防，安定沿海，将蓝松三、叶丹楼、吴平等招降，不料却为后来广东海战埋下了伏笔。

吴桂芳准备班师，建立肇庆总督府。此时，突然传来了柘林寨发生兵乱的报告，驻守水兵谭允传等人组织谋反。

柘林寨位于潮州府饶平县东南部，为海防要地，朝廷早在此设立了守备，驻兵戍守。

报告说，谭允传、徐永泰等400人，因为连续5个月没能领到军饷、军粮，皆怨思乱。

何来无军饷、军粮之说？不能不慎重啊！由于前任广东总兵官刘显已调走，吴桂芳马上令俞大猷调查此事，如情况属实，可调动驻守柘林寨部队归编，补发军饷，驻扎海港。

谋反是杀头大罪，谭允传应该没理由谋反。是不是真的谋反，吴桂芳也有点怀疑。不过，事出有因，待调查情况后，自然明了。

俞大猷派出领军指挥韩朝阳前往柘林寨，解决军饷和军粮问题，并将水兵调往潮阳海港，随时准备参与海防守卫。

当日，韩朝阳与几名士兵到了柘林寨，与叛乱者谭允传交谈。谭允传设宴与韩朝阳谈判，在丰盛的酒席上边喝边聊。酒过三巡，徐永泰对韩朝阳说："有人密告我谋反，你信吗？"

韩朝阳回答："你谋反，我信；你不谋反，我亦信，关键看行动。"

谭允传说："好！我行动了。"

在旁的柘林寨头目徐永泰一听，手里的酒杯"啪哒"掉在地上，跟着几十个叛兵把韩朝阳数人扣压入海。

原来，谭允传、徐永泰早与倭寇有来往，并与东莞盐徒及海南栅诸寇会合，联络谋反，故意发动兵乱，企图趁吴桂芳在粤东围困总督，当得知俞大猷跟随，才改变计划，进逼广州。

谭允传等人认为广州空虚，容易夺取，于是率领官兵扬帆起程。

吴桂芳闻此消息，命令潮州府出兵处置，阻止谭允传离开潮州，可为时已晚。

逢此急变，吴桂芳处变不惊，一方面奏请惩处潮州知府何庞、千户于英、海道副使方逢时等失事官员；另一方面审时度势，设法招抚，做出惩处扣压军饷责任人的姿态，平息这场叛乱。

可是，叛乱者谭允传、徐永泰等人仍一意孤行，从珠江口逆流而上，继续进军广州。

事发突然，叛军来势凶猛，广州危急，全省惊动，朝廷震动。

吴桂芳沉着应对，他用缓兵之计，佯令官军对叛乱水兵进行招抚，以乱其军心、缓其速度；又用大军镇压之策，暗地里迅速调集深圳东营南头兵从外洋进入广州；他也出于保全大局的考量，率领精锐之师自惠阳经东洲南出，对叛军形成前后夹击之势，并劝说谭允传早日归降。

也许谭允传、徐永泰都吃错了药，区区两三千人，并且诸寇还难以集结，就想拿下广州。做梦吧！

不管吴桂芳如何派官军劝说，谭允传就是不理不睬。

事与愿违，吴桂芳知道谭允传已无药可救了，但他还是不想轻易牺牲士兵的生命。

吴桂芳有好生之德，时人早有所闻。

话说当年，有一个叫崔鉴的人，13岁时愤恨父亲的小妾欺凌自己的母亲，亲手杀死了小妾。时任刑部主事的吴桂芳却写奏折赦免崔鉴。

崔鉴得到了吴桂芳的饶恕，未获极刑。尚书闻渊评论此事说："吴桂芳所奏，符合董仲舒根据《春秋》经义附会的法律判决案件，也与柳宗元写《驳复仇议》主张以人为本一样啊。"

现在问题是谭允传、徐永泰太猖狂了，在军中谋反，造成极其恶劣的影响。还要向广州发起进攻。

吴桂芳仰天长叹："我有好生之德，谭允传却大逆之行，不杀不能平民愤了。"

吴桂芳亲自指挥，采用请君入瓮之策，在广州城大战，一举斩杀了叛将徐永泰，以及千余顽固不化的谋反者，生擒了谭允传等叛乱者600余人。

临刑时，吴桂芳对谭允传疾言厉色："你身为明官，不做明事，带头作乱，误我河山，殃及百姓，知错不改，杀身自取。"

平定叛乱，朝廷嘉奖。

吴桂芳向大家祝贺说："从现在起，在广州夜里可以安心睡觉了。"

同时，吴桂芳提议修筑广州外城。在他的支持下，后来广州知府用两年时间增筑了自西南角楼以及五羊驿环绕至东南角楼的城墙，把商贾云集的濠畔街等地包括在内，称为外城。

五、开府肇庆

1564 年初冬，吴桂芳来到肇庆。

这天，万众欣欣鼓舞，夹道欢迎；两广地方官员也云集而来，拜会总督吴桂芳。肇庆一时间热闹非常。

两广总督府设置完毕，"大员衙门"在如今端州区城中路 49 号，即肇庆市人民政府大院内，开启了肇庆"两广都会"的时代。

吴桂芳亲自站在大门内迎候官员，他不说话，只是施礼微笑，连嘴角的弧度都是浅浅的一弯。

肇庆知府邹光祚介绍："依照督府大人的要求，我负责总督府的筹划工作，虽然做了一些装修，但还是太简陋了。"

这时，前任总督张臬摇头慨叹："衙门建筑如此简陋，显然与镇守两广总督的地位不相称，比不上梧州军门府啊。"

吴桂芳解释："现在比原来多了五间大房子，已经很不错了。"

张臬还是说："这也看不出是督府啊。"

吴桂芳略为思索地说："这事好办……"随即唤人备上纸张笔墨。同知郭文通见状，殷勤地在端砚上磨墨。

吴桂芳开心地将大笔一挥，题书了"督府"匾。

众人当场喝彩。

这天晚上，肇庆真是不夜城。

宴席上，虽然张臬被免总督一职，吴桂芳还是将他奉为座上宾，好让两个江西老乡攀谈。

酒过三巡，张臬话多了："吴弟呀，你军门新上，把府治选在肇庆，是公私兼顾哟！"

吴桂芳笑着问："此话怎讲？"

张臬呷了一口酒说："就公而言，肇庆是战略要地，也是东南扼要之地，符合两广防务新形势的要求。"

广西按察林大春也搭讪，肇庆与梧州角立而峙，广西有事，可直逆行而上；东边有事，亦可以快速传来，就不至于偏重一边了。

张臬继续说："肇庆是个好地方，以前韩雍总督从梧州专程来此避暑，还与陈濂、张祚、顾俨几位大臣'举觞劝满引，浩歌激壮烈'。后来的钱如京总督干脆在肇庆设'行台'，方便了督府诸公夏天跑来办公，借口是加强对广东的领导。有的总督干脆坐镇肇庆指挥，其实是偷闲呀！"

吴桂芳笑着戏说："这也少不了你吧，张大人！"

张臬苦笑着说："我被免职了，不是官了，还是说老弟你吧。你对肇庆有私心，你的家早就在肇庆了。当年你任广东右参政时，舍省城不居，举家迁往肇庆。我说的话没错吧？"

吴桂芳想了一想，也是。1556 年二月，他与广东左布政使谈恺、征蛮将军王瑾，领三万士兵集合端州，分道镇压新兴、恩平一带活动的瑶、壮、汉"义军"，至四月八日攻陷良塘，俘首领陈以明，杀敌数千人，还得到朝廷嘉奖。

张臬接着说："当时你与广东左参将钟坤秀游七星岩，还写下一诗十二韵，令人刻在岩洞里。"

邹光祚反应比较快："吴总督的诗，我早已熟记于心……"借着酒兴，立刻唱吟起来：

> 共苦南中热，言寻别壑幽。星辰成贯璧，天地此恒秋。
> 飞濑鸣丹液，云岑缀紫流。胜开龙虎窟，迹拟凤麟游。
> 覆座青莲满，登台翠蔼浮。跻攀疑梵阁，缥缈见蓬洲。
> 棋局依悬嶂，壶觞引曲流。歌声含洞细，暑气入岩收。
> 寇靖资贤略，年丰逭国忧。敉宁行有象，燕喜思何稠。
> 禹穴探将遍，嵇怀晚更留。不愁归马暗，汀火烂渔舟。

众人听后，都向吴桂芳竖起拇指，齐齐称赞，又是一轮酒杯相交。

吴桂芳说："张臬大人前年也在岩洞刻有四句诗呀，不妨吟来让大家也欣赏一下。"

张臬带着六分醉意说："原来的诗不合时了，我有新诗咏墨梅。"接着便吟起诗来：

> 山边幽谷水边村，曾被疏花断客魂。
> 犹恨东风无意思，更吹烟雨暗黄昏。

吟毕，张臬大哭。当夜，吴桂芳等人大醉……

一天，吴桂芳召集肇庆知府、高要知县和各级官员，共商肇庆农、士、学、兵发展大计，他要求肇庆应重作物，集货运，办学校，调军粮；军政命令从督府发出，必须直接下达到郡县，发送到边防烽燧……

吴桂芳说："广东全境瑶族山寨有900多处，其中以肇庆府最多，占总数的六成左右。应该向瑶人说礼道义，传授农耕，这样才能深得民心。"

吴桂芳巡查教育，到了崧台书院。同知郭文通汇报，原本这里"跨街为楼，中通隧道，上为崇文阁，两廊而下，各为号舍"，但都破旧了。自1546年，胡纯把东隅社学改建书院后就没有维修过。

吴桂芳说，为了让更多的莘莘学子闻鸡起舞，苦读其中，应该重修崧台书院，修葺肇庆学宫，修建尊经阁，并且强调："大家要不遗余力地筹集办学经费，我先出资，其余由知府、知县筹资。"

他规定，书院"进贤而退不肖"，鼓励百姓读书，引导民风向上，让肇庆人气大增，风气大开。他还要求增加两广进士、举人的录取名额。

百姓称赞他"爱民如子，养人如门生"。

吴桂芳热衷督课，有时候"脑门一热"，亲自召集肇庆府学的生员到总督府来讲课。当时总督机关的官员们仍在办公，有人跟他说："大人呀，我们都忙得不可开交，你就不要讲之乎者也了。你把钱花在书院上，还占用总督衙门，这……"

但是，吴桂芳不以为然，照讲不误。当然，他把生员安排得秩序井然，不影响上班。官员们没办法，因为他是"一哥"。

一个文化区域，不管等级高低，都有一个作为该区文化特质和风格的代表核心，即文化中心。明朝西江流域的文化中心，从两广总督府转移到肇庆开始已经定型。

有官办学校的发展，也就有私办学校的兴盛。

话说肇庆一个缙绅在崧台东侧建了书院，却遭到知府官员的反对，说这里征用为战略预备仓库，不能办书院。

知府不批，怎么办？缙绅想了一个办法，请吴桂芳前来指导办书院。

吴桂芳这个人为政识得大体，为人操守高洁，为官廉洁刚正，生活朴素节俭，声绩颇佳。缙绅想到这些，心中很忐忑：总督会来吗？

不料，吴桂芳与妻子一起欣然而行。吴桂芳虽然威武豪迈，刚毅自律，杜绝请谒，蔚然成风，但是对教育十分支持，还订立了教约。

知府官员发现缙绅"托大"后，立即上前迎接吴桂芳，并陪同左右，不敢多言。

吴桂芳对缙绅说："这里办书院好，你催生出肇庆城第四所书院了，有助文风之大盛呀！"

缙绅立即把准备好的文房四宝端上，请吴桂芳大人为书院题匾。吴桂芳稍思一会儿，落笔而书四个大字"仰湖书院"。

事后，缙绅送上一对高要特产大草鹅，吴桂芳当即拒绝，但是缙绅一定要送。这下吴桂芳遇到"障碍"了，发火不能，推辞不掉，便略想了一下，对缙绅客气地说："那就相互交换吧。你是要我头上的乌纱帽呀，还是要取我身上的官服啊？"

缙绅听吴桂芳这么一说，心就虚了，只好将大草鹅带了回去。

不过，仰湖书院从此得到了名人的垂青，添了几许贵气，令人刮目相看了。

六、追剿吴平

1565年秋，功名显赫的俞大猷已年过花甲，与兵巡翁梦鲤一同前来肇庆，拜谒总督吴桂芳。

吴桂芳一见二人，立即施礼，并且十分高兴地说："俞老将军，我们又见面了！一路辛苦，来来来，请坐！"

"多谢督府大人抬爱。我从军数十年，保家卫国，努力杀倭，曾经几起几落。在吴大总督的正确指挥下，才畅怀痛快，也深知大人才智过人、劳苦功高，在下佩服啊！"俞大猷又施一礼。

吴桂芳尊敬地说道："不不不，我怎能居功？俞老将军是粤海第一抗倭虎将，是百姓的福将，有你才有我的荣誉。"

俞大猷表示："不辱使命，肝胆相照，我时刻听从吴大人的'杀倭令'。"

吴桂芳开怀大笑地说："俞老将军来肇庆多住几日，好多事情我们好好研究研究，特别是建立水师。我还想陪老将军同游七星岩呢！"

俞大猷欣然应允。

一行游览七星岩，俞大猷拜读了吴总督的题壁诗。吴桂芳说："老将军也来题诗抒怀吧！"俞大猷略沉思，当即写下了五言绝句：

> 胡然北斗宿，化石落人间。
> 天不生奇石，谁擎万古天？

吴桂芳大呼："好诗！好诗！好一块擎天奇石啊，大有擎起天下之志！"

游览正兴，突然传来了惊动朝野的消息：去年受俞大猷安抚的海盗吴平又叛变了。

吴平勾结倭寇，造战舰数百，聚众万余，筑三城而守，行劫福建诏安、漳浦，广东潮州、惠州等地。

南海风浪再次汹涌，吴桂芳低眉沉思，俞大猷横眉大骂。

原来，"广东巨寇"吴平是福建诏安人，身躯短小精悍，自幼聪慧好兵，智略非凡，素以豪猾著称，胆力过人，不甘屈居人下。长大后入山为寇，旋又出海为盗。许朝光、林道乾、曾一本推他为群盗之首，势力很大。

去年，俞大猷带兵入粤，灭倭也剿寇，吴平一班海盗头目合计："如果俞家军压境，势必败北，不如假投降，积蓄力量。"

十月，吴平接受俞大猷招安，安置在福建诏安梅岭，剿倭赎罪。

可是，不过一年，吴平招兵买马，很快聚众上万，且拥有大小船只几百艘，向大明反唇相讥："招安没有好下场。"

更可恨的是，吴平勾结倭寇，又在闽粤交界的铜山海域干起了劫掠商船、杀人越货的勾当，把南海搞得翻天覆地。

朝廷认为，吴平是大患，必须除掉，责令吴桂芳迅速出兵。

然而，还未出征，朝廷先给俞大猷一个处分，并让他带兵征剿，将功补过。

吴桂芳策划作战方案："让福建戚继光率水师奉命协同作战，从铜山出征，水陆并进，向广东境镇压。俞大将军迅速攻占梅岭吴平老巢。"

此时，肇庆同知郭文通向吴桂芳自荐，愿领肇庆之兵，跟随俞大猷参战。吴桂芳同意，令郭文通与俞大猷在东莞集合。

但是，郭文通出师不利。

伍端病死后，其部下王世桥叛乱，与吴平为伍，在东莞大肆掠夺，并劫持了郭文通，又打败了东莞刘世恩的官兵，被认定为新生的"贼首"。

接着，王世桥在东莞下关进行疯狂的大屠杀。

这天夜里，王世桥又与10个小头目一起开会，准备实施下一步计划。

俞大猷率军前往，一夜之间好像秋风扫落叶，干净利索地把叛军击败，并将王世桥捆绑起来献给吴桂芳。

获救的郭文通心自暗叹："俞家军果然神勇！"

再说福建总兵官戚继光，督率参将李超、把总魏宗瀚在闽守截吴平，未等俞大猷、郭成率舟师赶到，便攻占了梅岭老巢。

然而，"俞戚会师"的时候，吴平却率众遁入海了。

原来，吴平率万余贼军溃退至南澳岛扎营筑堡，取名吴平寨。

南澳在广东汕头东大海中，地处闽粤交界处，是倭寇由闽入粤的咽喉，东西长49余里，南北最长处20里。岛上土地肥沃，森林茂密。岛四周有深澳、隆澳、云澳等重要港湾，可以停泊船只。其中深澳形势尤为险要，入港处水道狭窄，小船只能鱼贯而入，是一个易守难攻的港口。而吴平的大本营就设在深澳，倚凭海障天险，以对抗官军。

七月十七日，吴桂芳令俞戚统主兵四部驻扎云霄岭，围困南澳。

吴平识破此计，以攻为守。他率战船400余艘，从南澳出发，谋犯福建，挑战戚继光。

戚继光派出把总朱玑、协总王豪前往海上迎击。

吴平诡计多端，大战结果，明兵中计，全军覆没，朱玑、王豪亦葬身鱼腹。

嘉靖皇帝大怒，谕令总督吴桂芳与新任福建巡抚汪道昆"严督兵将，协心夹剿，以靖地方"。

吴桂芳、汪道昆、俞大猷、戚继光周密部署，合力进讨，水陆并进，一鼓作气，攻下南澳岛。

九月，戚继光统督奇兵，俞大猷、郭成策应，于龙沙眼处取得大捷；十月，又发起对宰猪澳的进攻。此战异常激烈，李超指挥军队殊死血战，斩敌首1 203级，焚溺2 000余人。接着又追剿残敌于柏林、凤凰山、硫黄等地。

战硫黄时，李超"粮尽乏食"，依然独统六总，追击敌人。

不日，俞大猷率部从铜山西南面的饶平港出发进攻吴平寨。

当船队进入贼寨设防区时，战船却被水中暗设的石堤卡住，进退艰难，无法登岸。于是，敌我双方箭矢互发，铳炮相轰，各有伤亡。

戚继光知道战况后，下令麾下水军驶向南澳海面助战，分战船环列海域要道，锁住贼军海上逃路。

但两方相持很久，不分胜负。

当日，吴桂芳布兵列阵。令俞家军正面进攻南澳，打攻坚战。戚家军率舟师从铜山水寨出发，趁黑夜驰兵进南澳西部，继而向北绕道，悄悄到达离吴平寨仅一里多远的深澳山下。

之后，戚继光命士兵事先准备好羊群，点燃绑在羊尾巴上的火把，然后敲响铜锣，驱赶羊群往吴平寨冲去，随后铳炮齐发，军声震天。

这时，在海面的俞大猷望见山上火光，知戚家军已出击，即命大小船只向吴平寨发起进攻，喊杀震天。

还在梦中的吴平被铳炮声、喊杀声惊醒，疑是神兵天降，正惊慌未定，官军已从四面围杀过来，寨内一片大乱。

经一昼夜厮杀，官军歼灭贼众数千人，烧船只几百条。但是，吴平掠民舟出海溜走了。

十一月，俞大猷追敌至广东绵羊寨。

吴平逃脱，朝廷气愤，大叫"首恶未获，后患不止"，因此派巡按御史追究致使吴平逃脱的责任。

起初，对土匪、峒民、海盗不彻底灭绝的主责是俞大猷，接受吴平请降的也是俞大猷。在御史论劾之下，屡立奇功的俞大猷被革广东总兵官之职，广东副总兵官汤克宽降为南头参将；戚继光、李超等也受到降职处分；吴桂芳被记大过处分。

俞大猷在"养病"时，痛苦不堪，忍气吞声，对吴平百思不得其解，只好寻求时机，再战吴平。

人们说，吴桂芳有帅才风度，治军严格，赏不遗贱，罚不避贵，表里洞达，知人善任。虽然自己也被处分，无话可说，但他知道俞大猷、汤克宽都是军旅之才，奏准留在广东"戴罪立功"。

吴平溜走后，又在饶平组建起了一支海寇队伍，势力复振，占据凤凰山。

吴桂芳亲临惠州督战，派参将汤克宽代行总兵官，率南头水寨官兵出击，直捣饶平。

经过连续作战，汤克宽大胜，杀了贼寇头目许朝光。

吴平大败，退往潮州。汤克宽又率军进驻潮州，从海上战到深山丛林，汤克宽追击吴平不放。

但是，汤克宽还是打不死吴平。吴平抢了渔船，伪装出海溜走。

吴桂芳高度重视吴平的行踪："赶海千里，剿灭吴平，见船必围，见贼必杀。"

广东由汤克宽负责巡查搜索，福建派参将傅应嘉配合南下广东围追堵截；吴桂芳与汪道昆也十天一次互通情报。

再说吴平被势雄的官军一直追杀，一逃再逃之后，藏身于阳江。

吴桂芳严令汤克宽，务必剿杀吴平。

他准确地判断，阳江不是吴平藏身的最佳场所，于是令傅应嘉从粤东赶来，汤克宽率水师先于阳江沿海设防以待。

不久，吴平果然率众海寇乘战船百余艘出现在阳江海面。

汤克宽率舟师奋勇迎击，在乌猪洋大败海寇。吴平势穷，率残部继续西逃，途经琼州（海南），奔往安南（今越南）。

安南为明朝的藩属国，有义务为明廷效力。吴桂芳檄令安南万宁宣抚司发兵，协助明军征剿吴平，同时令汤克宽、傅应嘉等率水师一路穷追；俞大猷病愈，领一支后备军跟进。

1566 年四月初一，当天适值日食，天色灰暗，至傍晚时分，大风乍起。

明军与安南助剿水师合力，将吴平左右夹击于万桥山澳，双方再度激战。

俞大猷出计，让汤克宽纵火猛攻，焚烧吴平乘舟。

吴平化了装又想再逃，被俞大猷瞅准。俞大猷对汤克宽说："这个贼首交给我了。"往日的恩怨都发泄在刀刃上，他一刀当先，直取吴平，两人大战三十回合，最后，汤克宽向吴平射一冷箭，正中肩部，俞大猷来一个"横扫千军"，把吴平砍落大海。

汤克宽见俞大猷解了心头之恨，便挥兵一举擒了吴平的妻子及一些头目。贼兵大败，跳水而死者无数。

与此同时，戚继光又在闽、粤交界沿海一带进剿吴平的残部，生擒及斩首数百人。至此，横行闽、粤沿海的吴平海寇集团基本被剿灭。

此战前后，"海寇"残部仅有林道乾、曾一本等数百人逃脱，其余万余人均被官军俘斩，各处岛上血流成河、尸积如山，民间于是有了"俞龙戚虎，杀人如土"的说法。

这个消息令肇庆一班官员兴奋了几天。

守将陈王谟，偕同宪长翁雨川、肇庆知府卢苍山、同知许公高、通判胡汝麟等人畅游七星岩，大碰酒杯，燃起了诗情："紫气迎冠盖，春光照酒樽。鹤袍瞻岳伯，风吹拥仙媛。台宪青骢骑，将军绣虎辕……"

福建巡抚汪道昆也来到广东，大大松了一口气说："能与吴总督合力歼敌，万幸啊！"他在肇庆畅饮凯旋庆功酒之时，吟诗自慰："已拼此日持鳌饮，聊慰他时汗马劳。"

然而，吴桂芳却说："将世间万事，置于美好生活的世界之中，诚然是一种省力的做法，能让人安然度日。只是当这个世界露出狞牙、举起屠刀，我们又该如何面对？"巡抚汪道昆默不作声了。

的确，1566 年，河源、翁源、和平诸县又有山寇举起了屠刀……

七、灭李亚元

"山海之寇，啸聚不时"。粤东百姓，饱受其苦。

李亚元，被朝廷定为新的"粤海大寇"。他利用粤东民众犷悍、生性好斗的习性，聚集张韶南、黄仕良等万余人，占地千里，自立为王，筑建关隘，修造堡垒，势力很大，时出劫掠，暗布侦探，刺探军情，伺机作乱，祸害地方。

又是一场恶战。

朝廷允许吴桂芳实施所定的战略，会同江西南安、赣州，广东韶州、南雄，湖南郴州，福建汀州等地 10 万官兵，分为 5 哨，配合广东总兵官俞大猷，围堵李亚元。

吴桂芳为总指挥，带领广东参政郭应聘等一批文武官员，驻扎惠州。他的作战方针是：兵分数路，各个击破；解散协从，计擒众首恶。

俞大猷把"步步为营"方略传递给每个战将后，自领五千兵马，向李亚元发起正面进攻。

李亚元逢打必输，就逃到河源城郊西北的大山之中。俞大猷指挥大军围剿追击。

当夜，月光千里。俞大猷望着一座显得非常突兀的石头山，请教当地老人，地形情况如何。老人先给俞大猷他们讲起"望郎回"的故事。

老人说，眼前此山旧称"馒头山"，山下有个"美石寨"。远远看去，山如一女子，静静地躺卧着，在等待心中情郎回来，于是改称为"望郎回"。

美石寨是个穷村落，村中有个农户叫白阿苦，生有一子叫白少郎，娶仙塘女潘阿望为媳。一家三口以耕田为生，虽家境贫寒，但父子相依、夫妻相爱，日子过得倒也安康和睦。

谁知有一天，财主万利贵收租到了白家，见到他儿媳妇潘阿望明眸洁齿，艳若桃李，顿起邪念。

财主回去后做了一本假账，硬说白家祖上欠下99石9斗9升租谷，要白家立即归还，否则要潘阿望顶债。

白阿苦心里明白，自己祖上何曾欠债？于是跟万利贵论理，万利贵将白阿苦痛打一顿。白阿苦回到家里，伤痛缠身，气恨难平，没过几日就死了。

白少郎夫妇哭得天昏地暗。

白少郎掩埋了父亲的尸体，将阿望托付给族长，一气之下，趁月黑风高将万利贵的房子烧了，然后自己"过番"（闽粤方言，指出国）谋生。

阿望发现丈夫走了，哭得跟泪人儿似的。

从此，阿望每日天蒙蒙亮就爬上家门前的小土冈，远望大路等夫归，日复一日，年复一年，从不间断。

一日，她爬上土冈大喊："少郎少郎，回来吧！"喊声一声比一声高，一声比一声凄厉。她盼夫心切，感动了苍天，突然电闪雷鸣，阿望的喊声戛然而止，阿望瞬间变成人形石山，仿佛一个美丽少妇盼望夫归，不断在喊："少郎回来吧！回来吧！"由此，石山被当地居民改名为"望郎回"。

老人把故事讲完了，就告诉俞大猷，巨贼李亚元就蜗居在石寨中，小石山下的美石寨，人口众多，地势复杂，山川纵横，进入村落只有一条路。

俞大猷决定根据所得的信息来一个铁桶式包围。

经过 20 多天断断续续的激战，俞大猷率军"擒斩一万四百余级，俘一千余人，夺归八百余人，招降一千二百余人，听抚四千余人，贼党悉平"。俞大猷先歼灭了首领张韶南、黄仕良等人，最后活捉了李亚元。

战斗结束后，俞大猷的文书官请人在"望郎回"一块摩崖石壁上刻字："明总兵都督俞大猷、副使张子弘、参议许公高、游击魏宗翰，总督八万官兵，剿灭叛贼李亚元等二万余众……"

在此，说一个故事中的故事。

就在总督吴桂芳东征李亚元的时候，梧州一班官员不满吴桂芳将总督府迁移肇庆，宣称两次"火烧梧州"为天谴所致。

第一次火烧梧州发生在 1565 年夏天吴桂芳征战吴平之时，吴桂芳在前线等候歼敌战果，闻知此事便焦灼不安地回信向梧州百姓道歉。而在惠州指挥围剿李亚元之际，梧州城又一次发生大火。

连续两个夏天梧州城发生重大火灾，成片的民宅化为灰烬，灾民流离失所。

梧州知府丁自申、同知柯文绍等梧州府、苍梧县官员的结论是天灾，是风水问题，甚至怀疑是总督府迁移的结果，急忙向吴桂芳通报情况。

同时，丁自申也认为是他们为官失职，招致天谴，向吴桂芳请求自我反省，以回天意，以消灾难，并在惶恐中等待吴桂芳的处罚。

吴桂芳本想去梧州慰问，但由于正在军中劳师，一看到灾情通报，不禁停食泪下，说道："我因东境兵事缠身，而抛下西镇黎民之忧，虽然广西的官员们自己引咎，说来还是我不曾预作筹划，又怎能责备他们呢！"

吴桂芳并不迷信，认为火灾并非源于天谴，而是当地百姓的居住习俗所致。他分析道，火灾的发生不在秋冬而在盛夏，这不是天灾，是他们的居住情况造成的。

梧州之民，往往拆竹为椽，编竹为户，上栋下宇，匪竹莫须。环城远近，鳞次而居，井灶相续，所以火一起，连片地烧。说是天灾就误事了。

于是，吴桂芳决定移风易俗，要求梧州的百姓弃竹屋而盖瓦房，以消除火患，并传令梧州官员开仓赈济灾民，捐资建居，极力推动百姓改筑瓦房工作，改变千百年来以竹为庐的习俗。

梧州官员只好遵循总督命令，一切照做。

嘉靖四十五年（1566）秋，嘉靖皇帝赏赐并宣布：吴桂芳"指授方略"有功，升任南京兵部右侍郎；俞大猷活捉李亚元，提升为都督同知，任新设置的广西总兵官；汤克宽平定吴平立头功，升任广东总兵官。

吴桂芳到南京上任，离别肇庆那一天，街道途中，近千名当地民众自发从四面八方赶来相送。吴桂芳恋恋不舍，也放慢了登船的脚步，望一眼民众，他忍得住泪水，却放不下责任啊！

吴桂芳的事迹感动了整个广东，他坐镇肇庆之时，广东不少逃亡的和长期作恶的罪人，皆在谈笑间被荡定。

肇庆"门人诸生送三百里"之后，将仰湖书院改立为"吴桂芳生祠"，借此纪念老师，并作歌曰："教于斯，育于斯，流芳百世肇于斯。"这映衬出吴桂芳的朴实与崇高。

吴桂芳于 1578 年病故，赠太子少保。

肇庆官民闻讯，争相到生祠祭祀。广西按察司佥事林大春，代表梧州百姓写《肇造全镇民居碑》，歌颂吴桂芳的功绩：

惟我皇明，德盖天地，梧州繁盛，雄镇气势。江流宛转，宾旅纷沓，黎民养息，竹林丛杂。四月初夏，六月酷暑，连袂成幕，挥汗如雨。烤蒸齐临，烈火生灾，使者陈辞，禀告伤哀。吴公谋议，嗟伤百姓，祸非天降，其变自赠。为民图居，陶瓦相宜，安止顺时，筑室所思。资民以财，助民以力，愿无后难，永如今夕。百工侍候，群像祈愿，二事花费，为求安宅。惟我吴公，恩比青天，妙解开运，造福黎民。抗灾防患，家祷户陈，君子万岁，助我国人。征考粤史，谁能比之？夏禹不出，民游水矣，齐无管仲，成胡国矣。吴公之功，谁评说矣？碑铭千载，归汉水矣！

读史小札

吴桂芳，一生历仕嘉靖、隆庆、万历三朝，居官三十余载，是明朝御倭名将、民族英雄。他长于谋略，治军严整，战功显赫，扭转了原本不可能胜利的战局，名列岭南功臣第一。

谭纶潇洒谈虎将　端城百姓唱戏曲

1566 年秋，修仙炼道的嘉靖皇帝驾崩。

明穆宗朱载垕即位，改元"隆庆"，是明朝第十二位皇帝。张居正与高拱、陈以勤等大臣尽力辅佐新朝。

这年隆冬，肇庆的天气十分寒冷，凄风凛冽，哈气成霜。总之，人们在"隆重庆祝"声中，迎接着 47 岁的谭纶到肇庆就任两广总督。

谭纶在《恭谢天恩疏》中写道："受此高厚之恩，即粉身碎骨，无以为报，自是敢不益励初心，勉图后效，实心为民，忠诚体国，清白著声。"

一、手腕浸染倭寇血

所谓敲锣卖糖，各干一行，能青史留名绝非凡人。

谭纶，字子理，一字以诏，号二华，江西宜黄谭坊人。其父为谭镐，明正德十五年（1520）七月二十日深夜，谭镐的二房夫人罗氏生下谭纶。

谭镐通晓经史，笃学励行，原任淮府顺昌王教授，后封承德兵部司主事之职，一生忠于国家，勤勉辛劳，深受百姓爱戴。

在谭纶周岁生日那天，谭家特办了"海参席"宴请亲朋好友。

开席之前，家人按照当地习俗，在厅堂桌上摆放了一个木制托盘，盘内依次摆着书、纸、笔、墨、砚、算盘、尺、针线、鸡蛋、水果等物品，让谭纶抓周。谭纶在众目睽睽之下，伸手抓起了笔，这让谭家人高兴得不得了，认为谭纶长大后有出息，会读书做官，于是从小就对谭纶进行严格培养。

谭纶深受父亲的教诲，勤奋好学，"于书无所不窥"，"自经史百家以致天文地理、兵家礼乐，下而星相卜筮，奇门遁甲，无所不备"。

嘉靖十六年（1537），18 岁的谭纶被邀请去茅鹿门执教。23 岁那年，谭纶参加乡试中举人，次年（1544）中进士。嘉靖二十四年（1545）十二月，年仅 26 岁的谭纶被朝廷授任为南京（明朝留都）礼部主事，从此踏上了仕途。

嘉靖三十二年（1553），一帮倭寇由浙江窜至安徽，并攻入明朝留都南京。朝廷官员大骇，一个个惊慌失措，十二万将士怯懦不敢向前。

身为留都府兵部主事的谭纶见此状况，心中怒火中烧，夜不能寐。泱泱大国，怎能让外来毛贼为非作歹？他思忖再三，毅然上书朝廷，毛遂自荐，请求"募壮士五百人"，严惩入侵者。

请战书得到批准后，30岁出头的谭纶亲自深入民众中，挑选"能举二百斤"的壮士500人，经过突击训练后，立即奔向抗倭第一线。

战斗中，谭纶冲锋在前。有一次谭纶杀入了敌阵，拍马贴近了倭寇队长，那人见状，掷出飞刀，飞刀却被谭纶一手抓住。谭纶赶追上来，手起刀落，将倭寇队长砍于马下，然后大呼："倭寇投降！"

谭纶身先士卒，士兵们皆欲拼命效死，军队所到之处，锐不可当，此战倭寇落马者达百余人，余者皆越岭而去，南京之危遂解。

一场酣战下来，谭纶刀刃上的血浸染了手腕，多次冲洗才洗净，威震沙场。

大家惊讶了：这位平日里温文尔雅的才子不仅能把握战机、出奇制胜，竟也骁勇善战，有一身好武艺，更能在战斗中身先士卒，凭手中一把长剑，大肆砍杀倭寇。

其实，谭纶不是武将出身，只是一个文人。

在明朝，朝廷似乎偏爱这样随意地任命官员，有时候阴差阳错，也会特别幸运地挑出和行伍出身完全不同的军事精英人物。

不过，谭纶自少钻研《易》学，对有关奇正、虚实、矛盾、变化的辩证思想有深刻的理解。他说，战争是一种群体式的"打架"，有它的规律。倭寇初时不是为了侵占土地，而是为了掠夺财富、炫耀武力。而大明军队没有打服人家，人家可就要下狠手了，财富也占，土地也占！所以，倭寇在闽粤沿海大肆劫掠——"福宁至漳州，千里尽贼窟"。

既然谭纶有才干，朝廷就调他去福建任巡抚，抵御倭寇。

1562年年底，倭寇凑集兵力2万多人，卷土重犯福建，连破邵武、罗源、政和、寿宁、宁德、连江、松溪、大田、古田等地后，乘胜攻陷兴化府城，掳掠居民无数，百姓惨遭倭寇屠杀凌辱。

敌势猖狂，气焰嚣张，前所未有，惊动了朝廷。

于是，嘉靖皇帝罢免了福建巡抚游震得，起用谭纶为巡抚；罢免两广总督张臬，任命吴桂芳为总督。同时，从赣南调福建总兵官俞大猷前来，调浙东副总兵官戚继光赶来，还令广东总兵官刘显急速入闽，三人在福建会同剿倭，均受谭纶直接指挥。

1563年初春，谭纶令刘显速率军驰赴兴化驻扎明山，该地距倭营三四里；令俞大猷迅速驰至兴化平海卫，驻军秀山，与刘显互为掎角；而戚继光的义乌军尚在浙东，还未入闽。

当时敌我兵力相当，倭寇猖獗，屡来挑战，诸将愤愤难平，纷纷要求应战，但谭纶按兵不动，诸将以为他也有畏敌之心。

其实，谭纶力排众议，是在等待俞大猷的意见。因为他佩服俞大猷的才干，俞大猷整顿军务，革除囊制，运筹帷幄……平倭之事，俞大猷的建议至关至要。

果然，俞大猷向谭纶呈上了《兴化灭倭议》："今倭贼有二三千，从贼有七千，且人人皆欲死斗。官兵之数，仅与相当，约日列阵以合战，胜负之形相半。若迫城而攻之，彼实我虚，彼饱我饥，彼逸我劳，万一被其挫创，东南大势去矣！"

俞大猷说，其一，倭寇连拔数县，气焰嚣炽，此时不宜与战；我军从江西长驱、日夜兼程至此，军士疲乏，当休整数日。这段时间应采用"敌以战为守，我以守为攻"的正确作战策略，"画地凿沟，东西通海，列栅其上"，围困倭寇。

其二，倭寇是日本武士、浪人和海盗结合的队伍，对我军地形熟悉，有利于进攻。我们必须发动长期受倭寇蹂躏、与之有着血海深仇、勇于效命沙场的闽中南人民为民兵，共同抗倭。

其三，尊重与配合抗倭将领刘显、戚继光和地方官吏。如今倭寇屡次前来挑战就为速战，敌人无论战胜战败都可逃离，因为我方还未有力量将其围歼；待戚继光大军赶来，此时我强敌弱，全歼倭寇有望。这样"不论在南在北，但得相资相助，必有大建立"。

谭纶大赞俞大猷："诚如霍子孟，任如诸葛亮，大如郭子仪，忠似文文山，毅似于肃愍，可以托孤寄命。"因此，谭纶忍辱负重，从容不迫地进行部署。

四月，戚继光军队到达平海卫，三军齐备了。

倭寇有两万人马，得知明军将至后，一边派兵把掠夺的大量财物护送回日本，一边分布各地备战，以三千军驻扎于东峤渚林、许厝村，凭借其地形狭窄作为扼守平海卫的咽喉。

明军的兵力也有两万人，是平海卫倭寇的 7 倍，但倭寇占据险地，能以一当十，所以谭纶决定采取"十则围亡"的策略，必须速战速决，以求全歼顽敌。

二十一日深夜四鼓，明军分三路全面出击：戚继光担任中路主攻，直捣倭寇大本营，刘显率左路军侧翼迂回，俞大猷率水师为右路，断敌退路。各路军分头悄悄向敌营迫近，会攻倭寇于平海卫。

月落天晓时，戚家军直逼倭寇营垒，发起攻击。倭寇倾巢而出，以百余骑兵为前锋，步兵随后，迎战戚家军。戚家军前部以火器迎击，一时间铳声、炮声震天。倭寇骑兵猝不及防，被打得人仰马翻，溃不成军。但其步兵仍垂死挣扎，挥舞着刀剑，狂呼乱叫着扑向戚家军。

所向披靡且已休整多时的戚家军精神抖擞，奋勇迎敌。刀光凛凛，剑影闪闪，双方鏖战，难分难解。

正当两军殊死相搏时，俞、刘二军突然从左右两翼杀出，倭寇三面受战，哪里抵挡得住，只得收拾残兵，狼狈窜回老巢许厝。

三路明军乘胜追杀，将许厝围得水泄不通。戚继光在观察了地形和风向后，提议用火攻。明军杀至倭寇寨前，乘势点燃了寨门，火势顺风蔓延。片刻之间，倭寇老巢成了一片火海，一向穷凶极恶的倭寇哭爹喊娘，四处逃窜。明军乘机发动猛攻，很快就攻下许厝，尽歼余敌。

战局的发展，完全按照谭纶的战略意图进行，经过5个小时的战斗，倭寇抵挡不住排山倒海般的攻击，抱头鼠窜，纷纷落进谭纶预设的壕坑之中。

这一仗，明军歼敌2 400多人，取得兴化平倭大捷，收复平海卫和兴化府城，解救3 000名被掳的民众。

之后，明军乘胜进兵，福建以南倭寇全部溃去。

二、三狮五虎两军门

闽粤抗倭经典之战，是谭纶与吴桂芳两位江西人共同指挥完成的。

抗倭大胜之日，谭纶专程从福建前来广东潮州府，与吴桂芳会晤，喜尝胜利的工夫茶，成为名噪一时的风云人物。

三巡清茶下肚后，吴桂芳问："平海卫之战，倭寇攻陷政和、寿宁，各自扼守海道作为退路。你是如何破敌的？"

谭纶说："我令俞大猷、戚继光，再运用包、堵、截战术大败倭寇，光复了一府二县，逼使倭寇转移到了渚林，我再大败倭寇一阵。当然，其余倭寇却逃到了广东海境。"

吴桂芳笑骂谭纶："你把倭贼赶来广东，不但增大我的压力，还要让我帮你擦屁股呢！"

谭纶也幽默地说："你作为总指挥官，也该施展本领，要不别人怎能服你？你应该多谢我才对。"

吴桂芳自叹："你我均是临危受命，也是使命，总算不负皇恩，不负百姓。战争不是儿戏，你看咱们江西进贤人张臬，不就是被倭寇打败，搞得免去两广总督职务吗！"

谭纶大笑："谁不知你能打仗呀，当年你任扬州知府时，曾经大败倭寇。"

吴桂芳喝了一口茶，说："我有一个问题请教，都说良将精兵历来是兵家克敌制胜的基本保证。为什么张臬、游震得作为指挥官，用同样的将领，抗倭结果却不一样？"

谭纶直说："为帅者不仅要掌握军事领域的装备、技术、战术和战略等信息，还要对备战、作战、终战情况有所考虑。相当于到茶馆饮茶时，点什么茶、茶的多少、水温的高低都由泡茶的'专业人士'看着办，这样的茶你有多大把握才顺心顺意？所以，为帅者要通盘考虑。缺乏全盘观念，这不利于战争，更不是一个指挥官的战略眼光。张臬虽然总督闽、广军务，但缺乏这个方面的意识啊！"

吴桂芳呼道："谭疯子，你真厉害！帅才也！你个子不高，军事才高；喝酒没胆，打仗大胆。聪慧善断，明于事理；文治武功兼盛，抗倭你应记首功。"

谭纶摆摆手说："不不不！若论排兵布阵，吴大人才是高人。高人不需要力拔山河，而是懂得利用力拔山河的人为我所用，对手便随之而败。吴大人功勋第一。"

随后两人将记功簿打开，一起谈论虎将。

谭纶说，这次闽粤会剿倭寇，"三狮主帅""五虎上将"功不可没。

吴桂芳问："何来三狮五虎？"

谭纶说道："依我看，'三狮主帅'俞大猷、戚继光、刘显，足可独领风骚；'五虎上将'汤克宽、张元勋、黄应甲、郭成、李锡，大可如虎添翼；还有羽毛渐丰的卢镗、尹凤、朱先、戚继美，均可重用。论将才，李梁、李超、陈其可、胡守仁等也是文才武略，武功一流。"

吴桂芳接着问："三狮五虎各有什么特别？"

谭纶说："吾素爱大猷人才，武艺勇冠三军，今得之以己用。"

确实，谭纶对俞大猷早就了解。俞大猷年轻时参加武科会试，列进士第五名，后师事赵本学。赵本学是"一条杆棒打下天下四百军州"的武艺高强的宋太祖后人，擅"太祖拳""太祖棍"，俞大猷得其真传。又师从李良钦，达到了剑术高超、骑射百发百中的境界。

俞大猷出身贫寒，靠战功擢升为广东都指挥佥事，再从广东带兵到浙东、苏南平倭，受命为宁（波）台（州）参将。后来，谭纶训练"谭家军"，他首选了俞大猷为统领，挑选诸多少壮力能举二百斤者，教以俞家剑法。

吴桂芳也发表看法："俞大猷老将务实持重，从广东发迹，成为福建总兵官，有他在两广，倭寇可平定。"

谭纶回顾说："嘉靖四十二年（1563）春，兴化大捷，我晋升右副都御史，戚继光晋升都督同知，刘显加秩荫一子，惟俞大猷只得'赍币银四十两'。有人为他抱不平，但俞大猷淡然处之。一天，我偕俞大猷游清源山，见水坑巨石，我令人刻《俞大猷兴化平倭崖记》：'明嘉靖癸亥岁季春，钦差镇守福建、南赣、惠潮兼郴桂、南韶地方都督俞大猷，提兵往兴化剿陷城倭寇。岁次竣事班师，偕友人游诸洞。'朝廷不记俞大猷功勋，我以天地为记。"

吴桂芳也感动地说："这年冬，匪首伍端被俞大猷俘获，很多战将都请愿处决匪首，为牺牲的战友报仇。我同意俞大猷的意见，对伍端予以宽大处理。"

谭纶接着说："此事俞大猷找过我。伍端不能杀，杀了是解气，但他在侗族地区有着很强的根基，只要他能改邪归正，必然能起到巨大的示范作用。"

"是呀，俞大猷、戚继光两人能善任就可建立大功勋。一个敢打硬仗，另一个善打巧仗，都可以达到极致的状态。一场战斗，如果戚继光都说可以打，必胜；如果俞大猷都说不能打，必败。"谭纶说得意气风发。

吴桂芳也赞扬戚继光是个帅才，文武兼收，屡摧大寇，名声逐渐壮大，甚至在大猷之上。

谭纶说："戚继光身高六尺，英俊洒脱，武艺精通，弓马过人。记得有一次，倭军弓箭手矢如雨下，他用一支超长的枪划出一道道枪影，毫发未伤。当时一个贼头向他连射出三箭，都被他用枪拨了。有他在何愁粤海不平乎？"

吴桂芳点头认同后，又问刘显如何。"我觉得他有将略，膂力绝伦，骁勇异常，但他不守法度，经常被言官弹劾。"

谭纶说："刘显我就不评论了。当下四川蔡伯贯作乱，我准备赴任四川巡抚，刘显任四川总兵官。"

吴桂芳捻须微笑……

三、大年歌声入小巷

1566年秋，谭纶以功升兵部右侍郎，总督两广军务兼巡抚广西，从四川调来肇庆。上任之时，正值闽粤抗倭剿匪节节胜利，广东得到了阶段性的安宁与平静。所以，他在肇庆实施一系列安抚措施：发展农业生产；减轻赋税负担；对阵亡将士从优抚恤；对被倭寇杀害了父母的孤儿以及被抢劫的百姓一律给予救济；鼓励儒生讲学，以便听取儒生对时政的意见。

春节将至，忙了一整年的游子劳碌奔波，回到故土；等了一整年的双亲举首戴目，终盼儿归。斑驳的木门前，可以看到老人们神采奕奕、简单古朴，身穿大襟衫，脚着黑土布鞋；年轻人大都行色匆匆、忙忙碌碌。所有的艰辛和等待，只为了一年一度除夕的团聚。

肇庆城里，信众如云，香火鼎盛。谒城隍庙、上文庙，越道观、跨城寺、临宗祠，虔诚的人们一代代延续，香火不断。

大年初一，谭纶与夫人上街，游人如织。街上一派热闹景象，有许多城外来人的面孔，操南腔北调，城内原住的居民很少。

而城里的居民，占据街道两边，家家户户都开着门，全是店铺，店里店外清一色粗笨的木桌木凳，配以原始风格的墙饰。

青石板的街道，木鞋、草席、纺织、制皮、银器、古董、茶叶，民族工艺和地方特产应有尽有，还有裹蒸、年糕、莲藕糖，放着密密麻麻的生活物品，看了让人有点喘不过气。

肇庆旧街，正在演大戏。谭纶与夫人停下了脚步，欣赏那南音、龙舟、木鱼、粤讴、咸水歌等民间曲调。

有人大惑不解：谭总督这么能折腾，居然酷爱戏曲！

其实，谭纶不仅是抗倭名将，还是一个戏曲活动家。他在军中设有戏班，随军征战、演出。他还亲自写了许多宣传忠君报国内容的戏曲，每次演出，不但士兵多被打动，连戚继光、俞大猷等久经沙场的战将也"无不感奋"，感奋的结果，就是作战时的舍生忘死。

谭纶任职台州时，回老家守孝，从浙江带回一班"海盐腔"的戏班，命艺人传授给本地艺人，之后形成了"宜黄腔"。

大戏剧家汤显祖写下《宜黄县戏神清源师庙记》，说："我宜黄谭大司马纶……自喜得治兵于浙，以浙人归教其乡子弟，能为海盐声。大司马死二十余年矣，食其技者殆千余人。"

江西上饶的郑仲夔说："宜黄谭司马纶，殚心经济，兼好声歌，凡梨园度曲皆亲为教演，务穷其巧妙，旧腔一变为新调，至今宜黄子弟咸尸祝谭公惟谨，若香火云。"

有人说，粤剧的"二黄"就是"宜黄"演化产生的。谭纶任职肇庆，"宜黄"的戏曲也在肇庆流传。

明末清初，有个叫李绳远的人，写有《张总戎席上醉歌留别》诗，就写到端州军中的大戏：

岭南八月秋风清，边江秋雨波涛横。我浮南云上西岳，几日得度端州城。
端州城边月初见，端州总戎夜开宴。金屏美人如花容，赵舞吴歌坐深院……

肇庆古称端州，市民常以端州人自称。

正月十五日黄昏，花灯未上，谭纶在端州城墙上闲步，突然从南门小巷传来一段歌声："弯弯曲曲，奔波劳碌；曲曲弯弯，风情阑珊；小街小巷，有人清闲，有人忘返……"

谭纶津津乐道：一支小曲唱出了多少痴情人儿的情感过往，缭绕了几多痴男怨女的离愁别恨，分享了多少人家的欢乐美事。

他对夫人笑着说："你说我风雅，其实端州人也是很风雅的。"

他决定走进小巷一探究竟。

端州人家常常把住宅的大门开在大巷中，大巷可以通街，车马和八抬大轿都可顺利通行。而在住宅的后院另开一个小门，这小门便通向幽深的小巷。

为了寻觅歌声，谭纶不仅走正门之巷，还走后门之巷，看看有什么乐趣。

小巷的院中有些幽静，歌声从小巷里飘出，自然悠长。

谭纶说："这小巷也太小了，宽不足一米，仅可容一人而行，应该称作'一人巷'。"

此时，歌声断了，断在"一人巷"深处。

之后，"一人巷"就在端州城叫开了。比如，当今府前路边的吉星巷就是一条完完全全的"一人巷"。

四、清廉为官"十七戒"

总督府驻跸于肇庆，两广官僚不时来肇庆，向谭纶请示汇报；总督的亲朋好友、门生、故吏及文人墨客等，亦不时来肇庆相会；重大的官方庆典活动也多在肇庆举行。

许多官员千方百计与谭纶攀扯关系。谭纶最担心的就是"良法尽坏于不良之官"。

有一天，亲朋好友、官员部将都来谭纶府上拜访。有个官员想见机行事，送礼给谭纶。等了好久，也不见有机会献上。于是，他想了个办法，托谭纶的一个亲戚帮助进言。

席间，这位亲戚趁敬酒之机，对谭纶说："公功在海疆，荣膺天禄，固其宜也。但此得志之时，亦可为子孙计乎？"

谭纶听后很不高兴，酒也不喝，话也不说，立即起身退出厅堂。

大家看见谭纶这般举动，都愕然了。

刚巧，有一名江西籍的老人金士龙，带着两个儿子借故送信到肇庆。他一路冒充是谭纶的老师，惹得沿途衙门官长酒肉迎送、金银相赠。

谭纶得知情由，差人将其父子逮住，当场各责二十大板。同时对沿途卖乖讨好的官员一一"通提问罪"。事后，谭纶念及泪流满面的金士龙年岁已高，给他路费，押送出境。

金士龙为何人送信？

原来，谭纶有个从小与他一起长大的内亲叫黄仰虚，情同手足，在外任职。因嫌官微和环境艰苦而情绪低落，尤其是他家遭不幸，一月之间连丧妻女，心境特别不好，多次写信给谭纶，要他帮忙解忧，或调动岗位，或告老还乡。

谭纶非常珍惜彼此之间儿时建立的感情，更同情黄仰虚的不幸遭遇，但在原则问题上谭纶毫不含糊。他认为一个人当官靠的是自己的才学、百姓的拥戴，而不应该吹牛拍马、拉关系走后门。于是，他晓之以理，动之以情，写了一封长达两千多字的信婉拒了黄仰虚。

后来，黄仰虚听了谭纶的劝说，毅然抛弃杂念，振奋精神，"上报国恩，下尽臣职"，为国家立了大功。

谭纶为人特别，在肇庆督府做官时，不但对自己要求甚严，而且对亲属要求也很严格，经常告诫他们"不可多才丧志"，不可"以吾名坏其风节"，应该"持身贵谨，待人贵谦贵敬"，他还对亲弟谭纲提出了"十七戒"：

一戒与武职官员往来；二戒与边将书柬及交际；三戒与乡里及内臣转说人情；四戒轻易作诗文，如能为韩柳为李杜则可，不能请罢；五戒轻信术士；六戒狂饮轻易论事；七戒纵童仆出外生事；八戒轻易去拜京堂；九戒打首饰；十戒与方外及士夫讲外事；十一戒奢侈；十二戒用小娼；十三戒说人长短；十四戒受人请托；十五戒远游；十六戒常请客人；十七戒多拜外官。

这短短的"十七戒"，于今人处世从政也不能不说是一大"警世通言"。

周围的人们知道了这件事，都赞谭纶深受皇帝厚恩，忠君爱民，严于律己，清廉为官。

五、夕阳影里舟师近

明朝制度"以文制武"，即用文官担任地方大帅，节制诸路武将。

然而，沙场拼杀靠的是本事，没本事的文官不是被武将架空，就是被阳奉阴违。

武将出身的人是很受歧视的，经常被人看作"大老粗"。而进士出身改行当武将的，就不同了，谭纶有一个特殊身份——军事文官。他既有文化，又会打仗，且由于长期在战场上拼杀，性情比较剽悍，不守游戏规则，你要是敢骂他，他没准就敢拿刀砍你，看谁吃亏。

这天，谭纶在肇庆督府召开两广军事会议："请问在座诸将，谁能总结前些年粤海抗倭时，为什么出兵屡败？"

熊桴、俞大猷、汤克宽等一些将领面红耳赤，默默无言。

谭纶伸出左手，屈指说道："我看有三：一是迫害百姓。军队粮饷不足，纪律又差，便去抢掠百姓。百姓本来已经活不下去了，只好落草为寇，害怕官兵剿杀，便去勾结倭人。这就是倭寇越剿越多的原因。二是滥杀无辜。官兵打不过倭寇，又想邀功请赏，就去杀俘虏、杀平民，提着首级去报功。这就是倭寇勇猛顽强、至死不降的原因。三是打仗怕死。当官的和当兵的是两条心，当官的只想肥己，领功靠前，打仗靠后。这就是战士不肯死战的原因。在这种情况下，百姓怕兵，尤胜于寇。官兵又怎能打胜仗呢？"

谭纶继续说："还有一些将领，倚仗自己能打仗，有所谓的发言权，故意向通常缺乏军事学识的文官如总督、巡抚、知府隐瞒、剪裁、夸大和曲解事实，将文官与军人、政治与军事视为相对独立的决策单元。当然，有些将领认为我是文职官员，不会打仗，那请你们与我多交流，也让我多学习，多接触，多思考。"

然后，谭纶话锋一转："下面进行讨论，研究如何用兵战海倭之术。请大家发言。"谭纶说着，把目光转向广东总兵官汤克宽。

汤克宽说："经过多年实战经验，我认为攻防海倭，调用陆兵任你选尽天下，未见有奇效。如果用陆兵所要一半费用而用于海防，则倭患可以渐息。我建议建立水师。"

谭纶又问："海战有何方法？"

广西总兵官俞大猷说："海上之战无他术，大船胜小船，大铳胜小铳，多船胜寡船，多铳胜寡铳而已。我主张大治战舰。"

谭纶听俞大猷这样一说，心信服称赞："你负奇节，以古贤豪自期。你用兵，先计后战，不贪近功。忠诚许国，老而弥笃。"

随即，谭纶又问广东巡抚副使熊桴有什么意见。

熊桴说，首先在战术上吸取早期作战的经验，大胆地将水军用于阵中，利用水军的优势来克制海贼。在作战指挥上，应采取弧形方式列阵，增加抵抗能力，又将弩、槊有机地结合起来，增强杀伤力。在兵力配置上，将水陆兵种结合起来，协同作战。水上作战以水军为主，海倭一旦登陆，陆地成为主战场，由步卒发起追击，杀伤敌人。在作战指导上，为将者应适时选择战机，选择战场，使自己能够安全占据制高点；利用阵中士卒的心理，将其置之死地，以绝士卒后退之心；抓住敌人迟疑之机，迅速派兵跟进布阵；利用敌人倚仗人多势众的心理，示弱纵敌；取胜后又及时派兵增援，适时发起追击……

随后，谭纶作总发言并下达军令："沿海征调楼船，就地建造海船；在肇庆征募精兵，组建一支能驰骋东南的水师，一支抗倭战场上的威武之师。"

俞大猷向谭纶推荐："熟知海上风色水势，甘心奋身于大海波涛之间的将领，没有一个超过汤克宽的，应委以重任。"

五月，在肇庆崧台（今阅江楼）前，谭纶、汤克宽严格训练官士，要求他们熟悉水性，每人都要轮流跳下西江。

有人问为何如此练兵？谭纶富有见地地说："练兵必先练胆，练胆必先教技，教兵之法，练胆为先；练胆之法，习艺为先。艺精则胆壮，胆壮则兵强。锻炼勇气、意志与学习各种拳法、棍棒、刀、枪等'功夫'相辅相成，互相促进。在海上作战不熟水性，又如何有胆杀敌呀？"之后，汤克宽称该水师为"谭家水师"。

水师经过三个月的训练，汤克宽要求他们到海上实践一下。谭纶允许，交由俞大猷、汤克宽二人负责。俞大猷写下一首《舟师》：

倚剑东溟势独雄，扶桑今在指挥中。岛头云雾须臾净，天外旌旗上下冲。
队火光摇河汉影，歌声气压虬龙宫。夕阳影里归蓬近，背水阵奇战士功！

谭纶在肇庆去书信对俞大猷说："节制精明，公不如（谭）纶。信赏必罚，公不如戚（继光）。精悍驰骋，公不如刘（显）。然此皆小知，而公则甚大受。"也就是说，俞大猷身上汇集了诸人全部的优点，不愧名将风范。

隆庆二年（1568），谭纶任左侍郎，总督蓟辽。给事中吴时来向明穆宗上疏，建议让戚继光、俞大猷等人训练蓟门一带的士兵，以御北方蒙古。

朝议后，听从谭纶意见，决定只调年轻将领戚继光北上。这样，"谭戚"之名在居庸关至山海关流传。

读史小札

谭纶，在安定"南倭北虏"的军事指挥中充分发挥了他才略明练、皆协机宜、处理事情不拘一格、灵活机动的特点。近三十年的军事斗争实践加上他对战争规律的深刻感悟，形成了他丰富而深刻的军事思想。著有《军事条例类考》7卷、《点将图》等。万历五年（1577），病卒于兵部尚书任上，享年58岁，封太子太保，谥号襄敏。他为维护明朝统治和捍卫国家安全而鞠躬尽瘁，不愧为明朝的一代抗倭名将，是中华民族一位杰出的军事家。

张瀚惨败在南海　熊枰命薄于端州

隆庆元年（1567）正月，六年一度的京察开始了。所谓京察，顾名思义，是对京官进行考察。经朝廷吏部尚书杨博和大臣张居正的考察，被赞为"天下奇才"的张瀚升任总管漕运，不久，张居正推荐他任两广总督，于 1567 年 12 月来到肇庆。

一、征海盗出师不利

张瀚，字子文，杭州人，进士出身，上任总督时已经 57 岁了，不过他身材高大，衣着威武，三绺长须，两眼炯炯有神。

说到他的祖业，有点神奇。他居住在杭州下城区弼教坊，关于其祖业有"神人授金"的传说。

张瀚的祖父张毅庵，家道中微，以酿酒为业。成化末年有水灾，当时张毅庵居住河傍，水浸入室，所酿之酒尽毁，便每夜出去洗酒瓮。一天晚归，忽然听见有人在身后呼喊他，张毅庵回首而应，得授热物，那人突然就不见了。他回家燃灯烛，一看是白金一锭。张毅庵不作酒业，改作织布，获利丰厚，增加机器至 20 余台。商贾要货供能应求，自然家业大富，财富最至数万金，成了大户人家。

张瀚可谓"富二代"，在官场拼搏了几十年，登上了封疆大臣的宝座。他在肇庆总督府接受了文武官员们各种礼仪式拜见后，就想静下心来看书，阅览地方史料，或者郊游一番，了解肇庆风土人情。

但是，他今日显得有点儿精神不振，看书的雅兴被南海战云卷走了。

一连几天，不断有军事情报呈送进来，"广东曾一本反明，勾结倭寇海盗横行沿海，打劫官船"。张瀚的脸色一次比一次凝重。其时，倭寇海盗在沿海一带十分猖獗，有"倭寇猛于虎"之说。

张瀚传令广东巡抚李佑和副使熊枰等一批军政要员前来商议"平寇之策"。问题是两广分别设有巡抚官员，但并不受总督管理控制，所以李佑是人来心不来。

张瀚征求大家意见，无人回应。张瀚也看着巡抚李佑，而李佑一声不吭，只听不言。于是，他问熊枰："当下有何良策？"

熊枰有勇有谋，屡伏倭寇，因而有"伏虎"英雄之誉，敌人只要知道他在前线，就闻风丧胆。

他历来是主战派，本来第一个主张是对海寇"执甲荷戈，拥兵迎敌"的，可在眼下，熊枰却提出了三点建议：安抚好百姓，使其转变立场，拥护平寇政策；取消乡民久拖未交的渔业盐税；造战舰160艘剿海匪。

熊枰讲述了备战的必要性。

刚巧，广东巡视海道吴椿也到了肇庆，共商破敌之策。

张瀚看见吴椿，心里不知怎的，就是不高兴。

而吴椿一见张瀚也就不客气地问："海寇曾一本骚扰，战事不断，张总督有何良谋？"

张瀚本来很恼火，却装作并不惊心，他说："福建有巡抚刘焘、总兵官李锡，广东有巡抚李佑和熊枰大人在，何惧曾一本？还有，都督同知的广西总兵俞大猷、广东总兵官汤克宽，他们自有破敌主张。"

吴椿看了一下参会人员，傲慢地说道："朝廷责怪俞大猷、汤克宽当年招降曾一本招错人了，遭到巡按御史的弹劾，被免官处分了，还能用吗？"

张瀚一听，有气无处消，更加上火了："我正值用人之际，巡按御史乱来弹劾，是跟我过不去！我要上书！"

吴椿也气呼呼地说："上书？张大人，你是军门呀，快拿主意啊。"

张瀚不理会他，执意地说："新任代理都督金事、广东总兵官郭成，他总该有办法吧。"

结果，一班两广军政大员搞得很不愉快。

我们不妨先回顾俞大猷、汤克宽被免官的原因。

曾一本早年居住在广东潮安，自立为王，聚众数万，在惠安、潮州一带劫掠，成了海盗，和倭寇成掎角之势而相互声援。当年，他是大盗吴平旗下的一名首领，吴平被围剿后，曾一本只身逃窜安南，集吴平余众，再据南澳吴平旧寨，聚众数万，出入闽粤。

俞大猷、汤克宽在1567年招抚曾一本，准其住在潮阳下浍村。但他本性难移，悔言反叛，早先行为只是敷衍官府而已，7个月后就再次反叛，攻破澄海，抓住知县张璇为人质，广东总兵官汤克宽因而被革职。

接着，朝廷调广西总兵官俞大猷对付曾一本，俞大猷这次使人诱降，欲将他擒拿，曾一本却将计就计，假投降后，一下子挟持掠去官军大战船60艘，弄得俞大猷"老马失蹄"也被革职。

不知什么原因，广东在一年之间竟然冒出了"山寇七十二巢，海寇四种"，以海寇曾一本、林道乾最严重，搞得一大班官员被革职。

张瀚心想，自己来广东的运气太差了。虽然总兵官郭成也是一员虎将，可是这么长的海岸线，他也独力难支。

此刻，他想起一件事。初任御史（监察官）时，他去参见都台（即尚书）王廷相，请教为官之道。王廷相没讲什么大道理，却跟他讲了个乘轿见闻。他说，昨天乘轿进城遇雨，有个轿夫穿了双新鞋，刚开始还择地而行，小心翼翼，怕弄脏了鞋子。进城后，泥泞渐多，一不小心踩进泥水中，轿夫便无所顾忌地在泥水中行走了。王廷相接着说："居身之道，亦犹是耳，倘一失足，将无所不至矣！"张瀚听了这些话，立即顿悟，下跪说："佩服公言，终生不敢忘。"

这就是"不复顾惜"的故事，成为他当官之道。本来一直顺风顺水，可时至今日，来到广东是那样的不顺。

张瀚不再怨天尤人，而是动员所有将士对曾一本进行大规模的围剿。他任命广东总兵官郭成为总指挥，督令诸将士："兵发潮州！"

二、怀娱误事受处分

张瀚低估了海盗曾一本和林道乾的实力。当郭成前往潮州时，曾一本主力却突袭雷州。

郭成防御林道乾，派参将魏宗翰、王如澄、缪印三人各率水师去雷州参战。

魏宗翰为前敌指挥，他一见贼船便大叫："魏参将在此，反贼曾一本何不早来受死？"

曾一本走出船头，指挥海盗水兵，与魏宗翰的士兵大战了几十回合，便提出投降，不打了。本来有汤克宽、俞大猷纳降受骗被处分的前例，魏宗翰不应轻信，但他还是信了，令前锋缪印、俞尚志前去接引投降。

结果，曾一本突然来一个反包围，围着官兵，发动火攻。官兵水师不知是计，兵船被焚烧殆尽，死了800余人，缪印、俞尚志差一点被曾一本俘获，官军大败。

总督张瀚闻信大惊，他急令柘林水寨守备李茂才、碣石水寨把总朱相各率水兵增援。

李茂才、朱相多次与对手交锋，虽获小胜，但兵力不足，依然败退下来，大喊"倭寇猛于虎"，要求大军增援。

曾一本对着逃脱的李茂才、朱相狂言："纵横海上，尔等不是对手。"

张瀚未等朝廷批复，就起用俞大猷督水兵从广西快速支援雷州，令汤克宽督水兵从肇庆出深圳湾，与郭成会合，征讨曾一本，戴罪立功。

张瀚同时请示朝廷，令福建招募的水兵，增援广东海战。

福建巡抚刘焘持不同意见，为防止曾一本"多点开花"的战术，福建必须有足够的兵力镇压海贼流窜，只派福建总兵把守在闽粤之间，而不必深入广东。

他认为，目前广东已有俞大猷、汤克宽、郭成等将领参战，兵力足够，应相对集中优势兵力，将海贼小集团一个一个地围剿，不要广泛撒网。如果强逼，曾一本必然逃离广东。

确实，从潮州到雷州，千里海域都是战场。

潮州是战略要地，由副巡抚熊桴与广东总兵官郭成守境。他们一方面备战、补给粮草，另一方面分别对受兵祸惨重的地区"量行赈恤"。

有一天，曾一本、林道乾与倭敌组合大部队突袭潮州。本来熊桴提前布置妥帖，只是想不到海盗与倭寇大兵压境，来势凶狂，守军难敌，只好退兵入城死守，并通知郭成救援。

曾一本大兵直逼潮州城下，准备攻城。突然，熊桴在城上与几个将领交谈，令部将大开城门。

倭敌不知城内虚实，只见城上偃旗息鼓，却不见百姓走动，曾一本始终不敢贸然攻城，相持半天。倭敌头目认为郭成不在，于是下令攻城。

忽然，城头遍插旌旗，四周鼓噪呐喊。曾一本下令退兵……

其实，此时潮州城内空虚，兵力不足，熊桴使出了"空城计"，迷惑敌人，以振军威。

不过，曾一本退兵之后，林道乾报，发现汤克宽部队从海上来，郭成的官兵也开赴过来。曾一本长叹一声，悻悻地逃入海了。

惠州有广东巡抚李佑把守，但他将部队集结在惠州城内外，既不肯出兵，也不与张瀚沟通，一直称病，他的活动范围只在城楼上下。他认为，张瀚在肇庆逍遥自娱，也不过如此。

朝廷劾广东巡抚、总督"偃蹇偷安，怀娱误事"。皇帝大怒，下旨革任李佑回卫，也处分张瀚。一下子把巡抚、总督二人处罚了。

张瀚不服，他申诉：总督不能让巡抚听命于他，如何称呼"总督"？

朝廷觉得张瀚言之有理，从此把原来两广提督、都督的名称统一定为"两广总督"，巡抚也列在受总督管辖之中。所以说，两广总督的真正称谓，就是从此时明确的。

之前的两广"总督"应称"提督"，与巡抚都是一方大员，地位相差不大，因而同处一城管治全省，就常常互不相让，争斗不断。

朝廷定名为两广总督后，官衔是"总督地方提督军务粮饷"，另带一些朝廷兵权虚衔，于是集两广军、政、财、粮、司法等权于一身，其官阶为从一品或正一品。

广东巡抚的官衔是"巡抚地方提督军务兼理粮饷"，也带有兵部侍郎、都察院副都御史虚衔，官阶为正二品或从一品。

显见，他们所管的工作大体相同，问题是前者有"总督"二字，后者二字为"巡抚"，而总督权位是比巡抚高一点的。

不过向例是总督偏重管军政大事，巡抚负责民政事务和省内官员任免。但总督自恃朝廷敕文中有关于总督可以统管文武官员、节制巡抚的内容，于是便敢于借势凌压巡抚。

话题转回，熊枰带病新任广东巡抚，代理行使督军之责，新总督未到之前，还是由张瀚代理行使总督之权。张瀚虽然受到处分，但是朝臣张居正不忍心把他废了，命令他守肇庆，"速处兵粮，严督诸将，克期灭贼，以靖地方"。

一日，倭寇进入惠州境，镇守惠州的熊枰遣参将王诏、耿宗先分兵前往防御。耿宗先的裨官周云翔见倭贼又一次来犯，想一走了之，被耿宗元察觉，向熊枰报告，声言要捉斩失职将官，以正军纪。

裨官周云翔、廖凤、曾德久、廖廷等恐惧了，继而谋叛，乘耿宗元在教场阅军之际，率其兵众数千人，一齐反叛，掳走通判潘槐，投靠倭寇。

这是震惊朝野的事件，广东巡抚熊枰、参将耿宗元受处分，仍留职戴罪立功。

留守潮州的郭成和汤克宽得知周云翔等叛将谋反，屯兵于海丰平山的大安峒，马上偕同赣南军队夹击贼寇，斩贼千余人，找到被抢掠的通判潘槐以及600多人，生擒了周云翔。

郭成这次立了战功，升任代理都督同知兼总兵官。

三、屡战屡败被免职

广东沿海从来就没有风平浪静的时候。

潮州动荡，所属各县贼巢大小数以百计，搞得整个广东沿海处处是战场。

张瀚下令：总兵官郭成、佥事杨芷、副使江一麟出兵，又令俞大猷、汤克宽戴罪参与进剿海盗。

俞大猷、汤克宽早就想擒杀曾一本，以雪降职之耻。

先说汤克宽部，船队刚出海，突然狂风大作，黑天昏地，白浪滔天，船只几乎倾翻，军士号哭不已，求神拜佛，大呼"海神保佑"，拼命许愿。

汤克宽性格刚毅，沉着自若，豪迈乐观地说："天不助，我无法，为大明江山，了却生命无忧挂。"

战胜风浪，安然无恙，将士很快进入大井乡。

当时大井乡的陈世荣与余乾仁、连思恭、魏朝义等，乘倭寇内侵之际，纠集几千人，冒充倭寇倡叛。他们想不到，这支叛军很快就被汤克宽一举剿平，陈世荣也被杀死。

再说俞大猷的俞家军，在林樟一战恢复了往日的雄风，当地贼头郭明与海寇陈一义、胡一化等小头目全部被活擒，斩杀贼人500余首级，焚烧巢穴，救回被掳民众千余人。

然而，首恶曾一本的主力早就进入避风港，他不与俞大猷打硬仗，而是玩"捉迷藏"，继而与倭寇进攻甲子所。

当时守将是千户马燊，他麻痹轻敌，没有防备，甲子所城池一下就被攻陷，龙溪一带百姓损亡惨重。

接着，倭寇数百余人焚舟登岸，突袭外砂、南湾，搞得地方百姓痛苦不堪。幸好，汤克宽带兵赶到，与乡民合力截击，艰难地聚歼了这股倭寇。

马燊失职，张瀚大怒，上报朝廷，马燊被捕，并下狱处死。

过了几天，曾一本又率众贼数千，乘木船百艘，掳去澄海知县。守备李茂才闻讯，带水兵前去截击，在深圳赤湾与曾一本大战。结果，李茂才不幸被炮弹击中而亡。李茂才的水兵一下子没了战斗力，纷纷向曾一本投降。

曾一本又突然进犯广州城，一开战就杀了知县刘师颜。汤克宽前往救援，在督战时受重伤，广州闭城七日。

十分嚣张的曾一本在广州城外海珠寺壁题了一首诗，"纸糊三总兵，泥塑两军门"，不仅讽刺了俞大猷，还扬言打去肇庆，"拜见"张瀚总督。

老将俞大猷怒发冲冠，他要求与参将魏宗翰、王如澄等率水陆官兵前往广州合剿，由于官军行动迟缓，曾一本乘夜入海逃了……

谗口真能变白黑。

吴椿又参了张瀚一奏，"指挥不稳，将领不合，无心剿贼，行兵不力，怠误战机"。当时，谣言传遍官场的每一个角落，已经完全变成了另外一个版本："张瀚在梧州督府偷偷玩女人，直到半月才回来肇庆上班。"官员们唧唧咕咕，都在议论：这种素质的人怎么能当总督？张瀚这回陷入丑闻，百口莫辩。

朝廷落文：张瀚停职反省；俞大猷、郭成停发俸禄，充为事官；南赣巡抚吴百朋、广东副使王化削籍；参将魏宗翰、王如澄降职；最惨的是把总俞尚志、朱湘，被逮系至京；南头副使姚世熙受罚，吴椿取代其职。

汤克宽重伤，熊桴大病，从督抚、总兵官、参将等到一般百总被停职，或被留用，军心不稳。

广东已无将可用了。因此广州、惠州、潮州的参将久不赴任，一些水寨军务无参将专理。

福建巡抚刘焘对朝廷说，要打仗必须配套成龙。军中要有帅，帅督将，将督兵。现在能打的将领全被"炒"了，这仗没法打。

那么，谁来继任两广总督之职呢？

1569年二月十八日，朝廷升任福建巡抚刘焘为两广总督。

四、两军门同病相怜

张瀚被免去两广总督之职后在干什么呢？

人们说，肇庆是清贵之地，有灿烂的物质文明和精神文明，人杰地灵，名人辈出，在这片沃土上哺育了一代代英杰，留下了不少传世之作，在历史文化中居重要地位，他们如璀璨的群星，闪烁在中国历史的长河中。

大自然造就了"南国洞天"的七星岩，成为达官贵人展示才华和精英会聚，文人标榜、发泄胸臆的"第一崧台"。

1568年隆冬之日，停职的总督张瀚与养病的巡抚熊桴、广东右参政桂嘉孝，三人共游同叙，畅吟七星洞天，言谈间交杂着说不尽的兴致与感想。

张瀚首先在七星岩璇玑处开笔：

岁晚七星岩。熊镜湖中丞同游。

出廓见青山，盘回苍莽间。牙旗摇草树，桂楫溯潺湲。窈窱天光发，崔嵬星影环。尘纷暂时释，卮酒壮颜。乍入犹感晦，穷探始豁然。冈台高插汉，石室暖含烟。北海留唐刻，濂溪纪宋年。登临暂驻躅，何处觅飞仙。点点琼峰峙，荧荧北斗悬。室中藏色象，石罅俯云天。猿啸烟岚外，龙吟湖洞边。良朋同胜览，自觉寄情偏。河岳共风尘，崧台意转亲。有星同照耀，无石不嶙峋。顿作鹰扬气，犹疑豹隐身。时闻氛祲息，腊尽即阳春。隆庆戊辰元洲张瀚。

接着，到熊桴书丹了。熊桴，字符乘，号镜湖居士，湖北鄂州人，进士出身，是一员抗倭大将。1567 年，他在广东减免鱼、盐税赋，实行保甲团练，制造战舰 160 余艘，有功于广东，所以先后与谭纶、张瀚同治广东。因此，他也题"元洲督府偕予七星岩次韵" 32 句（节录）：

鬼斧研灵山，峰连霄汉间。七星同共列，双洞对潺湲。入座清虚胜，移尊紫翠环。……岩深石花发，云静佛灯悬。对坐溪头月，还游物外天。琴尊蓬屿上，笙吹斗牛边……

右参政桂嘉孝也是步韵题诗 32 句，其中结尾说"岭表今多事，天涯漫寄身。相将过半日，不觉洞中春"。诗中自然称张瀚为"相"，熊桴为"将"，张瀚当然心中暗喜，而面对"下岗"的现实，表面上一点也高兴不起来。

题诗，每个人的心态都不同。在同朝为官被贬到德庆州的吴国伦，与熊德甫一齐来端城，拜见了"闲养"的张瀚和"病养"的熊桴。

吴国伦拜读过两位军门的诗句后，发出了长篇感慨："南游欲蹑罗浮颠，满地兵戈萦吾足。且向端州谒故人，乘兴联舆过圆屋。……康乐好游沈侯隐，一日适意千秋足。天造名山自古今，我辈那能终碌碌……"

作为朝廷重臣，张居正还记挂着张瀚、熊桴，但他挂念更多的是广东战事，他在给熊桴的信中告诫：海盗不断呀，张琏被擒之后有吴平，吴平被歼之后又有曾一本。"如今还有林道乾，既为良民，便当遵吾约束，涣其党群，厘其宿弊。如怀疑贰，即可名之为贼，因而除之。"

可是，熊桴已经有心无力了，他患了重病。于是，他将张居正的信转交总督刘焘，让他对一时接受招抚的林道乾也要深怀戒备之心。

1569 年九月十六日，熊桴卒于肇庆，终年 63 岁。朝廷以其平寇有功，赞其"以死勤事"，追封副都御史，赠兵部左侍郎。遗体运回家乡湖北鄂州安葬（今五丈港闸处）。

风雨故人情。广东的民众纷纷为熊桴建造祠堂庙宇以祭祀英灵，并且作歌怀念：

伤哉我所亲，义比丘山重。半生在兵革，间关无息踵；功成殉海邦，道路哭且踊；生为万里城，没被长陵宠；夜台不复旦，使我涕如涌……

熊桴病逝之时，张瀚回老家闲居了。

有一天，朝廷主事来了，神秘地一笑，附在张瀚耳朵上，悄悄说道："张居正不日辅政。先生您是忠臣，就要得到重用了！"

张瀚听完，瞪大了眼睛，看来到处都有政治投资的人，他问了一句："是真的吗？"主事笑着点了点头，但马上他就笑不出来了，只见张瀚顿时表情开始扭曲，随即放声大哭起来。他噙着泪水记下了：无法掌握权力的人，终将被权力毁灭。

宰相之杰张居正，起用张瀚为吏部尚书，他对张瀚说，若做事太在乎一时的得与失、毁与誉，那什么事也做不成。

对于这一切，张瀚自然是嘴上不说，心中有数。他知道，属于他的新时代到了……

后来，恰巧张居正遇到丧事，打算夺情出仕，他暗示张瀚向明神宗请求留用。张瀚却假装不明白，称"阁员奔丧，应该授予特殊典制，是礼部的事情，与吏部没有关系"。听到张居正继续留任的消息时，张瀚抚胸叹息道："三纲沦落了！"

他这样的反应是超乎所有人预料的，张居正恼怒不已，此时，给事中王道成、御史谢思启弹劾张瀚玩忽职守，勒令他退休回家。

读史小札

张瀚敢于和恩师张居正作对，也许是政治家和政客的区别。很多人认为，这是个人之间的矛盾，其实，是不同的思想意识和执政理念的碰撞。张瀚被弹劾辞归故里，写书《松窗梦语》，自称"虎林山人八十三翁张瀚"。"虎林"即"武林"，据传唐朝为避李虎之讳而改"虎林"为"武林"，而杭州古称武林，以武林山得名。张瀚1593年去世，封太子少保，谥号恭懿。

刘焘荡平山海寇　功成身退默然行

有一个战乱或动荡的地方存在，对大明朝绝对不是福音。而有一个文武全才，一代豪杰抗倭灭寇，则可谓广东的福气。

一、奇爽磊落气

1569 年二月，福建巡抚刘焘升任两广总督，当他南下广东之时，海盗曾一本获悉，突然停止在广东起事，反而率众进攻福建沿海，攻城略地。

这一招刘焘虽然早有防范，但是福建新任巡抚涂泽民不以为然。曾一本也实在太猖獗了，把主要兵力对准福建，在柘林、土屋、马耳澳等处，一连三次战斗，把福建总兵官李锡杀得大败。

幸好南路参将张元勋赶到，攻破了曾一本，涂泽民巡抚之位才侥幸保住。当然，李锡被停职反省，张元勋晋升为副总兵官。

刘焘总督闽广军务，肇庆总督府换了新帅，广东沿海一下子平静了许多。他腾出时间进行休整，建议复任俞大猷副总督、广西总兵官，郭成广东总兵官，李锡福建总兵官的职务；其他受处分的人也官复原职。同时任命福建陈濠充督理广州、惠州、潮州；福建耿宗元分守惠州、潮州参将；江一麟为广东按察司副使，兼督水陆官军，一同前往征讨曾一本。

接着，刘焘会亲统大军督战于莱芜澳，分兵在柘林澳、铜山洋、广洋澳（即莲澳）、鸡母澳（即玄钟澳）等地作战，并实施对曾一本的"合兵会剿"战略。

而南海战场再不见汤克宽了，因为朝廷赦免了他之后，将其调往赴蓟镇（今河北省）任职。临别时，俞大猷为汤克宽赋上一曲《短歌行》：

蛟川见君蛮然喜，虎须猿臂一男子。三尺雕弓丈八矛，目底倭奴若蚍蚁。一笑遂为莫逆交，剖心相示寄生死。君战蛟川北，我战东海东。君骑五龙马，我控连钱骢。时时戈艇载左馘，岁岁献俘满千百。功高身危古则然，谗口真能变白黑。赭衣关木为君冤，君自从容如畴昔。顾我无几亦对簿，狱中悲喜见颜色。君相圣明日月悬，谗者亦顾傍人言。贷勋使过盛世事，威弧依旧上戎轩。君今耀镇狼山曲，云龙何处更相逐。春风离樽不可携，短歌遥赠亦自勖。与君堕地岂偶然，许大乾坤着两足。一度男儿无两身，担荷纲常忧覆沦。皓首期君共努力，秋棋胜着在残局。燕然山上石岩岩，堪嗟近代无人涘。与君相期瀚海间，回看北斗在南关。功成拂袖谢明主，不然带砺侯王亦等闲。

1576 年，北方外敌入掠古北口，汤克宽同参将苑宗儒追敌出塞，遇伏战死，捐躯沙场。这是后话。

再说，刘焘有什么了不起的事迹呢？

刘焘，字仁甫，号带川，1512 年生，天津卫人。地方志书称他"短小精悍"，"生有慧智，强记博闻"，但又绝不是那种"死啃书本"的人，而是"读书不求甚解，一过辄得大意"。他少壮时即好骑射打猎，常在秋末冬初，"臂鹰牵犬"。猎得野物，便分给街坊四邻，同族当家。另外，他"好博善饮"，好博而不在乎输赢胜负，善饮则广交朋友，因此人缘极好。26 岁中进士后，刘焘写下了一首诗：

再上公车意惬然，蟾宫丹桂在门前。
而今时觉文章贵，金榜题名是谪仙。

刘焘仪表轩昂，"奇爽磊落之气，宛映眉宇"，气象博大，他精骑射，通韬略，入仕以后南征北战，戎马一生，长期带领军队抗击倭寇，屡建战功，著称于世。这个文臣出身，却在军事方面大展拳脚的战将，能将兵法运用得如此淋漓尽致，被人们赞为将星、战神。戚继光也曾在他部下任过参将，并功成名就。

当年刘焘转战"南倭"（即居于东南沿海的日本人和海匪组成的武装走私集团），只身率领几个家丁，称为刘家军。他下马发箭，箭无不中，创下"以一人驱千倭"的传奇。

刘焘射箭，"见其悬一金钱于百步外，射必贯窍，无一失者，其技真不减陈尧咨（宋代神射手）"！就说 1553 年，海盗汪直、徐海等勾结倭寇迷里只麻入浙江。督事海防的赵文华（大奸臣严嵩的亲信）强令他向驻在陶宅的倭寇进攻。当时刘焘接手上一任留下的官兵，身为前锋将，与倭寇战于陶宅。哪知道这些浙军官兵，早就被倭寇打怕了，一个个都是惊弓之鸟，倭寇一来，先自己跑了。刘焘手挽强弓，挺身独斗，箭无虚发，千余倭寇以为遇到了强敌，纷纷奔逃。刘焘回头看了自己的兵，已经跑到三里之外去了！

倭寇发现官兵实际并无战斗力，回身进攻。刘焘独骑殿后，一气上来，提箭拉弓，一箭射杀倭酋迷里只麻。刘焘之箭不但精准，而且力度特大，倭寇一看，发现迷里只麻的头被箭穿透了。

次日，徐海、汪直之敌又来进攻，与倭寇依山为险，截击刘焘浙军。炮弹在刘焘的脸旁飞过，刮掉了一绺胡须。而刘焘奋不顾身，带五六十个家丁勇士参战，还带了他的侄子武举人刘墀断后，刘焘瞄准倭首汪直，一箭射中他的右眼，汪直当场倒地，然后挥军奋勇冲杀。然而，徐海与倭寇又冲杀上来，乱箭齐发，刘焘显然寡不敌众，只能拿手中大刀一一把箭格开，且战且退，回营后竟然因过力而口吐鲜血。

不久，贼人徐海、陈东勾结倭王首息乌喇，3万敌人水陆两路掠夺黄埔港。刘焘连夜赶到上海，身先士卒，弓箭多次在战场上发挥了奇特的作用，陈东被射杀，浙军斩敌首500余级，火焚巢穴，终于大获全胜。回师之时，徐海与倭寇的船只突然蜂拥而至。这时候，恰好官兵解送了满满的一船箭来。于是，刘焘"与健儿十余曹取射之，发辄洞甲"，用满满的一船箭射杀敌人。"发辄洞甲"，也就是几乎每一箭都有这样的力道，穿透倭寇的甲衣，致伤致死。刘墀一箭射穿倭首徐海的左臂。而这时刘焘的肩膀已经因为用力过度而脱臼，抬不起胳膊来了，方才撤走。之后，刘焘任驻嘉兴、嘉杭一带，射伤海盗叶明，生擒于帐下。

刘焘在福建长乐一战，又在蒲田再战，破贼36巢，倭酋呵哈咳秃连夜逃遁。还有抗倭时的桐山澳、柘林澳、莲澳之战，刘焘功劳难掩，风采动人，成为有名的"箭神"。

1567年10月，嘉靖皇帝驾崩，鞑靼趁机入侵，时时袭扰。刘焘调任为将，镇守北疆。面对边患，封疆大吏们主张"抚"的不少，"花钱买苟安"。刘焘持反对意见，他主张以实力为后盾，以斗争求团结。"夷人"口称归顺大明的，要"钻刀说誓"才算数，才给赏赐。他鄙视那些动不动就说花钱去"抚"的人，认为这和向人家进贡没有什么区别。

他下令，守土如身。凡看到敌酋土蛮二话不说，挥刀便砍，拉弓就射。有一次敌酋前来，被刘焘弯弓搭箭，射中左腿。土蛮手下人找门板扛起他来，急急逃走，这家伙才算捡了一条命。刘焘带兵追杀北夷至棒槌崖，北夷溃逃跳崖，尸体填如山崖一样高，共斩敌首3973级，获骆驼器械军资不计其数。随后，他率兵一战双旺庄，二战李家庄，三战周彦庄，四战平山营，五战木台，他克敌颇多，无所畏惧，吓得土蛮都没命地奔逃。

刘焘"南征北战，功勋射目"。他善于用箭，曾说"刀枪剑戟，器非不利也，但能近而不能远"，"惟弓矢之为艺也，远可伤人于百步之外，近可伤人于数十步之内，能远能近，能守能攻，不惟兼诸器之长，且其制也轻而便"。

他把学习诸般武艺与弓箭比作"五经"与"四书"的关系，认为刀枪剑戟是"五经"，可以学会其中的一种；弓箭的使用，则像熟读"四书"一样，必须人人掌握。显然，刘焘就是战神，也是一位箭神！有人写诗赞扬刘焘的风采，生动如画：

> 五石强弧信手开，翻身上马万人摧。
> 甘如细雨三春霈，壮似惊涛八月来。

南征北战数十年的刘焘，回到福建任巡抚不久，又在1569年二月以57岁的年龄坐镇两广，朝廷赋予他"战场违令，先斩后奏"的权力。

刘焘有了手握尚方宝剑般的生杀大权，敢于起用旧将。他与郭成、俞大猷研究具体实施方案。郭成提出，当下海盗曾一本与倭贼实行"联夷肆劫"，有战船800艘，一时声势浩大，嚣张至极，应解决海上作战船的问题。俞大猷倡议造舟募兵，形成"大兵团"作战，解决沿海战线较长的问题。

刘焘听从建议，调整了水军作战方案。要求福建、广东、广西三军用1个月时间建造兵船，训练水兵，整顿海防，必须与以前比大有改观。

时机成熟，刘焘命令广西总兵官俞大猷驻水师三万于西南，防止贼寇向此地溃逃；福建总兵官李锡驻扎水军三万于东北，防止贼人向北溃逃；广东总兵官郭成、参将王诏驻水师三万，练习各种火器，为三军主力。下令：王化以佥事兵备副使整顿惠州、潮州二府；抚按官涂泽民、王宗载随行征讨；所有两广镇巡官协办夹剿。

部署完毕，刘焘一声令下："所有受罚将士，务必立功赎罪，一举荡平曾一本。"

不料大战前夕，军中却发生了叛乱事件。在广东参将王诏部队中，校官王凤、姚甫山，威胁海边众官兵，要求一齐叛乱。刘焘的谋士建议，王凤这里只有弱兵三千，把他灭了。刘焘说："不怕兵弱，就怕无兵。俗话不是说'强将手下无弱兵'吗？"这话说得直撅撅的。刘焘为了平息和招降这一小股叛军，屡屡查看动静，费了一番心机。

本来派一名参将就可以摆平的事，刘焘却决定亲自前往抚散。人们为难了，认为刘焘亲自前去叛军那里太危险了。他对下官说："凡为将者当以不杀为武，倘冒功诛戮，天理何在？就算我看不到明天的太阳，我也要把这事处理好。"

刘焘从肇庆前往广州，途中，叛军王凤、姚甫山让人传话说："我们叛乱是因为有人克扣军饷，杀了此人我们就回去。"刘焘迂回地说："克扣军饷固然有罪，叛乱之罪不是更大吗？"他心想：我不中你的离间计。

　　王、姚又传话说，要我们投降可以，但一定要刘军门亲自到我们的营房来谈。刘焘一笑，答应了。然后，他带了两名士兵，乘舟进入了叛军营帐，只身入虎穴，发出这样的喟叹："好久没有和前线的战士一起喝汤了！"

　　他以浩然之气镇住叛军，王凤等8个叛军头目都说知错了，甘愿招安。刘焘下令，将他们各打40大板，然后才招安。同仁惊呼："总督好胆也！"

　　刘焘不仅是安邦定国的名将，还是有较高文化素养的儒将。他安抚了王凤、姚甫山内乱之后，一语道破"天机"：官兵同欲者胜，官兵相离者败。官兵不一致，要打胜仗，除非太阳从西边出来。因此，官兵应在战斗中生死与共，生活中同甘共苦。

二、横扫曾一本

　　刘焘部署作战计划，分析双方形势："曾一本漂泊海外，风涛之险恶、火器之利钝、岛屿之穴窟，皆彼所素长。"但是他们的短处是什么呢？是粮饷。他们出没无常，为非作歹，民众恨透了这支海匪游击队。只要封锁住他们接济粮饷的通道，不出两三个月就能取胜。

　　他派遣各地官员巡视海岸，加快落实两项政策：一是禁，禁止载油、麻、硝磺、粮食等物品到海上私贩。二是抚，以厚待人，遇上从外逃回来的贼人，都给免死票释放，用政策攻心。

　　他特别提出，海贼曾一本屯兵惠东平山一带，这是他们的虎狼窝，然后向四处伸张。因此，打曾一本要打成歼灭战，千万不要打成击溃战，"不虑彼之能战，而虑彼之能逃"，一旦逃往海外，"不免旷日持久，殚力费财，而收功颇远"。

　　刘焘针对广东扼塞要害，布置作战方案，要求各官司各职："在东洋有柘林、碣石、南头；在西洋有白沙港、乌兔、白鸽门，这六处皆立寨、增兵、增船，统以将官。无事则会哨巡缉，有警则互相策应。务以击贼外洋为上功。"当夜，刘焘写了一首诗：

　　　孤军泊停水云乡，为抚顽民竟夜忙。
　　　一念竭忠栉沐苦，捐躯尽忠为勤王。

　　围歼曾一本的战斗打响了。

　　刘焘先派两路兵员围攻，摆开阵势，分进合击，然后进行迂回包围。刘焘强调，只拿首恶，胁不从问。广东总兵官郭成把主力队伍让王诏率领，正面进剿；

南赣巡抚张翀遣参将蔡汝兰领兵 3 500 人，共趋大浦白云屯，夹攻平山。

王诏、蔡汝兰各领令出征，齐攻平山顽敌的激烈战斗就此打响。顷刻之间，土炮齐鸣，喊声震天动地。而海匪则依仗着深沟高墙、居高临下的地利之势，又视郭成兵力不多，没有大兵团和火器，所以负隅顽抗，拒不投降。匪众依仗地利，进行垂死挣扎，口中还不时谩骂，如此苦战了半个月。

刘焘调整战略，决定寻找时机歼灭曾一本。他加大兵力，把郭成、张翀所部的精兵也调去进攻平山。一天深夜，郭成、张翀选择从西北进攻。派出王诏、蔡汝兰各领一支敢死队，每个人眼中射出了仇视的怒火，大声吼道："不完全歼灭匪徒决不罢休。"接着进行一场大战，本来被困多日且十分疲劳的敌军此时全无斗志，很快被杀得大败，慌忙四散撤退。随后大批明军勇士们都冲进了平山，顿时喊声四起，火光冲天，战斗更加激烈，一片混乱，哭泣声、刀枪声响成一片。匪徒逃亡的逃亡，逃不脱的就投降。

天将拂晓，曾一本被迫带着几千残兵败将从西南角和西北角扑沟逃窜。

曾一本准备遁入潮州马耳澳。刘焘早有防备，已下令老将俞大猷领兵封锁海道，与郭成、李锡两支大部队会合，形成三路进击。刘焘强调："不要把船开到大海深处野战，而是将曾一本船只赶往一处，集中火器歼敌。"

三路明军作战神勇，曾一本部队遭受迎头痛击，几次企图突围，却被福建总兵官李锡的官军死死拦截，只能退守桐山澳苦战。此时倭寇与海盗林道乾企图相互呼应，增援曾一本，当靠近桐山澳之时，李锡官军突然火器齐发，打败了倭寇的援袭，烧毁敌船 10 多艘。

曾一本只好边打边退至柘林，岂料广东总兵官郭成的先锋参将谢潮从天而降，突然袭击，双方大战一场，明军死伤数十人，倭寇被杀死一百多人。总兵官郭成大部队赶到柘林时，战场上散布着士兵的头盔、武器、衣物、家信，陡坡小路下方已成血河，他被这种舍生忘死的精神折服。然而，打扫战场时，却不见曾一本的踪影，应该是夺船入海逃走了。

曾一本逃脱，有人反映是郭成的王诏部队出击杀敌不力。刘焘一听，怒火冒起三尺高，命令手下大将刘徐将两人斩首，众位将官吓得连忙请求，赦免郭成、王诏。刘焘命令他俩戴罪立功，追踪围剿曾一本。

原来，曾一本诸贼落海而逃，又逃往莲澳盘踞。郭成一边报告，一边主动带兵追击，对暂时的挫折也无所畏惧。刘焘坚持韬光养晦、有所作为的战略，指挥李锡、俞大猷率兵合击，步步为营，挤压了倭寇的活动空间。

郭成认为，在具体的对外作战中，出拳之后，打痛对方，又不伤着自己最理想，但不现实。怕伤着自己，除非不出手，这不是分寸问题，而是胆略问题。于是拼命地缠绕着倭寇穷追猛打，300余贼首在郭成、王诏军队的合力攻击下，或遭焚烧死在船上，或溺死海中，死者数以万计。

曾一本穷遁，俞大猷穷追。曾一本和他的老婆在莱芜澳（在澄海境）被王诏的儿子王之野擒获。今汕头市潮阳区海门莲花峰还有擒曾一本记功石刻：“皇明隆庆三年（1569）六月二十六日，推府来公监纪诸军事按辔此山，是日也，巨寇曾一本就擒，海边军民有更生之喜归。公壮猷遂请于莲花石峰（宋文丞相命名）磨崖……管备倭巡捕本所千户程大逵。”

1569年五月十五日，刘焘在肇庆总督府看着朝廷对处置曾一本的批复，“立斩枭示”4个字，颇费思量。“立斩枭”，可以遵旨照办，将曾一本的脑袋砍下来就是了，还有个“示”字是什么意思呢？臣僚们琢磨了半天，才弄明白皇上意思：不光是砍下脑袋就完事了，还要把这颗头颅悬挂在菜市口示众。示者，公示也，就是要让世人瞧瞧，敢跟皇帝作对的，会有什么下场！

刘焘下令，将曾一本等头目押送往人众集聚的闹市执行极刑，并斩首示众700余人。

当时，参加进剿曾一本的将领邓子龙作了一首七言长诗《东海血战》，好比一幅壮丽的海战画卷：

捷阳巨寇曾三老，剽掠称雄居海岛。水兵数万莫樱锋，两省英雄皆草草。
三司百姓夜上城，束手元戎把计找。二省会师约南澳，东西顺逆风不到。
五月十二排战船，猾寇乘风先有报。闽师十万败如洗，将官沉水金门里。
蔽海艨艟悉卷空，军装火器尽为取。乌艚碣石凭风起，白沙一日长洲尾。
贼船夜扎牛田洋，轻视广兵容易喜。胜负未分莲澳战，一声霹雳船不见。
风消烟散浮似蚁，曾贼夭亡莲澳底。猿臂擒来尚未死，主将冒官传其子。

围剿曾一本战役终于大获全胜，所有将领在肇庆听旨，或升职或复职，他们与刘焘一样，得到最新银币的赏赐。这个是新鲜事物了，将士们第一次见识白花花的银子。由于出口贸易的发展，大量白银通过东南沿海从海外流入了内地，作为法定的流通货币，一般交易大数用白银，小数用铜钱，白银和铜钱组成了货币主体，也让肇庆市民大开了眼界。

朝廷赏赐之时，俞大猷晋升为右都督兼广西总兵官，但他不居功自傲，将功劳归给将士。他说，士兵们立下过汗马功劳，就算没有功劳也有苦劳，并默然写下一首诗。

倚剑东冥势独雄，扶桑今在指挥中。岛头云雾须臾尽，天外旌旗上下翀。
队火光摇河汉影，歌声气压虬龙宫。夕阳景里归篷近，背水阵奇战士功。

刘焘过来看了俞大猷的诗句后，宣布全体将士暂时休整。

但是朝廷不同意刘焘的主张，认为这只是阶段性的胜利，必须穷追猛打。因为在广东潮、揭、浦、惠诸县，又有流贼郭明等聚众起义，说是为曾一本复仇，声势相倚，肆虐抢劫。

刘焘将朝廷剩勇追寇的命令传达下去，将士们心中虽然有怨气，但看在白银的情面上，认为不休整也罢，便继续上战场了。

刘焘细细分析了粤东敌情，既然要打，就打一场四面出击的大仗。他决定：分兵三支，他亲自指挥肇庆兵，前往惠州一带，平定最大的寇首林漳和刘汉江等；广东总兵官郭成前往潮州，剿除流贼郭明一伙；广西总兵官俞大猷出海，征剿琼州。

刘焘兵进惠州。林漳、刘汉江勾结倭寇，想趁刘焘不备，杀他一个下马威，于是突袭惠州府，却被刘焘来一个反包围，把敌人打得哭爹喊娘。倭首乌乜麻，垂死也要扑向年迈的刘焘。刘焘转身回城，猛然一个回马枪，把乌乜麻杀死，其余倭寇也完全歼灭了。

然而，有大股倭寇为配合各方流贼"起义"，在广海卫（台山市东南端）大肆杀戮。这股贼心不死的倭寇侵犯了广海卫，在刻着"海永无波"的巨石下，据城数十日，杀戮广东人民3 000余人，官民房屋大多被毁。知县姚文炜与广东把总邓子龙率领军民上城抵御，结果无效，被倭寇破城而大败。接报后，刘焘不仅没有惊慌失措，反而周密部署，由邓子龙作先头部队出征，他随后亲自挥师直出广海卫。

"海永无波"这4个大字，表现了沿海人民抗击外来侵略、团结战斗的爱国主义精神和英雄气概。怎能让倭寇兴风作浪！

刘焘意想不到，先头部队很快与倭寇接上火，也很快败北。虽然刘焘亲征，并且是大军征剿，但倭寇十分顽固，他们扬言既然能够把邓子龙打败，就不怕刘焘。于是，倭寇在那西与刘焘打了一场硬仗，结果刘焘胜出。刘焘动用军民合力的组合拳，把倭寇打得落花流水。狡猾的倭寇采取了"打得过就打，打不过就走"的战术，大败之后，退出了县境。

刘焘心系民生，并在当地进驻了重兵，自然会得到民众的拥护。

潮州方面，广东总兵官郭成、兵备金事杨芷、监军副使江一麟等不负众望，率官军分路进剿流寇，这一仗以排山倒海之势，将一班无战斗基础的流寇赶尽杀绝。

接着郭成一路高歌猛进，几经战斗，终于在一个四处绝壁的葫芦峡谷，把流寇郭明部 1 000 多人死死包围住。只要从绝壁上面往下扔火石、发射弓箭，或者干脆不动困死对方就可以了。可是在这个生死一瞬的时刻，郭明主动向郭成提出愿意投降，回家种地，而郭成还就当真了。

监军副使江一麟反对，说流寇不可信，他们走出险境之后就会重新造反。于是，郭成将流寇郭明、胡一化、陈一义等头领尽数处死，并俘获了 1 300 余人，起义很快被平息。

与此同时，俞大猷捷报，以少量兵力利用地形设下伏兵，经过 4 天激战，几乎全歼了琼州、雷州的林容、许瑞、李茂等部。

至此，历经一年多战火的广东，终于风平浪静，又恢复了往日水静河飞、碧海扬帆的美景。

刘焘也希望"今日涛平四海同"。

但是，作为海盗余党，朱良宝、林凤、林道乾等纷纷自立，继续开启了一段海盗"盛事"。

三、哀切辞官去

秋日，刘焘回到肇庆总督府。

捷报奏上，朝廷下诏，刘焘升左都御史、兵部左侍郎，食从一品俸禄，赐给蟒袍衣带赠荫。

心情爽朗的两广功臣们自然为刘焘祝贺。

以往，兵部有左右侍郎各一人，现在朝廷再增设两名侍郎，当总督缺员时，侍郎可及时顶替，侍郎和总督经常对调。总督往内部提拔时，可以接任兵部尚书。从这时起，便形成了兵部的一条定例，"一尚四侍"，侍郎出则为总督，总督入则为尚书。

刘焘却陷入了沉思。他认为自己一生对内忧外患已使尽全力，也该退休了，还想官位干什么。于是，他放宽心情，第一次与功臣们同游七星岩，也第一次游肇庆天宁寺。

晚上回到督府，天气闷热难耐，刘焘无法入睡，他翻身坐起，点起案上的油灯，摊开纸墨，提笔直书：

尘世清虚境，登临入望佳。万山盘虎豹，一水斗龙蛇。

落日天低树，云开月照沙。洞门钟鼓寂，香雾绕昙花。

渐渐地，刘焘仿佛又回到了少年时代，又成了青年及第、雄心万丈的进士，又在上书直谏、痛斥奸佞、倡言改革，又在洒血攘袂、出生入死、慷慨悲歌……

翌日，刘焘突然上疏，辞官告归，离任两广总督。

朝廷正当用人之际，刘焘怎能无故辞官呢？

事实上，刘焘虽然是将军，却是一个儒将，他认为年老了，最好不要跳上政客的船。

他说，唐朝诗仙、酒仙李白，一开始倒是明白这个道理的，因为杜甫在《饮中八仙歌》中就写过他："天子呼来不上船。"可后来到了庐山，估计是喝醉了，以为施展政治抱负的时机来了，下庐山后，竟然登上永王李璘的旗舰，检阅水师，还大唱赞歌："为君谈笑静胡沙。"结果，永王失败后，他也被充军流放到夜郎国。

刘焘申请辞官，但是朝廷不准。

朝廷以为刘焘功大官小，又任他为兵部尚书，留在广东。朝廷还特别派两位都御史登门拜访"刘尚书"。刘焘对一切都是抗拒的，坚拒任职，然后拿出一份"退休报告"：

自莅任以来，伤感、瘴疠、呕吐、疟痢，无一病不作。自谓患病无不瘥之时，水土无不服之理，或者久而自愈；前夏月之间，炎蒸交感，饮食已绝，棺殓已备，迄今将近一年。

虽策力供职，但脾肺已伤，前疾转剧，乃敢冒渎天廷。近日以来，胸膈膨闷，汤水不进，死可自待，岂但眼疾蒙蔽、疮疥痛痒而已哉！

屡用医人调治，饵药无功。臣虽欲效驽骀之劳，奈秣饲失调，终毙一枥槽之下矣！

其实，这些哀切动人的话并非刘焘的本意，他知道"官无常态"。以征剿盗贼曾一本来说，曾一本抢劫广州，皇帝斥责张瀚，罚扣俞大猷、郭成的俸禄。曾一本又进犯广东碣石卫，叛将周云翔杀害了雷琼（雷州和海南合称）参将耿宗元，与反贼相应和，廷议降张瀚官职。当郭成大破贼军，抓获周云翔，朝廷又让张瀚回原职。既然朝廷能把张瀚玩于掌中，刘焘倒不如做个顺水人情，退回总督之位。当然，刘焘不能以此理由"退休"。

但他的"退休"也有戏剧性。

　　刘焘也许与吏部尚书温纯是前世结下的冤家，今世相遇两人感情自然有冲突。温纯原本不认为刘焘有能力担当两广总督，当有人报告在广东的敌人全被打退了，温纯却弹劾刘焘是欺骗。

　　现在，刘焘突然提出辞职，温纯一反常态，力挺刘焘留任两广总督。

　　但是，兵部尚书石星不同意，说是刘焘赠白银六两给温纯。岂料，温纯干脆揭发刘焘行贿"二十四金"，要求开除刘焘公职。

　　开除公职也好，"遂准致仕"也罢，刘焘不能离岗。他挨过了肇庆破天荒下了两天的大雪。

　　突至的春雨开始鞭抽肇庆城墙，皇帝终于批准刘焘"退休"回乡，他竟然十分高兴地说："我这是因祸得福啊！"因为，当年一同任巡抚的熊桴、涂泽民及不少将士均死在异乡，自己算是幸运的。

　　两广总督这个官是吃苦受罪的官，是冲锋陷阵的官，是拼死玩命的官。"有事则招之来，无事则挥之去，岂朝廷用人臣之礼？"

　　刘焘戎马三十年，有自身疾病苦，驱驰疆场苦，父母死不能奔丧守孝苦……如今老了，经不起栉风沐雨之苦了。

　　刘焘回乡的消息震动了广东，僚属挽留不得，唯有惋惜，肇庆官民一路送他到西江的船上，才依依不舍，泣涕作别。刘焘写下一首《致仕感作》诗：

　　　平生壮志觅封侯，岂料明珠暗里投。
　　　报国未酬三尺剑，瞻天空望九重楼。
　　　不闻盛世罗麟凤，且听时人呼马牛，
　　　寄傲归来无限乐，五湖烟雨一扁舟。

读史小札

　　刘焘颇有"硬汉作风"，戎马一生，正气一世。南征北战，抗倭平叛，身先士卒，建功立业。他不仅尚武，亦善诗文。晚清名臣张之万认为，刘焘的文学可媲美明前七子之首李梦阳，武略可比肩亦曾建功两广的王守仁，而他的忠贞严毅可与力守边关的孙承宗相提并论。

　　刘焘1598年卒，享年87岁，一生为"了却君王天下事"而奋斗，却未能"赢得生前身后名"。他在世时，没有得到很多荣誉；他去世后，明史也未将其入传。明朝忽略了这个身居一品的战神，更忽略了一位百姓心中的英雄。

李迁修建谷阴亭　为官不于污浊处

　　明朝隆庆三年（1569）十二月，肇庆北岭山大雪，"林木皆冰，二日乃解"。此时，倭寇停止了犯境，边陲稍有安宁，数十里内人烟断绝的惠、潮二府更显萧条，唯肇庆大江两岸炊烟依旧。

　　翌年正月，朝廷把总督河道的李迁提为兵部右侍郎、佥都御史，前来肇庆上任两广总督兼巡抚广东。

一、严厉中有柔情

　　肇庆之春，生态动人。大美星岩，鹭立烟波，山亭倒影；涵虚风起，十里花香；西江上下，道不尽江山盛概；古城内外，述不完人文繁富。如此钟灵毓秀、瑞气呈祥、嘉木凌虚、远志昭彰之美，也就少不了两广总督的趣事。

　　李迁，字子安，号蟠峰，1509 年生于梅岭之南的江西新建县蟠龙峰东麓禹港李村，与前任总督吴桂芳是同一个县的老乡。他天资聪颖，酷爱读书。小时候的一天，父母在家门口晒了谷，要出远门，交代李迁，如果天要落雨，赶快把谷收起来。谁知他看书看得入迷，天下雨把衣服和书淋湿了，才如梦方醒。大雨不仅把谷给淋湿了，还冲走了许多。村里人都笑他读书读傻了。只有他的父亲不屑一顾地说："书中自有千钟粟，何必在乎这点谷子，我儿将来必成大器。"果然，李迁 20 岁补县诸生，29 岁中举，30 岁又荣登进士榜。

　　李迁做梦也想不到，61 岁时还能任两广总督，一个天大的金元宝就这样砸到他的头上。

　　据说，李迁在来肇庆途中遇见"庞眉丹颊"异人，传以道家丹鼎符箓的学术。异人说："你亦儒亦道，书剑俱佳，我很是喜欢。你暂借总督府栖息，辟室静修，博览群书，才有后福。"李迁也想求道，异人说："道者求道，贵在心到。"说罢腾空而去。

　　李迁到了肇庆，见有一些官员"负才慢人，众怒群猜"。以李迁的性格，真想整顿一下。但他还是忍了，生怕初来乍到得罪人。因为他明白，大凡坏人都要整好人，社会也常常容不得那些不随大流的人。俗话说，直如弦，死道边。

　　有些官员来送见面礼了，李迁却直接地告诉别人："我不管在哪里做官，除了朝廷的俸禄、皇帝的赏赐，从不多要一文钱，自许一生从不乱取一文。"还好，送礼的人不多，他暗自庆幸没有把总督府变成是非之地。

边防无战事，肇庆百姓笑。但是，李迁把备战放在第一位。他说，岭南这个地方算是蛮荒之地，喜欢用拳头刀枪讲话，来来往往这些年，每到一定时候总爱闹腾一下。

他主张"因兵求兵，因粮求粮"，以本地之兵粮为本地之战守，彻底改变那种"无事皆食粮之众，临敌无堪用之兵"的状况。不知是什么原因，他在总督院署里面，建造了一个小"道亭"，又名"谷阴亭"，人们认为他有清闲之意，是用以专门修静观书用的。确实，他早起躬书耕读，亲自打扫庭院。其实，这里体现了他治理肇庆的设想。他以道治军，以儒治民。

有一天，他视察肇庆，突然提出，将斗南书院撤销，改为分守道署（道，是省以下府以上的机关，俗称"道台衙门"。道的长官称为"道员"，民间尊为"道台"，因此得名道台衙门）。

肇庆知府说，撤销斗南书院不好吧，这里文盲率较高，不读书自然不服管，不服管自然不纳税，不纳税自然是不行的。

李迁却说："你们不要猜忌，目前着力抓好守巡道和专务道才是最重要的。"

知府明知反对无效，但心里还是想：怎样"以儒治民"呀？

接着，李迁开始强硬治军，"规则必须执行，严惩必须达到目的，否则别用"。他说了一大堆理由，交相运用着道家方圆智慧，因时而变化，应势而取合，做事不过分，亦不过犹不及，善于权衡利弊，拿捏分寸，圆融中有刚毅，严厉中有柔情。他对道员说："下次来检查道署，你命令所有将士顶盔披甲，箭上弦，刀出鞘。"所以文臣监军都怕他了。

也许，李迁在肇庆从严治军有他的道理。虽然肇庆总体算是像歌谣传唱的那样："坊市晴，山鸟鸣。商旅行，农夫耕，大碗小杯洌酒盈，更深夜静不闻声。"不过，此时的肇庆山区大打没有，小闹却不断。

好端端一个地方，为什么最终被闹腾、被破坏得不得安宁？原因是多方面的，但也是政府绝不允许的。

二、剿灭高要匪首

这一年，李迁眼皮底下的肇庆府高要县，有刁民邓胜龙勾结匪徒"闹腾"，肇庆大震。李迁毅然决定采用武力镇压。

战斗不光要有指挥官，还要有战将。要调广东总兵官郭成或者副总兵官张元勋过来吗？

李迁总督觉得没有这个必要，"杀鸡焉用牛刀"。他想在地方武装选拔一些人才，于是发布总督令："熟兵法者爵万户。"

俗话说，重赏之下必有勇夫。可是告示挂出三天，还是没有敢"爵万户"的勇夫。于是，李迁点广东守备陈璘为将。

陈璘，字朝爵，广东韶关翁源人，少怀大志，身材魁梧，膂力过人，结交贤豪，相与谈剑术，讲韬略，尽得其秘，善将兵。

李迁令他亲自率领一支 500 人组成的尖刀兵，前往高明地区平定刁民。他告诫陈璘："将军此次率军平乱，军事行动最讲究的是神速、秘密，千万要当心亡命之徒伺机伏击，而且一定要使匪徒感到意外，以为将军从天而降。"

行军途中，有探子来报告，邓胜龙等匪徒在深林中设有埋伏。

陈璘命令，大队人马正面列阵吸引对方的注意力，暗派小股官兵从敌人背后包围过去，用火器攻打。匪徒受到挫折，很快就四处逃跑。

邓胜龙本是以船为家，逐鱼而行，是一个"疍民"或"疍家人"。但是，邓胜龙一伙"疍民"与海盗互相勾结，必要时还可以成为海盗的后备军。他们常常亦盗亦民，官兵来，则打渔，官兵走，则行盗，故倭寇剿灭有时，而海盗极难消尽，成为反抗官府的势力。

邓胜龙的匪徒被剿灭了一部分，也被驱散了一些人。但他们贼心不死，善恶不分，唯利是图，以暴力手段杀人越货，烧毁民居，抢夺民财，掠民为盗。然后纷纷窜逃到西江、北江，据险结寨，与官府玩"猫捉老鼠"的游戏。

陈璘向李迁提议，巡守官进行划地分守，断绝匪徒海盗以及倭寇入侵向导，并及时报告匪徒行踪，然后奉命领兵征讨。

邓胜龙率众 3 000 人，流窜西江，进入高要地域又起来闹事。李迁又派陈璘出兵。陈璘善用计谋，用兵勇敢果决，敢于深入。他突然包围了邓胜龙占据的村落，展开夜战，逼使邓胜龙退守羚羊岗。天晓时分，邓胜龙凭借天险，时而用箭，时而用石，箭石像下雨一般向陈璘官军飞来。为强攻羚羊岗，围剿的官兵死伤不少，不得不后退。

陈璘杀死后退的小校示众，一声令下，火烧羚羊岗，然后再冲锋。此时，占据山冈的几个匪首被官兵斩杀，其余匪徒纷纷投降。邓胜龙看见部下被烧死、战败逃跑的已达千人，十分恐慌，知道大势已去，在寺院自焚而死。

陈璘一战成名，擒斩邓胜龙刁民和匪徒 1 300 余人，体现了新一代战将"绝发结绳拉战马，拆袍抽线补军旗"的风采。此战后，陈璘升任署都指挥佥事、广东都司。

李迁虽受嘉奖但不居功，还慰劳军队，只见陈璘全身披戴盔甲，威风凛凛地站在面前，拱手作揖，说："末将盔甲在身，不能下拜，请允许我以军礼相见。"李迁见状，肃然起敬，派人向全军将士表示慰问。劳军完毕，李迁与陈璘一行来到督府"谷阴亭"，交谈一番后观赏着池塘上的游戏。本来手工制成的纸鱼、纸船放于水上，只有遇到风吹时才会漂动。这天却有人把纸鱼放在水上，那纸鱼无须借助风吹，自会游动，如活的鱼儿一般。

李迁大悦，便找那人来问个明白。原来，那人取公狗胆一只、鲤鱼胆一只，两者和匀，再涂到较厚的纸片上，叠成鱼的形状，放在水池中，转眼漂动起来，游来游去，极似真鱼。

李迁对陈璘说，我们的战船能如此自如就好了。正玩得开心，一份诏令下来，"广西古田壮人又在大闹腾了，筹划出兵"。

永不落幕的两广叛乱再次开演。

李迁深知自己不是军事家，只能坐在"谷阴亭"这里，指挥一些小打小闹的战斗。平定广西之乱，自己怎能决胜千里之外呢？当然，他身边有个善战的将领陈璘，可是还不足以平天下。好在朝廷派殷正茂任广西巡抚，更有广东总兵官郭成、广西总兵官俞大猷，都是打仗的能人，自己只管筹划出兵就是了。

三、平定古田之乱

说到"古田之乱"，需从明初的管理说起。广西桂林古田县，自景泰以来，一直被市氏家族霸占，朝廷屡派官军征剿，均损兵折将，以失败告终，成为朝廷和广西地方官的一块心病。广西瑶、僮居多，盘万岭之中，当三江之险，六十三山倚为巢穴，三十六源踞其腹心，其散布于桂林、柳州、庆远、平乐诸郡县，叛服无常。

早在1492年，古田、柳江一带因发生了特大饥荒，官府仍强迫农民交粮纳税，百姓不堪忍受。于是，韦朝威率众反抗，举义反明。1495年一举攻占古田县城，占据26年，号称"广福王"，1518年遭杀害。

韦朝威死后，韦银豹重举义旗，被称为"莫一大王"（莫一，壮语意为力大无穷）。义军首领韦银豹及黄朝猛极为猖獗，他们四处劫掠，甚至两次进犯省城。1565年正月，韦银豹组织力量围攻桂林城。三品参政黎民表（广东从化人，以诗名，尤善画，隶书师文徵明）从梦中惊醒后，很快便成了韦银豹的刀下之鬼。韦银豹夺走库银4万两。"劫藩库，杀参政"，全省为之震动。在桂林市芦笛岩附近的大岩洞内，至今还保有一块记载此事的石刻："加（嘉）靖四十三年十二月二十四日迎春，混入蛮贼，劫掳布政司库花艮（银）七石，杀死布牧黎民表。"

本来，早在吴桂芳任军门时，便有计划把韦银豹剿除。当时，韦银豹占据古田，分其地为上、下里，"银豹两犯省城，独下四里人从之"。吴桂芳探知情报，决定先派遣典史廖元，深入上四里谕降诸僮，使诸僮1 900余人复业。韦银豹一见势力孤单，又"因二源兵威（指平定翁源、河源李亚元），惧征悔过，恳请县官，甘输国赋，开山通道，立堡纳兵，听抚效顺"，向朝廷请降。

然而，走投无路的民众被贪官污吏所害，生活不下去，相继造反。广西的官兵缺乏战斗力，几度被派去征剿韦银豹，都以失败告终。一波起义被镇压，不久新的一波又起，再镇压下去，再起，在起义与镇压过程中，尽管有起有伏，总的来说，民众起义的地区越来越广，声势越来越浩大，而统治者的力量则不断削弱，镇压一次起义所需的力量越来越多，所需的时间也越来越长，政府对社会的控制越来越困难，终于到了临界点上。这里流传着一首反映官逼民反的歌谣：

官府捉丁守石城，孤寡老幼难逃生。
差役多，捐税重，不杀官家活不成。

明穆宗已经忍无可忍了，命令总督李迁全力以赴支持镇压，任命殷正茂为广西巡抚，与广西总兵官俞大猷负责围剿韦银豹。

殷正茂来到肇庆与李迁总督共谋大计，计策是"十万人马，兵分七路，步步为营，合力进击，围剿古田"。

一战功成，俞大猷率领部将梁高、卢奇"佯分兵击马浪贼，而密令参将王世科乘雨夜登山设伏。黎明辄发，贼大惊。诸军攀援上，贼尽死。马浪诸巢相继下。斩获八千四百有奇，擒朝猛、银豹，百年积寇尽除"。然后还一举攻破永宁州。就这样自景泰以来，"古田之乱"彻底平定。

李杜《征蛮将军都督虚江俞公功行纪》云："未事之先，则心周万全之算；既事之后，则每垂悠久之虑。其周万全之算以底事成绩，则古之名将盖多有之；其每垂悠久之虑以戢乱兴治，则其用心非儒者不能也。"

当然，平定"古田之乱"，明穆宗认为李迁也是有功的，加封他为右都御史。

四、躬身赈济贫民

这天，李迁走向"谷阴亭"观鱼。这里，亭前半亩方塘，竖亭于中，砌石为桥。春有鲜花，夏有凉风，秋有黄叶，冬有冷梅。两边翠竹夹路，千百竿翠竹遮映，凤尾森森，龙吟细细，地上苍苔布满，脚下池水浅流。水中养有锦鳞鱼，李迁每日熏沐素食，躬亲喂养，以示脱俗。有人题了一首诗：

> 观鱼池上小亭风，吹落谷阴化锦龙。
> 一夜别开清净地，晓来静对月华浓。

其实，李迁观鱼是出于无奈。俗语说，人命三节草，不知哪节好。民间一旦有风吹草动，神经质的总督立即恐慌起来。那年六月，南方骄阳似火，天气闷热，又正值广州、肇庆两府闹水灾饥荒，民众历年所收，均不敷所出，李迁怕他们生事引发大乱，因此，在高要等地建立食物赈济处来帮助穷人。

他多么希望自己平安，虽然有些不习惯，但地方平安，自己就平安了。所以他总爱在这高高的岗位上做好安民的工作，能顺利退休就阿弥陀佛了。

广州、肇庆水灾刚赈济不久，韶州府曲江、英德和广州府清远又发大水。英德城外民房多遭漂没，出现饥荒，斗米值银一钱。如此，赈灾成了他义不容辞的事情。他还提倡垦荒，发展屯田，安置流民，赈济贫民。

他在广东为百姓减轻负担、赈灾救施、兴利除害，始终躬身贯彻"民本"思想，民间称他为好官。也正因为李迁在两次"赈济贫民"中政绩显著，再一次得到明穆宗的表彰。

就在李迁赈济贫民之际，海上倭寇和盗匪乘机攻掠广州府东莞、新宁及肇庆府恩平等境。

李迁第一时间想到的措施就是镇压。他把自己摆在与倭寇、盗匪誓不两立的地位，哪怕是草木皆兵，日夜惊恐不安，如坐火山口，也绝不宽容。他恨之入骨地说："倭寇不死，粤海永无宁日。"即使有人说屠杀会造成"积尸盈野，流血成川"，他仍然恨不得将倭寇、盗匪以及造反的"刁民"赶尽杀绝。

李迁还未出动杀机，而倭寇的杀气正盛，攻陷了电白城，又攻下高州府，殃及化州、石城，接着又在雷州府沿海掠夺。一些地方军根本抵抗不了倭寇、盗匪凶狠的入侵。

倭寇常常得手，主要是因为使用了"计策"，他们遇到明军，以小股兵力将他们引诱到伏击地点，再以大队倭寇围攻。又用重金广布谍报，监视明军动向，攻城时，先派人内应，内外夹击，因而成功机会多。

怎么办？李迁立刻下达命令，远在潮州的广东总兵官郭成沿着海防围剿；陈璘从揭阳、饶平陆路回迁。为解燃眉之急，李迁决定先调肇庆兵出击。

肇庆府同知郭文通因为多年无功，没有升职，便借此机会向李迁表忠心，自荐愿意率兵打击倭寇。

然而，郭文通这次出动也是想显摆而已。他出师不利，在广海（今新会）大败而归。是什么原因呢？据道光《肇庆府志》载，郭文通所率有狼兵（两广土著子弟）浙兵（浙江子弟），两种兵闹意见，导致失败。狼兵和浙兵实际上就是一群有管理的农民和民工。战斗时，倭寇发现了这个情况，片刻间数千倭寇制造铺天盖地的声势，从四面冲了过来。明军队型已经乱了，根本无法阻止倭寇集团冲锋，很快败下阵来。

郭文通战败，李迁心急如焚，盼望郭成早日出兵驱逐倭寇。郭成也是一个铁血军人，倭寇听到郭成这个名字，无不闻风丧胆。郭成带领边境的正规军出战，一举击败倭寇。"本年，各府围、寨及小股海盗多被总兵官郭成剿灭"。

为何郭成的部队战斗力强？经过多年海战，明军了解倭寇在沿海地区神出鬼没、游走不定的游击战术，有里应外合的配合和相对好的待遇、武器、经验。明军很快就训练了一支专门剿灭倭寇的机动部队，还从西南地区调来了适用于东南沿海山区的山地部队，同时出动水师在海上拦截和攻击。

庆功会上，郭成受到奖励，却觉得是小打小闹，心头掠过一丝寂寞。因为他被"诏四川总兵官"，即将离开广东。

李迁在肇庆虽然自由和舒适，其实也是寂寞的。别人的寂寞是挥举着战刀过的，而李迁的寂寞是出于年迈，咬不动高要鹅了。

李迁选择功成身退，以多病为由，向明穆宗请求辞官还乡，侍奉老母。明穆宗不明白为什么两广总督总是要病退，刘焘是这样，李迁也是这样。皇帝干脆不批，再言便视为抗旨！

李迁知道自己没有前任总督刘焘那样的战功，也没有殷正茂那样的本事。既然皇帝让他到京授职刑部尚书，还赐他黄金百两，任京官总比任总督压力小，想着那便走吧。

读史小札

李迁升刑部尚书，同年致仕（《明史》载），不带走一两银子。大家都很敬佩他的为人。他回乡行至新建县一座坍塌的石桥，见当地官员的不作为，怒摔乌纱于桥下，"乌纱桥"因此得名。李迁于1582年农历十月十九日去世，明神宗赐谥号"恭介"。

殷正茂忠实勋庸　群将领为粤标辉

明穆宗时期，肇庆军门，有剑胆琴心，文星炳耀；有云龙凤虎，武宿标辉。逸韵遗风，陶铸一方气概；丰功伟业，播扬千古风流。在军门之中，人称"黑张飞"的殷正茂也算是一代名将、抗倭英雄。

一、百年积寇尽除

殷正茂，字养实，号石汀，1513 年出生在安徽歙县东乡的殷家村。殷氏家族虽然在地方上名望颇隆，但到十世孙殷正茂时，已颇为寥落了。

嘉靖二十六年（1547），苦读群经多年、已经 34 岁的殷正茂，终于高中进士，这给已经衰落许久的殷氏家族带来了新的辉煌和希望。殷正茂科举名次靠前，不久升为兵科给事中。按品级，给事中只不过是从七品的小官，但由于有"言官"和侍从之臣的特殊身份，负有钞发章疏、稽查违误之责，可以对高级官员进行监督弹劾，地位实际上比较显赫。殷正茂以不畏权贵、正直敢言的形象在朝廷中初露头角，引起内阁的注意。不久，被外放"锻炼"，颇有政声。

隆庆三年（1569），广西庆远府古田僮民义军头领韦银豹、黄朝猛反抗明廷，抢劫省城银库，杀死官将多人，声势浩大。朝廷派了几个大将去镇压，都被打败。第二年，隆庆帝奋然而起，锐意大动干戈，不惜倾两广之力继续征剿。问题是派谁任广西巡抚，统筹负责剿僮军务。

朝廷大臣张居正说："庆远府的官吏无好生之德，盘剥有加，遂激起民变。僮民聚居于高山密林之中，本来就持械好斗，加上首领韦银豹、黄朝猛两人胆大妄为，率领叛民屡戮天子命官，攻城劫寨。地方督抚连年请兵请饷，朝廷已耗去几百万两银子，可是，已经三年，叛民却越剿越多。昨日警报抵京，说韦银豹又攻陷收复不到半年的荔浦县城，把知县的人头挂在城墙上示众。不把庆远府平定，就永无安日。"

首辅高拱问张居正："太岳，征剿广西僮民，该派谁去？"张居正决断地说："应重新选派两广总督。"高拱警觉地问："两广总督已有李迁在。"张居正答："这是用人不当！"

"你认为应该选派谁？"

"我推荐殷正茂，这个人有军事才能。"

高拱脸色略阴沉，冷冷地说："殷正茂，可是他太贪了。"

张居正苦笑一下答道："殷正茂不去，谁去？"他知道高拱在这一问题上怀有私心。两广总督李迁是高拱的门人，深得高拱信任。但正是李迁，心胸狭窄容不得人，先是排斥令倭寇闻风丧胆的郭成，又用扣军饷掣肘俞大猷。这回韦银豹攻陷多个县城，李迁不但不引咎自责，反而上折子弹劾俞大猷拖延军务，剿匪不力。朝中大臣，如兵部尚书杨博、左御史葛守礼等，都知道俞大猷是冤枉的。但高拱一味偏袒李迁，他们也无可奈何。杨博认为，李迁不撤换，庆远叛贼就绝无剿平之日。

南京湖广道御史陈堂条提议："今督臣殷正茂才望可倚重，皇上以任度者任正茂，则正茂必能以度之讨淮西者自任，贼不足平矣。"

高拱明里规劝、暗里威胁张居正说："殷正茂一开始是做行人（跑腿的官），任兵科给事中，做得还不错，还需历练。太岳，不要提出更换两广总督事。不管李迁留不留任，要不先让殷正茂巡抚广西？"

言官给事中陆树德急了，劝告："殷正茂必定贪污军饷！"张居正笑了笑，说："那又如何？他能平定叛乱。如果派一个清廉的人去，他不贪但办不成事，朝廷再多加军饷也解决不了问题。"

张居正希望他早日平叛，班师回朝。殷正茂心领神会，上任后直接到肇庆拜会总督李迁，调集两广兵力共 14 万人；再去梧州找 65 岁的广西总兵官俞大猷，共施作战大策。

广西庆远，奇峰兀涌成林，秘境汇聚称冠。探地缝之渊深，观群瀑而泻缓，如翡翠之飞花，如散珠之汗漫。钙石亘古滴积，壁挂诡谲如战。这里生活着一群僮民，又叫壮民、"古田壮"，首领是韦银豹，他行事风格有点类似于绿林好汉。另一头目是黄朝猛，抢官粮，劫银库，杀了参将黎民衷，影响很大。

征剿部队都是当时两广明军最为精锐之师，文有巡抚殷正茂足智多谋，武有总兵官俞大猷骁勇善战。特别是俞大猷的俞家军，更是号称"倭寇的克星"。在两广有"世人都怕魔鬼，但魔鬼怕俞大猷"的说法。

隆庆四年（1570）十月二十日，俞大猷担当前敌总指挥，分兵七路，每路近两万人，并进围剿叛乱。煌煌天兵列阵，层层铠甲纷乱。俞大猷要求参将梁高、卢奇，抢先占据古田后，在雒容县城会合。结果战斗了一个多月，梁、卢两军惨败，殷正茂大惊。

然而俞大猷、王世科率领所部，经过半个月的血战，先夺下牛河、三厄等险要据点，再连克数十座敌巢，攻下了坚固的东山凤凰寨，殷正茂转忧为喜。

俞大猷率军于隆庆五年（1571）正月初五，抵达雒容县城。将韦银豹、黄朝猛逼到了潮水寨、马浪、若利等地的大石区。又经过半个月的战斗，韦军与明军都伤亡惨重，但是俞大猷攻下了多个据点，把韦军团团围在潮水等地。

潮水白塔山上，韦军在这里修筑工事，严阵以待。俞大猷随后与韦军又展开激烈战斗。明军围攻白塔山，昼夜不停地向山上鸣铳、射箭。驻守白塔山上的韦军则搭营顽抗，用石块、滚木打击明军。山路陡峭，很难仰攻，明军强攻了10多天，没攻下白塔山。

殷正茂急了，让俞大猷停止强攻，想个计策拿下。俞大猷会合了4万大军，分3路进发，采取层层包围的铁桶战术，分兵"围山打寨"，轮番袭击潮水村乡郊地区的韦军，使白塔山上的韦军孤立无援，粮尽水缺，困在山巅。然后，俞大猷亲自督兵在山下驻扎。

白天，明军每前进一步，都把周围的树木砍光，见房屋点火，见石头过刀，让韦军无藏身之地。晚上分兵埋伏，轮流休息，一连几天都是如此。接着，俞大猷还收买从河池、南丹调来的壮族土兵，打入韦军内部，让白塔山韦军松懈。

同时，俞大猷带领一支特种部队，秘密潜行于溪谷之中，经询问山中村妇，得知有一条隐秘的山间小路通往白塔山。于是铤而犯险，长途奔袭。深夜，他们登上山隘峭壁偷袭，宛如神兵天降。

黎明时，明军来到了韦银豹、黄朝猛潜藏的洞穴之中，经过一番殊死格斗，杀死了数十名韦银豹的侍卫和手下心腹，黄朝猛仓促应战，死在乱兵之中，他的妻子被擒获。

诡计多端的韦银豹在危急中施计退兵，他把一个貌似自己的人的首级斩下，令士兵把假首级及自己的宝剑和衣服送到敌人军营"报功投降"，韦银豹却乘明军暂时息兵之机，带领少数人突围出去。

然而，韦银豹被廖东贵出卖，在凤凰山古训村的岩洞中被官军金事金柱捕获，随后被押到俞大猷的军帐，随即被解送到京城斩首。这一仗，明军连破几十个寨子，共斩首8400多级。至此，闹得轰轰烈烈的"古田之乱"被剿灭了。

大功告成，明军班师回朝。

"百年积寇尽除"，威震南服，殷正茂、俞大猷等得到立功嘉奖。俞大猷子孙世袭指挥金事。

"征剿"捷还，殷正茂于隆庆五年八月，到肇庆向两广总督李迁汇报情况，将改古田为永宁州，设置副使、参将镇守，为朝廷省掉了麻烦。

李迁也给殷正茂"报喜"，准备卸任两广总督，并向朝廷推荐殷正茂。

那一幕让 58 岁的殷正茂感动不已，像金风把星湖水吹成明月，把玉露吹成微笑。

隆庆五年九月，四川都掌蛮为乱，诏郭成移镇；张元勋接替郭成出任广东总兵官；李迁调回京都，殷正茂以广西巡抚身份代行提督两广军务。

虽然一些大臣表示反对，但内阁重臣张居正力排众议，主张让殷正茂出任两广总督，稳定广东局势。

这样，殷正茂开始了他与倭寇周旋厮杀的全新人生历程。

二、陶铸岭南气概

新任两广总督殷正茂到了肇庆，召集张元勋等一班官员研究广东的军事战略。他在肇庆设练兵参将一员，招募土人为兵，训练为军人，从中选出把总、哨官、哨队长，编成队伍，然后分成 20 营。为了加强海上作战能力，殷正茂建立了一支有战斗力的"海军"，并且在肇庆建厂造船，建设"海军"基地，这一任务由张元勋负责。

张元勋，字世臣，浙江太平人，承袭军人世职。他年少时深沉坚毅、有计谋，经验是在实战中打出来的，并一步步走上广东总兵将坛。

殷正茂说，多年来，广东沿海怎么治理总不见稳定，比广西好不到哪儿去。目前，横行广东的畲人蓝一清、赖源爵盘踞在惠州的山险木深之中；林道乾、林凤、朱良宝聚集在潮州沿海闹事。眼皮下的肇庆有恩平十三村的陈金莺，邻邑三巢的罗织清，藤洞九径十寨的黄飞莺，各自闹得很欢，真令人忧心忡忡呀。

张元勋说，这些人祸害百姓，应该把他们都消灭掉。

殷正茂说，我正有此意，这也是张居正大人的指示："今当申严将令，调益生兵，大事芟除，见贼即杀，勿复问其向背。"接着，殷正茂决定：第一，守巡官划地分守，并迁徙濒海渔民于云南、四川、湖北等内地，以绝倭寇向导。第二，率兵 4 万，从近到远，分兵数路突击粤西。第三，请南赣方面出兵阻截，防止流窜。

按惯例，两粤只有大征才能叙功，小规模的进剿是不叙功的，所以诸将不喜欢小规模的进剿。总督殷正茂决定，从今起，小规模进击敌巢也记功，诸军应争相奋战。殷正茂命令，总兵官张元勋、参政江一麟等人，迅速整顿军队，肃除广东盗寇，率军镇压肇庆所辖三巢、十寨、十三村的起义。

突然，情况有变，1571 年十月，倭寇进犯粤西，高州、雷州等地相继失陷。倭寇分道攻陷高州府多个县城，杀石城县千户黄隆。电白知县蒋晓、锦囊所千户侯安邦弃城逃遁。接着，倭寇又攻掠雷州府沿海。所过之处，焚劫杀掳，民众的生命、财产损失惨重。

3 天之后，殷正茂又向张元勋直达第二道命令：平定了倭寇再迁回恩平。

同时，殷正茂又秘密派遣副将梁守愚、游击王瑞等人屯兵恩平，等待时机赴援张元勋，围剿苔村。

当时，陈金莺等人还不知道大兵压境，依然与邻邑苔村三巢的罗绍清、林翠兰、谭权伯串联，又与藤峒、九径十寨的黄飞莺、丘胜富、黄高晖、诸可行、黄朝富等人，相互煽动作乱。

梁守愚、王瑞二将像往常守戍在那里的人一样，将恩平一带控制起来。此时，张元勋部队在高州、雷州战场奋勇争先，斩敌数百级，俘敌千人，倭寇大败，四处奔逃。同时，招抚了许瑞，让其破倭赎罪。许瑞依计出兵，反戈一击，攻剿倭寇，生擒 78 人，斩首 25 级。

经过半个月的激战，张元勋基本平息了高、雷地区的倭患，接着投入恩平剿乱战斗当中。

战恩平，副将梁守愚见时机已到，乘陈金莺一伙不备，一夜之间歼斩了林翠兰等近百人，生擒了罗绍清、谭权伯，旗开得胜。

继而邓子龙部队歼敌 1 000 多人，抓获了黄高晖、黄飞莺；张元勋率部向北到达藤峒，又生擒丘胜富、诸可行、黄朝富等 88 人；江一麟所部剿击十三村，歼斩和俘敌 2 000 多人，生擒了首犯陈金莺，只有黄高晖等人逃跑了。

1572 年春夏之交，三巢、十寨、十三村被平定，全部安抚。

围剿行动有序开展，在史书上只有简单的一句话记载："以此尽平诸盗。"

尽平诸盗之后，肇庆又多了一个"开平县"的名字。就在殷正茂派出大军前往苍城一带镇压陈金莺、林翠兰的同时，又派出岭西兵备佥事李材，督领肇庆兵前往收拾残局，将这一带所有反抗官府的人全部镇压下去。

之后，明廷在今大沙、马冈、龙胜、苍城、金鸡一带，设置了 18 个屯，其中仓步村设置的开平屯，以"开通粆平"（除去障碍物，安抚平定）之意命名，维持了这一带的治安，设置屯地，募兵耕守，从此太平。万历元年（1573），李材完成任务后班师回到肇庆。

粤西平定了，殷正茂的矛头又指向粤东。在惠州、潮州两地相接处，山高险阻，树木深茂，蓝一清、赖元爵与同党马祖昌、黄民太、曾廷凤、黄鸣时、曾万璋、李仲山、卓子望、曾仕龙等人各自占据险要结砦，控制方圆 800 多里地，同党有几万人。殷正茂提议对他们进行大规模征讨。

不巧，1572 年五月，明穆宗朱载垕 36 岁驾崩，结束了隆庆时代。10 岁的明神宗朱翊钧当上了皇帝，进入万历时代。40 岁的内阁首辅张居正被推上了历史的前台。

有了张居正的支持，殷正茂大胆实施征剿粤东贼寇的计划。

陈金莺等人在粤西被歼灭的消息很快传到粤东，曾廷凤、曾万璋潜伏了，马祖昌也假意乞求投降。

殷正茂不管他们是诈降还是潜逃，依然征兵 4 万，下令由参将李诚立、沈思学、王诏，游击王瑞等人分别带领，总兵官张元勋担任节制，监司陈奎、唐九德、顾养廉、吴一介监督，几路兵马齐头并进。

这一仗，叛军无论是凭借险要地势选择固守，还是逃亡深林邃谷，或者跑到南岭深处，最后都被官军打败、歼灭、活捉。

有一回，张元勋率部追击，一天一夜跑步赶到敌戍所，击杀李坑，生擒卓子望。还有一回，张元勋假装饮酒庆祝，忽然进兵生擒了曾仕龙。张元勋先后俘歼大头目 61 人，小头目 600 多人，击破大小敌巢 700 多所，生擒斩杀 1 万多人，又一次威震岭南。

张居正得知后，专门写信鼓励说：“大功克就，岭表辑宁，朝士大夫始服公之雄略，而信仆知人之明。”皇帝为他宣传捷功，告郊庙，晋升张元勋为署都督同知，世荫百户。

山寇初平，殷正茂认真执行张居正的新政策，切实保护粮农的利益。要求两广官员，因战乱而抛荒的土地，一律免除原应征收的钱粮；凡愿耕种该荒地者，由官府拨给，三年后方许征税。

沿海与内陆的庄稼人重现生机，这一年，广东全省开局良好，丰收有盼头。就肇庆而言，如果不出现大的自然灾害，农业生产将保持稳步发展的态势。

谁知好景不长，沿海百姓的生活刚有点盼头，倭寇、海盗如潮，又来侵食广东。殷正茂继而实施剿除海盗、倭寇的计划。

朱良宝、林道乾（又说林凤）进攻广东攻打甲子所（今陆丰市甲子镇）和新寨，破坏了广东沿海稳定的形势。在早些年澄海苏湾有一个王伯宣，抗租抗税，劫富济贫。王伯宣死后，由部将朱良宝辅助王伯宣的儿子王若鲁继续四处活动，一时声势大振。

甲子所官府一直把朱良宝当成眼中钉，想方设法要剿灭之。但是，此处地少人稀，兵力薄弱，寡不敌众，被朱良宝一攻而破。掳走时任浙江台州教谕李良知之子李棠，劫至船上作为人质，勒索钱财。李家人千方百计谋求释放李棠，但没有成功。

李棠的妻子卓氏救夫心切，自告奋勇，毅然挺身而出，誓愿以死换回丈夫。

于是只身登船，要求换回丈夫。卓氏对朱良宝说："我一个妇道人家，不知去何处找寻钱财？请先放回我丈夫，才能凑钱赎身。"朱良宝不同意。后来卓氏又携两个儿子及自身作人质，要求换回丈夫，朱良宝答应了。

卓氏眼看丈夫船已到岸脱险，即牵两个儿子投海殉节。后来殷正茂将卓氏的事迹禀报朝廷，明廷封赠卓氏为"南海夫人"，建祠称"义烈祠"，祠址在今甲子城内西南。翰林院学士钱牧斋书联镌刻于石柱上：

携儿共葬鱼腹中，四海鲸鲵破胆。
全夫直占鳌头上，九重日月争光。

奇妇烈女，不逊须眉，激励着甲子人民誓死抗战。

殷正茂誓言派一支正规军，一定要大举攻剿朱良宝。有人却说，朱良宝勾结倭寇凶狡，人多势众，已逃离回海盗据点"南洋寨"。应和往年一样调兵一起围剿。殷正茂说："势已燃眉，远需何济？况兵贵先声，必须大将亲行。今宜移缓就急，重申赏罚，破之无难。"

殷正茂命令广西总兵官俞大猷、广东总兵官张元勋率军赴援；命令佥事李材、许孚远，参政江一麟，副使陈奎、吴一介，参议周鸣埙等分头督集所在官兵，随军前往潮州府作战。岂料，此时朱良宝不等双方交战，自己主动向张元勋"降伏"了，朱良宝将王若鲁献给官府，要求接受招抚。

恰巧此时，惠州告急，寇劫诸县。张元勋觉得既然朱良宝归降朝廷，就让他暂时驻守"南洋寨"吧，先解决惠州之危再以论处，于是兵发惠州。

寇劫惠州，殷正茂闻讯大怒，对负有责任的总兵府坐营都指挥同知李峨以罪论斩；将在军门坐营都指挥的金丹、白沙寨的把总宋天爵发配充军。

张元勋、俞大猷兵合一处，把惠州府夺了回来。

殷正茂任命福建司署指挥佥事白翰纪为参将，督理广州、惠州、潮州海防；参将署都指挥佥事王诏调任广东都司事，加强粤东防御。

三、忠诚许国功勋

时间刚过半年，广东沿海防御又出现问题了。在铜鼓石（今阳江境）有倭寇入侵，因守御的官兵近期未受倭寇侵扰，守备松弛，倭寇骤然攻至城下，慌乱一团，失去坚守信心，还没有交战，城池就被倭寇攻破。同时，另一股海盗突袭闸坡澳。

当殷正茂命令俞大猷、张元勋分头赶到时，由于地处临海孤城，未及时救援，倭寇与海贼已经潜逃了。

殷正茂又一次大为震怒，从总兵官到佥事一律处分。因战事失利，作为两省的军事主官，殷正茂深感履职不力，一边上书汇报敌情，一边自我弹劾待罪。兵部以他履新不久未予深究，皇帝也宽慰并勉励道："殷正茂素有才略，兹初任事，其督率将领司道等官，悉力驱剿，务期荡灭。"甚至特别提出："其地方机宜，悉听破格整理，敢有梗挠者，奏闻重治。"

广东总兵官张元勋被记大过处分，并戴罪立功；俞大猷被免官，李锡被任命为广西总兵官。

后来，殷正茂觉得处罚俞大猷之"罪"过于重，又以署理都督佥事起用他，任为后府佥书，负责训练车营。殷正茂宽容俞大猷的文书还未送达，惊闻俞大猷病故，感到十分惭愧。

俞大猷一生为将，纵横疆场47年，清廉重义，文武双全，渠魁巨寇，莫不服诛；险山恶海，日日与战而未尝败衄，种种事迹，不胜枚举。及其老，仍无人能当。战功赫赫，威名远扬。"四为参将，六为总兵，两为都督"的背后，是"七次屈辱，四次贬官，一次入狱"。然而他坚持着"忠诚许国，老而弥笃"，晚年，依然发出心声：

借问浮云云不语，为谁东去为谁西。
人生踪迹云相似，无补生民苦自迷。

明廷赠俞大猷为左都督，谥"武襄"，褒誉甚隆，殷正茂总算有些宽怀。俞大猷卒时78岁，其好友黄吾野的挽诗，概述了他悲壮传奇的一生：

大星落东海，涕泣满城哀。百战功徒在，千秋梦不回。
云销天地气，世绝古今才。寂寞廉颇馆，空余吊客来。

张元勋化悲痛为力量，也想戴罪立功，追寻那股倭寇。他从粤东寻到粤西，又从粤西寻回粤中，终于在双鱼城（今阳东县西南）找到了倭寇的踪迹。

正准备围歼那群倭寇时，殷正茂指示，进攻双鱼城，倭寇海上无船接应，势必向内陆逃窜，而儒峒是其必经之地，在此设下埋伏，定可以逸待劳。同时，殷正茂紧急调集李锡为援兵，并亲率肇庆参将刘志伊、佥事石磐赶至儒峒设伏，其余巡官划地分守。

总兵官张元勋依计而行，分路会剿。在战役中，张元勋部下把总葛子明奋身杀敌，右臂几乎被敌人斩断，仍然合力奋战，誓死进攻，鼓舞众人，终于杀敌千人。倭寇被打败后逃亡，果然中计，被儒峒设伏官兵又擒杀数百人，还解救了不少被掳民众。接着，殷正茂指令张元勋亲率官军继续追敌，于是在电白合围逃倭1 000余人，大获全胜。

后来，殷正茂查明，突袭铜鼓石的海盗是潮州林道乾余党朱良宝。另外一股海盗也在袭击间峡澳。

殷正茂拿张元勋问罪，张元勋说，对朱良宝假装接受招抚，实际上是"不意图之"，出于无奈。殷正茂要求张元勋停职反省。

原来，海盗朱良宝受招抚后安置在澄海南洋寨，不久又重新聚众叛乱，其实他知道招安没有好下场，于是袭杀官兵，抢掠百姓，逃回潮州澄海南洋寨后，自以为人不知，鬼不觉。

殷正茂下令，命副将李诚立、监军道陈烈与潮州府官兵，乘船溯莲阳河北上，在程洋岗乡登陆，四面围攻。

南洋一带都是平原冲积地，只有南峙山作为屏障，朱良宝命令贼寇挑来泥土，用泥土垒筑起城墙，并设东、西、南、北四个城门可供出入。于是一个泥土筑成的城堡落成了，潮汕人将泥土称为涂，这座城就叫作涂城。

这一战，朱良宝一边凭借地势深沟高堑，居高临下，固垒死守；一边采取诱敌深入的战术，派一部分匪军绕过程洋岗寨，包抄官军后路，两头夹攻，杀得官军落荒而逃，李诚立马失前蹄，只身逃脱，而官兵死伤数百人。

无奈，殷正茂又起用张元勋，继续戴罪立功，重申赏罚，三军用命。

此时，营都司陈璘呈书军门，愿领三千兵讨之。总督殷正茂临时授予陈璘参将职，让陈璘统帅一支部队，并以百两白银且为陈璘将军壮志助威，一切军事行动皆由张元勋定夺。

张元勋受命，遂于万历二年（1574）三月初十，添置器甲，斩伐树木，周围列栅，环匝贼巢，造战车敌楼，取柴草填平沟堑，以便进兵。

陈璘在山上筑一望楼作指挥台，高六丈，以利观察敌情。又命赶制燕尾铁牌，令兵勇一人执铁牌挡矢石前行，间以手捧与头顶生燥（干品）草莆之兵，生草莆垫泥浆，干草莆浸油燃火，佯攻城西南。

万事俱备，张元勋一声令下，用火烧寨，八面进攻南洋岛。陈璘则指挥精锐之兵，用密箭掩杀其城东北，箭火齐攻，一鼓破巢。贼寇即顾城东北救火，陈璘亲率主力直扑城西南，乘胜猛攻，亲手斩杀200余人，朱良宝的妻子被火烧死，叛民乱作一团，被斩首1 000余级，朱良宝、魏朝义等也死于刃下，余敌皆降，官兵大获全胜。

张元勋继续分兵镇压惠州河源唐亚六、韶州英德张廷光、广州从化万尚钦，捷报频传，至年底，张元勋班师回到肇庆。

朝廷大喜，张居正开颜，殷正茂获"忠实勋庸（功勋）"，张元勋也进世荫一级，以功授都督同知。陈璘被授予肇庆游击将军，调任高州参将。

第二年春天，殷正茂在肇庆两广总督府召开表功总结大会，并分析南粤沿海失事案情。其中出了一份报告："时寇盗略尽，惟林凤遁去。（林）凤初屯钱澳求抚，（殷）正茂不许，遂自彭湖奔东番魍港，为福建总兵官胡守仁所败。是年冬，犯柘林、靖海、碣石，已，复犯福建。守仁追击至淡水洋，沉其舟二十。贼失利，复入潮州。参政金淛谕降其党马志善、李成等，（林）凤夜遁……"

张元勋听着有些疑惑也有点担心，这个林凤是不是林道乾？因为，这个林凤入闽不利，回攻潮、惠沿海柘林、靖海、碣石等处，被他与福建总兵官胡守仁合兵追击，其船被击沉20余艘，林凤却逃走了。之后，张元勋直到大破倭寇于廉州府香草江，也不见林凤或者林道乾，真是一个谜。

殷正茂在总结大会说："这几年的广东战场，主要是打海寇，但是农民为什么作乱？主要是治军不严，治政不抚。就'寇劫惠州'而言，虽然免却了三成的田租及其以往拖欠未清的田租。但问题是粤东饥民不少，占山聚集作乱，对广东造成较大的影响，这都是地方官爷们做事不力造成的。我的意见是，官爷不合力必须撤换，反民必须用兵镇压！"

张元勋对这个问题也发了牢骚："征而不能守，不如不征；守而不能久，不如不守。"殷正茂一听，大拍一下桌子说："此话说得好！说到点子上。"

首先，广东一地，海岸线长，地形复杂，守备难度很大。在分析了数次倭寇侵扰的过程后，殷正茂发现了一个问题：官军主要集中在有限的据点，广阔的沿海各地有如粗疏的巨网，一旦示警，即便反应迅速，也因路途遥远而经常错失良机。因此，他上书朝廷，请求增设将领。很快，兵部复文同意。于是广东开始了新布局，设分守惠州兼海防参将，管前、左、右3营，海营官兵582人，辖归善、博罗、海丰、长乐、河源、兴宁6县，安稳粤东。这一带就归张元勋管理。

其次，倭寇自海上来，近海的岛屿经常被他们作为临时基地。如果明军仅在陆地上防御，显得十分被动。因此，建立一支有一定战斗力的海上作战队伍很有必要。于是，殷正茂请求朝廷同意在肇庆府治的近郭，建设船厂，预行建造，以备不时之需，得到了朝廷的批准。

这段时间，殷正茂严治军、重治政，谁都怕了。

然而，东江的叶景清却不怕，依然组织起事。殷正茂下令张元勋大举镇压。

张元勋忽然想到"招安"省事，便向总督进言献计。殷正茂一听，此计妙！就召海防参将罗继祖前来，以"老友"关照的名义招降叶景清。

"造反可能有理，招安没有好下场"。叶景清也太相信"宁可不招安，绝不放过乱贼"的殷正茂了。果然，罗继祖骗了叶景清各个头领，又暗使人将其所属两千多名闹事者骗至塘角，全部活埋，叶景清到惠州后被杀。

殷正茂调分守岭东道参议顾养谦至惠州，调督理惠潮海防参将罗继祖另用。

殷正茂施政手段强硬，效果不错。当时龙门县出现严重饥荒，知县王许元怕引发农民起义，向上级报准：有"输粟赈济"者准给冠带、旌匾。

这是明代国家劝赈的形式，倡导民间以有济无，地方在发官仓粮米赈济饥荒的同时，劝谕各该处富民分粟共赈。

冠带和旌匾，为礼仪教化荣誉。冠是帽子，代表显贵。旌匾就是在光荣人家门户上题字立牌匾。

殷正茂当然同意，调分守岭东道参议赵可怀至惠州，安慰百姓，给各输200石的10人给冠带；有12人各输100石、1人输60石的，都给"嘉旌义赈"旌匾。殷正茂一边给予荣誉奖励，一边给予实质奖励，请准惠州府海丰、永安、长乐、河源诸县实行蠲免本年田税及赈恤的政策，维护了安定的局面。

四、治世盛景悠情

广东暂时安定了，殷正茂也想在肇庆干出点风光之事。

那年，广东按察司佥事李材，向殷总督建议建设肇庆星岩风景区，殷正茂说，这是有利于官旅民游的好事，你就跟肇庆知府商量着干吧。

有知府的配合，李材亲自指挥人们修道筑台，广辟洞阁。还组织官宦雅士、文人墨客点题星岩景观，还开发了最高峰的石角岩，改名为玉屏岩；将阆风岩的含珠洞改名为钏鼓洞。洞内的钟乳下垂若帐幔，水满时，洞内滴水叮当作响，如听仙乐，他干脆镌刻定名为"流霞岛"。一时间，"千年古韵存风骨，璀璨题词显芳华。盛景悠情皆绝色，星岩摩刻最可夸"。

李材还酷爱讲学，即使是身在军中，依然乐此不疲，所以他有不少生徒。为开辟书院，他多处选址，想来想去，最后定在肇庆鼓铸局，创办"端溪书院"，并书写门匾。两旁是"端溪藏国宝，书院育人杰"的醒目对联。

李材为官清正，性情耿直，疾恶如仇，潜心经学，聚徒课艺，受人尊重，学者称他为见罗先生（李材号见罗，笔者注）。开办书院，供学者学宿，本来也是一件大好事，问题是书院开办之日，李材没有请达官贵人来，更没有邀请总督兼巡抚的大人物殷正茂。慢慢地，李材为忌者所劾，说他居功自傲，不虚己待人，不把别人放在眼里。

殷正茂也是读书人，进士出身，是支持学子崇儒的，可不知从何处听到李材传播他的负面新闻，说他敢批评殷正茂沉溺酒色、荒于政务，这不触怒殷大总督才怪了。

殷正茂是一个权力欲极重的人，几年来治军带兵，养成了军阀作风，他以朝廷下令禁讲学、"关闭天下书院"为由，强行将端溪书院改为"监军道"，此职掌管监视军伍，商议机密等事，并由广东布政使司参政、参议担任。如此落了李材的面，一点方便也没有给予，从而树立总督的权威性。

李材本是一个极自负的人，当然对殷正茂不满。确实，李材也有点资本，他是嘉靖四十一年（1562）第二甲第十二名的进士，曾授刑部主事。如今任按察司佥事，官阶也不低。因此事而负气，向朝廷告状，张居正回复却是"军事重地，闲事勿侵"。并把李材升任为伸威道调至惠州。李材愤然托病辞官，离开了肇庆。

此事之后，李材便以为理学家、教育家的身份，到处开拓书院。先后在阳江建"罳峰书院"，在永昌府保山县（今云南保山）买民居建书院，在郧阳（今湖北十堰）将公署为学宫，在福建莆田梅峰寺侧建"梅峰学馆"，又改武夷山房为"见罗书院"，且在明宗书院、白鹿洞书院、武夷山房长期寓居、讲学与著述。而端溪书院直到清代康熙年间才复建，这都是后话了。

就在李材离开肇庆之后，肇庆府通判刘元相向殷正茂汇报工作，并表示想建一座天后庙。

刘元相说："我任通判，是在知府下掌管粮运、家田、水利和诉讼事项官，建天后庙的目的是保佑肇庆风调雨顺。"殷正茂也希望肇庆经济繁荣、文化昌盛、政治安定、南疆稳固，一听这个计划，十分高兴，当即拍板，捐俸大力支持，并说要把这个"福地灵踪，奇灵有应；神风化雨，德化无疆"的项目，变成民生工程来干。于是，刘元相就在城西门外一里（今肇庆市五中），用半年时间建起了天后庙。殷正茂在天后庙落成之日后，还要求铺设天后街。

此时，殷正茂授任南京户部尚书，他告别了坐镇肇庆军门的岗位。

读史小札

《明史》："正茂在广时，任法严，道将以下奉行惟谨。"为稳定大明南部边防立下了功勋。张居正死后，殷正茂受牵连于1578年致仕归乡，很久之后又起为南京刑部尚书，1592年去世。死前在家乡自立"殷尚书坊"。至于说他生性贪婪，其实是政治诬陷。因为他是万历新政的积极支持者，也是张居正的得力心腹。

凌云翼鱼袍加身　张元勋庙立罗旁

星岩朗月，曾鉴包青天孤忠；罗旁悲风，又怀凌总督遗恨。

话说万历皇帝刚坐上龙椅那年，两广瑶民不满官吏掠夺与压榨，经过密谋，再次揭竿而起。这次起事震动很大，波及两广，以肇庆罗旁山区为"震中"。

殷正茂进京升任尚书了，首辅张居正又要找得力干将充任两广总督，平定瑶乱。他能尽人之才，权衡了半天，决定推荐凌云翼。人传凌云翼手段特别阴鸷、狠戾。对付不服的人，不是要打服，就是要打死！所以这一次，张居正主张彻底荡平罗旁之乱，不留后患，凌云翼是最佳人选。

一、广东十府破六城

凌云翼，字延年，名汝成，号洋山，1527年生于江苏太仓直塘。进士出身，初授工部主事，正在任江西巡抚。他与张居正是同学，彼此性情都了解。他虽然圣贤书读得多，却喜欢杀戮，这正符合了张居正的要求。

万历三年（1575）十一月，凌云翼走马上任到了肇庆，第一件事就是做风水布局。他在城头绕墙环行一周，指出：肇庆城后倚高山，前临大江，龙来后枕三台，气势昂昂压百僚；明堂玉带水东流，富不可言。然而，山本静，喜其动，水本动，喜其静。凡水流急的地方，风必然猛烈，风猛就把生气吹散，不利于人物的兴盛，水流缓慢，风速则慢，生气才能留聚，利于人物的兴盛，所以督府衙门要想办法镇得住。

于是，他请人雕琢了一对紫红石的狮子，立在两广总督府的衙门前。他对部下说，龙是天子的象征，狮是百兽之王，自古便被人们以其为塑像，置于门前来镇宅驱邪，后来更成为宫殿府署威势的象征。

当然，使用红砂岩塑狮是凌云翼的一种创举，在全国同类型雕刻里实属罕见。据说与明朝的皇帝姓朱有关，因为朱也代表着红色。这对红砂岩雕成石狮，直身面南，雕工精妙，威猛庄严，体现明代独特的雕刻风格。由此更壮军门，风水也就更强了。

万历三年秋冬，广东总兵官张元勋与把总王望高以吕宋番兵，镇剿讨平海盗林凤，回到了肇庆，他问凌大帅："立石狮于督府门前，有何学问呀？"

　　凌云翼看他须长六尺，声如洪钟，却一脸懵懂，不禁摇头道："石狮是一种猛兽的象征。你是同督兼总兵官，人在广东地儿，就要管一管自己的死活了，要镇得住邪恶吧。或许，这一对红石狮，有一尊象征的是你，另一尊是广西总兵李锡吧。"

　　张元勋也只能傻笑了。

　　张元勋在抗倭斗争中不断前行，在辛劳里挥洒着心酸的汗水。

　　他出生后十天母亲就病逝，由继母抚养。7 岁读书，表现智勇。一天，他去赶鸭，发现丢失两只，到处寻觅，后察觉为蛇所噬，就挖洞捕蛇，宰而烹之。

　　18 岁那年，他长得体格魁梧，身高七尺，宽额长眉，面如紫云，目如电光，智勇双全。其父张恺在台州抗击倭寇牺牲，他极其悲愤地说："男儿生不万户侯，死即马革裹尸还，誓杀万贼，以报父仇。"

　　他承袭父荫，担任海门卫新河所百户。之后，辗转在福建战斗，屡屡杀敌，破倭寇好像"虎搏鹰击"，被提升为福建游击将军，威名大震南疆。如嘉靖四十三年（1564）正月，从仙游败退的倭寇企图南逃。他在福建同安县坂尾、王仑坪追上倭寇。5 000 余倭寇凭山结阵对抗，他率兵冲进倭巢，逼敌上山顶，连续斩获倭寇首级 177 颗，收回被掳百姓 3 000 余名。

　　二月，数千名倭寇逃奔漳州，企图袭占漳浦县，张元勋奋勇追击，在蔡丕岭遇到倭寇，他带领士兵一马当先，如晴空霹雳般迅速向倭寇冲杀，斩首 300 余级，余倭逃入广东境内。

　　他打的仗总数也许不如戚继光多，但是他擅长打精致的、有把握的、有效率和效果的仗。

　　张元勋任广东总兵官后，海盗以千艘战舰直逼广东沿海，各郡官兵无法应对，退守诸小岛，他被布政使痛骂。

　　张元勋不服气："请不要以小小败北就加罪诸将，也不要多议论用军法去训斥。我有周密计划，可击破敌人。"布政使转怒为喜。

　　张元勋指挥作战 3 年，杀敌以万计，缴获战舰数百艘，其震撼程度是顶级的。戚继光能"冲锋决胜"应以张元勋的功劳为最大："杖马箠以先人，义不避死；率雁行而赴敌，勇可冠军。功当首论者也。"

　　话题转回到肇庆总督府。凌云翼经过一年的准备，于万历四年（1576）秋天，部署"征瑶行动"，并召集两广总兵官张元勋、李锡和参将陈璘等一批官员一起读肇庆历史，以期"知己知彼"。

　　瑶人的历史由湘入粤，由粤入桂。因为常免徭役，称为"莫徭"，后以"瑶"作为专用族称。瑶人以耕山为主，大分散、小聚居，流动性较强，加上知识水平不高，生活困苦，常为谋取生计铤而走险，一直被称为蛮夷，历来难以控制管理。

明初，肇庆各州县曾按粮产定区，设粮长，把田地重新丈量编入"鱼鳞册"，以户为单位把人口编入"黄册"，按人口服徭役，以田亩纳租税，后来徭役征发愈来愈滥，迫使各地农民大量逃亡，这些人大都逃到两广交界的山区，成为流民，肇庆地界已分不清流民和瑶民。汉瑶矛盾、俍瑶矛盾错综复杂……

凌云翼说，从嘉靖年代起，肇庆民族矛盾已难弥合，乱民势盛，官员们都想将其杀尽，比如指挥官李松及德庆州判陈琚，曾在罗旁、大历等地新设墟市，让民瑶贸易，并亲自前往主持开墟仪式，却密谋在酒宴上用毒药杀害当地瑶首，虽然因为事前泄密没有成功，却引发阳春、新兴、德庆大规模瑶人动乱，提督侍郎郭陶谐、惠潮守备张祐等调兵数万，分兵三路，攻破瑶寨135个，时人写成"平蛮记"。

后来，封川（今封开县）僮人苏公乐、张公蕊等"盘踞山穴，劫杀日甚"，提督张岳调兵数万，分左右两大哨剿，俘斩数千人。过了几年，封川又乱，张岳又调兵7万余人，与湖广会兵大破封川，擒斩数千首级，俘获数百人，取得"征剿"胜利。之后，绥江瑶民作乱，提督谈恺、王钫先后袭杀冯天恩、李汝端、陈世豪、卓文昌、马五奇等瑶民首领，在其地设立广宁县。

凌云翼指着地图说，瑶人虽然遭到朝廷官兵的多次剿平，但又旋即扑起，此起彼伏，连绵不断，令朝廷头痛万分。如今，广西、广东瑶汉冲突愈来愈激烈，战线越来越长。以泷水（今南江流域）罗旁为中心的瑶人起事反抗最具规模、最为强烈、最为频繁，达到"广东十府有六城被破，两广守臣皆待罪"的地步。最终爆发了影响岭南的"罗旁瑶乱"。

二、罗旁之战大爆发

说到罗旁，战事波及范围有多大呢？以今郁南县境为圆心，连接东山（罗定境）、西山（信宜境）、泷水后山（云开山脉），延袤七百里；继而东接新兴，南接阳春，西抵郁林（今广西玉林）、岑溪（广西境），北尽长江（西江以北包括岭北湖南地界）。瑶僮居其中，万山联络，四出寇掠。

多年来，瑶人与官兵周旋，使得朝廷官兵奔走扑救，疲于奔命，办法用尽。瑶谚云：

官有万兵，我有万山，兵来我去，兵去我来。

这次，凌云翼使用大规模的武力去平定罗旁，其目的是要结束长达百年的、时断时续的几代人流血的痛苦战乱，扫除地方割据势力，恢复社会安定，把破碎的村庄、荒废的田园修复，把受到严重破坏的生产力恢复过来。

他布置好风水，熟悉了肇庆的情况，明确了目的，等待好时机，准备金戈铁马驰骋在瘴烟迷漫的罗旁大山。

最后，凌云翼下达了征剿"罗旁瑶"任务。

肇庆府和各县共筹资银 16 563 两；集结了兵将 20 万人，分为 10 路进攻。第一路留驻肇庆，凌云翼总督负责，分配兵力一营 552 人、游哨 100 人、水哨 204 人，共 856 人，驻守自新村（今德庆悦城）至端州龟顶山白沙为一线；由白沙至羚羊峡西口为二线。

广东界，由总兵官张元勋负责，督办恩平、广宁、德庆、封开等州县城池驻营，统领兵将 10 万，分为 5 路。德庆路：参将倪中化率领，监军沈子岗。罗旁路：都司朱钰率领，监军刘经纬。泷水路：都司刘天庆、游击章延廪率领，监军徐汝阳。岑溪路：参将王瑞率领，监军秦舜翰、王原相。伏洞路：都司黄允中率领，监军李一迪。

广西界，由总兵官李锡负责，督办广西地界一带屯重兵，防止瑶人北渡、西奔。统领兵将 9 万，分 4 路进攻。新兴路：游击陈典率领，监军周浩。茂名路：参将候熙率领，监军同新兴路。信宜路：参将陈璘率领，监军刘志伊。南乡路：参将徐天麟率领，监军同信宜路。

步步为营，稳扎稳打，实行铁壁合围。凌云翼再三强调："做好进剿，彻底平定罗旁瑶；做好设防，不许放跑一个瑶民。"

平定"瑶乱"的历史使命寄托在凌云翼身上，他经过一轮周密筹划和部署，于 1576 年立冬之日正式举兵发起罗旁战役。

张元勋所部再次作为主力军，入南江、战泷洲、克岑溪、夺伏洞，可以说，张部辗转于腹地之中，纵横千村百寨，一路凯歌，为西江流域安定区域的诞生开辟了第一块平靖区。

其实，张元勋率领的先头部队初战罗旁就吃了败仗。当时，都司朱钰、监军刘经纬进入天马山，有一瑶族女首领叫麦长裙，擅长武艺，盘踞天马山，称王结寨，带领数千人马反抗，与朝廷作对。双方在前哨阵地的沙洲厮杀得十分激烈，死亡者甚众，因此，沙洲也被当地人称为"鬼地"。

天马山势险峻，丛林密布，羊肠小道，千回百转，一夫当关，万夫莫敌。明军屡次进攻，都失败而回。明军苦战一天，朱钰在大方镇军营垌扎营。夜间，麦长裙领瑶民突袭百把吴泰伯兵营，吴泰伯败北，瑶民从此称该地为输兵坝。

次日，张元勋率大军压境，动员瑶民归顺朝廷，免受生灵涂炭之灾。此时，距离几十公里外的大绀山，也有个女首领，率领一班人马前来，她不甘心麦长裙落草与朝廷对抗，劝麦长裙归顺朝廷。麦长裙见寡不敌众，便归顺了明军。

麦长裙归顺后，张元勋称她为西宁义女。随后，张元勋率兵挺进泷水地（今郁南连滩境）。入夜下雨，驻兵在五里桥凤阳岗，岗上有庙，庙里仜立一尊将军像，躯高八尺，头戴盔，身着甲，手执剑，雕刻形象威武。麦长裙说："此尊将军有点儿似张总兵哟！"张元勋淡淡一笑："今生卸甲，能安逸于此就三生有幸了。"

麦长裙暗暗许诺，日后把此庙建造为张公庙。此时，副将来报，兵驻此地无水可用，雨夜无火，寻找水源行动不便。张元勋站在庙前，看山脉走势，挥动宝剑，往五丈处指定说："挖地三尺，水喷井成。"官兵挖井不到一刻钟，井喷四溢。

麦长裙也有一招"烛行雨中不灭"，让张元勋感到惊奇。夜间行军，一般蜡烛禁不得风，见不得雨，雨夜行走极不方便。麦长裙用丹矾 8 钱、樟脑 5 钱、焰硝 5 分，溶解后制成蜡烛，再加入少许樟脑。用此法造出的蜡烛用于夜间照明，顶风冒雨而不灭。有麦长裙的指引，张元勋进军果然顺利，招抚也顺利。

然而，进剿必然有血战。10 路大军，有 9 路都是以刀光剑影平瑶寨。经过 4 个多月的大征，罗旁数百里狼烟四起，暴戾恣睢，惨不忍睹。官兵共破罗旁瑶民山寨 564 个，捕杀 16 100 余人，招降 23 151 人，此外，"冻馁、焚死者不计"。其余瑶民纷纷逃离或者遁入各处深山。

当时，在两广交界的岑溪，有个瑶人首领潘积善号称"平天王"，集结许多瑶族、僮族人占山为王，附近居住的民众请求剿灭他们。结果，岑溪被张元勋、李锡合力共剿六十三山、七山、那留、连城诸处，邻境瑶僮皆惧，潘积善也愿意投降了。

冷面总督凌云翼大笔一挥：张元勋去剿灭他们，不许招安。但是，白面将军张元勋说："知错能改的招安为好，能够不杀的，尽量不杀吧！士兵们杀到手都软了。"

凌云翼没有下死命令，而是正色说道："这个任务我已经交给你，你看着办吧。他们胆敢再反，我就杀了你！"

张元勋写好征讨文书，带官兵到岑溪，见妇人皆着黑裙，裙脚以白粉绘画，作花卉水波纹，与平民无异。张元勋对瑶人首领潘积善晓以利害，麦长裙也在劝告，潘积善听完后，真的投降了，并缴纳赋税，以求宽恕死罪。后来，张元勋还让他的儿子入学读书。

三、陈璘血洗翼王宫

平定罗旁之乱，信宜也是主战场。

当时高州参将陈璘任广东副总兵官，是一方先锋，他率"陈家军"进攻信宜怀乡，围剿瑶民。当地瑶民首领肉翼大王，率众在观古坪至虎跳峡一带浴血抵抗。

政府曾对少数民族实行一系列以抚为主的统治政策，并在少数民族居住地区设立土官或流官进行管理，委任"瑶首""瑶领""峒首""畲长"。然而，肉翼大王还是起事。在峡谷中的悬崖高处，有一个大石洞，人称"翼王宫"，洞里宽如大厅，可容百人。有两条大藤，瑶民可以攀援上下。

一天，肉翼大王率瑶民与陈璘打了半天，战败后退守虎跳峡，进入洞中，据险固守。陈璘的兵将无法上去，被牵制于此，进退两难。后来，陈璘佯作退兵，派一部分人员乘船沿黄华江而下。

肉翼大王出来察看，被埋伏岩下的陈璘飞剑砍死，头颅顺黄华江流至约3公里外的罗山河滩上。此后，陈璘连续荡平信宜90多个瑶寨，怀乡地区遂成"草木茂畅，兽禽繁殖"的丘土。一夜之间，杜鹃花开遍整个丘土，花瓣飞飘出紫红色，染红了一条江。陈璘见状，不想再杀戮，于是鸣金收兵了。

瑶民不服，他们不久后又杀死当地官民。凌云翼一气之下处分陈璘，减其俸禄，责令他戴罪杀尽瑶民。无可奈何的陈璘会合朱文达等其他将领，一举攻占石牛、青水各据点，捕获、斩首360多个顽固分子。

平定信宜后，瑶民遭此浩劫，元气大伤，原来信宜县共有131处瑶寨，往后百年，信宜再无瑶人居住。

战事结束后，已是春残夏初，桃李谢去，杜鹃红了。信宜知县重到虎跳峡，看见杜鹃红似血，化作一抹殷红，染在花里，滴在蕊尖，"一尊别酒，一声杜宇，寂暮又春残，怎能不叫人惆怅满怀"。诗人墨客到此凭吊、览胜、吟咏。问大地苍茫竟是百孔千疮，又何曾想花草有情怜鬼雄。后人有《游牛下峡》诗云：

叠嶂疑无路，舟行石罅通。几湾湍水绿，数里杜鹃红。
断岸少人迹，阴崖多鬼风。石幢高百尺，传是翼王宫。

10路大军，唯有参将倪中化率领的部队没有战功。他从德庆转战封川县。

瑶乱之首陈龙舟，在封川境内有 3 个据点，多年来，猖獗掠劫，攻打龙田寨、戴村、古榄等 30 多个村，摧毁房屋 100 余间，杀掳男女 700 多人，大肆掠夺财物后跑入深山。

参将倪中化与监军沈子岗大军压境，得到村民的指引，围困叛军，在各个河口设下埋伏，痛击叛军，叛军败落，尽数逃散。倪中化又故意散布有数路大军在前堵截的言论来迷惑贼匪，而他又返回旧路迎击，叛军虽被歼灭，然而陈龙舟却逃脱了，未能竟全功。

"万历四年，广东罗旁瑶平。"罗旁战争是肇庆历史上最惨烈的一场战争，基本上终结了自宋至明近六百年的瑶乱。

接着，凌云翼又挥广东之师与广西巡抚吴文华并肩作战，顺势一举平定了河池、咘咳、北三诸瑶，又捕斩广东大庙诸山贼，岭南一带的瑶民自此安定。以后虽仍有少数骚乱，但已不足为患。

罗旁战争终结，肇庆纷纷析地置县，实行小区分治。

泷水县升格为罗定州，直隶广东布政司管辖，与府同级，设监司、参将，又新增罗定兵备道，割封川、德庆地设置东安（今云浮）、西宁（今郁南）两县，归罗定辖，取"罗旁平定，东西安宁"之意定名，后世统称罗、云、郁为"三罗"即本于此。

肇庆割四会地置三水县，从高要析出高明县；割阳江、新兴、新会地置恩平县。

此时，凌云翼总督下的广东有"五道十府"：岭东、岭南、岭西、海南、海北为五道；广州、肇庆、韶州、南雄、惠州、潮州、高州、雷州、廉州、琼州为十府。

之后，肇庆府实行"募民占籍"政策，采取"垦辟草莱""缘亩疏导"等一系列措施，使得大量移民对瑶人退出的土地进行复耕，"卖刀买犊""种植日广"。一些曾混入瑶民中的流民亦同时"转化"为汉民，移民相继建立移民村寨，各族相安无事。原本"立寨耕守"的乡村不断扩充，军队屯种亦扩大到乡村。官兵同时还"濬河开路"，使开发较早的罗阳地区物流通畅。

"三罗"地区刚刚平定，凌云翼虑有反复，认为应选一员大将世代驻守于此地，确保一方平安，并募兵戍守，寓兵于守，以减少军费开支。

于是，凌云翼报请朝廷加陈璘副总兵二品衔，兼署东安（现云浮）参将事。让其奉命将父母及妻子儿女举家从老家翁源龙田村迁到东安南乡千户所定居，即现云安县六都镇南乡。于是，陈璘写下题壁诗：

万历四年天洞开，从前未见一人来。我今欲借神仙窟，浪学尧夫日打乖。

魁星岩面蓬莱境，宰相人间好读书。二十年前戎马地，今看高步玉堂居。

四、虎隅之域尽平荡

肇庆大地自安定之后，官方开垦荒田，开挖陂塘，兴修水利，推广水翻车，扩大灌溉面积，提高生产效率，黎民安心耕种。翁源人、英德人也迁往罗定、信宜垦种，并利用当地木炭、铁矿资源发展炼铁业，使之成为广东铁主要生产基地，人口有 1 万多人。

此后"自岭西徙而来，入其境未耜遍野，烟火弥望，农桑被亩，鸡犬之声相闻"，到处是"买犊荷锄、嬉游而歌"的景象。

自此，深溪绝涧有人行，久外天日之民有远亲，汉官威仪，欣欣鼓舞，坏人不敢衅事，凡有举动朝发则朝闻，稍有邪谋夕发则夕扑。官政下达，民情上通。百姓说："数百年虎隅兔窟之域，转而为平平荡荡之区。"

东安首任知县肖元冈在凌云翼的支持下，于 1578 年二月完成城墙工程，县衙、军署（又名参将府）、学宫、分司、社学、仓库等管理军政文教钱粮的机构也先后建立起来。西宁第一任县官为朱宽，广西桂林人，举人出身，任知县后主持修筑城池、县署、学署、文庙。到 1592 年，西宁县已有 2 200 多户（不含军户及未编入户者），男子 1 万多人，赋亩 21 万亩（田、地、山地、塘）。

罗定直隶州内，已有 7 200 多户，人口 23 000 多，之后外地汉人大量迁入，逐渐成为该州居民的主体。官府动用一州两县的财力、物力和徭役，实行平民教育，以兴文运。大小官员还深入偏僻山村，宣讲圣谕，开教化，训溪峒，文教自始兴起。正好应了罗定州"四维彰显，和谐安定"之兆。

接着，肇庆建立户籍，整顿户口，把田地、定居的人入编，稳定社会秩序，以便征粮。准许村民入山伐取林木，运货至肇庆郡城南门外（今西江体育场）的江岸处验税。设立税厂，名曰"黄江"。

南江流域，盛产南漆，有人妄称经纪，在南江口每石收银 5 分，还按贸易额收 3%。由于瑶民田粮税收减免，德庆州的岁赋转移到其他人身上，税收机关有时无法完成任务，建议改变政策，禁绝经纪，对瑶山所产的南漆、砂仁、黄蜡、蜂蜜、皮张、黄藤、竹木进行征税。经上报总督赞同，官府派兵驻守南江口，开始向商人征税。

有了税收，凌云翼认为总督府要扩大了，于是创建总督府后堂五间，取名

"广益"；在东西廊各建七间，称为"大观楼"；在西面亦建五间为读书楼；又建造仪门、大门各两间，门外左为坐营司赏功所，右为中军厅火药局。同时扩大了门前衢路，并做了粉饰。此后总督府成为肇庆最具代表性的衙门建筑。

1579年，凌云翼因平瑶有功，加封右都御史兼兵部侍郎，赐飞鱼服（飞鱼服是明朝大官的服饰，头如龙，身似鲤，次于蟒袍的一种隆重服饰），还升任兵部尚书。

于是，他想在肇庆留名千古，特请当时广东著名书法家黎民表题写"华表石"3个大字，命人镌刻在西江大石南面的峭壁上。

华表石，又名"锦石山""锦裹石"，位于德庆县回龙镇六水村西。此山分为两层，下层为馒头状的土山，上层为圆柱形的石山，海拔173米。被称为"西江奇观""西江第一怪石"。题款楷书阴刻如下内容："钦差总督两广军务，兼理粮道带管盐法，兼巡抚广东地方都察院右都御史，兼兵部左侍郎，今升南京兵部尚书太仓凌云翼；钦差总督两广军务，兼理粮道带管盐法，兼巡抚广东地方兵部右侍郎，兼都察院右佥都御史临武刘尧海；巡按广东监察御史，内江龚懋贤；巡按广东监察御史，当涂梅淳。万历七年己卯季冬吉日题。"

"华表石"令后人心寒。且看由于这场战争，后人聊作一首倒句怪词《菩萨蛮》道："血江寒见鱼灯灭，灭灯鱼见寒江血。石怪似残夜，夜残似怪石。说父老泣别，别泣老父说。绝泪因心酸，酸心因泪绝。"

两广虎将张元勋，擢升都督，荫锦衣卫世袭，钦赏银币，授封"护国庇民"大将军，但在"华表石"卜是无名的，广东父老把他刻在心里。

凌云翼升官，民众不挽留；张元勋告老归田，肇庆父老攀辕泣留。

尽管民众哭声震原野，张元勋还是要走；民众又纷纷往两院乞求凌云翼代奏朝廷挽留，张元勋还是不从，他说："我结发从戎，赖主上威灵，获建微功，皆由将士用命，诸大夫协谋，元勋何功之有，万勿劳苦父老！"又说："吾制此久，所为未去，以疆场未靖也。"

44岁的总兵官张元勋人离开广东，魂却留在郁南。郁南连滩建张公庙，遂肖像祀之。

再说张元勋归家后，口不言兵，号逍遥道人，种竹养鱼。遇友人探访，烹鱼饮酒为乐，潇洒自如，无拘无束。1590年，张元勋死于呕血之疾，终年56岁。

张元勋死后被尊为神，郁南张公庙香火鼎盛，并将生平相传：张元勋"拓罗定一州东安西宁两县，特赐蟒玉，追封三代，皆正一品，荫一子锦衣卫千户，三子海门指挥，寻以疾乞休，进上柱国光禄大夫，以少保兼太子太保中军都督府致仕，建坊新河，与妻杨氏后先卒，皆赐祭葬"。

每年农历正月二十日和八月初六，连滩都要在张公庙举行隆重的庙会，往往有数万人朝拜；庙会烦琐的祭旗仪式中，首先要祭神，而第一个神灵就是"护国爱民、英勇都督府大将军张元勋"。当地民俗，新娘花轿遇到大官、状元都无须下轿，唯独经过张公庙，必须下轿步行，以示虔诚。而在罗定、云浮、郁南三县聚众唱山歌时，开场时首先要唱《张元勋赞》和《十哨歌》，唱过之后才能进入正式的赛歌环节。每年八月十五日前后，三罗人民都要到张公庙唱歌、烧炮、放烟花等，举行一系列隆重而热烈的活动。

而同时代的将军陈璘，居功自傲，他安家云浮后，大兴土木，营建寺庙，役使他的部下，逼迫他们出钱。士兵们都被激怒了，于是发生暴乱，抢劫州县，被巡抚御史罗应鹤上奏朝廷，陈璘被下诏剥夺了官职，改任狼山副总兵，不久再次被罢官。陈璘被罢官后，虽然朝廷中很多人爱惜他的才干，却不敢再举荐他。

凌云翼与刘尧诲交接总督大权后，也离开了肇庆。

读史小札

凌云翼有干才，但颇多杀戮，举止粗野，行径恶劣。任南京兵部尚书后，幼子骄横滋事，殴打诸生，他却放任不管，群情激愤，作坑儒图讽之，三吴士子进京伏阙诉冤，他不理睬众人责备。给事中、御史连章弹劾，朝廷下旨逮系鞫治，凌云翼被削职夺衔，行凶者遭遣戍，人心大快，而"此后青衿日恣，动以秦坑胁上官，至乡绅则畏之如帐子，间有豪民拥妹丽游宴，必邀一二庠士置上座以防意外"。1590年病故。

刘尧诲御倭剿乱 敢担当大治广东

进入万历年，内阁首辅张居正取得皇帝信任，主持裁决一切军政大事，起用敢于担当的官员，也看重两广。因此，当时到广东任职最为人称羡，有"运气通，选广东"的官场谚语。特别是刘尧诲，罗旁之战他未参与，升总督到肇庆就沾光了，"华表石"嵌有他的名字。

刘尧诲，字君纳，号凝斋，1521年生于湖南临武县下洞刘家村，进士出身，形貌壮丽，美须髯，沉毅寡言，为官正气。早年，东南沿海一带倭寇肆横，朝廷派胡宗宪领兵进剿，屡战皆败，致使倭寇气焰日凶，直犯扬州、高邮，逼近南京。刘尧诲弹劾胡宗宪失策、无能："功罪不明，赏罚惟货，天下事大可忧。"此疏被严嵩扣下，刘尧诲触犯权贵，称病辞归。

1567年，明穆宗即位，刘尧诲复出，从小官到万历二年（1574）巡抚八闽大官，平定倭寇，生擒朵麻里；又调任江西巡抚，目睹人民生活贫困，奏请朝廷豁免历年积欠赋税银29万余两。

1578年十月，57岁的刘尧诲升任两广总督，当时他的心境是：

秋风海水鱼龙沸，夜月辕门剑戟光。
度岭不须愁四垒，吾皇化外也金汤。

一、广西十寨大乱了

罗旁平瑶结束，广东内地稍得平静，总督刘尧诲在肇庆向各州县官府下达"招民承田立籍"任务。招民就是招回原先在此定居而后流散在外的民众回来，同时以优惠的政策招外地人来定居。当时分地有一种办法，"声传划地"。官府让民众把铜锣敲响，声音传到哪里，哪里的田地就归他所有。那阵子真是大快人心呀！

但是，过了不久，有县官反映，民众土地被豪强占据，并瞒报田税，难以查究；还有贼人潜藏在崇山峻岭，或互相争斗，或勾结一些不务正业的人，不农不商，沉迷赌博，实在可忧。如果官府苟且度日，剥削人民，引起事端，招来祸害，就无安宁日子了。

刘尧诲一听，这是新情况，便集思广益寻求解决问题的办法。县官们建议，新建的县所应因地制宜，驻兵施政。刘尧诲同意，便派官兵一方面加强防守，另一方面参加生产，在东安、西宁各安排一位参将，同时委派高州同知刘元相，负责新建南乡、富林、函口、封门4个守御千户所，加强实力，捐资募兵，以充戍守。百姓有了好盼头。

然而，刘尧诲在肇庆刚过上几天安稳的日子，广西却又乱了。

这一年，柳州府所属5州县旱灾，官府留贮库银1 450余两以赈灾荒。而广西右江7万人起事，夺官府田产，捣毁土司衙门，攻城略库，惩处官吏。这是"八寨起事"继罗旁之后的又一次岭南大内乱。

原来思吉、周安、剥丁、古卯、罗墨、古钵、古蓬、都者8个寨堡，位于忻城、上林、迁江三县交界处。地域纵横数百里，四周群山环合，山间有许多小块平地，是壮族聚居的地方。八寨南边有石门隘，通上林、宾州；往东出来宾、柳州；西面和北面重峦叠嶂，有崎岖山路可通庆远，活动起来四通八达。不久，壮民见官府好欺负了，又有两个寨堡加入闹事，变为"十寨起事"。

刘尧诲与广东总兵官黄应甲在总督府看了半夜广西地形图后，独自凭栏吹拂一下肇庆深冬的寒风，令头脑清醒清醒。他看着西北角上空的一弯下弦月，像板艇独飘夜空。

刘尧诲回到枕室对妻子说："你留在肇庆好好过年吧，我准备上梧州筹划春剿。"

其妻问："可否再安抚安抚，攻心为上，待春节后再征讨？"刘尧诲摇摇头说："已派人去安抚过，他们不吃这碗安抚饭，反而从八寨变成了十寨，这样闹下去怎么得了？这些壮人呀，不让我过好春节，我就让他们的死祀定在清明节。"

1580年正月初六，总督刘尧诲令总兵官黄应甲镇守广东，然后与广西巡抚张任、布政史林富、副总兵官张祐等文武官员分别汇集梧州，策划平定十寨大计，决定调集两广官军6万人，由广西总兵官王尚文率领，从三里、忻城、夷江、上林（后称东赢、南强、西兴、北胜地名）四路围剿。

副总兵官张祐设置在上镇、布政史林富驻古蓬、总兵官王尚文扎周安，骑兵和运粮的军马在咘咳村建宿马营，巡抚张任镇守。

布政史林富率先头部队直抵寨中央，为突破石门天险，首先发起了总攻。

"此地传闻生贼种，累朝杀戮使人愁"。地处山岭环叠，易守难攻。十寨壮民带头闹事的是广西寨主头领蓝海朝，60岁的他还带领壮民称义军，以伐木为寨，垒土成堡，坚持分兵战斗，奋勇抗击林富的官军。一队在沿湖一带，寨栅林立，风帆栉次，声威复振。另一队以木石、镖枪、药弩为武器，依山凭险节节抵抗，双方均伤亡惨重。

"天蒙蒙，喊杀又喊冲。帽子飞上天，鞋子滚下坡。天蒙蒙，相杀在田中。蒺藜刺进肉，惨叫震九重。天灰灰，人头成山堆。人头还比猪头贱，谁见眼泪不纷飞？"

童谣描述的战争是十分残酷的，他们"竖栅为寨"，用简陋的木棍、毒弩、石块为武器，与装备了火器的官军展开殊死搏斗，使官军每前进一步都要付出巨大的代价。

随着血战的深入，官军一边缓慢推进，一边大肆屠杀，以"搜山索峒，几无遗类"的手段攻破村寨数百所，古卯村只留下残垣断壁，古蓬几乎被毁。起事者说是有9万人，打起仗来不到3万人，也并不是训练有素的民兵，既无军事头脑，又无足够的防御，更因寡不敌众，失败是迟早的事。

最后一战发生在女仙洞，蓝海朝退守于此，已无路可逃，便和官兵决一死战。最终弹尽粮绝，失败而亡，他有5个儿子参战，其中3个阵亡。就这样，历时103天的围剿结束，较大规模的十寨起事终被平息。起事者中，9 000多人被杀害，6 700多人被俘虏，逃进深山冻饿而死的更不计其数。吊脚楼十有九空，寨子里散落着女人们的百褶裙；农田狼藉，芦笙、多耶也失去了声音；浮尸布满红水河面数十里，鲜血染红数十里河江。

当时，广西有个姓莫的官员写下日记说："万历七年（1579），督臣刘尧诲、抚臣张任申请朝廷，调集汉、土兵十万之众进行征剿，我也接到上峰檄令，奉檄出征。当时我正年轻力壮，人有勇敢好战之气概，踊跃争先，率领土兵千人，分路进攻。亲自拉炮，一鼓而起，直袭巢穴。崎岖山路挥锄填平，茂密丛林施以火攻，逢坑崖搭桥，遇艰危峭壁设悬梯。众军声威大震，惊天动地慑对方。像暴风迅雷，使诸蛮寨来不及应对，就已攻破龙哈寨，斩获樊公宾首级，将数十年虎穴狼窝，一扫而净，如拂去尘埃一样轻易。这场战役固然是监军者功劳，但也有我的一臂之力，并非自夸。因此特别记之，让以后为朝廷立功效劳者，树立榜样。"

也正是清明节这一天，明军占领该寨后，易名为古钵堡，设堡兵巡守。副总兵官张祐题《过罗墨渡》诗一首：

骇浪滔滔下，奔流俨浊河。巉岩排作岸，乱石激成波。
风急看飞鹢，舟轻比泛螺。巨川谁共济，作楫望才多。

为炫耀武功，各路"平蛮"将领纷纷效仿，"我来勒石铭功德，地久天长颂不休"。在广西忻城县古蓬白虎山、上林县金鸡岭、桂林龙隐岩摩刻"平蛮纪功碑"。文徵明的学生周天球也不甘落后，为总督刘尧诲书写《平蛮碑》，刻石置于肇庆崧台书院，碑载：八寨壮民被俘 18 400 多人，被斩首 3 000 众（《明史》载：斩首 16 900 多人，获器仗 3 200 件，牛马 239 匹）。

"从今设置千军镇，歼灭瑶蛮永绝休"。刘尧诲蹂平十寨后，调整了管辖区，以副总兵官李应祥兼任思恩府参将，升庆远府（今河池市一带）守备童元镇为游击将军。同时制定七项统治措施：

第一，设三镇"以夷治夷"。思恩参将统合三镇，派韦应鲲、韦显能、黄冯各为一镇巡检，令各带土兵千名，屯田驻扎，世守其地。

第二，以三里为中心筑城建衙。三里在八寨和宾州之间，为八寨之门户，置参将一员带兵 500 人作为对三镇的支援，并对三镇巡检进行监督。又在龙哈、峀咳设二堡，各有兵 150 人，与三里戍兵相呼应。

第三，划定各参将负责防守区域。参将李应祥驻扎三里，统标兵一营及存留土兵；参将倪中化驻扎穿山，统募兵一营及戍守柳州的俍兵；守备童元镇屯驻忻城，统领永顺、永定土司兵 500 人；指挥李时中，驻扎来宾，统士舍黄宠等土兵 300 人；原任都司王尧臣，统名色把总周大用新募兵 500 人。各给田屯种，就地分守。

第四，迁南丹卫于三里，与参将同城。目的是协调官军的行动，加强防卫。

第五，实行屯田，自耕自养。

第六，设置险堡，募兵戍守。

第七，将官库移至三里，以资兵饷费用。

四月十七日，刘尧诲班师，途中"雁过拔毛"，指令广西总兵官顺手将郁林（今玉林）山寨民众起事镇压了；命令广东副总兵官进入罗定境内，把复出剽掠、劫夺官印的瑶人首领白眉哥擒获后杀害。

回到肇庆，论功行赏，刘尧诲得黄金 40 两，张任、王尚文各得 30 两，其余将士各得 10 两、5 两不等。

二、肇庆吏治促清正

刘尧诲在肇庆，倾注心血执行张居正的改革，推行"一条鞭"法，高要县知县周兆熊于万历九年（1581）冬就开始实行，简化税制，其他州县多仿效之。刘尧诲以积钱谷、修险隘、练兵马、整器械、开屯田、理盐法、收塞马、散叛党"八事"，保障新政措施。

军政要员深入第一线，参将杨照守函口，因该地瘴雾毒烈，杨照不久死于任上。接任的黄允中提议把驻地转往别处，刘元相反对，"函口西接巨峒，南界高凉，实僚瑶出入之险，无函口是无西山也。人臣为国守封疆，允中不往某请代之"。结果，刘元相在南江以劳瘁卒。

"一条鞭"法推行热火朝天之时，有山贼出没东山剽掠、夺印、杀吏，刘尧诲令副总兵官陈璘领官兵深入搜剿，擒斩俘获 366 名；沿海有倭番二寇并犯，刘尧诲又令总兵官黄应甲领兵追剿，斩获倭首 25 级、番首 186 级，夺回被掳民众 269 人、船 20 余只。事后，刘尧诲令对文武效劳有功诸臣及军丁甲长、阵殁中伤人等俱宜量行奖赏。接着他又整治盐税，打击奸商，粤盐运湘，畅通无阻，使郴、桂不再苦盐，军队不再苦饷，并且节省广东军费银 38 万多两。

鉴于两广军政弊端丛生，刘尧诲上疏朝廷："军法陵替，政以贿成，使督军者不得从军兴案功罪，虽集兵如林何益。"主张严明军政条例：禁馈赠、惩贪污、裁冗员、修器杖，文武同治，赏罚分明，并在两广有效实施。

肇庆府内州县以及广东土地清丈完毕后，官民田地增加，随后，刘尧诲又建立户籍，整顿户口，把田地、定居的人入编，稳定社会秩序。一天，以廉能称的德庆知州张应凤，任职封门城推行"一条鞭"法数年，病后北归江西，向刘尧诲申请退休。刘尧诲见其行李萧然，与肇庆知府王泮，赠予他一些白银，并安慰他安心养老。

刘尧诲还表扬了居小职而清廉、防贪戒贿、名声较佳的怀集断事官谢亮清。

这里还有一段故事。怀集知县求贤，谢亮清推荐一个读书人。时值中秋前夕，这个读书人的父亲利用人皆有之的贪贿之心，按照当地旧习，给谢亮清准备了一份大礼联络感情，为进见知县"打铺垫"。谋求走官场的人，均乐于采用这种成本低、收效高的手段。于是读书人遵循父意，在傍晚时候自信满满，登衙入室。先是彬彬有礼地鞠躬作揖，向谢亮清行礼问好，然后客客气气地送上"薄礼"，并说明来意和希望。

谢亮清面露不悦之色，下逐客令说："你先把礼物拿回家，然后再来。"

此人大惑不解，请客送礼不就是人情世故吗？谢亮清回答："我收了你的礼物就是受贿。"这人想：礼尚往来哪里是贿赂呢？就再解释一下："衙暗无人，心安理得。"谢亮清大喝："你再不把礼物拿回家，以后就不要来见我！"这一声断喝，直震得读书人耳朵嗡嗡作响。接着，谢亮清又严肃地对他说："你得回去先静读静思三天，清除杂念，修身养性，然后再来。"

谢亮清太"不近人情"了。于是，读书人惭愧地回家了。

谢亮清望着读书人的背影，感慨地吟了一首诗："礼来礼往过中秋，愧对士民相应酬。明月有心来照我，衙门当下我含羞。"

一日，知县问谢亮清："你举荐的人怎么还不见来？"谢亮清就将事情的经过解释了一番，知县听了，深有感触："贪念必害人。你没有在诱惑面前败下阵来，实是难得。"不过，知县觉得这件事挺有趣的，便对谢亮清说："你当初举荐他，想必也是个人才。我想与他见一面。"

谢亮清将读书人带进了县衙。知县见其衣冠整齐、和善谦恭，便把他叫到跟前说："我刚想写一幅书法，可是落笔就写坏了，你来看一下。"读书人认为可以"对症下药"，便在那里恭敬有加地大声喝彩道："好笔法！好笔法！"

知县见此情景，顷刻间冷笑两声，对他说："书法可不是件简单的事啊！你先回到家里，让我深思三天。"

读书人一听，惶恐不安，脸色由红变白，一句话也说不出来，只好走了。

知县叹了一口气，说："我并非书法家，书写难免有失误，可是这人只是一味顺从我、称赞我，这对我日后工作又有什么好处呢？"

谢亮清不好意思地说："是我推荐失误了。"

刘尧诲知道这件事后说："操守坚贞、廉洁清正的官员多了，贪鄙官员就少了，吏治就有望变得清明一些。"

由此，他突然想起一件事：年轻时，他在舜峰寨下资福寺内读书。一天，他在寺侧垃圾池旁挖土，掘出满满的一坛金锭，他却在附近另挖一坑，将其深埋，上植翠柏，一直没与人说起。如今担任两广都督了，他赶快将秘密告诉资福寺的住持续慧和尚，让他挖出来重修该寺，并新建东庑，总算了结一桩心愿。和尚赞扬他从小耿介，不苟取。

三、远征剿灭林道乾

肇庆各地士农工商们一路走来的步履，或长或短，或深或浅，或徐或疾，都体现着改革大潮的起起伏伏。他们的辛劳所得不仅养活了自己，还发展壮大了肇庆城乡。

肇庆有点声色，内陆有点安稳，刘尧诲坐得有点舒服，但是海岸又乱了，广东出现了大"海盗"，首领是林道乾。

多年来，历任两广总督调兵遣将，强力镇压了林国显、许栋、许朝光、张琏、吴平、曾一本、朱良宝、林凤等海盗集团，逐步稳定广东局势，但林道乾集团一直没有根除，此番又来进犯粤闽沿海，威胁东南稳定。

张居正来信给刘尧诲，希望他清醒地认识到"诸山海逃伏之盗，必将乘势再起，将来广事，不可便谓无虞""陆寇既除，自此可专意海上"这些道理。

　　林道乾的出现不算一鸣惊人，与之前所有的海盗不同，他并非穷困百姓出身，他曾经是潮州的一名小吏，犯了抗拒执行海禁政令的错误之后，就亡命海上，在澄海县南湾聚众，后逐渐壮大。当年，林道乾率战船50余艘，自南澳岛焚杀南村和厩下村。但其遭到了俞大猷的迎头痛击，随即兵败，退走澎湖，再转台湾，泊打狗港，即今日之高雄港。

　　打狗港之名，源自台湾马卡道人，乡民在此遍植刺竹抵御外敌，取名为"竹林"，其发音近似闽南语"打狗"。于是，"打狗"或"打鼓"就成了此地的地名。林道乾率众"打狗"，成为高雄地区第一支来自大陆的大规模移民团队，拉开了大规模开发台湾的序幕。之后，其他"海盗"，如颜思齐以及后来的郑芝龙、郑成功父子，均成为台湾早期开发的主力。

　　然而，林道乾并未看好台湾，认为此处并非久留之地。所以，在留下了部分人马后，他率下属2 000余人、白艚船100只，扬帆南下，沿海掳劫，不管是什么船队，有金银抢金银，有人掠人，不论男女。林道乾在东南亚如鱼得水，"天朝"的命令无人理会，反倒被天朝追捕的"海盗"在东南亚可以说一不二，着实让明朝丢尽了脸面。

　　身在朝廷的张居正心如火烧，飞马传书，连续给刘尧海去信："顷林贼复回广东，彼中无素备，其文武将吏又皆庸驽，竟令纵洋而去，殊可恨也"，"惟海防甚疏，昨林道乾以丧败群寇，候泊河渡，使该道有人，武备稍预，缚而致之易耳。乃竟无一兵一船，使之从容扬帆而去，可恨，可恨"，"昨据闽中报，柬埔寨主言林贼虽投入暹罗，尚往来攻彼寨。寨中苏姓者，与之深仇，必欲擒之"。

　　张居正在信中先是对地方官员疏于职守予以责备，表达对未能缉获再度反叛的林道乾的怨恨，咬牙切齿之形跃然纸上。尔后又将林道乾远遁占城（今越南中南部，古称"林邑"）和率部逃至柬埔寨的信息告诉刘尧海，催令他起兵剿除。

　　刘尧海决定集结广东、福建官兵并联合居住在澳门的葡萄牙人来对付林道乾。明朝使者先到柬埔寨，令与暹罗并攻林道乾。此事被林道乾获悉，他立即进攻暹罗，打败包括葡萄牙人在内的各国敌人，掠走了暹罗大批船舰，扬长而去。

　　1581年春，张居正最后一封信的最后一句忧心的话是："林贼近来消息何如？恐又成乌有也。"

　　刘尧海勇于任事，敢于担当，又重于执行、重具体操作、重最终成效。在南海岛屿进行军事演习后，明朝再次牵头组建联军，柬埔寨与暹罗一同出兵，攻打定居北大年（今泰国南部）的林道乾。

　　万兵齐集，千里赶海，直下南洋。数月来，在各方夹击之下，林道乾的人马被打得无处躲藏，但令官军惊诧的是，海盗们大多誓死不降，战斗到最后一刻，就跳崖投海自杀，极富战斗精神。最终林道乾大败，4 000余人被俘斩。

林道乾仍在潜逃，他准备掩姓埋名地生活，却在一次逃亡中碰到了触发式地雷，他只看了一眼脚下，还未明白过来便被炸身亡。

林道乾死了，刘尧诲终于可以向张居正交上答卷了，他的心情犹如火山喷发，写下如下诗句：

十年宦迹怅离群，摇落乡山别泪纷。汉节鸣驺行五岭，梅花吹角度层云。威名铜柱今犹在，诗句江门久不闻。献赋论兵嗟我老，山中寥寂倍思君。

原先林道乾伪装投降，然后逃脱，一些军中要员以纵贼罪受到军法处置，而有关的文职官员却逍遥法外。刘尧诲认为"文武同罪异罚，非所以示公"，竟奏请朝廷批准，一律按海防官的处理办法追究。

四、修筑鸿基建文昌

大事已毕，刘尧诲决定重修肇庆总督衙门。衙门是形象，是权威的象征，是一座城市的主宰。按照风水观念，衙署通常都位于城市中央，即所谓"正穴"之所在，穴是聚气的焦点，南向为正，居中为尊，有"居中而治"之意，故又有"衙门口朝南开"的俗谚。

然而，肇庆总督衙门偏重于东，根据《周礼·考工记》风水理论的设计思想进行布局，就是"唯王建国，辨方正位"，与建都讲"形胜"一样，把门面修正。

这时候，堪舆家提出了疑问。地方总督、巡抚与将军、布政使、按察使，以及司、道、府、州（厅）、县等机构和衙署的级别不一样，有什么形制和标准吗？

刘尧诲说，总督与各级衙署的基本结构、建筑规模和修缮标准，按照统一规定的形制，衙门必须一个样，不得改动。超出标准就有僭越之嫌了。

于是，堪舆家选择吉地后，又选择吉日动土。刘尧诲则调动一切力量，筹集各方财资，历时一年，总督府的建筑有了新格局，主要是前堂后内。所谓堂就是办公和迎客的场所，内是指起居之所。大堂、二堂等作为主建筑位于中轴线上，此外，府署内还有架阁库用来保存文牍、档案，另外还有仓库、军器库、监狱等设置。刘尧诲还附设官邸，以供官员及其眷属居住。

总督府里里外外装修一新，深门高耸，弘敞壮丽，巍然壮观，好比一方巨制。两广官员前来参加庆典，赞曰："陶铸一方气概，播扬千古风流。"还有人写成一副楹联："府废宜兴，所期百度勤修，无惭建树；地高易险，待欲一层更上，还要从容。"

总督衙门建好后，也迎接了第一批外宾。在当年六月，以西班牙方济会监护阿尔法罗神父和特尔德西拉斯神父为首的一群传教士，乘船从菲律宾马尼拉来到广州。当他们走到城墙门下时，被守城的士兵拦下，声称传教士不得进城。接着，来了一个会讲葡萄牙语的广州官员，与传教士们对话，原来传教士说要见总督。两广总督府在肇庆，广州官员只好特地安排他们到肇庆走一趟。

八月二十一日，传教士进入两广总督府拜见总督刘尧海，衙门礼仪官要求传教士下跪，西班牙人惶恐半天才明白下跪是中国的尊敬礼。传教士阿尔法罗作为代表，第一个前来下跪拜访，其余一群传教士也按照规定动作做了。他们在肇庆住了8天，穿街过市，游山玩水，还在七星岩刻字留壁。

最后，阿尔法罗向刘尧海展示了圣像和《圣经》。刘尧海一点兴趣也没有，并说那尊耶稣蒙难像是不吉利的。任凭阿尔法罗怎样解说，刘尧海根本听不进去，但是有一句最敏感的话他记住了。阿尔法罗说，肇庆有胜水名山，也有雄城，就是缺少了"文化标志"，没有人们信仰的圣像和《圣经》呀！

议论归议论，质疑归质疑。但阿尔法罗的一席话，似乎让人们悟出了一些道理。刘尧海想了一下，微微一笑，说："我们也讲经，叫《道德经》；我们也有神像，叫文昌像。"

在场的所有官员大惑不解，总督大人为何不举孔子圣人，而说文昌帝呢？

原来，明神宗下令：全国各地巡按御史、提学官切实查访，将各省所有私建的书院，一律改为诸司衙门；书院所立粮田俱查归里甲；各地师徒不得借此聚集会议，扰害地方。不搞书院，自然不讲孔子，刘尧海又怎会犯规呢？

阿尔法罗听后惊讶地说："文昌像？如此了得，在哪？我们想看。"

众人心领神会，皆笑不语。刘总督摇摇手说："你们也该出境了。下次吧，下次我让你们看。"

刘尧海把他们打发回澳门之后，想到自己说出去的话应该兑现，决定修建文昌阁，流芳百世。于是画图纸、选地址，突然，一阵狂风吹来，刘尧海手上的图纸随风飘走。人们慌了神，赶紧去追，发现那张图纸随风向东南方向飘去，落在东门外文庙左边平平整整的地上。人们都认为这是文昌帝的旨意，于是刘尧海决定在此建造文昌阁，还令人写有"奎光"联：

每当晓气江来，借雨露重沾，坐收胜景；
若要凌云手抉，凭奎光高照，更入潮流。

景有独特，怀有独至。肇庆的文昌阁刚好完工，60 岁的刘尧诲就晋升兵部尚书了。文昌阁又名魁星楼，又称为文笔塔。后来，人们更是心怀敬意，每年都来此春秋两祭。在开科取士的封建社会，建文昌阁不足为奇。奇就奇在，魁星能够显灵："参天瞻顾民间苦，坐地博施赐瑞祥。"

附：肇庆文昌阁

文昌本为古星官名，是斗魁（魁星）之上六星的总称。文昌星被道教尊为主宰功名禄位之神，故称文昌帝君。每年两次祭祀，春祭在二月初三日，秋祭在八月，选择吉日举行。每次献礼，都要三跪九叩首。祭祀时要主祭人宣读祝文。清代《祝文》："惟神迹著西垣，枢环北极。六匡丽曜，协昌运之光华；累代垂灵，为人文之主宰。扶正久彰夫感召，荐馨宜致其尊崇。兹届仲春、秋，用昭时祀。尚其歆格，鉴此精虔。尚飨！"

读史小札

刘尧诲任两广总督时，张居正颁令全国"尽毁天下书院"，唯独刘尧诲拒不执行，使两广的书院得以保存。万历十年（1582），张居正病逝，反对派群起攻击，刘尧诲以姻戚关系依附受审，于是告老归居衡阳，以读书讲学为乐，发出"梁甫凋残人已远，草庐空有老臣心"的感慨。他 1583 年去世，按照封建体制，以他卓著的功业，朝廷应追赠谥号，但因受张居正案牵连，只给了葬祭，没谥。后加赠太子少保，入先贤祠。

陈瑞蒙冤被革职　　利玛窦初入肇庆

度过寒冷的冬天，1582 年的早春来了，肇庆山川美妙而胜概，气象万千而吉庆；贯广西起讫通波，西江一端称热土；在广东交辉立鼎，珠江三角绚朝霞。春花开放，迎接着以兵部尚书兼署两广总督、广东巡抚之职的陈瑞来到肇庆，官员一见面，就称他为"大司马"。

一、叛乱渐息治澳门

大司马是兵部尚书的别称。陈瑞，字孔麟，号文峰，1515 年生于福建长乐古槐村，进士出身。先后任广东按察使、山东监察御史、河南右参政、湖广左布政、湖广巡抚等职，深得官心和民心。陈瑞 67 岁了，首辅张居正还器重他，委以尚书重任，管好广东。

陈瑞到任不久，肇庆的居民开始了繁忙的春耕劳作。他穿戴一身富贵，走街串巷，看见城里许多人开心敞亮与平和安逸，老人与儿女们忙碌地操劳着，享受着暖阳里那一种悠然自得的淳朴生活。

陈瑞触景生情，想起了家人。他有 3 个儿子，其中次子长祚也是进士出身，于是人们称他们"父子解元"；又因陈瑞任兵部尚书和其子任工部尚书，赞称"父子尚书"。另外两个儿子长进、长勉也不错，都身居要职。只是，他觉得欠缺些什么，心里怪怪的。

岂料，和肇庆美好景象不协调的事情发生了。当年，倭寇和海盗联合侵犯广东。龙川有个鲍时秀，匪气十足，凭着妻子杜氏有妖术，占据义都猴岭，立二十四方大总，自号无敌峒王。陈瑞令广东总兵官黄应甲去平息他。

黄应甲了解这伙山贼，他们曾经被殷正茂围攻，鲍时秀突围后逃去了江西。虽然这些年经常小打小闹，但并未作乱，所以黄应甲不想刀枪相见。他找到了鲍时秀，劝告其投降。鲍时秀想了很久，最后应允接受招安了。谁知当黄应甲走后，鲍时秀却不要命了，居然聚众作反。陈瑞命令黄应甲，干脆把鲍时秀一伙灭了，以绝后患。黄应甲二话不说，出兵把鲍时秀所部全数歼灭。

山贼初平，疍贼又在沿海大闹。领头叫梁本豪，是曾一本的余党，窜海中，习水战且远通西洋。一时间，吴川、阳江、茂名、海丰、新宁、惠来诸县，悉遭焚掠。并且，梁本豪手下的两个大头目苏观陛、周才雄带领亡命之徒数千人，还结倭兵为助，然后转入雷、廉、琼三州境，杀了州官千户田治，掠走通判，势尤猖獗，广东沿海几乎无宁日。

六月，陈瑞对广东的策略是穷剿海盗，力战倭寇，安定葡萄牙人而严管，避免葡萄牙人与海盗、倭寇有任何牵连，专心剿倭。他召集总兵官黄应甲等众将军，谋划剿寇行动，分水军两路，南路驻老万山防倭寇，东路驻虎门御疍民，另以两军御外海，两军扼要塞，待梁本豪进入水道。这个水道是大自然的神谋妙造，大、小虎头山从江底跃起如门户锁钥，外控珠江口，内护狮子洋，门前水深浪阔，两侧岛屿拦江，形成天堑关隘的"虎门"。

由于历年之乱都因水道无重兵防守，致使海盗披猖，扬帆直入，于是明军在虎头门、武山等险要之处屯兵扎寨，钦派守备统领，配战船。然后，黄应甲亲自率领一支水军直扑海盗阵营，以虎门水道夹击，生擒了苏观陛、周才雄，斩首400余级，其党羽缚酋长陈泉以乖乖投降。

黄应甲乘势领水军突然出击，大败海盗，活捉了头目梁本豪，击沉贼船20余艘，接着各支水军竞进，大破梁本豪老巢石茅洲。

诸贼逃亡潭洲沙湾，聚舟200只，加上倭寇舟10只，互为掎角，对抗明军。明军诸将合力追杀，先后斩倭寇首1 600余级，击沉其船百余艘，抚降2 500人。倭寇逃避到琼崖，黄应甲没有放过这个将其歼灭的机会，再度大战斩首200余级，夺取倭寇船只，胜利返航。

胜利消息传京，万历皇帝为此到郊庙告谢祖宗，宣告大捷并接受大臣们的祝贺。广东总兵官黄应甲有功赐金，晋升为左军都督府金书。

有消息传来，意大利传教士罗明坚将一只表送给黄应甲。这一举动让陈瑞格外关注，传教士还没获得他的批准，怎么能够向黄应甲赠送特别厚重的礼物呢？陈瑞想起来了，受肇庆知府王泮引见获准到广州传教的就是罗明坚。

1582年，澳门的葡萄牙人擅自选举，选出6人组成市政议会。陈瑞得悉表示这有违中国法规，遂令驻澳葡萄牙首席检察官及教会派人至肇庆说明。驻澳葡萄牙人派出首席检察官本涅拉和传教士罗明坚到肇庆，代表葡萄牙人承诺遵守中国法律，服从中国政府管辖。陈瑞考虑再三，允许葡萄牙人向香山县缴纳地租，留居澳门自治，于是订立了第一份中葡之间的自治契约。商谈的结果，立约规定驻澳葡萄牙人每年向香山县缴纳500两租金。有了契约，意味着葡萄牙人可以进入中国了。

有一次，罗明坚跟随葡萄牙商人进入广州进行贸易，从中与中国官员接近，第一次与两广总督陈瑞交谈。由于他彬彬有礼，也会说中国话，博得陈瑞的好感，安排他在暹罗（泰国）贡馆住宿，并批准和欢迎他们到肇庆访问。

二、打开国门添风情

广东叛乱渐息，教化渐兴，又进入平稳时期，肇庆百业日盛。而万历十年（1582）六月二十日张居正去世，陈瑞还不知道有祸惹身了，正在与知府王泮研究建塔一事。

肇庆知府王泮以西江"滔滔而东，其气不聚，人才遂如晨星"为理由，向陈瑞汇报，在肇庆西江岸边建塔，镇住"祸龙"，永固堤围，聚气生财，兴旺文运。他还讲了一个故事：古时候，端州跃龙水中游有条祸龙，凶残恶暴，常在西江急弯处搅浪翻波，翻船食人，一直无人能制服得了，弄得端州人心惶惶，说要以塔镇反。

陈瑞是个有修养的官，认为建塔是为民造福的事，立即拍板同意。他认为，刘尧诲信道，建文昌阁，还不如我信佛建造佛塔呢。建塔喻佛，为了与人和睦，同一塔下，患难相恤，疾病相扶持，皆是和睦之积。能够德业相劝，过失相规，皆因佛心推行。陈瑞说："如果我贫困，将有望于人，如果我不贫困，就得施之于人。"所以，建造"肇庆第一塔"，更添都市风情。为此，陈瑞捐资 5 万两为王泮专用。

有总督的大力支持，王泮请来建塔专家和工匠，精心选址，精心设计，要求塔既要经得住风吹雨打，也要免于洪水冲击。王泮向陈瑞汇报，决定在跃龙窦与西江交汇上游的石顶岗上，建塔镇龙，初名定作"镇龙塔"。

王泮来指导动工了，陈瑞来奠基了，百姓也都来助兴了。因为建塔是为民除孽害，使端州安宁，有谁不出钱出力呢？

王泮搞市政建设，陈瑞搞外交关系。肇庆是"两广中心"，因此两广官员常来开会、请示和汇报。当时广州经澳门出海可进行全球贸易，葡萄牙、西班牙、荷兰、意大利、英国、法国等国的商人纷纷到广州开展贸易，而搭乘商船而来的葡萄牙等西方国家的天主教传教士纷纷来澳门和转入广东以至中国内地进行传教活动。陈瑞以礼相待、以和为贵、友好共处，开展了各种类型的友好合作以实现互惠互利，并通过相互之间订立合同条约的方式对合作加以规范和控制。他说这是军门处理地方关系、搞地方建设的一项重要内容。

陈瑞想起了罗明坚。1582 年十二月二十七日，罗明坚一行人在肇庆总督府拜见了陈瑞。利玛窦还将会见过程记录下来：

罗明坚将随身带来的各色布匹、天鹅绒、钟表和三角形的水晶镜送给陈瑞。这对中国人来说可是新鲜玩意儿，陈瑞当然高兴地收下，之后，陈瑞留罗明坚在府内居住，设宴款待，礼遇有加，并回赠罗明坚绸帛及中国书籍。

罗明坚向陈瑞请求，希望陈瑞允许他们在肇庆暂住，学习中文。陈瑞点头表示允许，并交给肇庆知府王泮去办，安排他们住在肇庆城东门外不远的天宁寺旁边的一所宽敞的房屋。

陈瑞告诉王泮，向罗明坚示知，只要耶稣会士愿意改穿中国服饰，变为中国子民，可以批准在肇庆选地建一小屋居住。罗明坚、利玛窦喜出望外。于是，传教士们开始着手与市民联络感情，目的是筹建在中国内地的第一个传教根据地。

有一天，罗明坚上街，见到一个得了不治之症、被家人抛弃在路边的人，便告诉他说，治疗肉体疾病已无希望，但仍有办法照顾他的灵魂，引他得到解脱和极乐，这个生病的人很乐于接受这种教义。于是罗明坚把他带回家，叫中国仆人替他搭了一间干净的小茅屋，一边照看他，一边把天主教的基本教义教给他，他成为中国内陆第一个接受洗礼的人。尽管几天之后，这个人便死了，但传教士们认为这是他们伟大事业的良好开端。接着，罗明坚于1583年正月初四向陈瑞呈上一份请求书：

臣等职在事奉上主及学习各种学识，前在本国时，耳闻中国民众，温和良善，富于沉静及理解性，并有种种纯良典礼及风俗，文化昌明，载道之书籍繁博。因此仰望天朝，必欲亲临其地，与此最良好之民族共同生活而后快，航海三年至中国，重波浪滔天，危险万状而不辞。在澳门……寄居甚感不便，俯视殿下允许，臣等在此地存身，与中华民众相处，生死以之。

三、"非我族类"当革职

这些天，陈瑞精神状态一直不好，他干脆与知府王泮，偕同罗明坚、利玛窦、巴范济游览肇庆。罗明坚还趁机请求总督给神父安排一个居留地，陈瑞表示"可以答应这个请求"。

罗明坚等三个传教士白天东游西逛，夜晚在肇庆城外的天宁寺待着，等待总督陈瑞对"建寺传教计划"进行批复。他们只怕夜长梦多，却没想到，计划真的赶不上变化。

张居正去世半年后，朝廷开始"倒张"了，这种攻击自然牵连到张居正生前的好友戚继光。"倒张"派把戚继光视为张居正的同党，欲置之于死地而后快。有人诬陷戚继光给张居正的信件说："虽夜开中门递进，意欲何为？莫非反状乎？"在此等情况下，兵科给事中张鼎思认为戚继光于闽浙有功，请朝廷把他调往南方。于是1583年二月，戚继光调任广东总兵官。他在诗中写道：

南北驱驰报主情，江花边草笑平生。
一年三百六十日，都是横戈马上行。

戚继光来肇庆报到，陈瑞感到意外，也不是意外，因为凡与张居正好的，都"牵连致罪"。

陈瑞对戚继光说："在肇庆小住几日，再去兵营吧。我正想与你交谈一下，设海防馆于肇庆，驻分巡海道副使，负责招募、训练水师。"

戚继光说："我还是一边了解广东情况，一边做海防方案，尽早落实此事。"

戚继光走后，陈瑞心里变得空落落的。

三月，皇帝诏夺张居正上柱国、太师封爵；再诏夺文忠公谥号，贬其子锦衣卫张简修为民。"倒张"更烈，风潮吹遍了整个大明王朝。

有时候人担心什么，就来什么。有一天，陈瑞正在审阅戚继光派员送达的边防报告和训练水师的方案，突然接到圣旨：他被免去两广总督的职务，就地查办，弹劾他的罪状是"向外国人签发护照定居"。

陈瑞深知自己大祸临头了，他马上叫王泮安排巴范济、罗明坚等人迅速离开肇庆，并介绍他们去广州找分巡海道副使解决住宿地。

当晚，罗明坚等人还想着建寺批文呢，怎么却要急匆匆地赶离肇庆，出什么事了？他们三人还想到广州留宿，江岸守卫坚决不许他们登陆，罗明坚无奈，只得回去澳门。

朝廷立刻追查陈瑞发放护照一事。但是，这算什么罪呢？前任刘尧诲准许外国人进入也没用此定罪呀。办案人审查陈瑞签证，只能说明他打开国门、引进西方文化，治不了他死罪的。于是有人告状，说陈瑞出卖澳门。

朝廷派人到广州、肇庆搜罗资料。知府王泮说了句公道话，陈瑞在肇庆一年，大败海盗梁本豪，洞开西方文化进入广东，也算是有功之臣了。

而陈瑞"非我族类"，御史张应诏要的是卖国证据。他们证实，陈瑞与澳门葡方签了一纸契约，允准葡萄牙人进入和租居澳门，允许罗明坚等人在肇庆置地建房，这是陈瑞贪贿而私自出卖澳门的证据。

陈瑞说，澳门自古以来是中国的领土，我没有出卖。况且这个小渔村，在嘉靖三十二年（1553），广东海道副使汪柏已经同意葡萄牙商人缴纳一成以上（按明朝廷规定为两成）的关税，就可以在澳门贸易了，之后又允许葡萄牙商人在澳门筑室居住。

办案人说："这是居住澳门，而你是出卖澳门。"

陈瑞又说："万历元年（1573），朝廷允准葡萄牙商人每年交纳地租银500两，可以租居澳门进行贸易。如今我在葡萄牙人答应'服从中国官吏的管辖'的前提下，允准葡萄牙人租居澳门，只能说澳门是广东管辖下的一个特殊的葡萄牙侨民社区。这是出卖澳门吗？这样也算罪状吗？"

朝廷御史张应诏大怒说："你是广东政府最高官吏，你这么做，代表了第一次对葡萄牙人租居澳门贸易的承认。你看看，现在葡萄牙人簇拥而来，在澳门经商和居住，不断'私创茅屋营房'，'增缮周垣，加以统台，隐然敌国'。葡萄牙人在澳门'骄悍不法'，私自允许日本的'朱印船'入澳门贸易；把商船停泊在大调环、马骝洲等地外洋，偷漏船钞、货税，甚至派小艇保护'经济之舶'，不受大明朝政府守澳官的盘诘。这样还不是大罪吗？"

陈瑞无话可说，想不到葡萄牙人在澳门做出这种超乎寻常贸易的举动，引起了人们的不满和朝野仕宦的忧虑，纷纷向明朝皇帝上书禀奏。他们一致认为广东地方官吏让葡萄牙人进入和租居澳门，实为国家安全的一大威胁和隐患，并向皇帝提出如何处理澳门葡萄牙人的种种主张，请求皇帝"早为万全之虑"予以裁夺和实施，以保国家之安全和领土主权之完整。

惨了，这是国土大事呀，怎么得了？其实这都是给陈瑞定下的莫须有的罪名，他被弹劾是因为朝廷斗争。张居正病逝后，满朝"私人恩怨"都在清算张居正，冤家恨张居正结交同伙，皇帝恨张居正功高盖主。

张居正家被搜了，虽然四壁空荡，无价高之物，却也解不了冤家之恨。他在世，大权在握。他一死，仇家对他的家属、身后令名就可以为所欲为，弄得他在死后的第一年官爵被"追夺"，在死后的第二年家产被充公，家属被充军，若干家属死在牢狱，长子张敬修被逼得自杀。

不过，御史张应诏仍然不会放过"非我族类"之人，他弹劾陈瑞"多受将吏金"，曾经搜刮金银私下赠予张居正。随后，张居正所举荐的人都被指为同党，全部革职，斥削殆尽，陈瑞也不例外。

确实，张居正与陈瑞的关系非常密切。在隆庆三年（1569），陈瑞任广东按察使时，张居正就两次向广东巡抚熊桴力荐陈瑞，说："新任陈宪长名瑞者，颇练南中事，公试与筹之，何如？"正因为张居正对陈瑞的看重，才有陈瑞一路春风，走向两广总督的高位。

一寸丹心图报国，两行清泪为思亲。知府王泮明白，陈瑞被罢官，只是因为"站错队，跟错人"，与传教士关系不大。只可惜，他与陈瑞好心策划的崇禧塔还未完工，陈瑞已经"下岗"了。

陈瑞深知这一劫难逃，就对前来送别的戚继光说："万历五年（1577），张居正的长子张嗣修会试，考中榜眼，人们私下的议论是'关节'。万历八年（1580）会试，张居正次子张懋修状元及第，许多人心生不满，说是'关节状元''野鸟为鸾'，御史魏允贞上疏，认为'辅史子弟不应中试'。结果，张居正去世后，张懋修、张嗣修兄弟考中状元、榜眼的事，便成了张居正的一大罪状。有人嘲讽张居正尚幼的第五个儿子：'状元榜眼尽归张，岂是文星照楚乡。若是相公身不死，五官必定探花郎。'张氏兄弟的功名虽然没有被明令革除，但他们都以父罪而'谪戍'，命运悲惨。何况我呢，罪名很难洗刷清楚了。"

万历十一年（1583）夏，陈瑞离开肇庆，戚继光更不忍说自己的可悲，只是对着他泪流满面。

陈瑞虽然蒙冤，也要求家人"王法者，朝廷所设以治吾民者也。无王法，则天下乱。苟平日不畏王法，恐一旦犯法而不自知。及遭刑戮，悔之晚矣。此君子所以怀刑也。故为绅，为士，为民，皆当畏法"。他要求家人敬畏王法，以免犯法而遭刑戮。万历十一年十一月，陈瑞奉诏入京觐见，卒于途中，终年69岁。

读史小札

陈瑞一生最引争议的就是"出卖"澳门之事。澳门渔村，嘉靖初就有葡萄牙人驾船来经商，后借口晾晒水渍货物，与海道副使汪柏秘密协定租占。葡萄牙人每年缴纳地租，陈瑞延续此政策。至于后人说陈瑞受贿，材料来自利玛窦和金尼阁的《利玛窦中国札记》。他与罗明坚、本涅拉和桑切斯神父会见，他们在各自的汇报和书信中，从未言及陈瑞收受礼物。后来利玛窦来肇庆，20多年后，补写陈瑞收受礼物情节于札记中，成了评论话题。

郭应聘毕生两广　利玛窦二进肇庆

　　万历十一年（1583）七月，肇庆的两广总督府风云突变，前任总督陈瑞突然被罢官，朝廷急调广西巡抚郭应聘火速继任，匆促间，官员们把酒话别，他们吟哦着辛弃疾的词句："想当年，金戈铁马，气吞万里如虎。"这是他们特意对广西总兵官李锡的赞美。而李锡敬重地说："只有郭大人才称得上'华南虎'。"

　　郭应聘，字君宾，号华溪，1518 年生于福建莆田县黄石镇华中村（旧称东华村），1550 年登进士第做官，任过广东左参政，还是一个风华正茂的青年时，就跟从吴桂芳驰骋广东增城战场，奋勇杀流寇，打败李亚元以及从化、龙门两县贼首张韶南、黄仕良等，立下了显赫的战功。

　　因此，他两次参加考核，治政和德行都属一等，任广西按察使，大破"古田贼"后，晋升广西右布政使。接着用计诱捕广西凶狠的酋长黄贤相，晋升为广西左布政使。也就是说，郭应聘在广东、广西累结功勋，风云际会，登上了两广总督的巅峰。

一、平叛乱征战府江

　　其他不说，就说隆庆六年（1572）著名的"府江之捷"。

　　广西有条府江，又称抚江，后叫桂江。上起阳朔，下达昭平，长达 300 多里。东岸平乐，西岸荔浦，延袤有千余里，中间巢峒盘络，为瑶壮渊薮。诸寨瑶民夹江居住，倚仗险隘拦路打劫。荔浦寨韦公海谋反队伍有 5 000 余人，四处攻劫，屡攻县城，声势甚大；永安寨李都堂作乱队伍有 1 500 多人，经常"阻截道路，州治不通"；高天寨黄公东也聚众万余人。

　　当时杨钱甫为总头目，他的瑶族队伍势力最强，以三峒、仙回、高天诸寨为中心，互相依倚，横行两广交界地区。他伙同酋长杨公满、雷公奉、黄公东等"日夺荔浦城郭、平乐乐山及峰门、南源诸所，执永安知州杨惟执，已杀指挥胡瀚、千户李可久、周濂，军余朱铨、邓属二、土舍岑文，太学黄文堂及兵民无算"。"当是时，道路梗塞，城门昼闭，永安、荔浦几至陆沉。"

　　朝廷令广西巡抚郭应聘征战抚江，并叮嘱："炎热荒凉、瘴气缭绕的地区，动员数万人，不适宜长期逗留，迅速攻破他们的巢穴，那么其余的叛贼就会吓破胆。"

当年十月，郭应聘亲自集兵 6 万，分为三军，令都督同知、广西总兵官李锡前往镇压，称"征蛮将军"。三军还未行至抚江，怀远的瑶民就先闹腾了。原来，贼首杨钱甫获悉李锡征剿，便潜往怀远，先行杀了知县马希武。

怀远，地处广西宜州，地界接湖南、贵州，皆是瑶民。郭应聘部署兵马，一支部队征讨抚江，另一支兵马孤立怀远，镇抚周边 4 个地方僮民。

征蛮将军李锡善于远征，千里跃进，往往孤军深入而不要后方支持，人称"偏师作战"。比如在广西边防的西征、参加罗旁战争的东征，都是在"保存就是胜利"的旗帜下，伤痕累累地壮烈远征。同时，内线作战也是李锡的杰作，威名赫赫。有句口号是"攻贼巢，破贼胆，速战速决"。

然而，这一次出征怀远正值隆冬时节，白皋、黄土、大梅、青淇等侗、僮地区，下起了大雨和大雪。在恶劣的环境中，李锡兵马去不得回不得，便向郭应聘提议，既然天公不作美，暂时征不了怀远，可否就近将阳朔金宝岭的乱民剿灭，以绝后患。

郭应聘说："李将军，你排除困难，必须攻打怀远。阳朔我自有妙计。"李锡冒着雪雨出征，行走数日，天气突然转晴，他挥军一鼓作气攻克怀远，斩杀了杨钱甫。李锡打出赫赫神威，郭应聘赞道："李锡真是大将军也！"

李锡班师回来之时，阳朔亦平定了。原来，郭应聘与按察使吴一介合计，因为阳朔金宝岭乱民都怕李锡，以为李锡出兵去了怀远，阳朔安全了，郭应聘出其不意地袭击阳朔，亲自出马督兵镇压。然后派遣阎崇文、杨照、孔昭等诸将领分路讨伐洛容、上油、边山，把三地乱民也征讨平定了。

李锡佩服郭应聘帅才，继而一起转战抚江两岸，6 万官兵鏖战至 1573 年春节，长达 4 个月之久，经过大镇压和大屠杀，杀死乱民 4 600 余名，这场战斗方告结束。抚江"通途无梗"了，但令僮瑶民变为了"苦江"。既然安"抚"已成，就改叫"府江"吧。于是郭应聘上报"府江之捷"。

他以为从此府江瑶民再也不会起来造反了，岂料瑶民像跟郭应聘有仇似的，造反愈演愈烈。

广西与湖南交界的新宁，有一个叫韦金彪的人，是江湖大盗，屡次在江上打劫。儒帅郭应聘又汇集江峒、瑶平、怀远诸路将士进剿，哗变的瑶民闻风如鸟兽散，不堪一击，郭应聘施计将韦金彪擒拿归案。接着，郭应聘又到永福扫灭流贼，颇有传奇色彩。五股叛乱的瑶民全部平定，明神宗大悦，给郭应聘三品加衔，照旧巡抚广西。

1583 年，65 岁的郭应聘认为，10 年广西巡抚生涯也许到头了。

郭应聘也算得上"名门之后"了：先祖郭子仪的丰功伟绩对家族影响甚大。郭义重、郭道卿、郭廷炜因孝道名闻天下，被宋高宗帝赐封为"三孝子"，特赐"双阙"，并立祠纪念。祖父郭伯玉官居南京户部主事。父亲郭渊，官居广西太平府通判。

郭应聘老家祠堂有状元林环题联："家起一经，待昂肖有贤子；派分双阙，居临海似厚生。"柯潜状元亦题联："系起单骑，睦族源流由固始；支分双阙，故家文献壮旗山。"明尚书林贞肃题写："一门三孝动天心，白马训而甘露降；二代重旌传国史，颓风振更大义明。"甚至明成祖永乐帝亦御制颂联："看立朝有后，母曰教子有斯，可瞑目矣；效孝友无前，天惜伊人无出，如苍生何。"

郭应聘在想，到如今身为广西封疆大臣，功绩显著，还求什么呢？还是学习陈献章吧，一生清贫，依然研究哲理。都御史邓廷缵曾令番禺县每月送米一石，陈献章坚辞不受，说自己"有田二顷，耕之足矣"。按察使花巨金买园林豪宅送给他，他亦委婉回绝。他一直隐居，侍奉老母，致力讲学，培养了不少人才。后来身兼礼、吏、兵三部尚书之职的重臣湛若水，以及文华阁大学士梁储，都是他的入室弟子。其他弟子有李承箕、林缉熙、张廷实、贺钦、陈茂烈、容一之、罗服周、潘汉、叶宏、谢佑、林廷瓛等。

因此，郭应聘敬重陈献章，为他立祠堂写联："道传孔孟三千载，学绍程朱第一支。"在岭南地区的历史人物中，能从祀于孔庙者，只有陈献章一人，故有"岭南一人""岭学儒宗"之誉。接着，郭应聘又为被誉为"两肩正气，一代伟人"的王守仁立祠堂。他还为当年被贬至浔州的刘台租住房，供应粮食，刘台死后又出资收殓他，将他的灵柩送归故乡，自己供奉他的像以示纪念。

这一年，郭应聘双喜临门，他晋升为两广总督，儿子郭正域考取进士。他怀着喜悦，从梧州沿西江一帆风顺而下肇庆。

他一会儿以哲思者的历史视野看着西江，河水滔滔不绝，但已经不是原来的河水；一会儿又以诗人的历史视野看肇庆，总督府啊，只不过是旅舍，自己也许是过客。

二、百姓赞誉郭青天

初来乍到，肇庆知府王泮向总督郭应聘说明神父之事，郭应聘说，怎能让外国人入居呢？你代我追查前任总督陈瑞发护照给外国人一事，责成分巡海道副使及香山知县查明上报。

王泮无奈出门，之后闭口不谈神父之事。

别看郭应聘走路像儒生的样子，打仗却能把握时机，克敌制胜，像有神明传授禅机似的，屡获战功。但他又不是急躁冒险、邀功请赏的人，并且廉正谦慎，两广同事都喜欢他，百姓也赞扬他。

不过，有一些人前来拜会郭总督，按照例规，上级官员大都接受将领、文官的贿赂，所以有些小官迫切需要寻找新的政治靠山，向新的政治力量靠拢，也向郭应聘行贿。

一天，郭应聘坐堂，副总兵官陈璘送他一种名叫糖结的名贵香料，并解释说："我知道您不爱金银珠宝，才冒昧地献上这清香之物。"郭应聘答道："我听说，官吏贪污，名声极臭，我怎能用这香料换臭名呢？"

郭应聘告诉陈璘，物欲太多，必然会不择手段去谋取；沉迷声色，必然会在感官快乐中失去平衡，最终因放纵而酿成不测之祸。

陈璘当即表态，从今之后，再也不拿钱进入辕门说情行贿。

说着，东山兵营都来督府谢罪。"这是怎么一回事？"郭应聘问陈璘。

陈璘将详情报上。原来，在罗定东山兵营，有个头领黄玉因不满陈璘克扣钱银，腐败不堪，约同营里百余人，与相思、胡峒土酋和幸存瑶民，劫掠富霖等地的大户人家。

当时，吏治败坏，"广东有司多贪渎"，导致两广起义不断，战事频发。现在，他们知道郭大人来到肇庆任职，人人心惊胆寒，个个争先恐后向总督请求饶恕降服。

郭应聘感叹道："兵聚敛，剥削民，罪过在上层。难道人们就真的喜欢战乱吗？难道兵士想当土匪吗？我不纵容兵士侵犯百姓，但出了问题罪责在于上面。"

他要求从上而下整治戍兵："疆域之臣，战守之备，将识敌情，兵识将意。"他劝说大家回去坚守岗位。同时，郭应聘要求陈璘回去后，制订表彰廉吏和杜绝送礼的条例，告诫将吏。

这个消息传播出去后，东山兵一时群情激昂，士气如虹，自然服了郭应聘。后来，陈璘按照郭应聘的条例，把多余的兵将士淘汰掉，蠲免各苛重的赋税，使百姓受益。

有一天，广东道御史屠叔方来到督府，请求郭应聘释放被害诸臣的后代，以使被害诸臣瞑目。

郭应聘向屠叔方了解当年方孝孺案的情况。屠叔方说，当年方孝孺拒绝为发动"靖难之役"的燕王朱棣草拟即位诏书，其亲友870余人受牵连，全部遇害。如今他们的后代应该平反了。

　　郭应聘是个敢想敢干的人，常以宣明仁义治天下之道，达到时世太平为己任。于是，他向当今皇帝上疏。神宗下诏："除齐泰，黄子澄孙，凡因方孝孺等人罪被株连者，一律准于释放还乡。"一时间，郭应聘成了文武百官的恩人，两广百姓赞扬他就像再生的父母一样。

　　中秋临近，街市特别热闹，官府活动也多，人来车往，熙熙攘攘，显得非比寻常。肇庆人都知道，这年节是情感交流的最佳时机，也是礼尚往来的高潮。

　　郭应聘官邸，张灯结彩，喜气洋洋，热闹非凡。郭应聘前来肇庆上任总督，官职升了一级。贺喜的人一批接一批，门前石铺的官道，挤得满满当当。

　　然而奇怪的是，马车、牛车、手推车、挑担的都被挡在大门前的拴马桩以外。围观的群众议论纷纷，有的说："听说郭大人非常清廉，你看，这些送礼的一个个被冷落在大门外，真是名不虚传呀！"另一人讲："先莫下结论，这戏才刚开场，也许是明里不收暗里收，这年头哪有不贪腥的猫？"

　　这时，管家从大门走出，对送礼的人说了声"跟我来"，拐弯朝府邸左旁的小街走去。

　　这小街深处有一个大车门，里边是郭府的后院，除了花草树木，还有马棚和库房。

　　送礼的被一个个放了进来。几个官差对那些礼品称重的称重，点数的点数，记账的记账，忙得不亦乐乎。

　　那几个跟过来的看客，见到如此情景，又议论起来："确实是照收不误，老哥你猜得太准了，有眼力。"有人叹气："天下乌鸦一般黑，在当今的官场哪有'清廉'二字？"

　　半个时辰过后，所有礼品清点造册完毕。管家叫送礼人把自己的礼品重新装车装筐，分两拨：食用之物如大米、生油、成盐、黄糖、腊味、风鸡、果蔬、腌菜、酱料、大粽、年糕、沙糕、茶叶等都送到西江河畔的仁爱善堂，其他如竹编、壮锦、瓷器、书画、古玩等则送到附近的星岩书院。

　　送礼人纳闷了：是不是礼数不够，遭郭大人嫌弃？他们个个都是一副惴惴不安的神色，刚来时那种兴高采烈的样子荡然无存。

　　那几个看客也纳闷了：这个郭大人葫芦里卖的是什么药呢？

　　送礼人正准备打道回府，管家却告知他们要在肇庆住上一晚，第二天才可以离开。送礼者都是辖区内的下级官吏、地方士绅、富商财主和部族头人，都是见过世面的人，可这次真让人摸不着头脑了。过去给官府送礼，那是来者不拒，多多益善，挥手送客，一句话都不多说。这次怎么就如此烦琐？是福还是祸呢？俗话说，"千穿万穿，马屁不穿"，万一拍到马腿上，被踢上一脚岂不倒霉？

　　第二天，郭应聘设家宴款待送礼人。送礼人一个个在桌前坐着，大气都不敢出，忐忑不安。

　　开始上菜了，端上桌的都是极其普通的家常菜，酒也是低档的米三花。送礼人倒不在乎这个，现在就是上山珍海味，他们也没有胃口。

　　宴会开始，郭大人举起酒杯，首先感谢皇上天恩，其次感谢远在福建莆田的父母，最后感谢诸位同仁的厚爱。最后他说："郭某自知才疏学浅，能力有限，唯有兢兢业业，鞠躬尽瘁，以谢天恩，实不敢贪天之功，诸位的抬爱，实不敢当。所送之物，已转交善堂和书院分别处置，可食之物分给残疾贫苦之民和鳏寡孤独老人，实物则由书院变卖，给书生们用作灯火钱。这样，就把礼尚往来改变为公益善举，诸公以为如何？"

　　送礼人听到这里，心中的疑虑才完全消散，一致应道："甚好，甚好！"

　　当时，海瑞到了肇庆，拜访了总督大人，并从王泮那里了解郭应聘，王泮作了中肯的评价："广东军民官商，人呼郭应聘为郭青天。"海瑞向朝廷汇报称赞："郭应聘入粤视事，增产了许多五谷，物阜民康。"

　　得到朝廷的表彰，郭应聘则谦虚地将自己比喻为竹子，因为不开花，所以没有蜜蜂或蝴蝶前来烦扰，也许这是竹子的优点吧。

三、批建第一座教堂

　　一天，郭应聘发现了前任总督把罗明坚、巴范济赶出肇庆的公文，令海道副使和香山知县查明。于是利玛窦跟着罗明坚再到广州去跟海道交涉。在广州街头，他们看到了两广总督的告示，命令禁止汉人与外国神父接触，不许在广东建教堂和私宅。两人的心情再次跌入谷底，垂头丧气地折回澳门。戏剧性的是，回到澳门一星期后，罗明坚却突然收到了两广总督的来信，批准他们再到肇庆。利玛窦心情再次高涨起来。

　　当时的外国人不能在中国内地长时间停留和随意走动，除非是得到两广总督的特别许可，这等于是一张绿色通道的通行证。之前，利玛窦他们要进入广州、肇庆，须向官员赠送礼物。在那些腐败的官员眼中，洋货仅仅是令其垂涎欲滴的财富，等同黄金白银。而这次不同了，礼物在开明的中国官员的眼里，则是令人耳目一新的另一种文明，是对他们充满吸引力的新的知识王国。

　　1583 年九月初十，澳门教会准备好了一大批见面礼，尽管太阳已经沉入地平线，但还有晚霞残红，薄晖微明。主教罗明坚和副手利玛窦代表教会，乘一叶扁舟，向肇庆驶去。

　　罗明坚和利玛窦抵达肇庆，受到知府王泮的盛情款待，并于十月二十四日，在澳门籍翻译和王泮的引导下，叩见了总督郭应聘。后来，利玛窦就把这一天定为中国传教基础成立纪念日。

　　双方会面交谈，氛围非常融洽友好。利玛窦见机行事，向郭应聘说起当年贸地建屋之事，恳请尽量给予建房用地。对此事王泮早先向郭应聘汇报过，郭应聘沉吟了一会儿，指示知府王泮："安排吧。"

　　"知府是天生和气而从善如流的人。从一开始就很客气，赞同他们的看法。最后他表示，他们可以去城里，到处走走，看哪块地适合，便选定它。他本人会说服总督让他批准。"利玛窦记述。

　　利玛窦他们暂住天宁寺附近的陈理阁儒生家里，等待着可以在肇庆立足的批示。上次居天宁寺时，神父罗明坚和巴范济就认识了寺旁的陈姓绅士，回澳门前，把祭台、祭服、圣物等托他保管。这次罗明坚带领利玛窦重来，拜访陈府，见他把祭台供在一座华丽的大厅中，祭台上置有香炉，燃有清香，祭台上面悬挂中堂，上书"天主"二字。

　　这段时间，他们自称"西方的和尚"，佛衣僧服，每天在寓所举行弥撒。罗明坚、利玛窦很会忽悠郭应聘，他不急于传教，不贸然劝人崇奉天主，而是把基督教与儒家联系起来，使中国士大夫与民众易于理解和乐于接受西方的新事物。他说："吾天主乃中国古经书所称上帝也。"把基督教与儒、释、道三个教派合为一体，博得儒生们极大的好感。罗明坚用汉字把这些写入了自己的第一部书《天主圣教实录》中。罗明坚、利玛窦这样做，当然不是要弘扬儒学，而是要通过基督教中国化而达到中国基督教化的目的，叫"驱佛补儒"，然后通过合儒、补儒而达到超儒，使中国的民众信奉基督教。

　　这一次利玛窦可以心情很好地游览这座都城了。他跟罗明坚说，两广总督在肇庆开府不到 20 年，城市规模十分壮观，要把府城描述下来，告诉西方的传教士："我们完全被高厚的城垣所围绕，在城垣以内，尽是堂皇宽阔的房屋，道路是非常之优美，不但是宽阔、远长，而且是笔直，从街的这一端可以看清街的那一端的行人。到处是五光十色的美丽的牌坊，它们的距离都是按照风俗习惯而规定的长度。在每座城门上面，有一处极为雄健的炮楼，围绕着城垣的四周，有一条深湛的小河，时常有炮船或军舰在其中巡逻。护城河的深度是这样的高强，就是最大的炮舰，也能靠近城垣的身边。"

　　1584 年二月，王泮与同知陈丞芳为罗明坚、利玛窦在江边左近寻觅和规划土地，以备建堂筑舍之用。兴建天主教堂消息传开，遭遇城中绅士们的强烈反对，还向郭应聘告状。郭应聘说："择地建堂是我批准的，不要怪王泮。"

　　风波平息了，罗明坚认为机不可失，立即在西江滨的"小市石顶"和镇龙塔附近的空地上兴建圣堂和会院。罗明坚和利玛窦得到了一块一亩见方的土地，建教堂的地址就此选定了。他们先造两间木房作为临时住所，又在附近租一小屋作为圣堂。

　　肇庆知府又立定让地的契照，给予传教士随意来往广州、澳门及沿途各地的"路照"，方便罗明坚出入。为了筹措工程款项，罗明坚还回澳门筹募，在肇庆监工的利玛窦把三棱镜卖了20个金币才够支付工程费用总共花费了600洋钱。

　　1584年秋，中国内地第一间天主教堂正式落成。罗明坚决意对外宣传，一边加快对天主教堂第二层的装修，房屋内用青砖和石灰建成西洋建筑，一边加快对外表简单美观的装饰，展示实物。人们称这是"番鬼屋"（外国人居住的房子），又叫"万花楼"。利玛窦则将这座"番鬼屋"命名为"圣童贞院"。郭应聘说："这个名字不好，应当用中国化的名字，叫'仙花寺'吧。"

　　郭应聘解释，"仙花"是中国人对圣母的一种别称，"寺"则是中国佛教的道场，百姓认为圣母就是大慈大悲的观音菩萨。总督一句话就巧妙地拉近了天主教与肇庆人的距离。

　　名称既定，罗明坚正准备安排时间剪彩，利玛窦又向郭应聘提意见，既然是"仙花寺"，建议在附近购买几座矮房改为花园。当然，这已经不是问题了。

　　一天，利玛窦请肇庆官绅参观他从欧洲带来的新奇事物——印刷精美的《圣经》、变换光线的三棱镜以及自鸣钟。他根据所学的地理知识和航海经验绘制了一份《万国舆图》，挂在了肇庆居所的墙壁上，震惊了当时的士人阶级。

　　肇庆的官绅学士王泮、陈丞芳、徐大任、藤伯能、郭子章、蒋之秀、王应麟、钟成录等先后来捧场，总兵官戚继光也过来了。

　　西江水面开阔，又逢太阳东升，橙红色的阳光照在教堂里，显得格外艳丽。教堂落成之日的庆典，郭应聘怕会引起绅士们和本地宗教人士的不满，决定暂不到场，只遣肇庆知府王泮等人送去一块木刻题书。

　　仙花寺挂有两方匾额，一方是郭应聘题书的匾额"仙花寺"，悬于正门首，另一方是王泮题的"西来净土"，挂在中厅内。那么，利玛窦自署的"圣童贞院"则往哪摆呢？放上二楼吧。后来，人们就称此教堂为"仙花寺"，几乎没有人称"圣童贞院"。

　　利玛窦一次又一次地向来客介绍，他是如何仰慕中华文化，从九万里之外迢迢而来，又解释他的国家是如此遥远以至不可能对中国构成威胁，这样的介绍改变了中国人固有的天圆地方的传统认知，不啻是一次革命。

　　利玛窦的住所简直是一座欧洲文明的"袖珍"博物馆，无论是崇信者、怀疑者，还是反对者，都无法漠视它的存在。人们口耳相传，前去参观拜访的人络绎不绝。不少人参观之后，都惊叹说利玛窦是最伟大的天文学家和数学家，对他赞不绝口。从此，中国内地第一座天主教堂"仙花寺"便在肇庆落地生根。

1584年深秋的一天，知府王泮陪同郭应聘来到仙花寺，利玛窦赶忙装饰。郭应聘看了大半天说："这里果然是大千世界。"原来，寺内陈列了利玛窦他们带来的圣母像、天球仪、地球仪、象限仪、三棱镜和制作的日晷、自鸣钟等，还有图书室、天文仪器室、世界地图展示室和绘制室。装帧精美的西文图书，花花世界，让前来拜访的士大夫们兴趣倍增。

过了几天，郭应聘要调走了。他匆匆忙忙来到肇庆上任，仅一年时间，又急急忙忙坐上南京兵部尚书的宝座，与身为南京右都御史的海瑞共同倡导节俭，士大夫不敢奢侈。

读史小札

郭应聘在粤桂为官30年，"谦，抑不伐，俊俊如儒生，至于握机制胜，似有神授"。前任总督大都接受将领、文官的贿赂，郭应聘一概谢绝了。他任兵部尚书两年后病退回乡，去世后赠太子少保，谥"襄靖"。传世有《郭襄靖公遗集》40多万言，明代国师陈经邦作序。文集收集的是郭应聘的奏疏、诸议，在这些文章中，郭应聘以切身体察、琢磨思忖，将两广情况如实反映给朝廷，有自己的见解、主张，希望朝廷重视，做出决策，然后实施进行。从他的文集中可以清晰地看出一个地方官对人民群众的爱护，对朝廷的忠诚，也体现出一个极有作为的官吏清廉高洁的品德。

吴文华功垂社稷　治肇庆泽被四陲

万历十二年（1584）春，63 岁的吴文华荣升两广总督，来到肇庆接替他的福建老乡郭应聘。

吴文华，字子彬，号小江，晚年更号容所。1521 年生于福建连江，从小苦读经典，35 岁中进士任职，"性格弘厚温粹，介特有守，临事镇静，素有济世苍生、安社稷、立功扬名之抱负"。他勤于王事，忠于职守，严禁贪暴，推荐人才，劝农种桑，修复水利，政声雀噪，博"贞勤忠亮"之誉。万历二年（1574）吏部都察院考核百官，"得廉能最著者"只有 25 人，而吴文华名列榜首。

一、欲擒故纵平北三

别的不表，单说他治理广西的功绩。吴文华任两广总督前任广西巡抚，他的同僚黄克晦写了一诗为他壮行：

持印朝堂入座推，金瓯未发已知谁。画熊自入苍梧野，竹马全孤白下儿。
帐里生徒还受易，台前将校尽搴旗。霜清溪峒应无伐，月出高楼只咏诗。

谁都知道当时广西瑶民、僮民骚乱严重，如古田、府江、十寨等地域，虽然被殷正茂和郭应聘先后平定和招抚。但是，北三壮民（今来宾市七洞乡一带）的形势依然不妙。朝廷认为："北三不惩，诸蛮不会慑服；诸蛮不慑服，其他招抚了的就不坚固。所以，适宜用兵镇压。"

这时，吴文华向朝廷表态："南疆蛮夷为害，梗塞我中国长治久安，我有坚定进剿北三乱民的决心。"

他进行了一系列战略部署，派出一支便衣队，做好北三周边的安抚工作，特别是为稳定十寨，他通过"封官奖励"的许诺，收买了大商家肖绅。肖绅依计而行，深入十寨，零距离接触土豪樊公悬、韦公良、石公庆、蓝公略、罗公印、黄公邀，传递了"你们都是长官司"的信息，稳定瑶寨。这些土豪欣然接受了吴文华的招抚，不再"起义"了。如此，北三被孤立了，可以征战了。

再说，北三地势险要，有支僮民队伍有一个奇怪的称呼，叫作划马军。"划马"指无鞍之马，他们作战时骑着划马，来去如飞，常用大刀、毒弩，因此而得名。首领叫谭公柄，是北三七洞乡僮人，被群众推举为酋长，他自幼习武，尤善骑马，好做弓箭，所造箭头敷毒，中箭即毙。多年来，他竖旗抗朝，"白昼劫杀，道绝行人"。

这支划马军人强马壮，能征善战，十分骁勇，尤善弓弩，箭无虚发，攻打南宁、平南、武宣、来宾、藤县、贵县，自称"无往不胜"，还曾经纵横千里，从来宾走岭东，掠三水，打清远，嚣张至极，数年之间声震两广。并且，北三划马军不断发展壮大，他们在凤山、龟鳖塘与河塘韦宋武傍江结寨，又引起义宁、永宁、永福诸僮民聚众起事，成为明朝的心腹之患。

他们每一次出动，十百为群，所到之处，毁官库，收库银，擒杀贪官污吏。最近一次出动，他们劫持了来宾的千户黄元举，杀了土吏黄胜及其子4人，兵70余人，又杀了明经诸生王朝经、周松、李茂、姜集等一批文化人。

当时，吴文华前往广西柳庆，把参战诸将分为四路大军，永宁州守巡道陈俊、尹校，右江参将倪中化，永宁参将王瑞等为各路的将领，"遂征兵于各土州司"；任命永宁州兵宪吴善为前敌总指挥官，确定了进剿北三行动的指挥系统。

吴善向吴文华献计"引蛇出洞"。吴善负责大举进攻咘咳、河池一带的敌军，麻痹北三谭公柄，然后调动优势兵力，奇袭北三，剿灭敌巢。于是，倪中化、王瑞分别领兵进攻咘咳、河池，时围时攻，搞大动静，引谭公柄瞩目。谭公柄得到情报，便说这是声东击西，不太理会，只派遣一队人马试探式增援。倪中化、王瑞一下子把敌人围困了，几经厮杀，一时间大造声势，并谎称大军已然告捷。谭公柄信以为真，不敢懈怠，于是率领划马军增援。

吴文华命令陈俊、尹校堵截谭公柄，与倪中化、王瑞合力，在伏击中展开决战，划马军大败。

此时，吴善乘敌分兵之机，率领主力迅速奔袭北三，麻痹大意的北三划马军猝不及防，一举被击溃。吴善连破70余寨，斩首4 800级。谭公柄见势不妙，又乞降不得，被迫自杀。

谭公柄死后，吴文华继续平定南乡、陆平、周塘、板寨的瑶民之乱和五指、白冒侗民的闹事，"不投降者，下令屠寨"。万众投降，北三划马军彻底覆灭。吴文华招抚了民众2万余人，建立堡21座，采取"疆理土田，分兵屯种，益为善后计"的策略，垦荒2.6万余亩。接着他请赈恤，募垦荒，核田赋，均驿传，然后着手整顿兵戎，加强士卒的训练，整顿军旅。广西混乱的局面得到初步治理。

北三歼灭战，吴文华不负众望，所率之兵不到一万，军费也不逾一千，竟能以少胜众，为大明王朝立下大功，朝野欢洽。礼部尚书徐学谟赋《贺吴中丞广西平蛮之捷》：

差池双剑斗牛间，万里雄飞桂岭闲。多士横经重问俗，诸军传檄乍平蛮。
未应浪泊愁鸢站，长对衡峰数雁还。麟阁开时闻振旅，赐金早已动龙颜。

至于整个战役情况如何，我们不妨读一下柳州张翀为吴文华撰写的《剿平北三大功记》。

广西之寇，在桂林、苍梧，则有古田、府江为最；在柳庆之间，则有怀远、八寨、北三为最。

古田、府江、怀远诸贼，先是都御史巡抚殷公暨华溪郭公次第平之矣。惟北三、八寨至今未靖，何者？连岁用兵，疮痍未起，加以夷性变诈，巢穴险阻，当事者慎重之也。

万历五年，小江吴公适开府广右，讦谟胜算，武纬文经，乃檄地方诸执事者曰："惟广右僻在南疆，蛮夷为害，梗我中国治久矣，其议所宜先加兵者。"诸执事议曰："今日之寇莫忧于八寨、北三，其八寨业已招抚，徐观其后。而北三者则跳梁已极，且立赤帜于诸蛮之间。使北三不惩，则诸蛮不慑；诸蛮不慑，则八寨之抚不坚。宜先加兵，无愈于此者。"吴公曰："善。"会柳庆守巡，各以迁秩去。

公遂檄永宁兵宪吴君善来经略其事焉。吴君行，公戒之曰："兵贵潜机，使敌莫测。近而示之远者，法也。君其先声指咘咳、河池乎？"吴君曰："敬闻命矣。"公遂征兵于各土州司。会守巡该道陈君俊、尹君校各次第抵任。二君素沉几谙练，加以受成于公，而又合谋于吴君，其猷益壮矣。乃以右江参将倪君中化统柳庆诸兵，而迁来三哨，则属之永宁参将王君瑞焉。兵果先从他便道，故为影声于河池、咘咳之间，贼不之疑也。不数日则卷甲兵趋北三，北三诸贼以为从天而坠，已不及掩耳矣。

兵进凡三十日，克破巢寨一百有奇，擒斩四千八百名颗，而俘获贼属，视擒斩倍之，牛马器械，视俘获又倍之。自广右用兵以来，神速称快，未之有也。

……　……

二、第二次征战府江

吴文华讨平叛乱，施政成绩超群，朝廷下旨，万历十一年（1583）十一月甲辰，升刑部左侍郎吴文华为右都御史兼兵部右侍郎，总督两广。

1584年春，吴文华从广西来肇庆任两广总督，才半年又要回到广西去。因为当年八月初五，广西平乐营兵变起事，杀伤40余人，逮捕乡官王佩摇等人。朝廷指示，吴文华领官兵前往讨伐，凡参加兵变者杀。

吴文华率领广东军，兵临平乐城下，兵变首要分子徐凯，被动防守，战败被俘，自缢身亡。吴文华不忍心杀戮兵变者，而是将平乐知府周祚问罪，逮捕入京，后被从宽革职为民。

然而，一波未平一波又起。广西饥饿，民众纠党为患。府江民众觉得朝廷"蛮非华夏族类，愿为臣民者，抚养无异"是骗人的，领头人江月照、李婆兰率府江瑶民聚众劫舟，攻城杀吏，引发了"二战府江"。

吴文华想到父亲吴世泽，当年曾任广西抚江兵备副使，颇有威名，自己也决心把"府江"变"抚江"。他召集广西巡抚吴善、守巡道张俊商量，征调兵力10万，分四路围攻各寨。

这次府江起事，以苗、瑶、僮等族的人为主，地域范围很广，包括如今的平乐、昭平、贺县、富钟、恭城、蒙山、荔浦、阳朔等地，战场延伸到怀集、封开。可以说千里战线，万道峰峦。

巡抚吴善指挥一队由郑岳在昭平设守备，调柳州、庆远、田州三府壮勇四千驻防；另一队由韩绍督率六千官兵修筑进寨道路。然后大军直插入敌巢，中心开花。对于外寨及逃窜者，决定从府江上游打到下游，务必穷追猛打。

浓眉大眼、膀阔腰圆的江月照，带动寨民分兵守隘，分路把关。李婆兰先在府江东岸与官兵展开了生死决战，失败后被动防守，寨子被逐一攻破，李婆兰战死。经此一役，叛军一败涂地，而死里逃生的江月照率主力潜逃。

吴文华督兵梧州，指挥王泮、陆万钟、沈茂进入府江作战，堵截江月照。同时，派广东总兵官戚继光，带精兵7 000人，从肇庆开往怀集，征剿壮民严秀珠的武装。当时怀集、开建、贺县以严秀珠、郑文琮、陈龙舟为首的僮瑶联合起事，劫掠各处，掳人勒赎，中途知道李婆兰失败，改变计划，借贺江、绥江抵抗明军。

戚继光精兵行动迅猛，将绥江一带及时封锁。三地寨民只能退缩，合力会战贺江。严秀珠在贺江上游，陈龙舟占贺江中游，郑文琮居贺江下游，形成贺江链，在封开县地界与明军争斗。三人策划，严秀珠依贺县可入大山；陈龙舟走渔涝河可入七星深山；郑文琮可策应两地。

贺江水网，四通八达。水如青罗玉带，蜿蜒而来，飘逸潇洒；两岸奇峰峭拔，怪石嶙峋，形态万千。乘舟畅游，青山翠竹相互掩映，蓝天碧水上下交融，如入仙境。严秀珠说："我们可在此占山为王，据水而生。"

然而，广西巡抚吴善率领的广西明军从广西追往广东，封锁了严秀珠逃去贺县之路。严秀珠与副将韦朝通败走苍梧木双。而陈龙舟闻风而逃，窜入封开大山中。

郑文琮本想在老城府封开江口圩龙山隐居，此山雄奇峻峭，登山顶可一览西贺二江，山岭近在圩市，山上有古道场，山下有村寨，既可与世无争，又可虎视封川城。岂料，广西巡抚吴善手下大将总兵呼良朋与兵备郭棐三面夹攻郑文琮与严秀珠。此役，呼良朋屠杀240人，生擒郑文琮，在封开江口圩斩其首。严秀珠与副将韦朝通逃往梧州界，被明军兵备郭棐、游击沈茂合围杀死。

再说陈龙舟退至封开渔涝腹地，倚白马山、黑石顶、七星顶周旋。广东总兵官戚继光从怀集入封开，与呼良朋合兵，意图招抚陈龙舟。而陈龙舟进白马山，据高守隘，明军旱路兵不得进，广信河水路因江流湍急，船又不得上，终困于斑石一带。又逢天气酷热，军中瘟疫流行，士兵多有病死者。陈龙舟放歌："滔滔广信河水深，鸟飞不渡，兽不敢临。嗟哉白马多毒淫。"

时值日夜下大雨，戚继光令人用黄丹、焰硝、硫黄，混在一起磨成细末，卷如纸条，放入灯盏点燃。火焰明亮，就是大风大雨也无法将火焰吹灭。戚继光将此物用于军中野外作战，周围点亮火焰，无须人员看守，火种长夜不熄灭，陈龙舟认为有千军堵截围困，走投无路了，声称："男儿要当死于边野，以马革裹尸还！"然后，他跳下白马山而死，戚继光闻讯，发出一声叹息。

接着，吴善兵团杀到，在岑岗诱擒了首领江月照，并将江月照所部李珍等人全杀了。当戚继光赶到时，本想坚持剿抚并用，"不忍张杀伐立威名"，可惜又迟了。

广西府江之乱最终平定了。

这一次吴文华、吴善合作，取得了"复有府江之捷"。《明神宗显皇帝实录》万历十三年闰九月载："广东之开建县，广西之怀（集）贺（县）二县，界联金鹅黄沙诸峒，贼首严秀珠等纠众流劫，总督吴文华会两省官兵进剿，斩首七百九十一级，俘贼属二百人，马牛资贿，甲仗称是而广西复有府江之捷……于是，两省并叙总督吴文华荫一子国子生，兵备王泮、陆万钟等，游击沈茂等，广西巡抚吴善、总兵呼来朋，兵备郭棐等，各升级赏赉。"

三、老泪送别戚继光

吴文华回到肇庆，着手吏治，督府的开支能省的一律要省，能自给的一律自给，并且廉洁从政，从自己做起，先行下令，禁止铺设官署，也尽量不用公家的钱物。

吴文华生日，因位高权重，自然有僚属门生等携礼拜谒，下级官员按例送来的"上寿"，他坚辞不受，连多年老朋友送的"人情"也婉言谢绝。

吴文华嘱咐妻子买些菜回来，招待下级官员。大家听到后都不敢用餐。吴文华对他们说道："清官之难，难在身正。俗话说，'打铁还需自身硬'。如果只是张嘴大喊清廉，自己及家人却照贪不误，就无法约束部下，遏制贪腐。我希望你们不逢迎媚上，不滥权欺下；更希望辕门肃然，文武将吏无载金帛以行。"

由此，南海虽多珍珠，财产容易积累，但文武将吏没一个人敢载"金帛"进贡吴文华，只有总兵官戚继光送的礼物他收了。

戚继光把一箱"鹤年堂保命丹"送上说："这是我在广东与陈大有医师膳配的。岭南地气湿热，长久居住热毒、湿气侵身在所难免，需用调补相谐。初病之人，药不可效，食效也。"戚继光还送上兵书《纪效新书》和文集《止止堂集》。这是戚继光毕生的心血，吴文华十分感激。

之后，吴文华请戚继光留宿，两人长谈一番。吴文华说："我筹军饷结余有19万两白银，丝毫不染，想用于肇庆设置'岭西水哨'，加强江防建设。"他令戚继光在肇庆城内设置海防馆，驻分巡海道副使，负责水师招募及训练事宜。在城东设肇庆水师游击将军府（即今水师营），标下水哨又称游击水军、岭西水哨。

戚继光说："我尽快落实此事。"先令把总陈凤募水兵，制造船只，负责羚羊峡东口至青歧一段的江防，自此，"沿江居民始得无警"。

吴文华又说："南头为全广门户，控制蛮倭，请以总兵移镇，盖番船固可直达澳门，而由澳门至省，则水浅不能行，必须由大屿山经南头直入虎头门，以抵于珠江，此南头所以为全广门户也。"

那天，王泮向吴文华报告，肇庆第一座塔建成了。

刚好，澳门蚝镜澳天主教会范礼安任命孟三德为中国教区区长，计划加派孟三德和麦安东来肇庆加强传教力量，命罗明坚、利玛窦办理孟三德与麦安东的入境手续。

王泮升任岭西分巡道，仍驻肇庆，只准一人来肇庆小住几日。罗明坚趁总督托他到蚝镜澳购买翎毛之便，带孟三德到肇庆，并赖着不走。王泮又只得同意孟三德、麦安东留下来，但声明人数不得再增加。于是，罗明坚等人参加了肇庆塔的庆典。

当然，文武官员、绅士名人、外国友人都受邀请出席。吴文华特别授意王泮，邀请戚继光到肇庆相见。刚好御史顾龙桢巡视广东，总督吴文华特别接待。

王泮主持肇庆第一塔落成仪式，他说，此塔是前任总督陈瑞倡议兴建的，因西江水滔滔东去，其气不聚，人文不兴而建塔。如今此塔落成，造福肇庆，"鸿钧气转，邑运偕世运俱享；福地阳回，天文与人文互映"，可以称得上"肇庆第一塔"，也是"西江第一塔"。

吴文华称赞此塔匠意纵横，构筑奇异，色彩斑斓，新颖典雅，花款特多，其他无能及，可喜可贺。他们登上塔台，放眼远景，忽然吴文华想起了什么，便问王泮："此塔叫什么名字啊？"

王泮回答："西江滚滚，不舍昼夜入南海；生民代代，只争朝夕著华章；愿吾端州，不负人文鼎盛名；欣看明日，昌明兴隆富庶邦。取'文运兴旺、洪福无疆'之意，当命名崇禧塔。不知吴大人意下如何，正想请你题字呢！"

此时，御史顾龙桢将眼光从远处收回，看着王泮说："川萦溪绕，丘环山结，但愿耕读传家久远；崇礼尚文，地灵人慧，期望文昌星光长聚。此地造塔确实造福肇庆。不过……"接着他提出疑问："王知府将此塔叫崇禧塔？恐怕有不妥之处！"

王泮脸一阵热，有些不满地反问："崇禧二字有何不妥呢？且看，江山如画，趋文人墨客登高览胜；丹青天然，引大夫商贾探境寻幽。这是我们所希望的呀！"

顾龙桢说："'崇禧'一名好是好，但是当今其他地方已有建筑拥有此名，比如说，江苏茅山有个崇禧宫，唐代时叫太平观，宋代改为崇禧观，元代称崇禧万寿宫，是道教古迹。既然他人已用，我们何必重蹈啊，既然是道教所用，为何用于佛塔呢？"

王泮一时无语，都怪自己没有做好调查。但是，他不服气，以反驳的语气说："道可用，佛也可用，道佛相通，有何不可？"

顾龙桢也固执起来："你长篇大论说了此塔如何如何，却与'崇禧'一点也不沾边。说是'文运兴旺、洪福无疆'，是崇禧的词意吗？倒不如用洪福命名更贴切。或者，你花了肇庆那么多钱建塔，不如叫'花塔'吧。"

吴文华听顾龙桢这么一说，心志怂地跳了一下，脑子闪过一念：此塔，我是不能题字的。而王泮却生气地对顾龙桢说："你是强词夺理！"

顾龙桢也火了，一边说"什么强词夺理"，一边举起了手，一巴掌打向王泮。总督吴文华见势不妙，上前劝阻。

戚继光等人拦住了顾龙桢，知府郑一麟拉开了王泮，平息了"御史打知府"的事态，当然落成活动不欢而散。

从此，"花塔"之名经肇庆当地民间口述而流传，家喻户晓，而"崇禧塔"却名不见经传。

再说戚继光，本来在检查广东控江防海的收尾工作，接到王泮的邀约，便从南头前来肇庆，也算是与吴文华、王泮离别前的一次相见吧，因为他已向朝廷申请告老还乡。

戚继光再次与王泮见面，更为感慨良多。忆当年，戚继光任山东防倭指挥使时，提拔王泮任威海指挥使，如今已隔30年，王泮如青云直上，而戚继光似日落西山。他回想自己年轻时所立的"封侯非我意，但愿海波平"的志向，多年的征战生活给自己的身心健康带来极大的伤害，这使得他分外感伤……

戚继光想不到，在肇庆见到了一幕"御史打知府"的闹剧，他认为，崇禧塔也好，花塔也罢，能流芳百世，才是造福肇庆啊。吴文华非常赞同。于是，戚继光在塔上抒发自己的心情：

江潭犹抱孤臣节，身世何须渔父谋。
一片丹心风浪里，心怀击楫敢忘忧！

吴文华安慰他说："所有的话都留待到达府邸再说吧。"那天，戚继光以年老多病为由，谢职归家。

吴文华眼泪涓涓而下，他说："戚老将军御外患于当代，纵横闽浙粤数十年，最终驱逐了自洪武年间以来劫掠东南沿海近两百年的外敌，确保了人民不再受倭寇的杀戮、肆虐，还沿海百姓一个太平盛世。有功啊！"

戚继光摇头回答："惭愧呀，我对广东贡献甚少。"

吴文华伤感道："将军此言差矣。你第一次率兵进广东剿倭，那是嘉靖四十三年（1565）除夕夜，当时数千名倭寇突袭潮汕地区，烧杀抢掠，无恶不作，正在'围炉'的潮汕百姓闻讯四处逃散，这个年没法过。好在你带领戚家军火速赶到，与倭寇展开激战，一打就是八天八夜，终于把入侵的倭寇歼灭的歼灭，赶走的赶走。初九一大早，潮汕百姓回到家乡，看到浴血奋战的戚家军，大为感动，纷纷煮甜丸庆祝家人团圆、慰问戚家军将士。接着那年冬，你是第二次入粤，奉旨率兵进剿广东巨寇吴平，在南澳将其消灭。这一次是你第三次进广东了，任广东总兵官，府江之捷有你的功劳。只可惜呀，岁不我与。"说完，吴文华流下两行热泪。

吴文华要求戚继光临走前一起去游七星岩。他说，这一生恐怕就这一次机会领略肇庆风景了。

这天，吴文华与戚继光、王泮、郑一麟等一班官员走到一个小山，山下有洞，洞口侧有一水潭，成半月形，清澈见底。高要县官叶春及说，潭底有神龙潜伏，苦心修炼，呼风唤雨为民造福，称"歇龙潭"。

数人依岩进洞，门前形如蹲狮，称为"狮子洞"，洞中有座古庙，庙与石洞岩为一体。高数十米，宽阔如厅，洞顶透亮，露出一个天窗，光线向洞内射照，把溶洞照射得十分明亮。天窗外面有一大石摇摇欲坠，旁生榕树，半遮半掩，一半通天，一半蔽日，堪称奇观。

叶春及又说，此庙供奉东汉周氏神。传说周氏神是高要人，精于农事，能保五谷丰登，四邻乡亲都来朝拜，也就成了民众春节时祈年的圣地。唐代贞观初，周氏神被封为贞政公，宋初为避禧庙讳，改封秉政神。

戚继光感慨地对吴文华说："难得有一尊保佑肇庆的神龛呀！应该修筑好。"

次日，戚继光打点行装离开肇庆时，民众流着泪送别，恋恋不舍，久久不愿离去。戚继光写下了《别粤中诸公》：

瘴海氛多晓亦寒，维舟更识主恩宽。放怀到处青山外，幽梦那知白日残。
别酒闻歌还障袂，除书拭目听弹冠。人间蕙苡容身易，天汉风波把舵难。

之后，高要人刘应时、利尧臣、伦日高、刘言等一班人成立了周氏神理事会，负责重修庙宇，定名为"石峒古庙"。古庙建于台基上，坐北向南，分前后两殿，前殿为单檐歇山顶，16 根石柱承托。有人提议，在前殿之后设拜亭，用作纪念戚继光。后人梁以时在上面刻有楹联：

福地天开，郡中名胜；奇峰人立，神所凭依。

四、造福肇庆再建塔

1586 年，肇庆自春至夏，淫雨不绝。七月十八日地震，有声如雷；西江洪水泛滥，决堤 90 余处，水从堤喷起，肇庆城几乎崩陷……

面对如此严重的自然灾害，吴文华亲临一线指导救灾，"乘城望，咨嗟叹息"。他要求副使王泮、知府郑一麟将受灾民众安顿好。他说："灾情重大，如不急加赈济，灾民性命不保，我们能承担这个责任吗？"因此，"发义仓粟赈贫民，所全活以千万计"。吴文华亲自带兵划小艇，济渡落水民众，并下令开仓发粟，赈济灾民。

事后记录：高要县损坏民居 21 659 间，溺死 31 人，破坏田禾 8 652 顷；四会县损坏民居 2 544 间，溺死 23 人，破坏田禾 3 710 顷；高明县损坏民居 4 128 间，溺死 9 人，破坏田禾 1 362 顷；德庆州损坏民居 243 间，溺死 10 人，破坏田禾 428 顷。得出的结论是"从古水患无甚于此"。

之后，吴文华就肇庆水灾上书明廷，请求减免高要、德庆、四会、高明田租，共计白银 8 869 两。

接着，广州府三水、南海、增城、东莞等县亦遭大水，共毁堤防 90 余处，损坏民房 2 万余间，毁庄稼 86 万余亩。广东大片地方大饥荒，斗米价值 200 钱。吴文华下令免征各种税银一年。他上疏朝廷，请求留余金 7 万余两，为备随时赈济之用。

吴文华爱民亲民不扰民，让流民和僮民开始安居乐业。他一边赈济灾荒，平抑米价，设置社仓，储备荒年，一边不忘修复学宫，让学生尽快复学。

这次严重的水灾，肇庆府学宫遭到重创。"垣倾宇颓。士无所止，而诸生失其依，乃其贫者尤苦。"吴文华向知府郑一麟提倡："尽快重建学宫吧。你有什么困难和要求都可以提，我尽量支持。可以拨用公费，还可以拿出我的捐俸。"

总督如此发话了，郑一麟自然不能怠慢，"从万历十四年腊月经始，明年二月落成，盖仅六十余日"。重修速度之快，动用人力物力之多，令修撰杨起元十分惊讶，他说，学宫焕然一新以后，在万历十六年（1588），知府郑一麟又买下府学东南面的民居，继而将学宫拓展扩大……

1586 年秋的一天，知府郑一麟到来督府，向吴文华汇报工作，请示编修肇庆府志，吴文华高兴地说："好事一桩，你来主持。"接着，亲自挑选主编人员，特别推荐高要叶春及，并把本地人陈镇江、谭五河、梁文学纳入修志班子。他重点提出，志书有两个方面要列入，一是兵防志，二是人物志。尤其是官场名人里，要把包拯排在第一位。于是，郑一麟在编辑肇庆 17 名官宦名人时，记载包拯最翔实，突出了三点：一是审案断狱，果断有魄力；二是清洁廉政；三是体恤民众，为民请命。

吴文华问郑一麟："你在高要南岸文峰建塔，如今工程进展如何？"

知府郑一麟说："文峰塔在万历十三年春开始投建，现在却停工了。"

同知方应时补充说："建塔之时，说来也奇怪，顷刻间，天上乌云翻滚，一阵闷雷响过，大雨倾盆而下。而今又逢水灾，引发鸡不鸣、狗不叫，多灾多难、民不聊生。所以……"

吴文华说："既然是风水塔，振兴文风，培养更多人才，造塔要立得起，要镇住呀！"

吴文华明白，知府郑一麟负责工程，虽然有权，但是大家日子都不太好过，哪有钱去建塔。吴文华说："钱，我有，一心一意投入。你们要不遗余力、尽心尽责地把工程搞好。回去组织复工，其他我来想办法。"

为了完成总督的心愿，知府郑一麟、同知方应时、通判刘献等找来劳工，也请来最好的工匠，选最好的石料，专门开窑烧砖，加快工程进度。

这么大的工程，运输是个问题。于是，郑一麟又想寻找庞大的劳工队伍。

吴文华发现之后，就对郑一麟说，叫手下到处贴上文榜。榜上写着：总督要建塔了，并且在某月某日要"飞砖"到山上。消息不胫而走，人们感到很奇怪。

那天，人山人海赶来南山下观看。吴文华在山下堆满了砖块，他向观众说，要到山顶看"飞砖"的人，每个人都要带两块砖上去。因为两块砖不太沉，大家都愿意带。

首先士兵们带头上山，不少观众跟着，犹如一条龙，拾级而上。就这样不用半天，山下的砖都到了山上。人们这才知道吴文华的聪明智慧。"飞砖"是假，叫人们做义工是真。可是大家都很乐意，也很想早日看到这座塔。

同知方应时当即吟诗一首："飞砖建塔应山神，致雨兴云活黎人。从此端溪多一景，荣登仙界佑斯民。"

知府郑一麟高兴地说："如此进程，明年塔必告成。"

吴文华对郑一麟说："此塔建成，你功劳最大，你起个塔名吧！"

"好！好！"大家赞同。郑一麟却说："久旱逢甘霖，万物显生机。有文峰神明保佑，万民奉敬，来年五谷重新获得丰收，就叫神明塔吧。"

"好！"又是同声赞同。

最后，吴文华私下对郑一麟说，应定名为"文明塔"。

1587年三月，郑一麟等人着手整理的《肇庆府志》书样已成，吴文华了解编写情况后，称道："所著政书，井然有序，文章平直，而亦明畅。"吴文华要求完善修改工作。直到1588年七月，郑一麟完成了府志，共计22卷。此时吴文华已升任南京工部尚书了。

吴文华是1587年春夏之际离开肇庆的，这天，江风太不解人意了，愈来愈急，催人别离。民众一齐出动，拥挤在一起，谁也不忍离开，满怀愁苦话别时。吴文华心情难以平静，倚江伫立，久久没有登船，最终还是不忍地对大家招手，说："回去吧！"

船开了，吴文华眼眶湿润了。送别的人们，眼泪也带着深情流淌下来。他们追送数里，痛哭而回，反映了他们对吴文华的感恩之情。因为吴文华治粤，持大体，不苟小，政通人和，海波不扬，人民安乐。海瑞见到这个场面，也赞扬吴文华："才堪鼎鼐，今日才是清廉总督府的样子。"大学士叶向高赞道："功垂社稷，泽被四陲。"

为感谢吴文华恩德，百姓集资，在总督府的学宫左边，如今城中路与人民路交界处，建吴文华生祠以祀。由肇庆郑一麟、高州张邦伊两个知府为述士民之意，请翰林院检讨邓宗龄、礼部左侍郎王弘海等记其事，记其功，刻在巉岩上。

1598 年，吴文华病逝于连江，享年 78 岁，赠太子太保，谥"襄惠"，乡人俗呼"吴尚书"。时人赞曰："骏烈光乎一代，清风冠于八闽。"当时诗人陈第，游肇庆时含泪赋《闻大司马吴容所先生讣，就端州谒拜生祠》：

故里传觞日赏花，别来风雨惨秋笳。新祠山带嵩台绕，曲径门临锦水斜。
帝赐彤弓绥岭外，春深棠树遍天涯。还家无复知音在，徒倚回廊几叹嗟。

然后，陈第在肇庆吴生祠草就《祭吴容所先生文》曰："呜呼，痛哉！老先生学术，极其端纯充养，极其光粹功业，极其炳耀操守，极其廉贞，与夫文章翰墨妙绝当世！"他对吴文华一生功业操守予以极高的评价。

读史小札

吴文华是明嘉靖、隆庆、万历三朝元老重臣，在 30 余年的官宦生涯里，为官清廉，政绩卓著，晚年"引疾乞休"，闲居连江，平息纠纷，捐赠学田，兴修学宫，置"义田"赡养族中贫者，捐资修塔建桥等。总结一生时，他赋诗曰："巾舄相随蹑紫烟，闲从鸟迹访金仙。宦情迢递浮云外，梵影依稀落照前。古洞苍鳞涵宝月，香厨清玉控灵泉。坐阑得悟如莲偈，万籁空无一事悬。"

吴善为官称模范　因公殉职督署内

1587 年，肇庆正是"湖上风来，直送荷花清气；岩间月上，微闻果子幽馨"的时节，又迎来了新总督吴善。

一、大乱之后必大治

说起吴善，世人知晓不多。他字元夫，自喻善士，晚年号南州，寓意南方漳州人。吴善出生于福建龙溪（今龙海市）紫泥村落的清寒农家。这地方有一个地理名穴，叫"十八朵莲花"，这里每一朵莲花的莲蓬有 18 个莲子洞，预示着人才辈出。

冥冥之中，吴善在"一支莲"命运之神的眷顾下，争取到了属于他的立足点。即使他是两广总督这样的高官，却少有人了解他的出生日期和家庭环境，朝廷也没有为他立传。那些流传于天地间的故事告诉我们，吴善曾威名烜赫，又在一闪而逝的光芒中消失。当我们仰望星空的时候，或许会发现那颗星光还在。

吴善作为农家子弟，他问津仕途，少不了勒紧裤带，寒窗苦读。幸好，1562 年他考取进士，授职刑部主事。他以才思敏捷、落笔有奇气闻名，因而刑部里每有疏议，同僚都推他执笔起草，他也当仁不让。

一次，广东有一宗疑难的刑事案件报上刑部，同僚让他处理，他一天审结。在量刑时有悯恤之意，使刑罚轻重适中，平反了多人的冤假错案，为此他被提升为广东永宁（今阳春市）兵备道一职。

吴善来到永宁，恰巧有边民造反，他带兵夷平其巢栅，然后把他们编户入籍，成为居民，并帮助他们建市集、通盐法、教树艺，实行同化教育。

三年任满，当他临别永宁时，村民送给他一块奇特的"菊花石"，高半尺，围宽约一尺，通体晶莹，肌理中呈现一层淡红色菊花状石纹，吴善视其为瑰宝。

他回到朝廷，"入京觐见，呈上札子，直谏时政得失"。明神宗不理国事了，就敷衍地说他政绩斐然，任命他为按察史，到广西桂林工作，并于 1583 年升任广西巡抚。

当年广西发生严重自然灾害，"粤西亢旱，赤地千里"。民众揭竿而起，是因为官逼和饥馑，后者尤为主导因素。人祸加天灾，弄得民不聊生。《粤西诗载》有言："山深路远不通盐，蕉叶烧灰把菜腌。"这就是当时广西各族人民苦难生活的真实写照。在这种情况下，府江瑶族再次叛乱，"聚众劫舟"，攻城杀吏；平乐又生兵变，乱军到处焚烧劫掠，影响到广东的连山、湖南的道州永平、江华等地。在商议如何处理此事时，有人提出，宜采取姑息、安抚之策。但吴善反对，认为："养骄寇如养疽，不治将溃。"所以他亲自督兵围剿府江，深入险境，与总督吴文华复有府江之捷。

他分析，府江之乱，斗争的主要内容是夺田和夺盐，说明府江苗族、瑶族和壮族已经把斗争的矛头指向土地所有制。一些百户、官吏做人也不检点，是广西这场规模较大、时间较长、对抗激烈的斗争的导火索。他向官兵说："府江再次动乱的情况告诉我们，官员不自律，百姓不满意。"

当然，大乱之后必须大治，要治就从官员自律做起：励精图治，不晏安耽乐；富于创造，不习于苟安；廉洁奉公，不贪污舞弊；追求进步，不绝对保守。例如，府江之捷后，怀集的军事留戍、迁谪流放类移民减少，民间移民增多，所涉地区范围扩大，一些小村镇也出现了不少外地移民。"城中聚处，五方流寓，东粤、三楚人迁来为多，皆民夷杂居，如错棋然，民村则民居民种，僮村则僮居僮种。"有的地方还出现僮、汉民族间的通婚现象，土官军官，联姻一体。

怀集双龙岗，设集市，聚商家。东侧以广东商人聚居为主，名曰东胜街；西侧以广西商人聚居为主，名曰西盛街。街中是通往河岸货运码头的门户，名曰信兴街。民间赞誉双龙岗是"广东得胜，广西旺盛，诚信交易，人和业兴"的街市。集市内有广东人开设的中药铺、打铁铺、杂货店、豆腐作坊、缝纫社等，还有广西人经营的桂林伞专卖店，木屐、竹帽店，火铺客栈，米铺钱庄等。立祠开市，促进了两广边贸的发展，省界周边的田园山地得到了具有规模的开垦，昔日人烟稀少的偏僻山区生机勃发，一片安宁。由于过往商客不断增多，据说每天猪肉销售量很大，集市又被称为"老虎圩"。

二、手拍阑干思往事

吴善在广西连年平乱有功，连年升官，终于坐上了两广总督的宝座。他来到肇庆，"手拍阑干思往事，一场春梦不分明"。于是，令人瞠目结舌的一幕出现了。

吴善发布了一系列政令：清理积案，整肃吏治，杜绝各种吃拿卡要，严惩奢侈浪费，甚至把简朴作风规定到了细节，比如说公务用纸，不许再用高价厚纸，只能用低价草纸。看这样子，吴善真要把两广的官吏改造成人民公仆。

　　每逢总督调走，就出现新政萎谢，旧制复萌。朝政被遗忘了，官场窳败了，民间盗贼纷起；公道死绝了，人性退潮了，满眼鸡鸣狗盗，遍地强梁恶霸……

　　吴善对官员说："大家用不着哭天抹泪装无辜，这些年你们有些人掉在了'恩荫'的福窝里，朝廷给的俸禄基本不用，自家的小金库基本不动，平日里迎来送往，擅作威福，坐的是油壁香车，沾的是香草美人，哪里来的排场呀？朝廷给了你职钱、赏钱、年钱，甚至把家用的四季衣服、茶酒厨料都给大包大揽了，官署里的那点公款就不能用来办点正事、实事、百姓事？说什么勤政爱民、礼义廉耻，几顿公款吃下来，这些东西就像臭屁一样给放了！"

　　吴大总督真牛，他似乎想一拍桌子，一嘴的唾沫星子就能把活蹦乱跳的腐败分子统统给淹死。但他最后说："我希望大家守道义、行忠信、惜名节，抱成一团，共事朝廷。把这些做好了，我们才有精力一致对外，防止倭寇入侵。虽然现在无战事，但是对倭寇还要保持着高度清醒的战略头脑。为填补广东门户洞开，我建议复建广东虎门水寨，派守备统领，配战船30艘、水兵820人驻防，另在武山配兵180余名相为应援。通过设防，使广东海氛绥靖，百姓欢悦，倭寇丧胆，大家才能安居乐业，过上好日子。"

　　事后，人们虽然都说吴大总督的一次会议把官员们全摆在了火炉上，青烟直冒的屁股被烤出了烧鸡的味道，但是人们又不得不认可吴善是一个"模范官员"。

　　一时间，形势改观了，肇庆及广州地方官即刻把平日里常坐的八抬大轿，改成符合官职的四抬小轿；乡绅富户纷纷把朱漆大门改漆成黑色，以防招人耳目……生怕让吴大人看上一眼，摊上麻烦。

　　吴善也是一个善解风情的人。那天，他和岭西分巡道王泮、知府郑一麟畅游肇庆。一路上，由王泮指引，他向吴善、郑一麟介绍端城八景。郑一麟问："八景是由王兄选定的吧？"王泮答道："最早定的八景是在我朝宣德六年（1431），当年肇庆知府王莹命名了八景：南山翠盖、北岭秀台、崧台月霁、石室星罗、羚峡归帆、白沙鹭聚、鼎湖樵唱、五显渔歌。"

　　吴善笑着打断王泮的话，问："王莹是你的祖先吧？一百年前他在肇庆任知府，百年之后你也在肇庆任知府，当中还有不少姓王的人任肇庆知府，真是'王家知府'啊！"

　　王泮也笑着说："王莹是浙江宁波人，举人起家，从宣德五年（1430）起任居肇庆9年，后徙知西安。我是浙江绍兴人，万历八年（1580）始任肇庆，也将有8年了。现在的肇庆应是'郑家知府'啦！"

　　郑一麟急忙说："我倒没什么。要说肇庆，督府大人才是'朱家天子吴家府'，总督百粤呀！"吴善一听，大笑地说："我还是仰仗王大人、郑大人助我一臂之力呀……"

三人边说边指点江山，一天下来，他们走马观看了几处景色，都说肇庆的风景确实不错。这时太阳刚要下山，晚霞折射在江面，夕阳无限好，景色迷人。吴善就对王泮和郑一麟说："百年人事已变迁，肇庆八景也应该变一变吧。"王泮回答："好，我将今日同游的风景定个名字。"

于是，王泮将肇庆八景定名为"南山翠盖、北岭秀台、崧台月霁、石室星罗、羚峡雄开、鼎湖巨镇、端溪带绕、包井冰清"，送给吴善和郑一麟过目。

三、中西医共治危症

吴善有个儿子，不知何因得了怪病，遍请肇庆全城名医诊治，医生均束手无策。吴善夫妇焦急万分。次日，知府郑一麟出个主意："张榜求医，料必重赏之下，定有能人！"然而一天过去，无人揭榜。吴公子病症日危，只能提前准备后事。

话说福建龙溪县有个青年名叫林茂，他平日好赌，结果把家产全输光了。走投无路之后，他决定去广州投靠自己的表兄。当他来到广州时，不巧，表兄正好到香山做买卖去了。于是，林茂也乘船去香山。不料，他坐错了船，竟然阴差阳错地来到了肇庆。本来，他打算再去香山找表兄，可是，一摸口袋，却发现兜里只剩下三文钱。如今别说乘船找表兄，就是喂饱肚子都成了问题。这天，挨了四天饿的林茂饿得两眼发花，双脚发软像踩着棉花。他寻思，如果今天再吃不上饭，很有可能会饿死街头。

他在肇庆街上无力地游荡。突然，看见墙上贴着一则醒目的告示："两广总督吴元夫的儿子身患重病，久医无效。如有谁能医好吴府公子，愿当面酬谢黄金百两，绝不食言。"林茂一看，吓了一大跳。他想是不是自己看错了，再仔细看一遍，一点不假。人一旦面临绝境，会自然冒出一些歪点子。林茂决定：我何不冒充郎中，去混一餐饭吃。万一被总督大人识破，让他给打死，我好歹不做饿死鬼。主意拿定，他毛遂自荐去了吴府。进了深宅大院，林茂只见吴公子面黄肌瘦，肚大如鼓，已是奄奄一息。林茂拍着胸脯说："这病好治，只要寻点草药吃吃就能治好。"

吴善总督抱着死马当作活马医的心情，同意治疗。林茂酒足饭饱之后，在军士陪同下骑马外出寻找草药。走了一程，他们来到山脚下，随手采了一朵又肥又大的白蘑菇。心想，用这东西去糊弄吴公子，说不准又可以混一顿丰盛的晚餐呢！

再说此时，外出归来的传教士利玛窦，却揭了榜文，来到总督府。

原来罗明坚、利玛窦与麦安东、孟三德进入广州，为了开辟新的传教点，罗明坚走桂林，利玛窦跑王泮家乡绍兴，活动达半年之久。他们竟能成功说服两广总督郭应聘的父亲和王泮的父亲入教受洗。王泮非常生气，他先是命令在匾额和地图上抹掉他的署名，然后以现任总督不乐意外人居留为由，下令神父们全部返回蚝镜澳。

罗明坚、利玛窦苦苦哀求，最后王泮允许利玛窦在内地暂住，但罗明坚、麦安东、孟三德必须离开，并不得再来。所以，利玛窦就出现在了肇庆。

一班官员见利玛窦身着中不中、洋不洋的士服衣衫，脚穿布鞋，就不理不睬，利玛窦再三说明，才勉强被引进内厢诊病。

经利玛窦细心诊断，吴公子确患"炎荒瘴疠"之症，需服西药，才能见效。巧的是，吴公子刚服完了林茂的"药"，肚中翻腾，立即吐出了一痰盂的污秽。利玛窦见状，也给吴公子吃了几片西药。

说来也怪，吴公子吐完之后，肚子也消了胀，人也舒服了。病症也减轻了，再服第二次药片时，吴公子能够进食了，连服3次西药，病就痊愈了！紧接着，吴公子喝下了一大碗米粥，好像没生过病一般。

吴总督见状，啧啧称奇，让人赶快把林茂请来，对他高明的医道赞叹不已，还当场打赏。

林茂回到龙溪后，心情平静下来。回想自己的这次经历，完全是凭运气，而不是凭本事。要想真正成为一个郎中，必须老老实实从头学起。后来终于成为一名远近闻名的郎中。

吴总督也备了重金酬谢利玛窦，但被谢绝了，他只求吴总督以后让他在肇庆立足，危难的时候予以帮助就可以了。吴总督满口应承。

才过几天，利玛窦突然走进督府，说是报案。原来，仙花寺发生一件不愉快的事。当地居民叫利玛窦"番鬼"，埋怨教堂为什么不像其他寺庙一样天天开门给百姓烧香。

有一天，邻居的孩子爬到树上，往仙花寺里丢石头，利玛窦的教徒马丁看到了，就出去把孩子拉进去骂了一通，孩子大哭。随即有人在街上说，"番鬼"要掳小孩到澳门卖。

利玛窦立即让马丁放了孩子，才平息民怨。嗣后，马丁害怕在肇庆住不下去了，就偷了教堂的望远镜扬尘而逃，利玛窦不得不向官府报案追捕。只用了两天时间，马丁就被追捕回来了。

此事刚了结，利玛窦因授徒传教，与"儒释道"发生不愉快的事情，县官要抓捕他，罪名为"聚众集会，蓄意谋反"，判为枷号示众一月，待期驱逐出境。

十多个教徒联名向岭西分巡道王泮上告，为利玛窦辩冤。可是，王泮与罗明坚闹翻之后，就不管传教之事。如今正打包行李，阔别肇庆。可是教徒苦苦央求，他感到无可奈何，爱莫能助。王泮跟他们说，能救利玛窦的，只有总督吴大人了。

教徒们只好与王泮求吴总督出面援救，吴善授意王泮见机行事。在利玛窦枷号示众街前，吴善与王泮随带执事跟班，特意排道过县衙。

王泮进内见到利玛窦，拽过他。边拖边呵斥："利玛窦，总督大人到处派人找你不到，原来你躲在这里扛枷，走走走！"接着，跟班簇拥着利玛窦扬长而去。衙役见官高势大的吴总督，哪敢阻拦，只得禀报县太爷，知县受贿心虚，怎敢再加之罪名。此事就这样不了了之了。

四、纠缠的文字官司

这年秋，王泮升任湖广布政使，离开肇庆，前往两广总督府向吴大人辞行，一同前往的有接任岭西道的黄时雨、知府郑一麟、同知方应时等。

吴善对王泮说："事关国体，职在用人。勇任事还须善谋事，讲原则还须通人情，敢担当还须会作为。请大人一路保重。"而端州百姓见状，便有了这样的记述："濒行，端人士遮道攀卧莫能止，孺慕如失怙恃……伐石竖碑，建祠堂，象公其中，尸祝（主祭人）之。"

正值海南琼州水灾，"水浮民房"，粮食歉收，瘟疫流行，尸骨遍野，琼州遍地一派惨象。吴善恪守己职，不舍昼夜，埋头拉车，不问春秋。大力提倡"爱君之诚，忧国之心"的"明德亲民"论。琼州灾区云锁雾罩，他的心境山水明媚。

吴善认为，如果一心考虑对别人有利，那么与疏远的琼州人也能和谐相处；如果一心考虑对自己有害，那么父子之间也会分离和仇怨。少些争夺，以免"困耗生民，危及天下"。毕竟，如果没让别人痛快，别人就会给你制造更大的不痛快。

然而，官府瞒骗总督，还照样横征暴敛，还是照样加上猛如虎的苛捐杂税。他们强迫黎、瑶民交纳"额粮"，令刚刚遭遇天灾的黎民百姓无法忍受。民不畏死，何以死惧之；官逼民反，民不得不反。吴善只得令广东总兵官出兵平乱，民变虽平，仍需总结反思，收拾善后，他要求琼州官员应该把更多的精力花在建设上。

吴善本想去琼州，由于身体不适，中途而返。才休养几日，有宗民事案请他做主。高要有位姓伍的东家，年过半百了，却膝下无子，便招了一个姓许的上门女婿，继承家业。可是，待东家到了 60 岁的时候，竟生得一子，便有了这个神奇的传说：

晚年得子，老人自然欢天喜地，甚是喜爱。而喜中不免有些忧愁，伍东家自己百年之后，其子年龄尚小，怕受女婿欺辱。伍东家便立下一纸文约，内容相同，一式两份，是这样写的："六十生子非吾子也家产传许女婿外人不得妄言。"

由于全文没有标点符号，东家交给女婿一份时，就对女婿解释："六十生子，非吾子也（不是我的儿子），家产传许女婿，外人不得妄言（别人不得说闲话）。"

他并叮嘱女婿，如果有纠纷，就持上此文约，交给县衙，县老爷会给你做主的。

东家又将另一份文约交给儿子的母亲，对她解释说："六十生子非（子非是儿子名），吾子也（是我的儿子），家产传许。女婿外人，不得妄言。"如果日后有官司，你就这样念给县官。儿子的母亲点头牢记。

东家去世后，儿子长大，与女婿闹起事来。双方都要夺回自己的家产，便打起了官司。官司打到县衙，县老爷只接了女婿文约，便当堂斥责母子，将家产断给女婿。

后来，母子二人找肇庆知府，方应时一看文约，二听解释，便说："应判给东家母子。"女婿不服，要求上诉。知府与知县干脆请吴善总督定案。

吴善将知府与知县纠纷之事细细听来，就说："为官避事平生耻。"他便接过母子的诉状和文约，询问了当年经过与理由。他反复念叨，琢磨文约。见经断句，豁然开朗，便当即理直地说，此案据实情应是母子赢，应择日开庭重审。

吴善的声音不再是那么响亮了，但次日还是开庭，知府与知县合办案，县老爷当众念文约："六十生子非，吾子也，家产传许。女婿外人，不得妄言。"然后宣布，把家产断给母子，并责成女婿另具一屋子住下。其母当堂就呜呜地哭起来。她说："你们真是好官啊！"

吴善历年征战，积劳成疾，莲花凋败时殉职在总督署内。明神宗赠予祭祀、厚葬。吴善的儿子扶棺回乡，守孝三年。吴善虽然在总督任上只有一年，是一个匆匆的过客，但是两广百姓都怀念他。有《西江月》云：

万历泱泱总督，龙溪宝地多娇。廉明清正不折腰，重任毅然肩挑。

功著超然凡世，做官不畏权要。家国大事理有条，还我江山妖娆。

读史小札

吴善生在福建龙溪，从政后在广东阳春任兵备道，因对少数民族同化有功，擢升为按察使、任广西右布政，迁江西左布政；以军功调（南京）应天府尹任副都御史、任广西巡抚；平定府江瑶族叛乱有功，晋升为南京工部侍郎，转兵部，任两广总督；在平海南黎、瑶族叛乱之时，因积劳成疾，不治身亡。

刘继文扶乩请仙　仙花寺变刘生祠

肇庆，被利玛窦赞是生活品质之城、人文山水之都，一时名士彬彬称盛。有渔舟唱晚，有旧城风光，有街市开朗，有湿地景观，有郁葱星岩，有晴鹭聚银，还有那令新总督刘继文耿耿于怀的仙花寺……

刘继文，字节斋，安徽灵壁人，从小孤儿，谓事母能竭尽孝道。刻苦好读，不近女色。进士出身，在各地任职敢于逮捕罪宦，剔除奸官，整治处理政事。日常生活的供养，甚为约束，守法谨慎，任两广总督驻肇庆后，人称"刘继文"，晚年有"节斋先生"赞誉雅号。

一、面对祠宇生感慨

万历十六年（1588）正月，刘继文从广西巡抚来肇庆上任两广总督。据传，刘继文胆小，十分迷信。前任总督吴善病死在肇庆督署，他认为那是不祥之宅，要求择日翻新督署，重新布置风水局，因而暂住肇庆"红楼"，夏至之日，待施法后才移驻总督府。

刘继文接过总督印，心情放飞，走向大江边。

一天，夕阳斜照，西江泛银。肇庆城外濠居湾传来一曲渔歌：沿堤草长影萋迷，向晚莎鸡振羽啼。远渚生香莼菜熟，连畦吐秀稻花齐。树能藏屋林逾暗，水不通舟桥更低。到眼秋光堪领略，几枝红叶夕阳西。

刘继文登城墙远视，发现彼岸山冈像马，文明塔像马生角，越看越像，感觉有点奇怪，就问风水先生有何讲究。

风水先生答，民间认为，不注重文庙和学宫建设就想高中科第，就像马生角一样不切实际。刘督堂笑着信口说了一句："好好的一匹马，就这样被镇住了，却成了马生角，岂不是怪诞？"

新任知府朱天应说，正因为当时人们对高中科第的向往和重视，于是在文庙象征光明、文明的正南方建一座寓意"文笔"的文明塔与文庙的文明门相对，表达教育兴邦的良好愿望。

说者无心，听者有意。刘继文告诫地方官员："不顾花费巨大的人力、物力，不分昼夜艰苦地劳动，要凿石、烧砖建造一座塔，岂不是劳民伤财？"

会"拍马屁"的风水先生说："督堂讲得好。我听当时流传一首歌谣：'飞砖搬石祭灵神，一块砖石千两银。凿石一下，一把泪，烧砖二窑，死一人。'"

刘继文知道此事后，狠狠地严惩了那位官员："'人可恶，塔无用。'佛曰：'救人一命胜造七级浮屠。'但我有一点不明白，既然佛家知道救人一命胜造七级浮屠，为什么还要造那么多塔而不去用这些钱救人？"

朱天应说："因为有这些塔庙寺庵，才有了人对善的理解，才激发了人间的大爱。浮屠是一种建筑，也是一种偶像。"

接着，刘继文一班人又走向崇禧塔。高要知县谭君谕说，此塔名曰"花塔"，因为塔的颜色鲜艳和这里到处都有五彩缤纷的花木。这里成为民众休闲以及官员、文人墨客吟诗作对、登高抒怀之处。

刘继文指向旁边的屋宇问："这些是大庙吗？"

高要知县谭君谕如实说出了这里的前尘往事，当年利玛窦等神父见在此建塔，第一次看到这个地方，就被它的美丽所吸引，神父当时就决定申请将建花塔的土地一部分拨为神父建屋之用。

在建塔的同一块土地上，神父建议建造一座富丽的大庙，他们将自己的愿望告知知府王泮，王泮很高兴他们做出这样的选择，认为建屋就是建庙，于是，王泮精心设计大庙、宝塔，以及地面的划分。

本城的秀才和读书人，尤其是那些负责建塔的人，不希望神父进入中国，更不希望神父在塔下划地建房，因为按照中国的风俗，这是供他们娱乐消遣或举办各种活动的地方，他们要在这里吃喝玩乐，而不想外国人看到这些事。

但是，王泮同意了。对他来讲，整片土地的开发，会因为外国神父的定居更加荣耀、体面。

后来，外国神父的仙花寺建成。

人们说，王泮在肇庆官声极佳，"先是，公为守且迁，端人士共谋祀事，公闻而力沮之。闻有私绘像于家者，公即取毁之，屡矣。高要士民遮留泣下，建祠事之。及是，乃就塔之右界，文昌祠前，为堂祀公"。高明亦有王泮祠，这是人们为报答知府的德政而修建的。人们为纪念在当地为官清廉、政绩显著的官员而为其修建生祠，成为一种社会风气。

王泮庙内，外国神父依照民俗，给王泮立一塑像，称他勤政爱民，颇得民心。

谭君谕最后说，这里有四大特色建筑：佛教建筑崇禧塔、道教建筑文昌阁、天主教建筑仙花寺、儒教建筑王公生祠。

刘继文看到王泮生祠，感慨万千……

二、剿平诸寇请神仙

刘继文与朱天应游七星岩，望峰木琳琅，峰岭郴秀；观山峪直披而下，势不可当；赏群岩壮美，端州奇绝。又从玉屏岩仰看半山，两峰对峙，草木交荫，一片青墙碧瓦，独立于云崖半壁之上，这是什么？

这是"大觉寺"，"大觉"的意思是，让醒目的人欣然大觉，然后以这个道理再觉醒其他人。据说，大觉寺中有三仙，指八仙中的汉钟离、铁拐李、吕洞宾，因此有人又称大觉寺为"三仙观"。

刘继文素来笃信神仙，简直到了痴迷的地步。当时两广境内群孽并兴，山匪、妖僧四处煽动作乱，官府一直无法将其平息。特别是海南海盗猖獗，海上商船来往频繁，海盗亦商亦盗。在海南岛，由于山高皇帝远，官府"不暇上闻"，李茂、杨二、杨三、乌石二、张保存、郑一嫂等海盗，均去海南岛沿海一带抢劫。前任总督吴善，出师未捷身先死。朝廷把剿海的重任落在刘继文肩上。

因此，刘继文正好要求助汉钟离、铁拐李及吕洞宾3个仙人指点，于是跪地便拜。

可是要求仙应验，有什么门道呢？刘继文想不出好办法，很是苦恼。朱天应说："我听说求仙一定要有缘分，老天是不肯随便让人求得仙道的。粤地人求仙，斋戒三天，还天天沐浴焚香，彻底清洁自己，以示对神仙的虔诚。粤人有个办法是'扶乩请仙'，可以试一下。"

于是，刘继文按要领做了斋戒。3天之后，他恭恭敬敬地用道教一种占卜的方法，将一支木笔绑在一个竹簸箕的边缘，他在两边扶着簸箕抖动，木笔会自我移动，回答提问的问题。簸箕显字："马到功成。"刘继文以为铁拐李显灵了，惊喜万分，郑重地一连叩了9个响头："谢谢大仙指点。"刘继文"扶乩请仙"当晚，做了一个梦，梦见了坡仙（苏东坡曾到肇庆题书）要求他"建三仙观于星岩，而并祀钟离、李仙、吕仙……"

这一年，琼崖地区的两个地方武装首领李茂、陈德乐因为对地方官员强行索要珠宝不满，率众造反。当地官员对此束手无策，只好仓促向军门请兵。

刘继文接报后，下令总兵官李栋督兵2 000人围剿，但是当李栋到达琼崖时，叛贼已散逃潜匿，一个人也看不到。此时，李栋官兵把七坊峒的叛贼团团围住。首领李茂虽然不断组织力量顽强奋战，终因后援不济，寡不敌众，最后主力在新场海田头寨被官兵围住残杀，几乎全军覆没。另一个首领陈德乐奋力冲杀，冲出围困逃脱后，想潜回蝙蝠峒，继续组织残余力量进行抗争，但官兵对他紧追不舍，弓弩齐发，陈德乐身中百箭坠落塘中。之后，明军用计诱杀蔡克成、陈良德，终于剿平了诸寇。

庆功之日，刘继文高兴极了："看来我是和神仙有缘哪！"他一面捐资筹建"三仙观"，一面勒大碑记其事，将这个碑称作"迎仙平寇碑"，立放在观内。

刘继文说："我这样诚心，请的是三仙指点呀！"于是，他命人在观中泥塑3个大仙像，诚恳恭敬。铁拐李的塑像最著名，他的眼睛特别传神，只要进入大殿，无论走到哪个角落，铁拐李的眼睛都会看着你。

据传，"三仙观"落成后，刘继文又取得了"计擒陆毛"的胜利。当年罗定附城、新乐的蚊子山，有贼首陆毛，流动作案，劫新乐、思理、黄沙、函口等地。情况报上，刘继文怒曰："我在任，岂由山贼猖狂？"他将罗定把总陈邦武大骂了一顿，然后设计擒获陆毛。

一天上午，陈邦武派本地士兵谢鸿儒化装联系陆毛说："新乐圆珠寨有货到。"陆毛就说："收货呀，明日中午冲才坑口等我！"中午时分，陈邦武按原定方案，安排谢鸿儒等候，另外明兵则在附近布控。不一会，陆毛带山贼来到了此处，见到等他的只有谢鸿儒一人，便放松了警惕，说道："你带路，行动！"就在陆毛钻入新乐河溪时，谢鸿儒一手将陆毛的手抓住，说道："你跑不掉了！"陆毛闻听此言，顿时惊恐万分，试图挣脱谢鸿儒的控制逃跑，可一时挣脱不了，且在附近布控的明兵也已迅速赶到，合力将陆毛擒获。贼患始得平息。

当时朱天应说："再写一个何仙姑吧！"于是刘继文又撰写《重修何仙姑庙碑记》："岁己丑春移镇端州，时澳酋李茂、陈德乐啸聚海上，乌合至千余众，一时未集舟师，虑怀叵测……"

三、设计驱逐利玛窦

自从刘继文见过仙花寺之后，"羡天主堂之华丽，欲取为祠堂"。他暗下决心：我刘继文也要建造生祠。刘继文应找一个牵线之人传达自己的意图，但当时似乎没有一个人能领悟到，这种事又不好明说，于是，刘继文心生一计，想到了饭局。饭局一直以来是说些平时不能说但又不能不说的话的最佳场合。

那天，他与高要知县谭君谕、肇庆知府朱天应、岭西道黄时雨、巡案御史蔡梦说、肇庆同知方应时、参议徐大任、布政使滕伯轮若干人等，再次来到了崇禧塔，登楼远眺西江之后，又到仙花寺观看一番西洋特色。晚上，刘继文大宴群官，酒过三巡后，刘继文从容言道："我为官首倡大义，东征西战，终使百姓尊敬，如今我想在肇庆仙花寺，享享清福。"

　　刘继文的本意是想让大家提出建生祠的建议，奈何大家一时领会不到，只一味赞其功劳盖世，是"清苦爱民"之官，与海瑞并称，为天下第二清官，"南青天"。本来，刘继文这样由人"拍马屁"也就罢了，但是他终觉缺少人声香火的缭绕和纪念的氛围。

　　当然，聪明人还是有的，高要知县谭君谕回去路上突然悟到这一点，悟到之后急忙往回走，刘继文穿内衣相迎。谭君谕说："王泮有生祠，总督也应有生祠。总督的官阶比王泮高几个档次呢，所以建造的生祠一定要是最美的、最壮观的。"

　　刘继文问有何主意，谭君谕一连出了 3 个主意都被否决了。谭君谕心想，总督是不是看中了仙花寺和教士寓所？于是试探性地说："仙花寺这地方好啊，崇禧塔下，大江之畔，风景优美，建筑非凡，如果能成为总督的生祠最适合不过了。"刘继文听了之后，满脸堆笑，一拍谭君谕的肩膀："好主意！"

　　谭君谕即刻说："霸会所，占教堂。"刘继文说："不能霸占，而要购买。"于是就遣谭君谕向传教士利玛窦献银 700 两，作为购买仙花寺的价银。利玛窦不愿受价，说："以敬天之地不宜以买卖"。

　　刘继文见已拖了 10 天，利玛窦还不领情，于是大怒，找了个借口，"顾忌外国人在肇庆，担心他们刺探军情，不利于国家安全"。下令限 3 日内，利玛窦必须离开，给 60 两银子作为路费。

　　被尊称为"泰西儒士"的利玛窦只好动身回澳门。然而，刘继文碍于情面，觉得如此做法不是清官所为，天下人会说他假公济私，也担心引来弹劾，于是又令人追回利玛窦，并亲自召见。问利玛窦有何想法，有何去处。利玛窦说，想去南雄韶州（韶关）。这有什么难呢？他答应利玛窦去南雄的请求。

　　"素与利氏友善"的南雄知府王应麟出面斡旋，对利玛窦说："总督不想霸占你的会所，所以先让你接受这个价格。"利玛窦说："若准我在南雄随地择购，可拱手相让。"刘继文很高兴，当场把来肇庆的韶州通判吕良佐介绍给利玛窦，要吕通判保护利玛窦平安到达韶州。

　　1589 年八月十五日，利玛窦黯然登上离开肇庆的船，与麦安东同行，由吕良佐安排，吟哦着"白塔何僧舍，清灯此夜舟。遥从三水去，少为七星留"的诗句前往韶州。从此，仙花寺变成刘继文生祠。

　　刘继文在史书上是有争议的，他在肇庆的名声传出了不少议论。这些消息传到了兵科给事中王德完的耳中，这位正直敢言的言官在翻阅刘继文 3 年来关于剿贼的奏疏时，觉得有许多疑点，进而通过对广东任职官员及地方缙绅的了解，初步掌握了刘继文任两广总督的一些情况，义愤填膺之下，他上疏朝廷，列举其罪，向皇帝上陈。王德完的奏陈令朝廷大臣大为惊骇，即令刘继文停职待勘。

1591 年四月，当刘继文离任肇庆军门府之后，他的生祠和"第二清官"一同被毁了。因为两年后，朝廷核定刘继文有罪，被免除官阶，革职为民，归乡后不久病卒。

读史小札

史载，刘继文在两广执政期间，将由桥津、关隘课税补入南雄、广州、肇庆、潮州等每处军门的 2 万两白银均收入私囊。另外，他在人事贪污上也"收获"颇丰，"下属营求荐举所得不下十万"。在离任赴京前，刘继文先发行李 80 余担过梅岭，可见其搜刮民财之多，引起沿路民众议论纷纷和骚动。但另有资料说，他在朝中和外任职 30 年，逮捕罪宦，剔除奸官，整治处理政事，有清廉名声。对自身日常生活的供养，甚为约束，影响后人。

萧彦清廉实萧然　定方略论道借兵

万历十九年（1591）夏，大臣申时行，把萧彦升任兵部右侍郎，让他到肇庆上任两广总督。

萧彦初到肇庆，看见岭南乡村，别有天地，"真山真水真诗意铺就十里画廊，古村古刹古风韵尽显万古风情"。就想起多年未回去过的皖南萧村，白墙黛瓦，绵延十里，鸡犬相闻，老少闲舒。牧笛荡春山，蝉鸣惊鸥鹭，红楼傍溪湾，桥隐云雾间。春披黄金甲，夏沐三溪水，秋闻桂花香，冬听龙山雪。晨雾如纱，笼罩几缕炊烟；夕阳无限，漫卷一天红霞。

一、宽一分，民受一分之赐

萧彦，字思学，号念渠，出生于安徽泾县章渡萧村（另说是陕西泾县人，生卒年月不详），从小生性纯孝，聪明颖悟，读书过目不忘，因家境贫穷，中途辍学，下田劳作还带着书卷，休息时就躺在树下读书；上山砍柴回来，就挑着木柴，边走边读。这事被学问渊博的查铎先生知道了，把他叫到府中来传授。

此后，他考取进士出身，任兵科给事中，当时萧彦说："考察官吏的政绩，不应该以他催科的多少为标准。从前隆庆五年（1571）下诏说征收赋税不到十分之八的，停发有关官吏的俸禄。到万历四年（1576）又以十分之九为及格线，仍然下令附带征收所欠的二分，则百姓每岁输税十分以上。官吏害怕考核，必定敲诈勒索。百姓不能负担，便到处流亡。我认为九分与附带征收二条制度不应该同时实行。所谓放宽一分，百姓受皇上一分的恩赐。"可见他的睿智与仁心。吏部讨论后同意了他的意见。

有一次，朝廷乘金、珠停市的机会搜刮民财。萧彦对此有意见，"不当虚外府以实内库"。但是，事关皇家利益，他的意见遭到反对。于是，有人根据他给事中的职位编了一句话："有事没事，总得给事。"

萧彦是一个敢于提意见的朝官，得到了当朝重臣大学士申时行的赏识。于是破格提拔了他，封为太常少卿，以右佥都御史（相当于中央巡视员）的头衔任贵州巡抚。

在地方有作为，直接升任两广总督。他对肇庆发出了万分感慨：所见所闻，肇庆人知书识礼，远比贵州、云南好管理。

他回顾巡抚贵州，胆战心惊，还未实施"以夷制夷"，就被别人搞了一个下马威。都匀答千岩地区苗人起事，土官蒙诏不能制服，萧彦只好新官上任三把火，令副使杨寅秋前往镇压叛乱，旗开得胜，将苗人首领擒获。萧彦宣扬政令，安抚百姓。想不到宣慰安国亨诬告他破坏民族团结。事情闹到朝廷，明神宗大怒，欲将萧彦治罪入狱。大学士申时行等一班人求情说，安国亨挑拨离间，血口喷人，不可轻信，明神宗这才放了萧彦一马。

萧彦逃过一劫之后，改为巡抚云南，当时用兵陇川，立足未稳，又被兵变搞得焦头烂额。由于副将邓子龙处事不善，搞得腾冲、姚安两营士兵之间发生矛盾，萧彦令陇川守备姜忻前去安抚，谁知姚安营士兵又以索军饷为名，振臂大呼，发动兵变，在教场树大旗，抢夺马匹，声言要赏，并聚众突入永昌城，因城门尽闭不得入，转由大理入省城。

萧彦闻讯后，调来官兵实行前后夹击，斩杀了84人，俘获680人。姚兵又走往宁州、武定、姚安等地离境。萧彦借用境外缅甸军队的力量，配合官军作战，对哗变士兵进行围剿，平定了云南兵变，也改善了中缅之间的关系。事情传到京城，朝廷赏赐了大量的银子。

萧彦抵任两广总督后，潇洒坦然又很平淡，却心志操守，坚如磐石，不终日沉迷于享乐。他对百姓须当惠法兼施，尽父母斯民之道。他说："自古有话，爱民如子，盖之如天，容之若地。民奉其君，爱之如父母，仰之如日月，敬之如神明，畏之若雷霆。"为官不爱民，在道义上是被人唾弃的，是人人得而诛之的。说白了，人能平淡了，清心寡欲，才能做到爱民。俗话说："三年清知府，十万雪花银。"这是对贪官墨吏的讽刺，有的号称"清廉"，任内几年，竟然可敛得十万两纹银。前任声名狼藉者，更可想而知。

萧彦身为大官，清正廉洁，不事聚敛，裁撤陋规，两袖清风，不讲排场，不事铺张，萧然过日，难能可贵。他所到各地，从不用门丁，不收门包，不接馈赠礼物。他要求所属官员务从俭朴，反对文恬武嬉、尸位素餐，不得华侈繁费，禁止官场赌博、演剧、宴会等。

当时肇庆的官方和百姓都流传一句俗话："萧彦，实萧然。"

二、萧村三杰

萧彦有个弟弟叫萧雍，也在广东任按察使。虽然史书说萧雍宦绩不及萧彦，但是学识比萧彦好。那时候，两兄弟口碑很好，世人都称他俩为"二萧"，同样有威望。

萧雍作为"法官"，有句经典名言：世界上的是是非非，复杂万千，全凭自己去慎思辨别，然后根据自己的分析，决定哪些是应该做的事，哪些是不应该做的事。

有一次，萧彦在肇庆过生日，萧雍来了。萧彦令夫人典当了一件衣服才为他置了家人酒席。为了拒收寿礼，萧彦干脆紧闭辕门，不纳贺客。此时有官员来贺寿，行至辕门而不得入。萧彦曾说："送礼纳贿，必然徇情枉法，吏治怎能清明？"并且通报了县官的送礼行为，明令所属官员，今后如果发现逢生日私送者，决不宽恕。

次日，兄弟二人同游。萧彦介绍肇庆情况，政治上固然保守，而经济上却十分活跃，商品货币经济发展，工商业市镇崛起，私人海外贸易兴盛，新的经济因素正在滋长，社会结构正由单一的农业经济向着农、工、商并举的多元经济转型。

他俩边走边聊，在包公井处碰见个秀才，秀才带着妻儿逃难到肇庆，并且得了病，想喝口泉水，守泉人不许他喝。这时，萧彦呵斥守泉人："为什么不让他喝？"守泉人见是紫衣官人，忙捧盆盛泉递给秀才，秀才昏昏沉沉中，见盆底有"海日重光"四个字，他痛饮一番，顿时神气清爽，病好像痊愈了。萧雍救济了他一些钱粮，让他一家安居下来。秀才问守泉人："两个紫衣官人是谁？"回答说是萧彦和萧雍。

秀才知道后说："肇庆好，当官的也好。"

兄弟二人走了一段路，萧雍对萧彦说："口碑在民呀！"

萧彦答道："一个人又要做事情，又要不留痕迹，这就很难了。至于好与坏就让别人评说吧！"

萧雍又说："从小到大，我们三个人，只有你表现最出色，如今也是政绩昭然。"

萧彦说："学识我比不上你和徐榜。"

这是怎么一回事呢？原来，萧彦与弟弟萧雍、表弟徐榜都在查铎教授下成长。

有一年参加春闱试前，查铎要考一下这三名优秀生，选一名班中状元。他们三人文才不分轩轾，学业也互不相让，只好请查铎试点了。查铎出题，要三人在一炷香时间内，抄完 3 000 个字。萧雍、徐榜两位才子有绝招，能双手挥毫快书，立即挥毫，唰唰地写开了。

萧彦困惑了，这么短时间不可能完成书写任务。于是灵机一动，只写 5 个字

"一笔化三千"，立时交了卷。最后查铎判定，萧彦机智聪明，当然为班中状元。徐榜无奈，大叫一声上当："一把辛酸泪，陪跑半里路。"萧雍也说："千字不如一笔好，春风先上兰蕙枝。"徐榜还假装一气之下，连笔也不要了。

其实徐榜文才不差，查铎说："天下文章当以徐榜为式。"后来流传着这样一个故事。徐榜进京殿试，明神宗看了他的文章，觉文辞优美，意境深远，技法超群，不觉赞叹，随将文章抽出插入靴筒，准备回宫仔细推敲，不想当晚皇帝喝醉了，翌日登殿钦点名次，竟然把靴筒里的文章忘了，结果状元、榜眼、探花另有其主，徐榜屈居第四，事后皇帝颇感歉疚。后徐榜官至浙江右布政使。

三、谏止"借兵暹罗"

万历二十年（1592），中国边界发生了日本对朝鲜的侵略战争。朝鲜国王一路哭号着向宗主国大明求援。当时的兵部尚书石星力主出兵，可出兵就得花钱，他十分烦闷。恰好暹罗国（泰国的古称，当时驻在云南边境）入贡，愿意出兵代劳打日本。石星欣喜，有暹罗国发兵，是好事啊。

暹罗国主动提出代表明朝出兵进攻日本。这个"借兵暹罗"的议案，对朝野震动颇大，反响强烈。礼部尚书于慎行提出了反对意见，他认为暹罗是个小国，根本不是日本的对手。

一群大臣争论来争论去，其实谁也不知道暹罗的实力如何。有一持重者说："暹罗离两广最近，要不咱们先问问两广总督萧思学吧！"

明神宗心想也好，下旨发咨文询问萧彦暹罗的虚实，速速回报。

萧彦写报告反对"借兵暹罗"的理由是担忧"暹罗入境，窥我虚实，且蹂躏中华"。两广距离暹罗最近、交往最多、对暹罗情况最了解，应该重视和警惕暹罗军事实力强大。暹罗处于西面，离日本有万里之遥，怎能飞越大海？

萧彦举例，万历十九年正月二十八日，缅甸进犯云南，莽应里率兵侵犯云南永昌（今保山）、腾越（今腾冲），明军副将万国春夜设火炬为疑兵，缅甸兵惧而退，追败其众。萧彦指出，暹罗虽然历年称臣进贡，但不忠诚，类似周朝的"狄人"，唐代的"回纥"，宋代的"金""元"。越南也是如此，永乐年间，我朝与越南发生了一场战争。此战明军号称 80 万，而越南军队更是号称 700 万，实际上双方军队总数加起来也不过 30 万，这毫无疑问是历史上牛皮吹得最大的一场战争。"非我族类，其心必异"，表明了"前门拒虎，后门进狼"的忧虑。"暹罗之强，不减日本，其狡又不减日本。"虽然在陆战方面暹罗不敌日本之技，但是如果说起水战，日本不敌暹罗之舟。

萧彦认为，倘若暹罗与日本交战，无论胜负如何，结果都不利于明朝。如果暹罗失利，求援于明，明朝拒之无辞，援之无力，结果"未收日本之功，而先拘暹罗之衅"。而一旦暹罗打败日本，暹罗就会"挟己之功，轻我之备"。他日的忧患，不在日本，而在暹罗。

另外，萧彦还担心国内会因暹罗出兵而引发"他变"。一方面是包藏祸心的滨海邻国利用暹罗出兵的机会，投入其中，这些包括暹罗、佛朗机（葡萄牙）、满喇加（马六甲王朝）诸国之夷和"中国亡命"的特殊群体，数量众多，尾大难掉，"犬羊之性，终不可测"。另一方面，像曾一本、林道乾那样的"积奸巨猾"很可能会卷土重来。这些都不利于国家。萧彦说，为今之计，朝廷主动出兵，"防剿倭夷"。这对全盛之际的明朝来说，不存在兵力不足的顾虑，只要朝廷下诏，立即"人人思奋"。结果暹罗并未发一兵一卒。

萧彦举荐罢官闲居的广东大将陈璘上战场，令他组建一支"陈家军"援朝，请求停止石星"借兵暹罗"的命令。石星虽然执意不从，但明神宗下旨道：

朝鲜素效恭顺，为我属国，有寇岂宜坐视？着辽东抚镇官即发精兵一二枝应援，仍发银二万两解赴彼国犒军，大红纻丝二表里慰劳国王。还宣谕海上诸国，合兵捣虚，剿此凶逆，以图廓清。年例银亦准给发。钦此钦遵！

陈璘领旨，正准备开赴朝鲜战场，不料在中途被石星举报，说陈璘曾经向他行贿，"大红天鹅绒、大绿天鹅绒各一端，西洋布二端，犀杯二副，抱龙苏合丸"。欲加之罪，何患无辞。于是，陈璘在奔赴朝鲜战场的路上被硬拉下来，再度被罢官。

此时，明军大将刘綎带四川、贵州5 000名官兵到朝鲜。刘綎对朝鲜官员李恒福说，响应明朝的动员令而来援助战，倭贼不足畏也。

当时，日本关白（宰相）丰臣秀吉派水陆军20余万人、战船千余艘，偷渡朝鲜海峡，迅速攻占了釜山、王京（首尔）、平壤等要地。由于当时朝鲜统治者腐败无能，国防久废，"民不知兵二百余年"，一见到日军，无不望风溃败，日军仅用了两个月就几乎占领了朝鲜的全部领土。

朝鲜国王李昖逃到义州，不断派人要求明朝出兵援助。而日军在占领朝鲜后，劫持王子、陪臣，将府库洗荡一空，进行野蛮的烧杀淫掠的同时，还野心勃勃地把侵略的魔爪伸向我国边境。

明廷派遣游击史儒率兵2 000余人，跨过鸭绿江进抵平壤，由于不熟悉地形，加上大雨，史儒遇伏，力战身亡。副总兵官祖承训督兵 3 000 余人渡鸭绿江作为后援，亦惨败。

朝廷又命令李如松提督蓟、辽、保定、山东军务，其弟李如柏、李如梅为副总兵官，派遣各军援助朝鲜。经略宋应昌、李如松率军 7 万人东渡入朝，合兵进击平壤。经过半年作战，明军歼敌 1 万余人，获俘无数，日军逃窜，明军取得了入朝的第一个伟大胜利，史称"平壤大捷"。

1592 年冬，首辅申时行退休了，萧彦也因为反对"借兵暹罗"，被主政的许国和石星调离了仅坐镇一年多的两广总督府。萧彦离任时，两袖清风，囊箧萧然。皇帝召见萧彦，任命其为户部右侍郎。不久，萧彦病故，赠右都御史，谥"定肃"。

读史小札

萧彦从小跟从同县的大儒查铎学习，有大志向和良好的操行。当官后，明了熟习，能关心天下的大事，凡他工作过的地方的民众都称赞他。

陈蕖督安民灭盗　对安南听彼鹬蚌

在湖北应城大富水以西，旧时称"西乡"（今应城陈河、杨岭一带），是一片击壤可闻历史回响、人文遗迹鳞次栉比的土地。明代大官员陈蕖，字伯含，号应虹，1538 年出生于此。

陈蕖生于山谷，长于棘丛，是一个吃红薯、玉米长大的师塾儿子。"居家勤俭，清贫如寒霜。"他六岁启蒙，常熬深夜，梦醒五更，通晓四书五经、诸子百家。从小就表现出了对读书的热爱与刻苦，自幼聪慧过人，文才出众。参加童试时，老师发现他才华横溢，便对他说：不必担心出不了名，只怕没学问。

1568 年陈蕖考取进士入朝为官，任过考官，自尊"座主"，称考生为"门生"，万历二年（1574）状元孙继皋，给陈蕖去信说："饮水则思源，依木则思荫；一冠、一组，安所非老师赐也！"后来，陈蕖在朝廷外为官，支持"万历新政"，在"改土归流"政策停滞不前时，他果敢上书，主张"兵檄而定"，以一介儒生率部平息了云贵战乱，设府衙安民行政，受到了明神宗的奖赏。

万历二十一年（1593），文渊阁大学士王锡爵推荐 55 岁的陈蕖任两广总督，接替萧彦。

一、民间道义

陈蕖来到肇庆后，正值明神宗下令严督官员"安民灭盗"。明神宗下诏说："去年各省灾伤，山东、河南以及徐、淮等处尤为严重。朕屡次下令救济，不知有司曾否奉行，百姓是否得到实惠？值此公私交困之时，不知各地除了动用国家钱粮之外，是否有急救便宜措施？各地闹事的矿徒是否已经安置归农？今日四方吏治，全不讲求荒政，牧养小民，唯以搏击风力为名声，交际趋承为职业。费用侈于公庭，追呼偏于闾里；嚣论者不能禁止，流亡者不能招徕。遇有盗贼，则互相隐匿，或故意徇私，以求免地方失事之咎。而各抚、按官亦止知请振请蠲，不能汰一苛吏，革一弊法。如此上下相蒙，酿成盗贼之患，朕甚忧之。自今当以安民弭盗为有司之黜陟，如有仍前欺隐及玩视诏令者，当重治不宥。"

此时两广虽然没有"盗贼之患"，但陈蕖历经朝廷世事沉浮的磨炼，从两广穷乡僻壤中认识了人生。他为朝廷好好干活，为两广民众造福，当然响应明神宗的号召，在肇庆亲力亲为，开始"安民灭盗"活动。

他上任总督，第一件事就是拜谒肇庆包公祠。他顶礼膜拜包公，"赈灾黎，求民隐，断关节，秉政清廉，中原百姓思贤尹；平冤狱，抑豪强，惩污吏，执法严峻，天下几人似我公"。他更叹服包公："以清正之心作为吏治的根本，以正直之道作为修身的原则。优质的大树终成栋梁之材，柔韧的好钢也不愿枉作他用。中饱私囊那些鼠雀之辈定会高兴，如果没什么好处，那些贪官污吏就会发愁。在这方面历史上留下了许多教训，不要做出使后人蒙羞的事情吧！"

陈蕖明白，"安民"必先"治吏"。当朝官俸微薄，各部尚书全年的俸银不过152两，法定俸银不足以维持生计，但他们的主要收入不在于此，而在于下级官员的馈赠，各省总督馈赠一次相当于年俸的10倍。一级一级地馈赠，排到七品"芝麻官"便直接搜刮百姓，一个王朝也许就是这样颓败的。

他响应朝廷，提出节俭正风俗："近来风俗奢侈，攀比相高。数日之粮，不足供一席之费；百亩之人，不能买一身之衣。嫁女则玄黄耀目；送死则幡幢满天。居室雕梁画栋，车马饰以金锡；披缁削发，多于农夫；梵宫玄观，拟于北阙之盛。以至缀珠玉于倡优，紧曳朝履于仆隶。风俗如此败坏，民岂能不穷！京师为四方之极、大臣为百官之望。大臣不行节俭，何以为百官的表率。京师不行节俭，何以做天下的榜样。直省不能节俭，则责之抚、按。"

为了"安民灭盗"，陈蕖像包公那样善政勤政。广东多地粮食丰收，他不问丰歉，概计予籴粜和资，同意垦田通商互惠。

1593年，罗定州初建之后，本来经过安抚的瑶僮与诸民分籍而处，而瑶僮继续聚众作乱。陈蕖亲历罗定，令广东总兵官侯继高从广州进兵；命东按察副使、备兵肇庆、擢罗定参政的洪有复出兵。征战数日，斩贼首300余级，俘数百人，破洞十余。其他山僻，瑶人出入多以为障蔽，恃险难制，"然而，兵未压境，瑶人已降"。

与罗定接壤的岑溪又有瑶叛，攻城屠士。总督陈蕖用"狼兵"（专指广西地方武装出身的战斗人员，此类人不隶军籍，彪悍武勇，于明代"剿贼""御倭"多有使用，且战绩不俗）进剿。陈蕖向都督侯继高、兵督司张文质面授机宜，部署东三道一齐入山进剿。瑶僮闹事之人居住于广东信宜朱砂镇石根村与广西岑溪水汶镇交界处，两个月时间，大破瑶叛。之后，他要求地方官亲至已破贼巢各邻近良善村寨，以次加厚抚恤。

陈蕖是人们心中的"民间道义"，宁以身饲虎，也不做有违大义之事。因此，后世肇庆罗定修庙纪念陈蕖。

二、独肩义举

平定罗定、岑溪瑶叛后，一日，陈蕖游览七星岩，登"玉皇殿"，口吟一联云："功启三皇五帝；心存万类群黎。"穿过山门，见殿门又咏一联："步可阶升，入此门便通帝阙；人当挺立，居其位且看天涯。"

凌霄宝殿，有人在烧香拜神，陈蕖仿佛进了仙境，竟萌生了红尘宦海生涯不如隐居的念头，于是喟然长叹：

可惜溪流涧又多，即使英雄也奈何。

若教此殿在城里，指点江山定风波。

第二天，有一官员仔细研读陈蕖的诗，不觉暗暗吃惊，对陈蕖说："你的诗心生妙语，但'指点江山定风波'则有反诗之疑。"陈蕖暗吃一惊，便与他从深处论交情，也从此不敢轻言此诗。

陈蕖老来得子，夫人难产，腹痛三天三夜仍无法将孩子产下。陈蕖整日不安，大急之时，睡梦中得神仙启示，只需金花女子前来，便可保母子平安。陈蕖依言而行，果然在肇庆找到一位叫金花的女子，金花一到，夫人便顺利产下男婴。之后，金花不见了，从此金花名声大噪，大家都说她是神仙。

陈蕖心想，由此看来，金花神的传说确有其事。为报答女神的恩赐，他出于一种对生命的崇拜，在农历四月十七日金花生日这天，也偕同夫人来到金花庙祭祀供奉。

民众接踵而来，进进出出，轮流跪拜，把小庙挤得严严实实的，香火旺盛，非常热闹。虽然这是一座不显眼的寺庙，却着实精致自然。一尊石像居于殿中，尊称为"金花圣母"。金花神像面容安详，她的左手托着一朵莲花，里面还坐着一个婴孩。左右两边的塑像，涂上五色油彩，均称奶娘，皆有姓有名，都是民间衍化出来的女神。每个奶娘神态生动，都带着一个孩子，从孩子出生、喂奶、玩耍、读书、睡觉，各种形状都有；或抱孩子，或对镜梳妆，或手执金元宝，或提秤给孩子称重……

当时还有艺人表演"空掌招蝶"。只见艺人在庙前伸出双掌，等待群蝶飞舞时，用双手合着搓几搓，再拍掌相招蝶。群蝶纷纷飞来，左右飞舞，极为奇妙，赶而不散，连声叫好，说是得到金花应验。原来，艺人待春天百花齐放的时候，采集各式各样的花蕊，在阴处晾干，再放到夜露下漂七夜，加蜂蜜拌匀备用，在双手手心涂上花蜜，待群蝶闻到奇香飞来。

这一景象，山缘、水缘、人缘，缘缘神奇。明代诗人张诩曾写《金花夫人》诗云：

王颜当日睹金花，化作仙湖水面霞。
霞本无心还片片，晚风吹落万人家。

原本韶州府英德连续两年饥荒，"山中蕨根，民食过半"。1594 年，肇庆高要地震后，天旱缺粮又出现大饥荒。百姓"果腹之物"多了花生叶、花生壳、禾草秆，纯粹农家更加艰辛。那天，陈蕖看见老农吃禾草秆的做法，先用大锅烘干，再用笒筛掉灰尘，用石磨推碾成粉后，拿熟地瓜蘸着吃。

陈蕖"独肩义举"捐款济贫，号召县官开仓放粮。在这样艰难的日子，陈蕖真想不到，端州百姓会抬着包公塑像去巡游，共同祈福风调雨顺、国泰民安。"包公大人出巡咯！"随着一声大喝，锣鼓喧天、双老起舞，两名身着彩衣的婢女扬花出场，随后千名信众、游客簇拥着包公神像，浩浩荡荡，好不气派！

也不知从什么时候开始，这项活动逐渐演绎成民间一种祈求神灵庇佑、逢凶化吉的乡俗。尤其是肇庆遇到旱涝之患或瘟疫流行，人们还会敲锣打鼓将包公像从祠堂抬出来进行大巡游，伴以舞狮舞龙放鞭炮，以求消灾保平安。

三、听彼鹬蚌

陈蕖正在高要等地抗灾安民的时候，边境出现了"黎莫之战"。

当时，安南（也称交趾，今越南）黎维潭与莫茂洽的族类武斗，从 1592 年开战，经过了一年，双方坚甲利兵，打斗到了白热化，黎维潭终于将莫茂洽赶出京城升龙，重新夺回了安南政权。事情闹腾到大明朝廷，士大夫曾欲采取"双重承认"的政策，即同时承认黎维潭、莫茂洽为明朝的贡臣。这事交由两广总督处理。

面对安南再次易主，但黎强莫弱，随着安南政局的变化，黎维潭掌控了安南绝大部分地区，而莫茂洽只能苟延于高平山区，黎维潭要求拥有绝对的话语权。最后，陈蕖向明朝廷汇报，只能接受现实，承认黎维潭为安南的唯一合法政权。同时，为了利用莫茂洽来抑制黎维潭，要求黎维潭允许莫茂洽于高平地区自治。

黎茂洽重掌安南大局后，黎维潭与大臣黄廷爱等于 1593 年十月抵达镇南关，请求通贡，愿意归顺明廷。黎维潭求封，又一次考验两广总督陈蕖处理藩国关系的智慧了。他不得不考虑将来一旦黎维谭控制安南后，该如何处理与安南新政权的关系。

朝廷为解决这个问题，派员召集了各个相关官员到肇庆开会。陈蕖经过调查，在会议上说明情况，并提出了处理意见，他说："嘉靖十九年（1540），莫登庸篡夺黎氏政权，并获得了明朝的承认，成为安南的合法统治者。莫氏虽然实施了一系列优抚政策，暂时稳住了安南的政局，但黎氏在南方卧薪尝胆，最后举兵北伐，如今重新夺权。目前形势，莫氏屡经战败，似无振作之日。据黎维潭请求通贡，实际想借明朝树立权威。不如让莫氏与黎氏继续相峙，互相威胁，针锋相对，我们'听彼鹬蚌'，到时再处理也未晚。"

陈蕖并不急于插手安南事务，而是伺机行动。同时责令边境守将，加强情报收集，及时了解安南的局势发展。

陈蕖这一招，叫作"鹬蚌相争，渔翁得利"（比喻双方相持不下，而使第三者从中得利）。但是，大臣哗然，个个气愤不已。反对最强烈的是广西巡抚陈大科。

陈大科说："安南国王易姓就如弈棋一样，不应当以他国内部的叛逆顺服作为顺逆的标志，只应当以他们对我大明朝廷是叛是服作为顺逆的标志。现今黎维潭虽然图谋恢复统治，而莫茂洽本来就是我明朝的外臣，怎么能不为他请命而让他猛然间遭杀戮呢？我认为黎氏擅自兴兵之罪，不能不追究。莫氏子遗，亦不能不保存。倘若像先朝的事例那样，听任黎氏投诚，也仍然保存莫氏，此之于当年的漆马江黎氏，亦不剪断他们的祀事，这样更好。应对安南黎氏、莫氏'双重承认'。"

陈蕖是一个"性严正，明治体，莅官廉能"的官僚，对黎维谭求封不批准。提出了"不拒黎，不弃莫"的构想，分别与黎维谭、莫茂洽进行交涉。他的"听彼鹬蚌"虽然也有道理，但支持者寡，成众矢之的。朝廷大臣商量后决定，按陈大科所述的那样行事。

最后，陈蕖于1594年年底"换岗"，调离肇庆总督府，任南京户部右侍郎，1600年任户部尚书。但在1602年，明神宗以"今帑藏空虚，边饷告急，户部堂官互相嫌疑推诿，借词告病，不肯代君分忧，误累国大事"，勒令户部尚书陈蕖致仕，回老家休养。这是大明历史上第一次"开除"高级官员。

陈蕖仿佛做了一场梦，不胜唏嘘：耿直之人仕途偏多磨难；为官耿直，必多有得罪；而凡是得罪之人，便成为你的生死仇人，一路处处给你设障，任你才高八斗，也终究难以施展。官场险恶，全不讲仁义道德，若想扳倒你，则不惜送你上断头台，也难怪出了那么多滑头官员。

读史小札

陈蕖为人正直严肃，精通治政之道，1606 年病逝，1608 年赠太子少保，1621 年，追授"殿敏"谥号。从时间段看，他身后官方还是逐步承认了他的功绩的。他对家人管束极严，教子读书做人从不含糊，要求子孙们从小就要熟读圣贤书，把修身养性、慎独处世作为家族的处世之学、传家之宝。

陈大科平定安南　打日本力举陈璘

相传，两广总督陈大科的家乡江苏南通，自从造文峰塔，建三元桥，补山水之形胜，助文风之兴盛，明代就出了近百个进士、两个状元。或许巧合，人才辈出，以风水附会，润泽文脉，仅是美谈而已。

心胸海阔的陈大科，字思进，号如冈，1534年生于南通崇川，与父亲陈尧、侄儿陈大壮均为进士出身。1595年，他来到肇庆，任两广总督，尽领风骚。南通民间流传着不少关于他的故事甚至神话。

一、不拒绝黎，也不弃莫

陈蕖为两广总督、陈大科任广西巡抚时，广西边界发生了安南（今越南）动乱。

当时，安南有黎、莫二姓之争，危及大明。早在嘉靖初年，安南莫登庸（广东东莞人）篡黎氏自立，改元明德，率从子文明等入镇南关（今友谊关），叩头坛上，进降表，拜上土地军民籍，请奉正朔，永为藩臣。帝命削"安南国"为"安南都统使司"，授登庸都统使，秩从二品银印。当时安南黎氏和莫氏两个派别在打仗争权，都要明朝做老大。

陈大科正要派遣官员前去安南考察，外臣莫敬用即派使者到军门告难，并请求陈大科出兵，帮忙莫氏打击黎氏"伪政府"。陈大科承认莫氏，但没有正面答复出兵。黎维潭知道情况后，也向陈大科说道："莫氏乱世，我虽不才，愿与大明将士同生共死，誓灭莫氏！"

在稳定士气，准备充分后，黎维潭正式向莫氏进军，如入无人之境，连破隘留、鸡陵两关，一路攻击前行，最后将莫氏政府消灭。

在处理明朝与安南外交问题上，陈蕖总督与陈大科巡抚政见不是很一致，陈蕖的意见是让安南黎氏和莫氏两个派别自相残杀，明朝可采取"听彼鹬蚌"的态度，从中得利。陈大科是"不拒绝黎，也不弃莫"，他详细地介绍了黎、莫的敌对方针和计划，其步骤之周密精确让属下叹服，在会议的最后，陈大科认为，对安南黎氏、莫氏"双重承认"。朝廷听取了陈大科的意见，认为"双重承认"对稳定邻国关系更有利。这就是陈大科所谓的有平定安南初次之功，因而61岁的陈大科在 1595 年来肇庆担任两广总督。

这年秋天，安南新政权首脑黎维潭，派使者前来肇庆谢罪，因为打败了明朝外臣莫氏，请求投诚，也愿为外臣。陈大科也承认黎氏政权，但希望黎氏给莫氏以立足之地。

此事关系重大，总督陈大科与广西巡抚戴燿，一同嘱托左江副使杨寅秋办理。杨寅秋来一个"不拒绝黎氏，也不弃莫氏"的办法，于是与黎、莫两头委派的官员一齐协商，结果莫敬恭等人愿意居住在高平，向大明称臣；而黎维潭也请求投诚，尽快做外臣，因为做外臣有明朝政府做后台的关照。

到了 1597 年二月初八，黎维潭派使者前来询问日期，杨寅秋告诉他们在四月投诚。本来这是国家大事，皇帝要过问，但是明神宗不理。于是，南京刑部右侍郎谢杰直谏神宗"进十规"：

一为孝亲不如初。以前与两宫皇太后朝夕同欢。今则问安久旷、少行庆贺，甚至连孝安庄皇后的梓宫发引，都托疾不送，遣官代行。二为尊祖不如初。以前四季享太庙。今则每次皆遣官代往。三为好学不如初。以前研究文学、杨榷古今。今则讲席、讲官俱为虚设，有名无实。四为勤政不如初。以前亲理朝政，披星戴月，不敢少息。今则身居大内，多年不出。五为敬天不如初。六为爱发不如初。以前每遇水旱灾荒，不时发钱粮赈济四方。今则信用奸徒、矿监税使四出开矿抽税，天下骚然。七为节用不如初。以前宫中用度有节，外府积贮充盈。今则江西之瓷、江南之纻、两蜀之扇、关中之羊绒，往往溢额征调。八为纳言不如初。以前谏疏多采。今则章奏留中不发，一言逆旨即斥逐。九为亲亲不如初。以前多方议处宗室禄粮，今则多置王府事于不顾。十为用贤不如初。以前缺官随推补，今则大僚推而不用，庶官缺而不补。

明神宗任其如何规劝，就是不理朝政，置安南之事不理，陈大科只好自行处理。当时，黎维潭到关外，总督陈大科的译者问他六件事。

第一件是擅自杀死莫茂洽，他答以"太急于复仇，来不及向朝廷请命"。

第二件是询问他的宗派，他说："我是世孙，祖先黎晖，朝廷曾经有赐命。"

第三件是询问郑松之事，黎维潭说："他是黎氏世代的大臣，不是与黎氏捣乱的人。"

第四件是问他何以连夜逃走，他说："因为举行仪式的物资不全，不是逃走。"

第五件是问他为何使用国王的印章，他说："暂时仿着用一用，立刻就销毁。"

陈大科了解，将高平之地割给莫氏，双方还是会相持不下，因此又说第六问："大家都是朝廷的贡臣，黎氏昔日可居住在漆马江，莫氏就不能在高平栖息吗？"黎维潭这才听命。

杨寅秋把相关仪节毫无保留地传授给他，让他熟悉。之后，黎维潭率领他的下属入关拜谒御幄，一如莫登庸旧时的仪式。仪式完毕后，黎维潭去拜见杨寅秋，请求杨寅秋一起拜见陈大科总督，以宾主之礼相待，杨寅秋不答应，按照总督"不拒黎，亦不弃莫，吾策定矣"的原则办事，黎维潭于是四拜成礼而退。安南再次安定，归于陈大科之功。

二、人人愉快，他表情漠然

1595 年，陈大科上任两广总督，走的是"苍梧大道"，是由秦朝的驿道演变而来，自桂林到梧州，全长约 1 000 里。

这条路在万历二十一年（1593）陈大科任广西巡抚时策划改建，由桂林经过良丰、报安、葡萄到阳朔，然后往平乐，到百霞站、八步、乐善站、石桥站、梧州，东至思浦塘，与广东驿路相连接，共改建新修桥梁 157 座，置渡船 18 艘，路铺 19 所，还充实了馆人等差役。每过一乡，不是石板路面，就是鹅卵石或碎石块路面。一路下去，有十来个牌坊。

在八步的临贺古城与潇贺古道连接，并与漓江、桂江的水路相配合，沿江有路；还有一段古道，隐秘在绵延的松树林中。

总督陈大科在肇庆去广西与巡抚戴耀会面，洽谈安南之事，专程走了一次刚刚改造完善的苍梧大道。他还记得组织民工修缮驿道的情景，施工的义举感化了沿途百姓，纷纷端茶送水。如今看见每隔三五里均有凉亭，亭边种树或凿水井，亭内有施茶水或稀饭的，有卖糖果食品的，供行人和挑夫休憩。陈大科非常赞赏。

经过一座"遇龙桥"，陈大科下马察看时发现，"单拱石桥，跨径有七丈，桥长数十丈，桥宽可驷乘，百年风雨洗涤，完好不损，足见劳力之功。青山环抱绿水，优美田园尽收眼底"。陈大科怔怔地看着，行人渴时会钻到桥下，将头伸入清凌凌的溪水里，猛喝几口，直到打饱嗝……从此"官者、贾者、输将者，船舍者，如驰中原齐鲁之郊，无不人人愉快也"。

那年由他亲自督办修建的苍梧大道，由于后任巡抚重视，道路质量过硬，陈大科十分欣慰。同时，大道畅通，使得广西的城市沿江走向，因水而兴的格局得到了强化。梧州摆脱了水运的季节性制约因素，获得了水陆联动的双引擎驱动。

苍梧大道也有了支线，如通往大埠、六塘、荔浦，以及周边各乡镇站铺的"小路"，成了体系，以雁山"五崀一家"古道为代表。

从经济角度而言，苍梧大道的最后完工意味着广西经济重心的南移。通过广西发达通畅的官道体系，南宁通过百越走廊的国际通道加强了与安南等中南半岛诸国的往来，通过茶马古道加强了与云南的联系。柳州通过苗疆走廊与都柳江联通贵州，大宗木材交易以及粤盐销黔，加上土特产运销广东，使得西江流域的圩镇与商埠得到迅速发展。

然而，桂林人就不太高兴了，因为广西四大城市最终形成了分区鼎立的格局，桂林作为全省中心城市的突出地位自然缺失了。桂林成为府属州县的农副产品集散地，成为从梧州与平乐转运过来的广东盐铁运销湖广的中转站。桂林中道衰落，梧州崛起，取代桂林成为广西新的经济中心。

也许出于巧合，一天，陈大科坐着马车走了一段路，发现前面车马拥挤，道路堵塞，陈大科让随从上前察看，原来前面很长一段路淤泥堆积，坑坑洼洼，马摔倒在路边，车陷进泥里，行人卷起裤脚走，搞得十分狼狈。堵在后面的行人十分焦急。只见当地一名知县亲自指挥，帮忙推车拉马，叫人扶行人过往，行人千恩万谢，感激不尽。

看到这个情况，有人称赞知县关怀百姓疾苦，是个了不起的人。可是陈大科却持相反的态度，他表情漠然地说："作为一个知县，并不称职，只不过是个庸才罢了。假如他真正胜任本职工作，就该对交通道路情况了如指掌。对泥泞的路面及时加以维修而不至于到了走不通时去指挥疏通。可见知县胸无全局，不会深谋远虑，算不上称职的官员。"

三、结交僧中麟凤

有一天，肇庆来了个和尚，叫憨山大师。他想和官员接近，但没有合适的办法和机会，因为囊中羞涩，没有多少银钱上下打点；想和市民交友，又恪守戒律，不食酒肉，不能按照一般的方式，用喝酒赌钱等办法来结交朋友。另外，憨山是南京人，到肇庆后也有个语言不通的问题，化缘极少。所以，处境确实尴尬。憨山只好在城里打坐如钟，眼观鼻鼻观心，一副高僧的威仪气派。

到了傍晚，肇庆城中的孩子们，想走近憨山。但被他打坐的神态吓到，一转身都跑了。憨山其实挺想和小孩聊天的，看见孩子们吓跑了，就认真反省自己的态度。他发现自己是当高僧当惯了，身上有一种习气，有一种架子，不能够平易

151

近人。想来想去，憨山想出一种"狮子调儿法"。

孩子们再来玩的时候，憨山忽然像个老顽童一样，嬉皮笑脸地做出滑稽模样，在地上打滚，逗孩子们发笑。孩子们果然被吸引过来，和憨山一起在地上打滚玩耍，没多少时间就混熟了。

陈大科尊佛，与佛有缘，据说，他年轻时曾得到了然和尚的指引，才心胸海阔，他还写下送了然和尚的诗："剑锷霜寒又拂衣，梅花香处送君归。他处参得无生诀，小白华山共掩扉。"如今，他听说名号憨山的和尚到肇庆城，便派丁右武慰劳憨山，帮憨山办理入住邮驿。丁右武干脆和憨山一起去拜见陈大科，却被憨山拒绝，婉言推辞了。

丁右武问："是怕门役挡驾？还是怕总督性情耿直、法度严厉？"憨山想了一下说："我知陈总督平时没有人敢私下里打他的关节，我来此地，不想走他的门路，你安排船家给我借宿一夜就好。"

丁右武安置了憨山，只好向陈大科汇报。

晚上，陈大科亲自到憨山的船上来问候，同时还带来了茶点果品，两人亲切交谈，直到三更才分手。次日，陈大科向人宣扬，说憨山是"僧中麟凤"，并介绍其他官员和憨山认识。从此，憨山在肇庆城有了名气。

一天，陈大科与憨山到了鼎湖山，专门拜访老寺。途中，憨山说，据闻老寺建于南朝梁代，有位西天智药三藏来到，在寺边种下一棵菩提树，预言百年之后有位肉身菩萨在光孝寺受戒。果然，到了唐代，出了一个六祖惠能大师，受戒出家。从此，鼎湖山成为禅宗僧人心向往之的圣地。

此时，陈大科与憨山到了老寺，敲了半天门，却没有僧人出来迎接。后来得知，多年以来，肇庆一直处于战乱之中，百姓受尽兵燹之害，再加上自然灾害频繁，百姓的生活处于水深火热之中，人们迁居的多了，僧人一年比一年少，也不懂佛法，不知修行，寺损严重，如今更是人去寺空。

憨山三叹可惜而下山。这时，有个俗家弟子欧伯羽兴冲冲地跑过来，告诉陈大科与憨山，说他代管破落的老寺，并说寺院里长出了一朵金莲花，请憨山去观看。

憨山到那里一看，金莲花长在菩提树上。他非常激动，认为这是禅宗复兴的征兆。进入禅堂，数人寒暄叙话，谈得很高兴。然后，陈大科表示要求欧伯羽兴供养憨山，成为师徒；邀请憨山在肇庆宣扬佛法，教授沙弥们学文化、学经论，改变肇庆佛门风气，并捐资给他们的邮符活动。

这个说法，让憨山"疑滞顿释"。随后，憨山表示对肇庆佛事积极支持，并预言西江再现佛风，于是后来有了鼎湖山庆云寺。

四、三请陈璘老将军

1596 年，广东各处屡有地震，旱灾疫疠严重，高要、德庆、封开、新兴、罗定、怀集因连年旱涝灾害大饥，人心恐慌，士绅垄断粮市，囤积居奇，米价腾贵，肇庆一斗米要 170 钱；民食树皮草根，流离求生；妇女无处行乞，母子相抱而泣，官吏又无所作为，导致饿殍遍地，饥民抢米。广西岑溪、广东罗定接壤处瑶民、僮民、汉民继而反叛，相继起兵犯事，不仅焚烧了衙署，还焚烧了不少学堂，甚至割据势力，两粤震动。

总督陈大科在无可奈何的情况下，想起了陈璘，带着征召的文书到他家门口说："朝廷不用他，我用他。"

陈璘，少怀大志，身材魁梧，膂力过人，结交多贤豪，相与谈剑术，讲韬略，尽得其秘，善将兵。20 岁自告奋勇当七品官，开始南征北战，东平西镇，出塞入海，抚内安外，累建奇勋。因三次被人告御状而被罢官职，甚至解甲归田。"山城如画，行者歌，居者宁，缙绅大夫东西上下，而夜拆不击。"

陈大科一请陈璘，让他出马平乱。陈璘又奋然起劲，与长子九经，为了尽忠报国，变卖家产，招兵买马，遂建成以广东西江兵为骁勇的"陈家军"，奉命征讨叛乱者。

"一边救济安抚，一边严加镇压。"陈家军深入岑溪山冈之地，步履如风、身轻如燕，大破馒头山，扫平孔壳山，俘斩叛民 158 人。正如沈明臣《凯歌》诗所言："衔枚夜度五千兵，密领军符号令明。狭巷短兵相接处，杀人如草不闻声。"

平定岑溪，陈璘授为都督佥事（正二品），拟定若何处大将缺员立即补用，六赉金帛，犒劳安抚。为此，陈大科向陈璘献上一联：

辟土开疆，功盖古今人第一；
出将解甲，才兼文武世无双。

不久，封川县城突然来了 7 只老虎，扰及江口圩，伤噬 70 余人。陈大科闻报情况，决定二请陈璘。后来，封川百姓听说有一位打虎英雄来了，十分期待。

可是陈璘到来后大家一看，都呆住了。他们原来想，打虎英雄一定是大个子，腿粗，胳膊粗，拳头像个大铁锤。可是来的是个干瘦老头儿陈璘，还带了个小孙子。大家泄了气，可也没办法，就说："老爷子，您走了几天路，辛苦了，先休息几天再说吧!"哪里知道,这位老英雄说:"老虎一天不死,百姓一天受苦,我这就上山打老虎去。"大家怎么劝他,他都不听,只好让他去了。

原来老英雄身后还有一支队伍,兵分七路,来到山里,看见老虎的脚印,照着一路的脚印追踪。结果,陈璘用了15天时间,将7只老虎处理了。之后,总督陈大科为陈璘请功,呈辞称"倾家资,散金银以养士卒,常存老当益壮之志,亲率子弟以从戎,皆公之政绩也"。但是,朝廷一直没有嘉奖的意思。此后,陈璘又回到家乡云浮静养。

然而,此时日本的丰臣秀吉,再次发动侵朝战争。显而易见,若日本占领了朝鲜,明朝也危险至极,朝廷意识到唇亡齿寒的关系,便再派军援助朝鲜。

万历二十六年(1598)正月初三,日军骤至战略重地朝鲜蔚山,明军经略官杨镐大惧,下令不及,策马先撤离朝鲜,麻贵继之,一时九将皆溃,死者无算,辎重多丧失。明军败于蔚山,边关吃紧,朝野震惊。后来罢了杨镐经略之职。接着复议征倭援朝,授任天津巡抚万世德为经略,由兵部尚书邢玠任抗倭总督。但邢玠说,应吸取前段明军缺乏水军的教训,招募江南水兵来加强海上作战能力,必须物色有实战经验的将才来担此大任,朝中却无人敢当。

倭寇东山再起,兴风作浪,怀着满腔的民族自尊心,总督陈大科力排非议,向朝廷说:"战倭寇,陈璘可独当一面。"于是三请陈璘。

老当益壮的陈璘重新被启用,被委以御倭总兵兼任水师提督,副将邓子龙、马文焕等皆由其统属。陈璘统帅五千广东"陈家军"驻扎在山海关,支援朝鲜。按照邢玠的军事布局,明军兵分四路:中路李如梅,东路麻贵,西路刘綎,水路陈璘统领广东水军,共13 000人,战舰500艘疾进,分布在忠清、全罗、庆尚各海口,与朝鲜名将李舜臣合兵战倭寇。

当时丰臣秀吉病逝,日军大撤退,陈璘下令开展"露梁海战"。1598年十二月十九日丑时,日本岛津义弘船队主力大部已驶出海峡,进至露梁以西海面。此时,"月挂西山,山影倒海,半边微明,我船无数,从阴影中来,将近贼船,前锋放火炮,呐喊直驶向贼,诸船皆应之。贼知我来,一时鸟铳齐发,声震海中,飞丸落于水中者如雨"。

陈璘令部下邓子龙和朝鲜将领李舜臣于丰道上截击敌人,邓子龙"年逾七十,意气弥厉,欲得首功,急携壮士二百,跃上朝鲜船,直前奋击,贼死伤无数"。但是邓子龙战死了。

邓子龙战死,陈璘又派副将陈蚕、季金率军支援,痛击倭寇。与此同时,刘綎攻打日本小西行长军队,小西军退守顺天城。陈璘挥师西进,联合朝军水师分别从南北两个方向，向日本船队主力展开了猛烈的攻击。"两军突发，左右掩击，炮鼓齐鸣、矢石交下，柴火乱投，杀喊之声，山海同撼。许多倭船，大半延燃，贼兵殊死血战，势不能支，乃进入观音浦，日已明矣。"

1599 年，戴燿接任两广总督后，依然重用陈璘，并将新发明的"火龙出水"用于战场。这是一种用于水战的两级火箭，"火龙"由 1 米多长的薄竹筒制成，前边装一个木制龙头，后边装一个木制龙尾。龙体内装有火箭数枚，引线从龙头下的孔中引出，龙身下前后共装 4 个火箭筒，前后两组火箭引线扭结在一起，前面火箭药筒底部和龙头引出的引线相连。发射时，先点燃龙身下部的 4 个火药筒，推动火龙向前飞行。火药筒烧完后，龙身内的神机火箭点燃飞出，射向敌人。这种火箭已经应用了火箭并联（4 个火药筒）、串联（两级火箭接力）原理。它用于水战时，可在水面上飞行数公里远。当飞向敌舰时从龙嘴发射火箭直接攻击对方舰艇。这是人类历史上第一种从战舰上发射的大型远程火箭武器，堪称"反舰导弹鼻祖"。明朝海军也因此成为世界战争史上第一支装备和使用反舰火箭的海军。

陈璘率中国水师用虎蹲炮连续轰击，日船纷纷起火。明军装备的这种虎蹲炮，首尾长 2 尺，炮头由两只铁爪架起，外形酷似一只蹲卧的老虎，看起来煞是威风。开火前，先装填 5 钱重的铅弹或石子上百枚，再用一个重 30 两的大铅弹或大石弹压顶，发射时大小子弹齐飞出去，杀伤力惊人。该炮重量轻，体积小，非常适合战船驮带，因此打得日军鬼哭狼嚎。

朝鲜李舜臣也率水师跟踪追击，进入观音浦，再度与日军血战。在一片混乱之中，日军仍垂死挣扎，拼命反击。李舜臣领先督战，中弹牺牲。其侄秘不发丧，鸣鼓挥旗，代为指挥，继续同中国水师并肩战斗。

二十日中午，日军已停止抵抗，大部分舰船或焚毁沉没，或被联军俘获。弃船上岸的顺天城日军也为陆上联军所歼灭。日军大败，最终不得不放弃救援计划，带残兵回国。中朝联军取得著名的"露梁海战"的胜利。

一部分日军撤退到锦山防守，明军挑战，日军不出战。不久，日军渡海躲藏到乙山，乙山悬崖深邃，道路险恶，明朝陆军不敢前进。于是陈璘率部队在晚上偷偷地摸进去，包围了岩洞。等到天亮发炮，日军惊慌之下，逃往后山，陈璘军恶战日军，日军败退，陈璘分兵追击，将敌人一网打尽。

一战定胜负，陈璘毁日船近八百艘，斩溺日军两万余人，生擒倭帅平正成、平正秀。

陈璘亲自指挥的露梁海战是一场以切断敌人海上退路为目的的规模巨大的海上歼灭战，被列为世界古代八大海战之一。这次海战给侵朝日军以歼灭性的重大打击，对战后朝鲜和平局面的形成起到了重要作用。这次大捷之后的 200 多年，倭寇不敢萌生侵略中国之念，而朝鲜亦得复国。

抗倭援朝战争结束，陈璘鬓发由黑全然变白。朝鲜国王李公见璘时说："大人鬓发尽皓，形容尽变，殊异于曩日接见之时，必用虑于战功之故。"朝鲜王朝没有忘记大明王朝出兵平定壬辰倭乱的"再造藩邦"之功，受到了朝鲜人民世世代代的称赞，还为明军将领邓子龙等人立碑建祠，缅怀他们的英雄业绩。同时也赋诗颂扬陈璘：

前身杨朴将舟师，碌碌黄金笑出奇。此日讴歌穷海沸，当时鬓白满车随。
丹青仿佛还多事，文字揄扬亦一时。惟有终南与江汉，千秋不尽海邦思。

抗倭援朝，是一段气壮山河而又悲壮惨烈的历史，广东军为国献身、前仆后继，付出了惨重的代价，如封川全县人口在明初有近 16 万人，到后期只留下 8 万多人，几乎减少了一半。

战后论功行赏，陈璘第一，刘綎第二，麻贵第三。于是陈璘升为左都督、特进光禄大夫（正一品）和广东总兵官，世代荫封指挥使。

陈璘建功之日，陈大科却在万历二十六年七月初三，因岑溪、罗定瑶僮反叛被罢官。因为朝臣中有人主张稍给抑制，有人主张等秋后观望，陈大科却主张大举进剿，要求与广西巡抚戴燿调遣地方兵员 4 万余名，分兵 3 路征伐。朝臣说他"自以为是"，他卸任两广总督，离开了肇庆，于 1601 年卒于家乡，享年 68 岁。

读史小札

陈大科是明代文学家、刻书家，在两广总督任上，修成《广东通志》七十二卷，还创办了肇庆庆云书院，颇著直声政功。著有《陈如冈文集》，辑有《粹白裘》。罢官回乡见桃树大为惊喜，询问其缘故，他说："树下童颜变白发，桃花依旧少年时。"

戴燿儒雅亦风流　十三年治广有方

　　1598 年末，56 岁的广西巡抚戴燿升任两广总督，被尊称为"戴两广"，他接母亲和家人至身边，晨昏定省，孝思纯笃。

　　戴燿，字德辉，别号凤岐，1542 年出生在福建长泰县彰信里侍郎坂社（今陈巷镇古农村）。他满月时，父亲请算命先生给他看相，算命先生说："你儿子少有大志，逆命而行，大器早成，身材魁伟，性量弘达，文武双全。后行三十载东方木运，伤食吐秀，泄水生火，仕版连登，累官至尚书。"戴燿的父亲听是听了，但并未全信。之后，戴燿自幼勤奋好学，从不怠惰嬉戏。26 岁考中举人，27 岁考中进士，其父才信了，便将此事告知戴燿，并叮嘱："自律洁身，百毒不侵。"戴燿自幼接受良好的家教，秉承戴氏祖训：平居教督子孙，以勤俭为主。

　　他初任江西新建知县，调任户部郎中，奉命往密云县督运军粮，隆庆六年（1572）疏河完工，漕船畅行。早先因滞送军粮而被长期囚禁的 10 多名役长，补运了欠粮，获赦出狱，他们感激涕零地说："若非戴公德政，我辈将永远不见天日！"

　　1573 年，举行京官考绩，首辅张居正向群僚特地问道："哪位是戴郎中？"并连声称赞说："当官应当像你这样清正！"戴燿名列第一，奉旨加四品服俸。后来，戴燿先后在四川、云南、陕西、广西等地任职，再总督两广军门，一驻肇庆 13 年。

一、霹雳手段

　　人们专称"戴两广"的戴燿，初到肇庆理政不求苛细，仅求大体，弃掉无名之费，豁免不急之役，努力促使民力舒张。因为灾荒过后，希望民心安定下来，过上平静的生活。当然，安定民心，必先治军。面对两广兵员 20 万，他要求逐级查办贪污官员，特别是严厉惩治冒领、克扣军饷的不法军官，惩治军商勾结、军宦勾结的官兵，确保部队给养充足。当地一些贪官污吏闻讯，纷纷弃职逃匿。由于"戴两广"的霹雳手段，军纪肃然，因此官兵都听从调遣指挥。

　　他上任不久，广东雷州、潮州等沿海地带常受倭寇的骚扰，"戴两广"曾先后出兵击退。为捍卫南海海疆，奏请朝廷准予创办水师，盛期拥有水兵 1.3 万人，战船数百艘。

其时府江瑶民突袭官库，"戴两广"先发檄文，示众不要附和闹事，分化一部分；后进军围剿，斩首首要者90人，杀胁从民众3 000多人，还逮捕他们的血亲600多人。

接着，海南岛黎民造反，"戴两广"派兵进剿，要求抢割夏稻为军粮，并一路乘胜追杀造反者，斩杀400多人，俘虏870多人，捉拿黎民血亲600余人。对待反叛，即使长途作战，"戴两广"也从不示弱，例如湖南、贵州交界处皮林寨苗族作乱，戴燿急令广西派兵参与进剿，斩首2 000人，俘获无数。

最强硬的一次进剿，要数万历二十六年（1598），广西府江道兵部副使林廷升出巡昭平受阻。"戴两广"以政策攻心为上，以武力为后盾，而且主张用霹雳手段出兵镇压北陀营。当时，北陀营把总曾唯告北陀僮族头领黄朝田谋反。林廷升将黄朝田下狱问罪，数千黄朝田部众"鼓噪围城"，把黄朝田救出，在乐群社筑城固守，与朝廷抗衡。

"戴两广"命令广东前军都督孟宗文领副总兵官吴崇、名将陈璘次子陈芳，以明军参将身份参战，率重兵围剿，破城获胜。为防瑶僮反攻，"戴两广"亲自将乐群社城墙加高筑固，即为北陀城，设立抚夷同知，吴崇为首任同知。陈芳因"首克北陀九冲有功，被封六韬大将军，奉命驻守北陀营"。"戴两广"说："我没有想着凭借手中的武力，去解决一切问题。但是，不扑灭敌对势力，要稳住岭南只是一句空话。"

在1604年，澳门修道士钩心斗角。澳门新任署理主教桑蒂斯与当地人数众多的耶稣会士分成两个互相敌视的阵营。桑蒂斯的支持者甚少，又自知理亏，于是采取了煽动中国居民来反对耶稣会士的手段。他们在中国居民中散布谣言：耶稣会士勾结葡萄牙人、荷兰人和日本人，企图首先杀尽在澳门的中国人，然后用武力征服中国。入侵军的首领与未来的中国皇帝就是郭居静，他曾随利马窦到过北京、南京。

接着，谣言纷纷传来，说郭居静有计划地刺探内地情报，并在很多城市纠集徒众，只等葡萄牙军舰和来自日本、马六甲等地的援军一到就要用武力征服中国，使中国人成为外国人的奴隶。

"戴两广"闻知，急令调集军队，准备防御，并断绝与葡萄牙人的一切贸易，禁止将粮食运入澳门。澳门得不到粮食，很快就出现严重的粮荒，澳葡当局急忙派出一个"最谦恭"的代表团，向"戴两广"表明并无入侵之事。经过各方调查，并派人召见郭居静和参观澳门的教堂、旅店、医院等，证实无战事迹象。于是，紧张局面得到缓和，中外贸易也恢复了正常状态。"郭居静事件"造成两广地区的动乱，还使许多居民无家可归，引起了当地民众的强烈愤慨。不过，荷兰人强行闯入澎湖，"当事屡遣使谕之，见酋语辄不竞，愈为所慢"。

后来，"戴两广"督令都司沈有容带兵上澎湖，荷兰人纷纷拔剑相威胁，沈有容厉声说："你们想凭借武力强占中国海岸或近海岛屿，以前葡萄牙人办不到，现在你们荷兰人也办不到。"在明军水师云集，严阵以待的情况下，荷兰人不仅礼遇沈有容，还被迫扬帆而去。这次外交斗争的胜利，归根结底还是军事实力起到决定性作用。

"戴两广"在肇庆革除弊政，减免捐税徭役，四处奔波，竭力为人们营造一个休养生息的环境。同时于险要关隘设立堡卡，稽查行人。减少歹徒违法犯罪，扰乱社会治安。

有一次，5艘福建商船到吴川县（在广东西南沿海、鉴江下游）购粮，回程被海盗劫船，奔报官兵求救，却被游击顾臬误为盗船贼众"诈称"，商船上57人全被关押。后经惠潮兵备副使任可容等发现错情，经会审取证确认错捕。但顾臬不顾事实，反说别人姑息纵盗。"戴两广"得知此中委曲，再和他人商量，纠正这一件错捕冤狱，即予释放出狱。

二、泽梁无禁

一天，"戴两广"到高要县桂城水坑，为陈一龙敕赐乡贤匾"科甲世家"，并创办景星书院，聘请陈一龙任校长。

陈一龙，嘉靖年进士，隆庆年授文林郎，任浙江金华府推官，后升镇江府同知，政绩颇著，为官清正。诏书称："司一郡之鞫谳（审讯议断狱案），俾上无挠法，下无冤民，厥亦良矣（尽到良心）。"陈一龙性格刚直，于上不阿，于下无欺，因与权贵道义不合，遭谗而转官，万历三年（1575）被罢职。回高要乡下后，讲道论德，孝友循循，自处甚廉，而施与独厚，在家宏修祖祠，隆助祀典，修饰学官，兴修水利，还热心公益，造福桑梓，为民请命。水坑村有一大框塘，中有土墩，露出水面，因四面环水，过往不便，陈一龙为便利交通，用两条宽约二尺、长约三丈的巨石，跨过小坑建石桥，直达土墩，称双箭桥。

"戴两广"深敬陈一龙贤能及为人，他说，政绩可以造出来，水井可以挖出来，民生口碑是实实在在的。"戴两广"最看重这个，希望大力褒奖廉能的地方官，来激励其他官员。

陈一龙也仰慕戴燿总督儒雅风流，他说福建长泰山清水秀，人杰地灵，就戴氏而论，裔孙继擢科第，鹊起蝉联，出现祖孙进士：戴时宗、戴爆；父子进士：戴燿、戴堨；兄弟进士：戴烨、戴熺；叔侄进士：戴玑、戴绅。

1599 年的一天，"戴两广"与副使李开芳、知府陈濂以及陈一龙等畅游七星岩。岩立凌霄汉，湖风扑面来。他们边看边慨叹，岩壁匠意，天筑奇异，其他无能及。"戴两广"进入石室洞时，大有"奇峰怪石入幽寻，顿起烟霞物外心"的感慨。

陈一龙建议戴燿总督题诗书洞壁。"戴两广"谦虚地说："题诗我就免了，你们题吧！"知府陈濂对戴燿说："不题诗，题字也应景啊！""戴两广"说："好，就题'万仞具瞻'四字。我的书法不算好，请鹏池先生李开芳大人代行书写吧，他的字浑厚有力、大气自然。"

走出洞外，游兴未尽，他们又绕岩而行。忽然发现，有人在开山伐石，"戴两广"就问知府陈濂："这是怎么回事？"陈濂说，常有石工开采岩石，用作雕刻端砚，称作"白端"，最白者妇女以之傅面，名为干粉，与惠州眉笔、始兴石墨，皆闺阁所需。

"戴两广"认为这样的做法不可取，会因小失大，破坏七星岩景区，严重影响生态文明。于是严肃地说："你们为何允许他们在此采石呢？这不是破坏环境吗？如何造福子孙？看来治民无常，唯治为法呀！"

之后，"戴两广"题了 8 个字"泽梁无禁，岩石勿伐"，也由李开芳榜书。很快，由两位大员合作完成的题刻就出现在星岩石上，醒目耀眼。这个带有严惩意味的禁令，可以说是我国第一幅有关环保的禁伐令石刻，李开芳还以《题重修星岩记》著述此事。

然而，有些百姓并不明白是什么意思，当时高要人杨纭新取进士，回乡探亲，杨纭解释，"泽梁无禁"出自孟子《梁惠王》文。泽，即池塘、河流；梁，即筑在水中的堰，作用是拦水捕鱼。戴总督的"泽梁无禁，岩石勿伐"，意思是捕鱼不禁止，采伐岩石就使不得。

"戴两广"在处理日常繁重的军务时，仍不忘热心公益，植树造林。他要求在城西驿道和城北通道两旁栽种松树，各修一条林荫大道入城，为人们营造一个休养生息的环境，更利于贸市。

"戴两广"与知府陈濂说，植树的道理和当官治民是相通的。植须慎重，尽量让树根舒展；管的时候把握正直的标准，防止东歪西倒甚至折死。待树木适应生长规律之后，全成活下来了。这里的土著居民虽然文化素质不高，道德素质也不高，经常有些不雅的行为，但大部分仍是普通百姓。"当官治民，其实也是努力促使民力舒张，给他们一个正直的标准，这才是爱民惜民。"

自然万物，负阴抱阳。上承雨露，下接地壤。植树造林，共享炎凉。"戴两广"的一席话说得知府陈濂心里亮堂了，当官治民也确实和栽种树木有很多相似的地方啊！后来，陈一龙和民众称誉城道的松为"戴公松"。

三、拦街投状

1599 年五月，明军在朝鲜战争击败日军班师回朝，万历皇帝升座午门，接受都督邢玠等献上的日本俘虏 61 人，都"付所司正法"，砍下来的敌人头颅传送天下。同时，戴燿总督两广政绩显著，进升兵部尚书，加宫太子少保衔，食一品俸禄。

"戴两广"上升为"戴尚书"后，一天，他应德庆知州沈有严邀请，参加德庆文塔落成庆典活动。据说，沈有严倡建的文塔，有人说是为震慑妖孽，也有人说是震慑罗旁起义的阴魂；戴燿也称文塔如笔、如楼、如阁，祈祷文运昌盛。总之，塔与阁相合，江与山相映，云与气相应，霞与光相接，色与彩兼容，十分靓丽。

借此机会，大小官员都希望"戴两广"题书塔名。有人知道，他曾应"进士同年"的李焘之邀，为广东河源题"通天岩"3 个大字。

"戴两广"想了一下，欣然题写"三元"二字。当场有人说："好！"解元、会元、状元合称三元，有的说应该是状元、榜眼、探花吧，有人说指年、季、月之始，于是众说纷纭。

"戴两广"放下笔，笑嘻嘻地说："肇庆现有崇禧、文明二塔，此为第三塔，所以称三元。"大家一听，愣怔了，官员们和李复允、梁铉、谢光秋等一批学者都不敢相信竟然这么简单。

"戴两广"又说："我在此借用了宋代张君房的《云笈元气论》：'夫混沌分后，有天地水三元之气。'"

大家觉得有点意思。岂料"戴两广"又说："三元的含义太多了，太阳、太阴、中和为三元，日、月、星为三元，山、川、平土为三元，父、母、子为三元，我想表明的是君、臣、民这三元。"

人们一时静了，都在想听总督要说什么。"戴两广"最后深情地说："'庙祀三官，颜曰三元。'君臣民同一忧，成一家，天下就太平了，欢乐延年就不会有问题，这是我题三元塔名的理由。"说完，"戴两广"登塔，群集感慨地跟上。后人便称此塔为三元塔。

接着，"戴两广"到封川县出席城墙重修竣工仪式。

方尚祖介绍封川县："西岭上流是唯封邑，江山明丽，林壑郁葱，森若图画，居然天险。自两汉及南朝皆置县号广信，迄萧梁与陈隋或析为州或改为郡，俗变椎结，风几邹鲁，坤灵萃止，文物代兴……"

参观时，"戴两广"问知县方尚祖："城墙绵延10里，需要重修，筑城这样大的工程，不知你是如何完成的。"

方尚祖说："封川在经过连年动乱之后，民生凋敝，财力匮乏，人口萧条，兴建如此巨大的工程，实在是很困难啊！但是普天之下，很多事情的成功并不是凭借良好的条件，而往往是在很困难的情况下完成的。"

"戴两广"郑重其事地说："百姓们能承受得了吗？"

方尚祖沉吟片刻，认真而恳切地说："是的，百姓筑城的确要吃很多苦头，但筑城是军务防备的问题，也是预防洪灾问题，况且有朝廷拨款，有全体官兵的支持，百姓就拥护了。做一件事，开始的时候不一定就要很多钱，只要想办法，钱总是会有的；劳动力不一定要很多，只要下达任务，大家总是会完成的。"

封川景象，群山列屏，沟壑纵深，山林茂密，是战略重地。周边百里人纷至沓来，摩肩接踵，流船绵延数里。盛装的少女、天真的儿童，桃花人面，个个娇媚。

方尚祖又说："重建城墙对于封川人的好处巨大且深远，百姓得到保障，可以安享生活的乐趣，忘却因战乱而死亡的忧虑。性命是百姓的，但管理好他们，给他们以福祉的责任却是在我身上。"

"戴两广"边听边看笑了，他对方尚祖说："这地方好，山好水好，民风也好。你既考虑将来，也顾及当前，统筹兼顾，切实可行。"

忽然，有个老汉拦街投状，说是陈家与邻居董家墙壁紧贴，现在董家建房，倚仗有人在县衙为官，利用权势，强行霸占陈家一墙之地，陈家坚决不让……

方尚祖一想，既然这样，不如暂且搁下，日后再判。"戴两广"却笑着对他说："现场公断如何？"

方尚祖即刻召集陈家、董家代表，先赞美了两家人厚度大量，让出土地修建城墙。然后说："人敬我一尺，我敬人一丈，各让地三尺，修建一条巷道，这样处理好吗？"

董家表态同意，陈家也说支持。双方主动道歉，消除了怨气，重归于好。

四、对症下药

俗话说："勤政易做，清政难求。"那年朝廷下诏："广东广西采珠。"年年上交珍珠数千两，费银近万两。地方财政压力过大，民声成怨。"戴两广"要求地方官员调研，并且采取放告的办法，听取民众的意见。

放告三天，让民众到各地府衙上告，然后集中督府整理归结。恰巧，此时监察御史林秉汉奉旨巡按广东。他看到状词堆放在"戴两广"的案桌上，竟达一尺多高。状词大多是状告宦官"采珠使"李敬，借采办珍珠上贡朝廷之机，到处敲诈，搜刮民脂民膏，搞得广东民不聊生。

"戴两广"对民间疾苦了解十分透彻。因为他出身平民家庭，每每想到下层的弊政，就寝食不安；要想真正解决民间的疾苦，政府官员必须做到廉洁，处事要公平、公正、平等；要用实惠的政策去帮助那些孤贫者，并要以严厉的刑罚对付那些强猾者。于是"戴两广"与林秉汉一起为民请命，连续3次上疏朝廷，奏请罢采珍珠，让民众休养生息。

但是，朝廷批复一日未到，"戴两广"一日不得安宁。此时，憨山大师又来向"戴两广"告状。

韶关南华寺周边，有不少客商占道经营，憨山大师修葺道场，整顿僧规，开禅接众，随缘度化，请客商搬迁。但是3个月过去了，这些客商还没有搬走的迹象，准备抵抗到底。憨山大师很着急，想不出什么好办法，最后决定找总督"戴两广"帮忙。

"戴两广"留憨山大师在端州过年，很轻松地说："这件事正是我们这些护法宰官的职责。你放心好了，我下道命令，让县官出面，动用几个衙役，什么事都解决了。"于是，"戴两广"下令曲江知县，限三日为期，驱赶所有的"流棍客商"，拆毁店铺，不留一人一瓦。"戴两广"规定，将这些人遣返原籍，重理本业。原籍已经没有产业的，可以按移民迁徙的办法，另行安置，给他们一条生路。那些确实触犯过刑律的坏人，则应该区别对待，交官府按律治罪。

知县了解戴总督的霹雳手段，不敢怠慢，立即带人行动，衙役们如狼似虎，不几日，便将存在了百余年的店铺拆毁一空，各色人等，也驱赶得干干净净。

但是，罢采珍珠问题还没有解决。"采珠使"李敬是个贪财的太监，负责采珠七八年，每年都将近万两的珍珠纳入自己的腰包。不过，他崇信佛教，将贪污来的银钱大把大把地捐出来做佛事。

"戴两广"知道了李敬信佛，索性动员高僧憨山大师出马，对症下药。憨山大师深入浅出地给李敬讲说佛法的道理，李敬听得很入耳。看时机成熟，憨山大师说："皇上派公公们到地方上采珠、采矿、征税，原本只是为了充实国库，并不是要骚扰百姓。公公们这么辛苦，也无非是发点小财。但是，采珠船上的海盗们借着皇家的势力，肆意劫掠百姓，为害一方，这已经不是皇上的本意了。如果事情闹大了，酿成祸患，皇上也会责怪公公办事不力。现在，公公应该派人约束管理采珠船，出海采珠必须定下期限，逾期不回的，要治罪。这样，既不延误采珠，也不会有祸事。"

说实话，李敬这个太监除了贪心较大、急于发财、坏点子较多之外，也不是刻意地要祸害百姓。从修建佛寺这件事上，能看出李敬在主观上有行善积德的愿望。

听了憨山大师的劝告之后，李敬很快付诸实施，给明神宗上奏，以海盗作乱为由，请求皇帝下旨停止采珠。太监的话皇帝是相信的，所以明神宗很快批复同意。

五、广州风波

采珠令问题解决了，但广州发生了一场民变。事情是这样的：明神宗派"税使"太监李凤住在广州，成天勒索广东的官员。为了达到目的，这位太监总要出点难题，造点事端，让官员们下不了台。

当时有一种"白艚运"，又叫"白粮船"，从广东海运到福建，属于民运，弊端很多。一方面，官府和奸商借此夹带私货，牟取暴利；另一方面，运粮百姓要受多层盘剥。官员陆树德说过："军运以充军储，民运以充官禄。人知军运之苦，不知民运尤苦也。船户之求索，运军之欺陵，洪闸之守候，入京入仓，厥弊百出。嘉靖初，民运尚有保全之家，十年后无不破矣。以白粮令军带运甚便。"而且，"白粮船"长途运输，为抵消耗，"折色"甚多，起运之后，会造成广东本地粮价上涨。所以，广东百姓对"白艚运"非常反感，也非常敏感。

这一天，总镇王汉冲没有满足太监勒索的要求，李凤便蓄意制造事端陷害他。

当时"戴两广"的儿子要乘船回福建去，船就停在码头上，正巧有几只"白艚运"也停在附近。李凤便派人到民间扬言，说王汉冲要巴结上司戴燿，用"白艚运"给戴燿之子送重礼，照顾戴燿发财，坑害广东百姓。敏感的百姓听到消息后，群情激愤，聚集了几千人，一面包围总镇府，一面包围戴燿的儿子的船只，用砖石砸船，几乎要把船只砸烂，形势非常危急。

当时，广州城里的官员们都到端州的总督府行"节礼"去了，城中没有主事的人。王汉冲非常着急，他自己是当事人，身份特殊，不能到百姓中解释调停。危急时刻，王汉冲想到了"戴两广"的叮嘱，关照憨山大师。好！请正在广州闭关修行的憨山大师出面解救。

憨山大师为难地对中军说："我也没有什么神术啊！"这位中军挺会说话，进一步说："师父不看王大人多年的交情，也应该为百姓的安危着想啊！"如果事态扩大，王汉冲和戴燿的儿子被百姓打伤打死，那么，"戴两广"一定会带兵进城平叛剿匪的，到那时玉石俱焚，百姓就危险了。

憨山大师本不想再和这些太监来往，看情况危急，便也顾不得许多，破关而出，去拜访"税使"太监李凤。见面之后，憨山大师婉转解释，从容劝化，李凤很快就认识到了问题的严重性，改变了态度。他答应不再找王汉冲的麻烦，但是群情激愤，他也没办法平息，让憨山大师自己去想办法招安。

憨山大师跑到码头，闹事的百姓都认识他，便停下来听憨山大师说话。憨山大师高声说："大家今天起事，无非是想吃便宜的粮米。但是，你们犯了大法，会被朝廷斩首。以后即便有便宜的粮米，谁来吃呢？"他这番说辞很有作用，人们立即冷静了一些。许多人愣愣的，不知道该怎么办才好。

憨山大师又向他们解释情况，说"白艚运"和戴燿儿子的船本来就没有关系，和总镇王汉冲也没有关系，是误会。憨山大师是广州人信仰崇拜的高僧，他说的话大家还是相信的，所以，大家的怒气渐渐平息了。不久，官府的命令传来，说明了情况，并答应不计较过失，命令大家散去。大家放下心来，轰然而散，一场风波就这样平息了。事后，广州的百姓挺感激憨山大师，许多家庭都设了牌位供奉他。

在端州行节礼的广州官员们听到事变的消息时，正陪着"戴两广"用饭，听说戴燿的儿子有生命危险，一下子全慌了。他们急忙赶回广州，见事态已经平息，都松了一口气，非常感激憨山大师。当然，最感激憨山大师的，还是"戴两广"和总镇王汉冲。

六、兵柄顿辞

两广富裕了，安南人眼红了。万历三十三年（1605），安南人莫氏残党，依附黎郑势力的企杨、伯裴用等，驾船载货来钦州买卖，被李游击执留，"以是怀恨，欲来报仇"。

1607 年十二月二十六日，安南万宁一带残莫集团翁富等人率领 700 余人，分乘 34 条船，入鳌头港，该日申时到达蹄鸡，负责该地军务的防城把总周举"闻贼突犯，却乃退缩不肯向敌"，又未及时通报，致使贼人迅速前进，二十七日直抵龙门港，防守龙门的哨官林起龙也不敢迎敌，但他派人及时向钦州官员报告。

同日贼人趁早潮抵达钦州城外，负责钦州防务的曾遇到各地给士兵分发粮饷，不在城内，管理州捕的裴艇燃和百户吕朝炯未能承担起防卫的职责，劫略者分三路攻城，头目该资盖蓝伞，领兵攻城西北；头目黄捻盖青伞，负责攻水东；头目黄日盖黄伞，从城东南城墙坍塌处攻进城内。

抵抗的明军中李绍芳等9人战死，许烈等11人受伤。裴艇燃见寡不敌众，怕贼人来抢库银，遂将库银3 400余两投入井中。贼人攻进州库，捉得裴艇燃，要他交出库银，裴称被掌印官解走，贼不信，杀其长子裴之黼和次女进行威胁，裴艇燃仍未泄露库银藏地。

为抢钱物，敌军在城内杀商人30余人，学正李嘉谕及其叔李世从被捉后，"骂贼致被杀死"。当日晚，曾遇从外地回到乌家铺，方接到报告，遂遣廉州府指挥党宏谟去救援，又命百户孔榕调狼兵助战。二十八日，援兵仍未到，贼人打开狱门，放出囚犯，令其挑赃物上船，其后犯人丘侏等不愿逃离，重回监中。贼人又烧毁东门城楼和城外民房130多间，在援军到来之前逃去。

钦州同知曾遇回城后，严加防治，命孔榕负责钦州城，把总祝国泰前去协防龙门，并将事件向上级官员汇报，"戴两广"与肇庆知府张一栋正在星岩书院旧址巡视观音殿、太和阁。闻讯即勒令他们戴罪杀敌立功。

时隔一月，在1608年正月，翁富一批贼人再次从安南沿海前来袭扰钦州，这次有4 000余人，实际仍以上次人员为主，分乘80多条船。敌船至鳌头海面时，周举等仍不打不报，贼人直抵龙门。此后，钦州方面两次催周举出击不应。二十八日，敌军至钦州城下，曾遇、党宏谟指挥守城，明军死伤100余人未分胜负，天黑停战。次日早，继续战斗，明军弹药用尽，涠洲的中军守备祝国泰、百户孔榕率兵抵御迎战阵亡，哨官朱子连在南屯的朱家巷战死，官兵全部战死。安南军逃离。

三月，"戴两广"奏告朝廷，要求惩罚涉事官员，并奏请朝廷准予增兵防守钦州、防城、廉州府城等；给予钦州四峒峒长名色把总衔，使之约束峒民，编立保甲，互相监督；立刻停止防城与安南互市，严禁各处隘口，不许商人私下往来。兵部复："一切机宜，悉听督臣便宜行事。"明神宗下旨，要求"戴两广"与地方官一起承担责任，戴罪擒恶，并限定当年十月将侵扰边境者擒获。"戴两广"说："臣虽不敢擅于用兵，而兴师外国，事颇重大，殊未敢易言。"因为安南侵扰边境者并不以扩张土地为目的，因此战事结束之后，入侵者又逃回安南境内，要捉拿贼首，剿平贼犯，必须进入安南境内，这势必带来其他一些问题。明神宗又下旨出兵。

68岁的"戴两广"拔剑相向，一方面派人至安南令黎郑政权出兵擒拿，另一方面调集两广军队准备出战。他令总兵官孔宪卿率领水陆官兵进驻钦州；雷廉副将杨应春、涠洲游击张继科统兵出发河洲；他亲统令广州、肇庆军队从海路进逼交趾，然后三军直捣巢穴。

十月二十二日，明军进入安南境内，共杀贼人400余人，生擒酋头斐文明，捉获袭扰钦州的黄捻、黄日、扶安、企杨等，但其中最主要的头目翁富始终未能擒获。不久，黎郑政权"擒获大贼首扶安、企杨、扶忠三名，并原劫财物解献"；又有禄州夷官韦德庆等，擒拿"扶安养子阮真、陈光辉、裴仲淹等大贼首四名，小贼二十六名，原搜获原劫钦州赃物，解到正法"。"戴两广"凯旋。

在战斗过程中明军也出了不少问题：其一，明军张国威部与四峒民人发生误会，张部杀峒民12人，后由曾遇对双方调解；其二，协助明军的涂山集团在战斗期间为明军助威，被赵应科、刘宗汉以"窥伺"为由，突然袭击，杀死30余人；其三，明军所捉俘虏，有些并不是在战斗中所得，如阮士旦在卖鱼时被抓，陶议在万宁海边煮盐时被俘，刘等和陈兰则分别在捕鱼和割禾时被捉，事后四人证明均与贼人无关；其四，明军出兵时，定于十月二十二日"开刀"，十一月二十二日"封刀"，但"封刀"后旬日，仍有明军在四峒之地"搜杀不已"，导致不少峒民逃离居住地，上述所有举动都给人以滥杀的印象。

1609年二月，"戴两广"将事件上奏说明。六月，广东巡按李应魁上奏，认为此事不可言功，并要求追究"戴两广"姑息养乱之罪。此后，钦州事件引起朝廷内外不少官员的注意，纷纷发表自己的意见。有的官员指出："远勤两省兵力，动费金钱何止四五万，米亦称是，边境之间，肝脑涂地，业已得不偿失，犹然侈言凯旋，即不畏清议，独不愧于心乎？"宦官李凤弹劾"戴两广"在安南一战出兵太慢，遭受严重损失，有失国体；弹劾"戴两广"革除弊政，就是对朝廷不满。又有官员发表意见说："莫氏戮余之小丑耳，势已披猖至此，未雨绸缪之策，与平日约束之令，概可知也，是非积玩于数年，忽发于一朝也。"

这些意见大都关注问题的反面因素，以致"钦州失事，两广总督、兵部尚书戴燿革职为民"。

知府张一栋收到风声，劝"戴两广"赶快行贿，保住身家性命，保住乌纱前程。"戴两广"愤然道："做人也就那么回事，何必行贿！全天下的官都不给上官行贿，难道就都不升官？全天下的官都给朝官行贿，又难道都不降官？怎么可以为了升官而行贿来葬送自己呢？"接着，他又说："仕官也罢，回家也罢，都甘心忍受。这种偷盗般的行径，却干不得！"

"十三年治南天，十三年养百姓，十三年致太平。"广东御史王以宁上疏为"戴两广"申辩昭雪，恢复他的政治名誉，但没有批准。清正一生的李焘也辞职，陪"戴两广"游惠州西湖，以诗作歌："今朝节钺下楼船，昨夜风涛已宴然。白鹤晴光摇锦席，朱明霁色入琼筵。长桥候骑天中度，孤屿移舟镜里悬。司马壮游情不浅，风流应并长公传。"泛舟宝江仙女岩又至歌："控辞兵柄解金貂，便着荷衣问寂寥。望阙崖前归节钺，乘槎江上混渔樵。玲珑石室疑三岛，突兀云房讶九霄。青鬓几时皆白发，好骖鸾鹤此逍遥。"

后来，李焘去世，戴燿来到李焘的故乡广东河源，为"石狮李屋"题写大门牌匾"三世二品"四字，还为李焘祖父、父母立诰封牌坊二座。这时，戴燿的老乡卢维祯，曾任户部左侍郎，引咎辞职回乡后去世。戴燿说，卢维祯也是清正的啊！于是为他撰写墓志铭道："籍令公秉枢衡，殚厥施允，足以撑持国运而霖雨苍生。"（意为：假若卢维祯掌握职权，殚尽所能，可造福国家和民族）

戴燿无官无职近20年，仍严于律己，不肯为儿孙应试向地方官员"内举"。1628年去世，享年86岁。赠少保，食一品俸禄，赐祭葬，荫二子。崇祀郡邑乡贤。

读史小札

戴燿刚直不阿，廉洁奉公，洁身自律，拒绝人家送礼，连多年老朋友送的人情也婉言谢绝。他任两广总督前后达13年，勤于治政，革弊兴利，发展生产，让百姓安居乐业，理政不求苛细，仅求大体，弃掉无名之费，豁免不急之役，努力促使民力舒张。可称治政有方，民众呼声载道，功绩斐然。

张鸣冈敢于亮剑　治南粤一方无忧

　　1610 年八月，明神宗特命 60 岁的张鸣冈出任两广总督兼巡抚。明神宗雅重其人，将其大用，配置"尚方宝剑"，对所辖两广五品以下文武官皆有权处置。

　　张鸣冈（另有资料写张鸣岗），字治贞，号见庵，1550 年生，江西南安（江西万安）轸塘人（另说今赣南大余县客家人）。相传，江西万安当时出了 4 个才子。他们是窑头乡轸塘村的张鸣冈、百嘉乡石坑村的萧廪、黄滩村的黄绍杰、桂江乡西塘村的朱衡。他们从小聪慧过人，读书过目不忘，出口成章，常在一起吟诗作文，一时颇为显赫。

　　有一年，他们相约一道赴京赶考，那日下午，走到一处山脚边，猛听见一声铳响，几个猎人朝着受惊的野猪追去，见此状，萧廪道："这一铳真响，铳打得好，是硝（萧）好啊！"黄绍杰听了哈哈大笑："对，对，硝好。硝好靠的是黄好！"（硝里含有硫黄）。张鸣冈见他们借题发挥，炫耀自己，不服气地说："硝（萧）好，黄好，都不如铳装（张）得好！"直说得萧廪、黄绍杰眼瞪着他。朱衡见他们个个争强好胜，也打趣地说了起来："你们三位莫争了，硝也好，黄也好，装也装得好，但是有什么用呢？猪还不是又进山去了？"大家忍不住都哈哈大笑起来，"好一个猪进山"！原来朱衡，字士南，号镇山。

　　这四个才子果然不凡，进京后都考中进士，萧廪（字可发，小名萧替伟）官至工部、兵部左侍郎，卒赠尚书；黄绍杰（又名黄水濂）为南京吏部郎中；张鸣冈（任过两广总督，又叫"张两广"）为南京刑部尚书，赠少保；朱衡官至工部尚书，加太子太保。

一、俸银补堤修校

　　张鸣冈植品清贞，操心廉恕，直声丕振，才成练达，名誉益起，以兵部右侍郎，右佥都御史兼任两广总督。

　　张鸣冈初到肇庆，就自发感慨，天有日月星辰，地有岩川花木，乃自然之文也。星湖，托寄一泓蓝色的情愫，随着涟漪荡开，秋水也就醉了。

　　然而，1611 年五月，两广大水。西江水涨，肇庆上下，诸堤尽决，沿江州县庄稼尽被淹没，房屋漂流毁坏，人民溺死无数。张鸣冈指挥肇庆军民抗洪救灾。

重灾过后，高要地方官吏犹恣行榨取，对受灾流离之人，以"逃窜"之名施罚。这日，张鸣冈当下不穿官服，不抬轿，不吆喝，平民布衣，携两名护卫去视察重灾地区。

行走间过一树林，忽闻一阵掏心掏肺的哭泣，寻声看去，但见落叶将尽的林间有一处新坟，坟前一穿孝服的女子匍匐痛哭，甚是凄惨。张鸣冈走上前来，说道："妇人，节哀，莫哭伤了身体。"

那妇人回转身，看了张鸣冈一眼，看他倒也慈眉善目，一脸正气，不由说了声："谢谢这位官人。"妇人坐正了身子，不停地抹着眼泪。张鸣冈说："敢问妇人，这坟中埋的是何人？"

见妇人不语，张鸣冈问："这方圆几里不见人影，为何如此萧条？"

妇人擦去泪水，说道："官人想必是外地来的吧？"张鸣冈点头。妇人继续说道："官人有所不知，此地洪涝灾害，谷物无收，百姓度日艰难，已有多人逃饥荒走了。"停了片刻，妇人又说："我丈夫因饥饿病死，我们膝下有一小女，年方二十，由于连年的田租交不上，被那东家要了去，小女因不堪东家的侮辱，前几日，上吊死了，这坟中埋的便是小女……"

张鸣冈长叹一声，让护卫拿了些银两交予那妇人，说了些安慰的话，便起身告辞。护卫说："督府不分贵贱尊卑，胸怀平民百姓，其他官员都能这样，百姓日子会好过些。"张鸣冈笑了笑："为官一任，当尽职尽责，否则会受神灵的严惩。"

张鸣冈进入百姓家中，查看民情，赈济救灾，体贴关爱。然后，向肇庆知府江中楠、高要知县张明熙等提出"补堤捐俸"，传令市民村民抢险补修，恢复生产，并捐米纾难，资助贫困人口，每人日给升米，饬筹款，给衣食。百姓都从家门里走出，团团围住这位督府大人，欢呼雀跃。雨水、泪水流淌在百姓的脸上，他们对张鸣冈诚恳地说："您为百姓舍身抗洪，感动了上苍。大人您心里装着肇庆百姓，我等代表肇庆百姓为您叩头，感谢神灵为我肇庆下派一个好官。"

万历三十九年（1611）立冬之日，迎着天空中飘着的蒙蒙细雨，张鸣冈为赈灾沿着泷水前往罗定。途经连滩镇时，张鸣冈要求看一下纪念张元勋的张公庙，恰巧一户谢姓人家正忙于宰鸡过冬，见有"补堤捐俸"的官员过来，便以冬至节的风俗送上美食。

到了罗定，已是入夜。张鸣冈仍然继续听取了解罗定的民生情况。

罗定成为直隶州，居民结构发生较大的变化，由原来瑶、僮两族逐渐改变为以汉族移民为主体。但这里缺了文化，出不了几个读书人。州太守建议在这里选个地方建造一个塔，"镇障空缺，以兴人文"。

张鸣冈觉得非常好，"泷水缺乏教化，建塔以兴文引禄"，要求州太守、东安、西宁县令按照肇庆崇禧塔图式建造。

后来，罗定、东安、西宁动用了所有民工，合心合力，历时3年竣工。罗定人喻它为7层文塔，铸有建塔铭文，阳文铭刻倡建三元宝塔的罗定州官员、生员、耆老姓名和建塔年代。"翼州治，擎文峰，以兴信。"稳重威武，直指蓝天，端庄华丽，气势雄伟，见证着南江河水的繁荣与兴盛。

1613年一日傍晚，肇庆城大雨如天崩。

披衣坐案头看卷宗的张鸣冈，听知府管事的来报，言及肇庆学宫房舍破旧不堪，遇雨则漏，现已崩塌，学生无法读书。管事走后，张鸣冈夜晚辗转反侧，熄灭油灯瞪着眼睛：教育是头等大事，没有校舍如何教育子民？

早年的肇庆知府陈濂，为肇庆学宫买民地，辟围墙，迁起凤、腾蛟两坊于街外。石栏杆颓败，督府周嘉谟鸠工重修。又在庙左明伦堂设四斋：东曰"居仁""立礼"，西曰"由义""广智"。仪门前列号房，又前为儒学门堂，后为讲堂即教授署。在庙后建启圣祠，东为名宦，西为乡贤。想不到今日，肇庆学宫又得重修了。

次日，一夜没睡的张鸣冈揉着浮肿的眼睛，召集肇庆知府江中楠、高要知县张明熙等官员开会。他说："我正为学宫发愁呢，肇庆穷，各种款项都无法到位，很多地方亏空银两，只是没有给修缮学校的……我这尚有一点俸银，可拿去用。"

管家不觉低下头来，颤声说道："大人您的薪水已拿出大部分给了灾民，且修缮校舍，您那俸银杯水车薪，还是算了……"

"我不能不捐，所有衙门内的人都该捐。我请求大家捐俸，人人献修，我首先捐献俸银，由江中楠负责督办。"张鸣冈说完，掉头转身走出议事堂，众人也纷纷跟着离座而去。虽然有人不愿意，但内外无人敢明着作对。

不日，府衙下拨用于添置衙内设施用的款项被张鸣冈划给了修缮校舍之用。张鸣冈捐俸用来修建学宫。

为了保证建筑质量，所需材料都从外地运回，并聘请技艺精湛的设计师和工匠随行。一年之后，肇庆学宫教授署等修建完毕，以其精美绝伦的建筑艺术闻名岭南，具有鲜明的岭南建筑特征，素瓦红椽，与四周烂漫的绿叶繁枝相辉映，显得格外庄严肃穆。高要新科进士李廷材回乡省亲之时说，学宫远离尘嚣，掩映在山林碧树丛中，褪了色彩，少了喧哗，添了凋敝，增了老态，却坚持着骨子里的大气与奢华。

之后，张鸣冈在后山顶建"敬一亭"，砌以石，围以墙，亭中央立嘉靖皇帝撰的"敬一箴"竖碑，此碑箴言为明世宗为教化天下、宣扬儒学而作，并颁行各地，立石孔庙（又称学宫）的，而肇庆学宫则是当时的府学宫之一，顺理成章成为"敬一箴"取得的单位。东、西立宋代名儒程颐的镌有"视、听、言、动"四箴和范浚的"心箴"等碑，该六方箴碑均由嘉靖皇帝撰文提示（箴碑于1983年冬在高要文庙粮仓基建中被发现。六方箴碑属皇帝"宸翰"，极为瑰丽，现存肇庆学宫内）。

校舍已修缮完毕，面貌一新，乡绅及有学养者纷纷称赞张鸣冈办了大好事。随之，张鸣冈监管学校的应试，秉公考核，执法严明。一县衙公差和管事的至亲给张鸣冈私下说情，请求通融。

为整顿秩序，教育百姓知法守法，有识量、留意经史、举动方雅的张鸣冈说，此次参考，当以真才实学考取功名，已明确告之，不可因无知犯罪。列位，让学子学有所成，必有所报，此乃正理。

二、朕无南顾忧矣

张鸣冈到了肇庆，要处理"国境多事"的问题。

就"澳门恐怖"一事，虽然前任总督戴燿已经平息了"传教士郭居静为皇帝"谣言，但人们都说耶稣会士勾结葡萄牙人、荷兰人和日本人，"诡形异服，弥满山海，剑芒耀目，火炮震天，喜则人而怒则兽"，蔑视澳门官吏，践踏中国法律，残害沿海居民。于是在官吏中提出了处理"澳夷"的三种不同意见：其一，允许葡萄牙人居留澳门，但须加强防范，设关防守。其二，迁移贸易地点，迫使葡萄牙人离澳。其三，以武力把葡萄牙人从澳门驱逐出去。

当然，官员们各执己见，一直拖到张鸣冈来任两广总督，关于此事的处理方法才有明确的态度。

1614年，张鸣冈亲自巡视澳门，这是明代最早视察澳门的高级官员。巡视后，他上书称："粤之有澳夷，犹疽之在背也。澳之有倭贼，犹虎之傅翼也。今一旦驱斥，不费一矢，此圣天子威德所致。惟是倭去而番尚存，有谓宜剿除者，有谓宜移之浪白外洋就船贸易者，顾兵难轻动。"

为加强广东沿海军事防御，警惕倭寇进犯。张鸣冈将虎头门驻军移至香山境内谷字都的鹰儿浦，并建立塘基湾基地。同时，他基于广东实际利益的需要，克服当时朝野"非我族类，必拔而去之"的骄妄情绪，主张让葡萄牙人继续留居澳门，推行"以夷制夷""以夷制倭"的策略。

张鸣冈和霍与瑕等人在《广东海防辑览》中提出：允许葡萄牙人在澳门居

住和贸易，但应"建城设官而县治之"，是上策；而"遣之出境，谢绝其来"是中策；"激其变而剿之"是下策。他们认为应以"仁道"来怀柔远人。首先，容许葡萄牙人留下，可以利民生经济；其次，容许葡萄牙人住在澳门，利用他们的"船坚""炮利"可以在当地海上剧盗及其他外人入侵时起到阻吓作用，因而成为香山海洋的屏卫。这个意见获得了朝廷的同意。

香山知县蔡善继，"单车驶澳"，亲自出面处理案件，平息骚乱，制定了《制澳十则》，警告葡萄牙人不得在澳门置物业、盖房屋，主张对澳门葡萄牙人严加管制，得到两广总督张鸣冈的采纳。

张鸣冈对澳门的外来者说，大明是一个好客的国家，"有朋自远方来，不亦乐乎"；大明又是一个讲原则的国家，不会拿原则来做交易。他订立了《约法五章》称为《海道禁约》，并刻石立碑，加强对澳门的管治。"加意申饬明禁，内不许一奸阑出，外不许一奸阑入，毋亡事，毋驰防"，包括禁止贩卖人口，不得收买华人子女，按指定地点停泊船只听候检查，不准私建房屋等。

《海道禁约》的颁布是中国政府对澳门行使主权的象征，也是管治制度化的标志。

在维护中国政府对澳门行使主权和保持领土完整的前提下，如何处理葡萄牙人的去留问题。以张鸣冈和霍与瑕为代表的一方，提出准许葡萄牙人租居澳门贸易、加强防范和管理的主张。从此，澳门成为中国历史上一个由中国政府行使主权直接管理、葡萄牙人租居和经营贸易的"特殊地区"，直至清朝光绪十三年（1887）。

明朝政府采取这一政策，既有效地管治澳门，又使澳门成为广东海上丝绸之路的港口和东西方国家进行国际贸易的中继港，对于明代广东海上丝绸之路的高度发展起了积极的作用。

澳门的问题基本解决了，但是，海南"黎乱"还得处理。1614 年，琼州府官兵夺"生黎"财物，激起琼山、儋州、定安、崖州"黎乱"。总兵薛鸿翱、把总曾忠率兵攻打，挑拨黎族内部关系，以"熟黎"抱由攻打"生黎"罗活。但事与愿违，抱由峒与罗活峒结成联盟，射死薛鸿翱，曾忠潜取邀功，亦被击溃，土舍符起凤也被射伤。"黎乱"演变成大规模的造反。

张鸣冈怒不可遏："败匪力竭，忧在萧墙。"当然，他以天下为己任，有信心平乱，他认为，黎乱只是群架团伙，没有阵形，也没有军纪。所以，他调动正规军队进剿，命广东总兵官王鸣鹤，督正规军合并西粤地方兵，一起征进，分兵七路合围，按指挥者的命令统一进退。"王鸣鹤，仪表甚伟，长七尺，胆智沉毅，虚己下士，爱卒伍；每临敌，身先陷阵。"任何群架队伍遇到这样的雄师，如庄稼遇到洪水，顷刻间便会灰飞烟灭。

未经训练的"群架团伙"遇到朝廷正规军队，没有不失败的，黎首那欣、那求等被杀，招抚16峒。然而，王鸣鹤在平定叛乱归途中染瘴疾卒。

平定罗活、抱由，张鸣冈"筑城堡，设守备"，强化崖州军事统治。偎山靠水安营寨，扫荡黎乱建勋劳。明神宗闻讯大喜曰："朕无南顾忧矣！（张鸣冈）平黎功，升南京刑部尚书。"

1615年，张鸣冈任刑部尚书，仍兼任两广总督。当然，人们并不认为他能解决海南所有的问题，而只需要他创造出一个比较有利的环境，让经济、社会、文化从此可以比较顺利地发展，从中孕育出新型的文明。

可是，66岁的张鸣冈身体欠佳，于是从海南回到肇庆。1616年春天，他游览星岩，面对大好江山，他在想：肇庆美景吸纳了多少历史的云烟，留存了多少文化的传奇？

此时，朝廷来通知了，调他到南京上任刑部尚书一职。

张鸣冈不再任两广总督，将要告别肇庆了，官员们想为这个持廉秉公、正己率下的总督饯别。张鸣冈说："还是我来做东吧。"就在端州一家酒楼遍邀当地绅耆、邻里故友，有规模地请了一次客。他说："我是功成身退，安度晚年。这几年得到大家的大力支持，所以举行这样一次见面活动，感谢大家！"有人说："军门呀，你官做得很大，不忘我们，不摆架子，与大家打成一片，我们非常感激啊！"

酒席当时，有一绅耆取席间玉酒杯藏于口袋，张鸣冈看见了，没有吱声。酒席将罢，老板检查酒器，发现少了一个酒杯，就寻人问。张鸣冈说，杯在，不要找了。当时绅耆醉酣潦倒，酒杯露了出来，坠在地上，张鸣冈转过背，命人仍将其杯放回绅耆袋中。

这是一只玉酒杯，自然价值不菲，但应邀而入席的都是有头有面的人，倘非穷到揭不开锅，谅不至出此下策。张鸣冈命护卫将这个玉杯，仍放回这个绅耆的袋子里去，还转过脸去装看不见。护卫不明白为什么。

张鸣冈不因其人潦倒而拒邀，也不因其人窃物而排斥，更不因其人犯了这样的错，而不顾全其最后的一点面子。他回顾自己的人生经历，有一段历史是难忘的，他于1580年中进士，后官至御史。任内敢于直言，因弹劾权贵，曾被降职为广德判官，后复职，升兵部右侍郎。

张鸣冈见绅耆窃物，不胜自叹："不是他惭愧，而是使我惭愧。"从中可以体会到张鸣冈这位军门是多么善良。

张鸣冈深为百姓爱戴。说书唱戏的有意将张鸣冈的所作所为编成民间歌谣，四处传唱。张鸣冈听后，找到那些百姓，说："尔等不可这样抬举我，我决策失误之处，百姓们应当告知我。我许多实情并不知晓，请各位为了本地大计，定要以实相告，如此传唱我，只会使我惭愧。"

　　然而，关心民生、亲征海南的张鸣冈，是带病往南京上岗去的，两年后卒于官。

读史小札

　　史载，张鸣冈以朝廷大臣受兹重任，在粤多年，持廉秉公，正己率下，特别是上书加强澳门的军事防范，勒石立碑立于议事亭内即有名的《海道禁约》。这是明代中国政府在澳门行使主权的重要事件。1618年卒于官，享年68岁，赠少保，赐祭葬，荫二子。崇祀郡邑乡贤。

周嘉谟六朝元老　治两广背奏筑堤

1615 年，人称"周老总"的周嘉谟，年过七十，一家老少从云南进入广东，任两广总督兼广东巡抚，接替张鸣冈。

周嘉谟，字明卿，号敬松，1547 年出生于一个农民家庭，世居竟陵（今湖北天门）干滩驿，庠籍汉川。意思是，周嘉谟祖辈居于竟陵，但他的学籍是汉川的。就是说，他是从天门走出去的"高考移民"，隆庆五年（1571）考中进士，从而走上仕途，他从艰难中发迹，了解百姓的疾苦。他生于嘉靖，死于崇祯，人称"六朝元老"。嘉，为善美之意；谟，为计谋之意。周嘉谟也许就是这样的人。

一、千里下端州

秋日，周嘉谟从云南而来，一路舟车劳顿，再从梧州乘船沿西江直下肇庆。蒙蒙细雨轻轻地飘落在河面上，溅起阵阵烟雾，朦胧而秀美。周嘉谟神情淡然，眼中却有一丝愁绪，淡淡地吟诗：

细雨湿衣看不见，闲话落地听无声。日斜江上孤帆影，草绿岭南万里情。

"好诗，果真是好诗！不愧是大人，这首诗真是应时应景啊！"一个健壮的护卫汉子走了上来，脸上带着笑容，一脸真诚地称赞。"你呀！平日里让你多读点书，你总是用各种理由搪塞。这是唐朝诗人刘长卿的诗。老朽只将湖南改岭南罢了。"周嘉谟看了一眼随军汉子，笑呵呵地说道。

护卫挠了挠自己的头，倒是没有什么羞愧的神色，憨笑着道："大人的诗也是改得极好的！"周嘉谟没有理会护卫，只看着细雨朦胧的河面，神情带着个几分惆怅，喃喃道："无边丝雨细如愁啊！"

"大人，你说什么？"护卫没有听清，便小心翼翼地问道。周嘉谟摆了摆手："没有说什么，我们还有多久能到？"自己的心事说出来，他们也不懂，自然不会做无用之功。想了想，还是问一问自己的行程吧！

护卫四下看了看，又将向导找来问了问。确定了之后才恭敬地道："回大人，不用一日，我们便能到端州了。不知道是不是派人知会一下地方官。"

　　周嘉谟严肃地摇了摇头，叮嘱道："现在端州赈灾事宜颇为繁重，怎能因老朽到来便多方打扰？没有人迎接我们便找不到路？我们自己进城去！"见周嘉谟说得坚决，护卫便没有说什么，恭敬地答了一声。

　　此刻，周嘉谟在回顾巡抚云南时"弹劾黔国公"的一段往事。黔国公本是沐氏家族，从仁宗代特铸征南将军印，还是纯金打造的免死金牌，世代任征南将军职，总掌云南军政，世袭罔替。

　　可是，到了沐昌祚一代，仰仗皇亲国戚地位，侵占民田8 000余顷；其孙沐启元，凭恃其势，作恶多端。多年来，百姓敢怒不敢言。后来，沐昌祚去世，沐启元继承黔国公爵位。

　　有一次，城里众儒生去祭吊沐启元的祖父，中门打开，其中有一人抬头朝门内看，守门的官吏竟用杖打他，致此人被打伤。于是，儒生到官员金瑊那里告状。金瑊打算逮捕那些奴仆，而奴仆怂恿沐启元先上疏诬告众儒生。事情告到监察御史处，金瑊照旧逮捕奴仆。沐启元知道后更加生气，调动军队、祭奠军旗，包围了金瑊的衙门，发射大炮恐吓金瑊，金瑊却不因此而动摇。于是沐启元将气撒在儒生身上，拷打数十名儒生，残害他们，用木枷夹他们的头。金瑊急忙上疏朝廷。

　　朝廷下令让巡抚周嘉谟核实。在途中，他擒获一个叫安民的陇川宣抚（朝廷派遣大臣赴某一地区传达皇帝命令并安抚军民、处置事宜，称为"宣抚"）。由于安民搞叛乱逃入缅甸，据守蛮湾。周嘉谟命令黄文炳出兵讨伐，最终擒获了安民。

　　周嘉谟在想，黔国公沐启元身为臣子，敢在云南称王称霸，不是找死吗？黄文炳担心，说："沐氏的事情是沐家自行负责，我们似乎有些无从下手，完全可以按兵不动，坐观其变。"

　　周嘉谟说："现在朝廷下令了，那刚刚好，一定要好好查查。"结果一查果然查出大问题。他将情况据实上奏，弹劾黔国公沐启元是恶霸。朝廷下令，快速处理这件事。对于老一辈沐氏家族的人，周嘉谟很关心，因为他们治家的能力和人品远近有名声，只是一人犯罪一人担当。

　　沐启元的母亲宋夫人见巡抚大人来到家中，害怕断送世代相传的爵禄，哭了三天。

　　周嘉谟当然不会放过沐启元。宋夫人请求说："好了，巡抚大人，老妇明白了，周巡抚不必担心，我自有主张。"宋夫人最后用毒药毒死了沐启元，事情才得以缓解。宋夫人上疏请求，孙子沐天波继承爵位。

转眼，几年过去了，如今从云之南来到岭之南，从周巡抚变成了周总督。

次日，周嘉谟一行人登上了端州码头，看到船来船往，笑着点了点头。看来赈灾的事情做得不错。那些船多是运粮的船，其余的则是盐船或商船。

一行人走走停停，慢慢地向端州城走去，周嘉谟脸上的笑容越来越多。街道两侧并没有乞丐，倒是远远地看到了几个施粥棚。随便走到一个小茶摊坐下，周嘉谟笑着对身边的人说："坐下歇歇，喝点茶水！"

"是！"几个汉子恭敬地答了一声，便有人去清理桌子，招呼掌柜上茶。周嘉谟没有理会这些，走到一个老丈的身边，笑着道："这位老丈，可否让老夫和你们同桌啊？"

"看您说的。乡下人哪有那么多讲究，一看您就是富贵人，只要您不嫌弃，随便您坐！"老丈微微一愣，不过很快就笑着说道："怎么称呼？"

护卫抢答："我们称他为周老总。"

老丈将一块糕点塞进小孙子的嘴里，然后又接着道："周老总怕是有什么话要问吧？"

"老丈如何知道的？"周嘉谟有些愣住了，自己还没说话，这老丈便已经猜出自己的用意了。老丈端起面前灰色的大碗，笑着说道："老头是猜的。一看您就是外地人，打扮也不像普通百姓。能坐到老头子这里来，肯定是有事情要说啊！"

"老丈慧眼如炬，老夫真有一些事情想问问老丈啊！"周嘉谟点了点头，这倒也是人之常情，便不再纠结了。"瞧你说的，有什么话您说吧！"老丈似乎很健谈。

周嘉谟四下看了看，沉声说道："老丈，我听说端州受灾了，这一路走来也看到了很多倒塌的房屋。不过这路上可没怎么见到难民，这难民都到哪里去了？"

"要说知府大人啊！的确是个好官！水灾的时候，知府便组织人救灾，到处筹集粮食，开设粥棚。虽然吃不饱，可也饿不死人，不用去卖儿卖女。"老丈的脸上带着一丝感慨。

周嘉谟又问道："老丈，那后来怎么样了？"

"后来高要来了一个商人，卖高价的粮食，把百姓祸害苦了。"周嘉谟用力地一拍桌子，大声地说："国之蛀虫，一群硕鼠！"

"不过高要县令动作更快，很快就将这些人抓了起来，把他们的粮食都扣下了。当时那些人不服气，县令说这些粮食无论是谁的，留下赈灾。"老丈点着头，感叹道："这县令也是好官。"

见老丈还有话说，周嘉谟拿起大茶壶，给老丈倒了一碗茶，示意他接着说。

周嘉谟又问："听说朝廷派了赈灾大臣？"

"是啊！是啊！"听到赈灾大臣，老丈又来了精神，笑着说道："张鸣冈大人可了不起，据说是总督，反正就是很大的官了。这位官大人也是好官啊！可惜又调走了。"

周嘉谟似乎又想起一件事情，沉声说道："老丈，那现在这些人都到哪里去了？"

"回家了，都回家了！朝廷每户给发了二十天的口粮，说是其余的粮食到家才发。老头子我差不多是最后一批走的，都回家了！"老丈脸上带着笑容，看了一眼身边的一个布袋，显然里面就是他的口粮。

"那你们不怕官府到时候不给你们粮食？"周嘉谟微笑着说。老丈顿时有些气恼，瞪了一眼周嘉谟，道："你这人说话太不中听，当时知府大人把事情跟我们讲完了。让我们回去，叫什么重建家园，就是回去盖房子，平整土地。天下还是好官多，皇上已经知道这里的事情了，没人敢做对不起百姓的事情。用那位官人的话，这叫皇恩浩荡啊！"

看着老丈一副得意的模样，周嘉谟忍不住笑了起来，在一边附和道："是啊！皇恩浩荡！"看了看天色，周嘉谟又道："休息差不多了，该上路了！"

"是啊！回去还要平地！官府说给种子，来年有个好收成啊！"说着带着自己的孙子，背着那个装着口粮的布袋子，拄着一根木棍子，摇摇晃晃地走了。

看着老丈的背影，周嘉谟看了一眼护卫："走，进城！"

二、背奏筑堤

两广总督兼广东巡抚周嘉谟，在肇庆半年，就感到内外工作压力太大了，于是向朝廷提出不再兼巡抚一职，好让有贤德之人全心为广东工作。朝廷同意了，由田生金任广东巡抚。

田生金与周嘉谟共事，颇有建树。移驻广州海防同知于雍陌，严查海上番舶往来。谨守塘基环关闸，限制夷商入广人数，每月开关两次。选择武艺精良将士驻扎澳门提调司，防止澳内外勾结。要求海道官员每年对澳门进行一次巡视。周嘉谟称赞田生金："柱史双南田公，持斧入粤，慨然有揽辔澄清之志，五岭大吏相戒勿犯……及按部，延见父老，问谣俗，省疾苦，平宽滞，清罢税，祛积弊，表节义，豁虚征，恤灾患，则和风煦而甘霖濡，保姆之乳而挟纩之温也。"

1616年夏，西江又一次特大洪水，广东高要、四会、三水、南海、高明各县的堤坝被冲毁。特别是四会大兴等堤围，被水冲溃多处，成为烟波浩渺的一环水滩地，堤岸土质多沙，容易裂堤，一遇大水自然险象环生，四会知县谢子诏刚主持修复，次年又决堤了，西江流域已连续七年水灾，水患无穷。

肇庆知府陈谟请求总督周嘉谟、巡抚田生金，发公项银五千两，命各县大修堤围，并往广西购米度荒。周嘉谟为了保障人民的生命财产，与田生金多次奏本，用赎罪的罚金等费用筑堤垸。没想到，朝廷居然不批。

怎样才能让皇帝准奏呢？周嘉谟冥思苦想，一生的抱负不就是为了江山社稷，为了黎民百姓吗？是否用官位赌一次呢？即使赌输了，身败名裂，也能名垂青史。

周嘉谟想了个法子。据说，他上朝前先备一块写好字的布，待散朝之时将布披在背后转身退朝，坐在龙椅上的皇帝见周嘉谟背后有字，好生奇怪，随口念出声来——"周嘉谟用罚金筑堤垸"。这时，周嘉谟旋即转身伏地叩头，感谢皇上准奏。皇帝虽知中了周嘉谟的圈套，但也无可奈何。因为皇帝素来讲究金口玉言，又怎好反悔呢？只好将错就错，批准了。

就这样，周嘉谟"背奏筑堤"，回到肇庆指挥修复堤围工程。巡抚田生金主持召集人夫数万，历时4个月，共修圩堤39围，填决口167处，补筑崩陷38 000余丈，费币金8 900两，由"官六民四"分担。

有一天，周嘉谟来到四会大兴堤围视察，已经过了用餐时间了，还没有走。一个护卫就小心翼翼地走到他身边，脸上带着一抹担心，不时开口提醒道："大人，您现在还是喝点粥吧！您已经一天没吃东西了，会把胃饿坏的。"

周嘉谟缓缓地点了点头，没有说什么，他叫护卫把粥端到凉亭里，坐下后才一脸舒爽的表情。是堤围工程还是稀粥，让周嘉谟舒心？众人不猜测，反正大人开怀就好。周嘉谟突然说了句："坐在凉亭里，享受下难得的空闲。"

此时，一名禁卫快步走了过来，恭敬地给周嘉谟行礼，道："大人，有人求见！"周嘉谟微微皱了皱眉头，沉声道："来的是什么人？"禁卫答道："启禀大人，来了十多个人，都是百姓。"原来这里的百姓来感恩，赞周嘉谟保境安民，劝课农桑，吏治清明，不失为一个好官。

灾后米贵，周嘉谟支取官银5 000两，差官到广西和广东等处买谷，平价卖给百姓，减轻了灾民的痛苦。

不过，老天似乎并不希望周嘉谟如此清闲，洪灾之后出现大旱。1617年"七月起复大旱，至十一月不雨，部分地区庄稼颗粒无收。主要灾区为广州、肇庆、南雄、韶州、惠州、潮州6府，饥荒严重。广东巡按御史田生金等发仓粮、出库藏，多方设法赈灾及重修城池、围基。十二月，田生金吁请留税赈灾，（朝廷）不许"。

广西柳州、融县（今广西融安县）旱灾尤甚，人民死者相继，鬻卖男女不下数千人。两广先后向朝廷报告灾情，廷臣和有关部门也纷纷请求明神宗下令救济各地灾民。明神宗一概不予采纳，无视灾民的死活。

周嘉谟不怪皇帝，只怪自己，看到南粤之穷，自然灾害多发，水灾累见，旱地屡闻，他把这一切自然现象都归罪于自己的"不德"，不断自我反省，认真寻找产生错误的根源，努力以实际行动改正错误，挽回损失的行为。

周嘉谟敢于担当，与田生金等计策，开仓发粮、煮海为盐、采矿炼金……

三、以月为镜

周嘉谟正忙于西江上下抗灾，知府江中楠、知县张明熙等也忙于对肇庆城内外濠渠的疏浚，修缮肇庆学宫校舍，恢复生产。突然广西来报，安南莫敬琳辖制的部属谢文安等骚扰广西南太、督胜等地，之后莫兵又犯思明州。广西地方官员认为必须清除此集团。周嘉谟回复"复念勤师远域，动费不赀，谈何容易"。

但是，这个隐患必须清除，于是，周嘉谟一面要求广西积极加强边防，防止交趾兵侵犯，一面发文至安南，"严行传檄，切责黎维新、莫敬宽，擒献首恶赎罪"。安南黎维新、莫敬宽，遵奉宪檄，厉兵秣马，不出3个月，黎维新集团的何悖，擒解扶隆、禄山、文遣、长林、韦文才等人；莫敬宽集团则斩获谢文安等人，"献朝监，杀级就焚"，并擒拿西川勇、文迪严、敌林岭等诸囚来献。

广西传来好消息，朝廷也传来佳音，召周嘉谟为南京户部尚书。

周嘉谟历经挫折而不折，遭遇坎坷仍前行。随着时间的推移，肇庆百姓越来越感念"周老总"，他在百姓心目中的地位越来越高。

周嘉谟离开面貌一新的肇庆城，专程去了韶州（今韶关）。这是他在1577年任韶州知府的地方。当年，周嘉谟与广州司理陈韶功主持修建了一座"省月台"，成为韶州古城历史上四大名台之一，另外三座分别是建于隋代的仁寿台、唐代的逍遥台和北宋的九成台。

"省月台"命名别出心裁，意境深远，为明镜寓意，让政府官员聚集时"省验其职，最钜一月之中"。也就是以"省月"之意来检验、省验官员的政绩行为，以使官员常省悟，达到为官一任、造福于民、为政清廉、为民办实事的目标。

周嘉谟要求韶州官员常以冰清玉洁的明月为准则，登台举头远望明月，自觉省验为官政事，从而起到为官清廉、勤政为民的警示作用。

在韶州多年，他清正廉洁，励精图治，注重农桑，兴修水利，治郡有方，得到朝廷的赏识，一路升官。

1617 年，正值省月台创建 40 年之际，也是周嘉谟成为两广总督之时，他带着怀旧寻故和难以忘怀的心情，重游故地。在韶州地方官员的热情陪同下，他再一次登上省月台，览胜游历，心情无比激动。眺望韶州的沧桑巨变，人民安居乐业，倍感亲切和欣慰，也让他感慨万千，即兴赋诗一首：

一别韶阳四十秋，何期驻节纪重游。江山依旧堪娱目，士友于今已白头。
城郭人民疲权焰，闾阎灯火动新讴。当年省月台仍在，雨后登临月满楼。

忆昔感怀的诗中流露出了周嘉谟对韶州的爱慕赞美和留恋之情。40 年的往事、40 年的沧桑巨变以及心潮澎湃的喜悦之情，都体现在了他为韶州古城写的诗中。

万历末年，齐、浙、楚三党争权，周嘉谟历任户部尚书、工部尚书、吏部尚书等职，被称为"周天官"，在朝中执政，用人唯才，罢斥朋党之首及奸邪者，用"六事"任用官吏：一是职守，二是才干，三是心思，四是政绩，五是年龄，六是仪表。

天启五年（1625）秋天，魏忠贤的党徒周维持弹劾周嘉谟有意庇护王安一事，于是周嘉谟被削籍为平民。崇祯元年（1628），周嘉谟被推荐起用为南京吏部尚书，加封太子太保。第二年死在任上，享年 84 岁，赠为少保。

然而，就是这么一个清清白白、响当当的人物在归天之后的几百年里，长期蒙受不白之冤，不知从何年何月开始，江汉地区口口相传，周天官篡位不成，被皇帝杀头。真是让人难以意料。

读史小札

周嘉谟一生辅佐了嘉靖、隆庆、万历、泰昌、天启、崇祯六位皇帝，称为举世无双的六朝元老，两为顾命大臣。担任吏部尚书，俗称天官大冢宰，亦称"周天官"。他所订的"守、才、心、政、年、貌"六项政令，环环相扣，尤其是前三项是否称职，关系着政绩的好坏。试想，如果国家有一套良好的制度，且落实执行，还担心没有人才吗？

许弘纲精勤于事　当自强善施于人

很多人的心里都有一种认祖归宗的情结，特别是在祖辈当中有人声名显赫，比如在浙江省东阳市的紫薇村，在明朝就出过"三世尚书"。所谓"三世尚书"，指的是许弘纲任兵部尚书，而其父、其祖因德高望重，圣赐"兵部尚书"。

许弘纲，字张之，号少薇，1554 年生于浙江东阳洪塘紫薇山。1617 年来到肇庆上任两广总督，之后升任南京兵部尚书。别看他一生官场风光、祖辈风光，其实，许弘纲是从"贫贱"阶层成为高级官员的，正所谓"将相本无种，男儿当自强"。

一、刀锯在前，甘之不悔

东阳素有"歌山画水"的美誉，也有"忠孝节义"的美名。

许弘纲在《裕后亭训语》中说，"家世贫贱"，父亲只是一个普通的农民，家境清贫，没有很多土地，母亲也只好担当起养家糊口的责任，或纺或织，不到半夜难以休息。"先大夫一青衿耳，家无百亩之田，而欲为迁居开创之主，其艰与苦，不言可知。"

许弘纲求学时非常用功。

有一年四月初八中午，他的母亲刚赶集回到家，看见儿子低着头读书写字，既高兴又心疼。为了犒劳勤奋的儿子，母亲特地又赶到集市买回一块麻糍。被母亲催促多次，许弘纲才拿起麻糍吃。

一旁的母亲问他麻糍甜不甜，一边吃一边读书的许弘纲连声说甜。直到母亲叫他抬起头来看看，许弘纲才发现自己的手和放在墨砚里那块没吃完的麻糍都黑了。

许弘纲也非常懂事，年少时，为了减轻父母的压力，每天只要书塾学习一结束，就与两个弟弟一起身着短衣短裤，根据自己的力量大小，参加劳动。

还有，与普通人相比，许弘纲身体一直不好，"童年多病，九死一生。七岁以前，臣父抱臣不离手。比入太学，亦尚尪羸，十试九病。二十五以前，臣父翼臣不离步"。真可谓"三年之爱，人子所同，而罔极之恩，在臣特甚"。

所以，许弘纲"孝谨二字，向不敢忘"。也许是天道酬勤的缘故，仅到了许弘纲这一代，紫薇山许氏便家道日隆，声势显赫，许家3个儿子相继出仕。

长子许弘纲万历甲戌年（1574）中进士，任绩溪县令，"有政声，躬行文，量税足而民不抑浮"；次子许弘纪官至朝鲜守备；三子许弘纶官至贵州平越府同知、盐运司同知。

历史也在记述许弘纲为官的政绩。他任金坛知县时，罪吏不罪民，设置投票箱，允许百姓匿名告发，矫正富豪隐匿土地、偷逃赋税之陋习，平均地方赋税；他在西北平叛，反对总督、巡抚、监军多人主持军务，主张权力集中于地方巡抚一人，见机行事，不拘常格升迁官员；对于援朝战争，他上《慎选边材疏》，率领谏官力主抗战，联合朝鲜军民抗击日军侵略，最后取得战争的胜利；他转任北京顺天府尹，不顾煤矿税监的金钱利诱，屡上《谏止煤税疏》，陈述地方百姓无法准备木炭，只能依靠民窑煤"昼而炊、夜而寝"的事实，强烈要求明神宗撤回北京煤矿税监，并停收民窑煤税……

许弘纲是出了名的孝子。听说父亲去世，母亲又生病在床的消息后，正在江西担任巡抚的许弘纲，不顾封疆大吏必须有皇帝诏令才能离任奔丧，否则以有罪论处的规定，一边移交公文、关印，马不停蹄地赶回家，一边又给朝廷上疏，称即使"刀锯在前，甘之不悔"，宁愿接受任何形式的处罚，自己也要回家尽孝子之职。

为了感谢父母的养育之恩，他请宫廷里的画师为自己的父母各画了一幅画像，在逢年过节时悬挂出来供子孙后代祭奠、瞻仰。

熟读四书五经的许弘纲深知"老吾老"，孝顺自己的父母，只是一家之孝。推而广之的"人之老"，精忠报国，才是真正的大家之孝。

在家孝敬父母，于公报答皇恩，这是为人子、为人臣的基本道德规范。他在为裔孙们撰写的《宗祠训语》中首先强调，"忠孝节义为传家命脉"，其他的如"诗书礼乐为拔俗表仪""忠信笃敬为涉世舟航""勤俭谦和为治生符验"等内容，都是自尊自强的修身要求。

即使升任两广总督，他也不忘初心。

二、神宗驾崩，粤海贼起

1618年春，64岁的许弘纲来到肇庆，上任两广总督。

一天，广东巡抚田生金、广东巡视海道副使罗之鼎等，向总督许弘纲汇报广东情况。

田生金说："粤四面皆海，夙称盗薮。其内为里海，千支万派，郡邑翩联。

虎门而外，东通闽省，西接交夷，即日本、暹罗、占城、渤泥、东西洋之属，皆可航海而至，是以有海防道之设。……粤之海道，自参议喻安性加意振刷，大是改观，而自该道入贺之后，亦缺近一年矣。……又况朗夷托濠镜以潜窥，倭奴逐风涛而谋犯，不逞之土究造大舰以探珠池，异省之流徒合奸民而游蜃海。小之则为剽掠，大之且有隐忧。"

罗之鼎补充说："朗夷即佛朗机夷的省称，指澳门葡萄牙人。朗夷处我内地，非我族类，其心必异。澳门是广东珠江口西岸的重要门户，在海防中的地位十分重要，香山濠镜澳为粤东第一要害。"

田生金告诉许弘纲，澳门葡萄牙人的贸易船只通过对海道官员的贿赂疏通，获得了极大的经济利益，"白金满襄""檀香、象牙满室"俱言此。由于海道官员的失职，商人们对澳门的"接济私货"无法禁止，内地"奸徒之通澳"亦无人管控，虽有"海道"之设，而实无"海防"矣。

最后，田生金主张对澳门加强防守，其措施可概括为 4 点：其一，移驻广州海防同知于雍陌，严查海上番舶往来。其二，谨守塘基环关闸，限制夷商入广人数，每月开关两次。其三，选择武艺精良将士驻扎澳门提调司，防止澳内外勾结。其四，要求海道官员每年对澳门进行一次巡视。

许弘纲听完各方汇报，就向大家"摊牌"了。朝廷需要统一调度两广的军事行动，历年军费开支绝大部分由广东负担，每年广东提供军饷银 7 万余两。如今，广东设官兵 45 787 名，每年兵饷共支银 46 万余两。加上广东水涝灾伤，以准解部税银留赈。但是，当地留用军费，必须上调。

其原因是什么呢？1618 年四月十三日，东北女真族兴起，努尔哈赤以"七大恨"告天，正式与明朝决裂。女真族出兵入侵我朝，攻克抚顺，大败明军，朝野震惊，明神宗不得不解开私囊，填补兵部的 50 万两赤字。为加派辽饷，朝廷又开始加派赋税。除京畿皇庄外，全国各地都要交纳。

广东肇庆推官邓世亮向许弘纲建议说："如果说我朝与后金的努尔哈赤开战，武器是关键，我看到过国外船上炮火打得远，打得准，我想到他们火炮先进，应立刻组织人员加以仿造。"

许弘纲点头认可。接着，许弘纲要求两广各方官员肩负使命，雷厉风行，办事果断，在今后的几年里，广积粮秣、置办义仓；加强边防建设，抗击倭寇；置田收税、资助考生卷费、发展文化教育事业……

1618 年十二月，广东下了三日大雪，肇庆一些州县"阴寒极甚，昼下如珠，次日如鹅毛，六日至八日乃已。山谷之中，峰尽壁立，林皆琼挺。老父俱言从来未有也"。

人们本以为瑞雪兆丰年，岂料第二年，西江上游的广西东北部天气变化，出现春季大水。广州、肇庆两府诸县被水冲决的围基修完 175 处之后，不少广西灾民沿江而下，逃难至封开一带。

五月，广东巡抚已改任王命璿。他要求许弘纲动用广东派于民间免解银。但是，朝廷因征辽缺饷，命令全国加赋，每亩加银三厘五毫。这一未了，又出现夏秋大旱，各县减收。许弘纲与王命璿等人上报说，西江流域因灾害申请减半……

然而，两广官员都不知道此时辽东战场的悲哀。

朝廷高官杨镐指挥四路兵马进攻后金，在萨尔浒之战中，被后金大败，死 4 万余人，开原、铁岭沦陷，燕京震动。

明神宗用熊廷弼守辽东，屯兵筑城，才稍稍将辽东局势扭转。后金还是不依不饶，打上了门，明朝只能自守，实在没辙只好花钱买和平，和平也只是停留在口头上。

1620 年，朝廷额外征银 520 万两，有辽饷才能保障明朝与后金大战。但仅够支付辽东一边 18 万军队和 9 万战马的费用，而无法顾及九边中的其余八边。

在广东加征，广东军费持续增长，米价也不断上升，这一年真有大难之兆，许弘纲无可奈何……

果然，七月十九日，明神宗驾崩，在位 48 年，万历年号结束。

同年八月初一，明神宗的长子朱常洛即位，为明光宗，年号泰昌。许弘纲对朱常洛有所了解。朱常洛是明神宗和宫女意外生下的庶子，明神宗不喜欢他，而喜欢郑贵妃的儿子朱常洵。所以朱常洛被压迫得很惨，一直面临着被废的危险。不过大臣们不惜代价坚定地支持着朱常洛。他登上了梦寐以求的宝座，执政时开始实施民生、政治、军事三项措施，可见其全面整治国家的意图。

然而，这个隐忍了 20 年的太子朱常洛在位才 1 个月，九月初一卒于乾清宫，年仅 39 岁。

朱常洛似乎真是没有帝王命，一上台就归西了，令许弘纲嗟叹。

历史也终于翻过了一页，朱常洛也已成为过去。

明熹宗时代来临。这一年的九月初六，16 岁的皇长子朱由校正式即帝位，下诏改元天启，是为明熹宗。

也许，海寇认为朝廷还不够乱，趁机加点悲壮的气氛，在南海一带生事。

当时，流劫于闽粤间的海寇袁进、李忠首先向广东发难。不过，袁进等海寇的势力还不足以完全与广东明军抗衡，他们还需要海外势力或者外国军队的扶持。

许弘纲说，现时海寇并不可怕，他们始终是"战而不胜，胜不能守"，至多是捣乱。于是，许弘纲命南澳总兵何斌臣统千兵进剿，并且跨海出征，严惩顽敌。

相传，何斌臣奉命海面剿寇，悉知妈祖显圣，出兵前特到岛上祷祝妈祖庇佑，并许愿能剿贼获胜，即拓新庙宇。

一开战，贼首李忠一直没占过上风，就被何斌臣打得没了办法，无奈地乞降受抚，许弘纲当然惊喜交加。

而另一个贼首袁进，却指挥羽党林我鹏突然侵犯广澳潮阳。袁进叫嚣，武力可以得到一切，要生存就不能让别人生存。因此，这帮海寇们以剑为犁，反复切割着这片破碎的土地。

袁进侵犯潮阳，又窜至揭阳，在北关劫掠之后，下海而去。

许弘纲当然不允许海寇作威作福，粤军应凭借强势，做到对海寇的压制。

不久，林我鹏突犯广澳，许弘纲又命何斌臣出击，结果，海寇依然是大败。林我鹏被何斌臣一箭射中胸膛而受重伤，逃脱后病死于广澳乌猪屿，其党羽被生擒20人。

许弘纲下令官兵追剿下海贼寇，对缪宏绪、王邦驾等乘胜追剿，结果，余党尽被歼于乌猪外洋。

何斌臣出师凯旋，到岛上为妈祖庙卜地开鸠基工，5个月遂告落成。

不久，海寇羽党朱彩老聚众连舟100余只，分南北二溪进犯揭阳。朱彩老由揭阳至澄海港口，直逼澄海城、揭阳城。揭阳县令冯元飚一面向许弘纲告急，一面临危不惧，与丁忧在家的詹事郭之奇团结诸生，募集乡勇，配合城中百姓，英勇奋战，待明兵会合紧逼这下，海寇败走。当然，这些海寇的活动还会一直延续。

广东巡抚王命璿奏："粤海逋寇朱彩老、钟大番、余三老等系袁进余党，出没海岛，啸聚剽掠，跳梁于白沙、虎门、广海、莲头之间，民受其荼毒。业经总督责令兵将侦捕于海之东西，其擒贼有功及碣石失利官员，应奖罚分明。"

每逢出事，朝廷总是要找一些官员开刀顶罪，而许弘纲却树立标杆，弘扬正能量。揭阳知县冯元飚平定闽粤之乱"擒贼有功"，在任职也颇有政声，被许弘纲称为"爱民好士"的好县令。

三、玉皇殿前，拈香祈雨

经历了1619年雪灾、洪灾、旱灾之后，肇庆像进入冬天那样慢慢地归于沉寂。

然而，怀集人却热闹了，百姓信风水，纷纷要求建塔镇龙。县令谢君惠率先向财主们倡议，在绥江北岸修建文昌阁及文昌书院，塔阁院三合一，四合院建筑，嵌有太极八卦、洛书、河图；"前院后阁顶为塔"，作为镇水龙，求文运，育人才的地方，以一种健康的姿势缓慢地生长，成为一座"镇龙"的本质与内核。

图纸出了，也准备实施了，刚巧，明神宗驾崩，不知何处吹来一股风，建庙造塔作纪念。

许弘纲与王命璿及知府知县交换想法，在肇庆修建一座庙，望上天保佑一方平安。王命璿赞同，但必须自愿捐助，不许知府、知县挥霍浪费，增加地方开支；不许要这要那，增加百姓负担。

但是，建什么庙，在哪建？

许弘纲说："仙中最高位者是玉皇大帝，玉皇有制命九天阶级、征召四海五岳之神的权力。万神都列班随侍其左右，犹如人世间的皇帝和公卿。唐朝白居易有诗称：'安期羡门辈，列侍如公卿。仰谒玉皇帝，稽首前致诚。'就建玉皇殿吧！"

一天，许弘纲带上一班人，走进"人间北斗七星岩，自古仙家多留恋"的景观。许弘纲对玉屏岩情有独钟，于是，1620年八月"玉皇殿"开始动工了。

虽然建庙造塔是不是纪念明神宗不得而知，但是人们知道，明神宗连续28年不上朝，创造了中国皇帝的纪录，这期间中国无论对内还是对外的战争均获得全胜，是奇葩，也是奇迹。

而在肇庆没有奇迹，只有"奇怪"。

这一年又是从春到夏，久旱无雨，饥荒严重，百姓苦不堪言，唉声叹气，沮丧绝望。而朝廷"加天下田赋"，许弘纲更是心急如焚，犹如鞭子抽在自己的身上。无奈之下，知县请道士洁珍大师到玉皇殿工地做法事。

儒学正堂宣读祭文，并履行职责说："除对当地生员进行管理之外，还要担负起对其品德与行事的教化，再通过士子来规范社会；另外通过宣讲等形式推行孝治教化，使民众形成良好的道德风尚。"

许弘纲、王命璿也为百姓拈香祈雨。中午，许弘纲中暑了。洁珍大师与百姓人声鼎沸，立刻将他围住，一下全部跪倒在地上，一个个满面汗水与泪水。到了傍晚，天空突然起了乌云，整个大地一片黑暗，随即大雨如注。

许弘纲喜极而泣："我肇庆百姓日子有望啊！"

许弘纲上任一年多来，为自己立了名副其实的清官形象。他在肇庆跟儒学正堂说，切记教育好乡民。同时，叮嘱洁珍大师，修建好玉皇殿，保护好玉皇殿。

再说玉皇殿灵验了，1620 年十月圣旨到，许弘纲升任南京兵部尚书，调离两广总督府。

在朝廷看来，许弘纲有三大优点：第一，意志力坚强，经历多少风波未尝受挫。第二，临事机警，善于应变。第三，廉洁操守，从不为自己谋取私利。他纯贞洁白之心，天地日月可鉴，成为朝野上下所倚重的重臣之一。巡抚王命璿也赢得了天启皇帝的赏识，1621 年应召进京担任大理寺丞。

许弘纲准备上京之日，他的同乡尚湖镇上溪坦村一个姓韦的进士来肇庆，因修建祠堂请许弘纲题匾。

他深切同乡之情，为韦氏题书"尺五名宗"。"尺五"喻近也，《辛氏三秦记》中云："城南韦、杜，去天尺五。"按唐陕西韦氏、杜氏世为贵族，时称"韦、杜去天尺五"，言其地位高贵，接近帝居也。

后来，许弘纲在朝不激不随，善于谏诤，力荐贤才，廉洁淡泊。后因太监魏忠贤当权，与之不合，请退回乡。

到了崇祯六年（1633），许弘纲八十大寿，崇祯帝还遣使慰问。

许弘纲在 1636 年九月十五日，给吴隐君《贻芳图》作的序中说："余用是抚图有怀曰：顾盼海内，交讧不宁，纲也久荷朝廷高厚，报称罔所短长。近复以将瘝之骨辱垂天子明问，虽解绶归隐，终乐桑榆，而魂梦尚尔驰驱，独无有枕戈欲刺者乎？洵不如隐君者太素未染，贞璞自完，持此与娱，陶陶乎有天地之乐而无人事之忧也已。"他在终乐桑榆中，卒于 1638 年，享年 85 岁，赠太子少保。

读史小札

许弘纲生平机敏通达，尊崇父老，于国尽忠，于家尽孝，声誉好；在粤精勤于事，善施于人，爱民恤民，严于律己，定额税足而民不忧闷与游荡，成为人们爱戴的大官；在朝不激不随，善于谏诤，力荐贤才，廉洁淡泊。时人评，"天启五年召为兵部尚书，与邹南星、顾宪成诸君子善"。

陈邦瞻文韬武略　独好诗尤精史学

1620 年是明朝的多事之秋，"几朝天子一秋换"，明神宗朱翊钧七月驾崩，"一月天子"明光宗朱常洛九月归西，明熹宗朱由校十月立为新君，年号为天启。体态肥硕的明神宗扔下一个千疮百孔的摊子，走了。朝中多事，各党各派大打出手，互相攻讦。

而在肇庆，夏去秋来冬将至，两广总督府军门正常更替。在秋天落叶枯草的景色中，63 岁的广西巡抚陈邦瞻来到广东，任职两广"封疆大臣"。

一、老骥伏枥，剿平田州叛乱

陈邦瞻，字德远，号匡左，家乡是江西高安荷岭镇，那里山峦叠翠，树木繁茂，泉水叮咚，百鸟和鸣。在山清水秀的枫岭南麓，坐落着一个叫上寨的村庄，1557 年陈邦瞻就降生在这里的世宦家庭，父亲陈旦，嘉靖贡生，精研天人性命之学，时称道学中人。陈旦有 4 个儿子，陈邦瞻排第四，自幼聪明颖悟，深得父亲钟爱，"周旋膝下，博览群书"。

为了潜心学习，陈邦瞻在枫岭文笔峰上，吃在庙里、睡在庙里，吃穿之用都是嫂子送上山来。他旁搜博采，凡六官职掌，九边厄塞，其间沿革兴废，宏纲细目，一一耿诸胸中；先秦两汉，诸子百家，稗官野史、小说，也兴趣甚浓。

十年寒窗苦读，他终于上京赶考，在 1589 年一举中进士，授南京大理寺评事，历南京吏部郎中等职。从京城打马回来，惹得十乡八里人好生羡慕。

陈邦瞻不仅好学，而且敦风义，性情宽厚，态度温润，但是执行法度时有截然不可侵犯的性格。无论在地方为官还是在朝廷任职，均清正为民，政绩突出，"初授南廷评狱，无冤民寻"。在福建任按察使，处事公正，刚直不阿，"地方以安"。在河南布政使任上，他勤政务实，屡有建树，亲自传授南方桔槔汲水（吊杆提水）的农田灌溉方法，为百姓谋幸福，还筹建了滏阳书院，亲自授课，传播文化知识，培养人才。他一心为民众办事的精神得到河南人的拥戴，"士民祠祀之"。然后以右副都御史巡抚广西。

1620 年冬，许弘纲与陈邦瞻交接总督工作时说："田州土官岑懋仁肆恶起衅，窥占上林，纳叛人黄德隆等，纠众破城，擅杀土官黄德勋，掳其妻女印信，乞正其罪。此事不知办得如何？应该上奏朝廷了。"

陈邦瞻说："叛乱已平定，可上奏朝廷。"

军情是这样的：陈邦瞻任广西巡抚，准备接任两广总督时，有报告说，广西上林土官黄德勋之弟黄德隆及其子黄祚允背叛黄德勋，投靠了田州（今田阳）土酋岑懋仁。

在岑懋仁的接纳下，秘密参加了叛乱组织，然后暗中袭破上林，杀死黄德勋，掠其妻女金帛。

田州守臣询问岑懋仁发生什么状况，岑懋仁诡言黄德勋病亡，并请求以黄祚允继任仕官。之后，岑懋仁更是无恶不作，骄横乡里，欺诈百姓，杀官夺印，反叛朝廷。

据悉，岑懋仁所到之处烧杀抢掠，民心惊慌，地方危在旦夕。

陈邦瞻闻讯大怒，说："广西中兴，矛盾调和，如今田州为何成了危局？若不及时压制叛军，影响就大了！"因为陈邦瞻明白，战争史上最伟大的招数是把要打群架的部落民众变成军队。

于是，他传令各官军，当下召集士绅、乡民，组建队伍，训练乡勇，修理器械，做好征战准备，同时布置周边防务。其时，田州已被叛乱煽动，情势紧张。

陈邦瞻率领大军赶往田州。但是，浩浩荡荡的明军还没有进入，广西总兵官手下来报，先锋小分队初到，各村各寨已经烟火连天，城中诸多百姓争恐逃窜，而岑懋仁顽固抵抗，恐使生灵涂炭，特来报告，并请示下一步行动计划。

陈邦瞻领兵前沿，指挥若定，计划先礼后兵，亲自会晤岑懋仁，阻止叛军的行为。军中将士说道："大人，万万不可，此去只会被那叛军要挟，凶多吉少。"陈邦瞻正色道："我不身先士卒，众心乃不服，怎可消灭叛军？"

军中将领献计说："大人不要冒险，可用小分队诱敌深入之策破之。"

于是，陈邦瞻下令小分队一阵佯攻之后，又佯败退兵。而岑懋仁不知是计，采取敌退我进的战术，步步逼近，攻势锐利。陈邦瞻审时度势，指挥一支明军来到了牯牛岗布置，打他一个伏击。

此时，岑懋仁追逐了一段路，见山冈寂静，只有微风吹动树梢，嫩黄的叶片发出轻微的响声，颇感奇怪，传令下去，立刻停止前进。他观察良久，发现前方十几名明军仓皇逃跑的样子。他率众立刻追击，赶到牯牛岗山窝。突然，伏兵四起，鼓噪而上，旗帜鲜明，队伍严整，杀声如雷。这些临时招募和自发聚集来的叛军，没有经过训练，不习战阵，猝遇强兵悍将和猛烈攻击，随即溃散，一时间死者无数，血肉横飞，尸首枕藉。

陈邦瞻吼叫震天，好比三国时期的黄忠。明军冲进了敌阵之中，一路披靡，连杀敌方两员猛将，其余叛军欲簇拥着岑懋仁逃走。明军喊杀声越逼越近，岑懋仁的矮马突然受惊，腾空而起，他死死把住缰绳。此时，一声火炮响起，岑懋仁落马，身边叛军勇士立即抢上前，背起岑懋仁向后撤退。

陈邦瞻追赶，挥手一刀，岑懋仁被砍伤，摔倒在地，估计那时岑懋仁慌了，伸长着脖子就等陈邦瞻来砍。

明军蜂拥而上，将岑懋仁捉住。叛军惊慌不定，随即逃离或投降。田州土酋叛军被平定。

二、配合西洋人杀海盗

天启元年（1621），广东海盗朱彩老，摇身一变成了林辛老，本来是大海盗袁进的部下，"啸聚万余人，侵掠海滨"。

陈邦瞻之前，基本上没有听说过，现在林辛老的名头可以说如雷贯耳了。此人亦盗亦商，一边经商一边为盗，手下聚拢了部众数千人之多，各种船只更是多达数百条，已经是海上的一个大盗了。

林辛老的海盗集团，属于一种松散的管理形式，他名义上是这个集团的老大，但是他手下还有很多掌柜，这些掌柜组织一个个小的海盗团体，小掌柜有两三条船，几十个手下，大掌柜可能有几十条船，数百个手下。

平时他们都各自忙各自的事情，一旦林辛老想要干一票大的，就通知这些手下掌柜的集结起来，听候他的吩咐，跟着他干大活。

陈邦瞻管辖广东，林辛老的活动却最厉害，曾经几次集结手下上岸攻打广东揭阳，转而还打过澄海，正面和官府为敌。他凭借着手下实力强横，不但常在海上劫船，而且还时不时地袭击沿海一带的村镇甚至县城，很是令官府头疼，几次派兵对其进剿，林辛老要么率部远遁，避开官军，要么就化整为零，躲开官军水师。

如此一来，官府也拿他没有办法，只能眼睁睁地看着这厮在海上嚣张，却拿不出足够的实力来剿灭他。

所以林辛老和他的手下们在广东沿海以及闽南沿海一带，十分猖獗，什么人的面子都不给，只要他们看中了，不管你是谁，只管下手劫船。

很不幸，这一次澳门葡萄牙人的商船被他们盯上，他们才不会管这几条商船是谁的船呢，照样劫船。在他们眼中，也不是什么大不了的事情。

"长鼻子"说："大当家，林辛老不是旁人，眼下恐怕还真是不能得罪他们，毕竟我们以后还要出入广东，一旦跟他们闹翻的话，恐怕以后就更不安全了。"

老板听罢觉得也有道理，但是这口气有点咽不下，他们吃了这么大的亏，如果不找回点面子的话，真是说不过去，最重要的是这件事传开之后，在陈邦瞻总督面前如何交差，同时也违背了遇敌必战的条例呀！

所以老板认为，这件事如果不想办法讨回来一些面子的话，恐怕会给他以后的发展造成很坏的影响，甚至可能会造成无法挽回的损失。

老板摇头道："话是这么说，可是你们想了没有，如果我们这次忍了这个哑巴亏的话，以后我们这些人还怎么给弟兄们交代？弟兄被人杀了，也就杀了算了？给点抚恤就算了吗？以后咱们手下的弟兄们又会怎么想？商船队的弟兄们以后出海行商，是不是遇上劫船，就直接落帆任人宰割？"

听罢了老板的话之后，葡萄牙船员立即怒道："林辛老怎么了？他们不就是比咱们人多船多吗？可是咱们船上有好炮，还有这么多厉害的火铳，找他们干一场，杀杀他们的威风！"

另外的人有意见了，这帮武夫们倒是说得轻巧，集结船队悍然找林辛老的麻烦，这样一场行动要牵扯多大的面？如今战队几十条船，主要都撒在外面巡弋，全部收回来之后，谁来干这个活？要准备多少补给物资？还要调派多少商船队的船配合行动，为他们提供给养？这钱要花多少？大打出手的行动，又要支出一大笔银子。

内外一算，这一仗如果要打的话，很可能最终得不偿失，还可能会给以后他们南下经商造成更大的困难。

两种意见摆在老板面前，也很为难，因为要是打吧，一旦和林辛老撕破脸的话，以后他们肯定会死盯住商船，以后的生意还做不做了？

另外林辛老不是等闲之辈，这个人实力太强，现在没人说得清他的老巢在什么地方，如果想要打蛇打七寸，直接干掉林辛老的话，连他的窝都找不着，这仗还真不好打。而且惹急了林辛老的话，他肯定要进行报复，聚集大批手下前来攻打澳门，到时候就要面对一场恶战，这胜算之间，最多也就是五五之数，还会严重地影响到他很多的既定计划。

那么该如何处理这件事呢？既要让手下知道，葡萄牙人不是好欺负的，也不能将这件事闹得太大以至于无法收场，老板摸着下巴琢磨了起来："对，找两广总督陈邦瞻。"

陈邦瞻称："林辛老屯据东番之地，占候风汛，扬帆入犯，沿海数千里无不受害。他们敢抢第一次，就会有无数次，海盗并未就此偃旗息鼓。你们不能把这群流寇养成军队，应该及早将他们消灭了。"

结果是这支海盗受挫于澳门的葡萄牙人，"西洋人出，敌杀贼一千五百有奇，活擒数百人"。

三、一代儒将鞠躬尽瘁

据说，陈邦瞻在肇庆总督府种植了一些树木，名为翠香坛，让这里的一砖、一瓦、一草、一木似乎都富有灵气，有仙鸟来栖，有贵人来贺。

他为民办事，为国分忧，一边料理军门政务，一边钻研学问，尽管他在任上没有做出惊天动地的业绩，尽管他干的只是一个官吏该干的平常、琐碎的事情，但正是这份平凡，成就着他政治家、学问家的事业。

他"平生无他嗜好，而独好书"，从事史学编撰，想必人们都听过"征往而训来，考世而定治"，意思是说征引往事教训后来人，考查历代的事而使政治安定。陈邦瞻在《宋史纪事本末》中记叙宋太祖赵匡胤"杯酒释兵权"，既客观地反映了这段史实，也为统治者提供了强化中央集权的借鉴。

说到《宋史纪事本末》，陈邦瞻着手编纂于万历三十二年（1604），历时2年左右而成书，分立109目，编为28卷，约60万字。这部书记述了宋代历史的大概轮廓，和宋代社会的一些重要事件，除政治外，如治河、茶盐、学术思想等都有专题叙述，还记载了金和蒙古早期的历史情况，宋代史书一向浩博，《宋史》尤为芜杂，而《宋史纪事本末》以较少的篇幅，按历史事件把大量史料加以剪裁、整理和集中，充分体现了"前后始末，一览了然"的特色。之后，他又整理《元史纪事本末》和《莲华房集》。

来到肇庆，国家处于外侵内扰危难之时，陈邦瞻写史，也不忘写当下广东的事。他说，广东海域是天然门户，有大小虎头山从江底跃起，如门户锁钥，外控珠江口，内护狮子洋，门前水深浪阔，两侧岛屿拦江，形成天堑关隘。

明代以前，海防无奈，门户虚掩，自从朱元璋一统天下，南海卫军进驻南头（今属深圳市），防御东南沿海倭、疍勾结内入劫掠，南头建置宏大卫城，又在虎头门专设水寨驻兵防范。1394年，南头卫所建竣，又设大鹏，东莞守御千户所控水道两翼，一时海氛宁静。内海无险，将虎头门水寨撤戍，改在武山（威远岛）设陆营。

天顺年间，内河常遭贼犯，营兵又进驻白沙立寨，控制三岔河口。1564年，海盗继起，柘林叛兵啸聚海上突劫莞城；1568年倭寇曾一本拥众又直犯广州，虎门水道历受劫扰；1582年曾一本余党梁本豪复乱，沿海几无宁日。前任两广总督陈瑞"分水军两路，南路驻老万山防倭，东路驻虎门备疍，另以两军御外海，两军扼要塞，大败梁本豪，其夹击之役，赖以水道"。

鉴于历年之乱，皆因水道无重兵防守，致使海盗披猖，扬帆直入，于是奏准在虎头门、武山等险要之处屯兵扎寨。1588 年复建虎门水寨，钦派守备统领，配战船 30 艘、水兵 820 人驻防，另在武山配兵 180 余名相为应援。设防后，海氛绥靖 20 余年，后将守兵别调，门户再度洞开，盗贼又乘虚入劫，特别是最近出现的海盗林辛老。

陈邦瞻"尤精于诗词"，史评其诗文"敦厚有气，得唐体文章根本"，颇受人们喜爱。"江南九月霜暗飞，秋光春色两依稀。万树欲丹疑湿雾，千山如醉带斜晖。"诗的字里行间既表现了他深厚的文字功底，又流露出他对秋光深深的爱恋之情。另外有一首诗，其中五言句"人烟双市合，春树万家深"成为千古绝唱，广为传吟。

对陈邦瞻来说，老让人仰慕，也不是好事，因为久而久之，就会变成神。神只会被人架空，让人供起来，永远入不了世，充当不了世俗领袖。

当然，作为两广领袖，他也是短暂的，1622 年三月，陈邦瞻积劳成疾，本想离开军门，告老还乡，安度晚年，但朝廷给他委以兵部侍郎的重任，为国效劳。离开肇庆时，有人评他清廉正直，为官 30 年，旅装唯故衣两箱而已。

他上京才一年，1623 年病逝于任上。朝廷为"鞠躬尽瘁，死而后已"的功臣举行国葬，并追认他为"兵部尚书"称号。

读史小札

明朝重臣陈邦瞻好学，敦风节，服官 30 年，吏议不及。他为政务实，无论在地方为官还是在朝廷任职，都清正为民，政绩非常突出，称政治家；他可以说是一位博学多才的学者型官员，誉为文学家；他一生主要奔波在仕宦之中，不但官场得意，而且在史学领域也有非凡的成就，赞谓史学家。

胡应台镇粤造炮　爱端江建元魁塔

从两广总督升任兵部尚书的胡应台，字征吉，人们尊称他为"胡大司马"。1574年生于"将军之乡"湖南浏阳（一说长沙）。为何称浏阳为"将军之乡"？明代浏阳进士只有刘宗海、胡应台等寥寥几位，更无人入翰林。清代嘉庆以后，浏阳人才"井喷"，涌现了瞿家鏊、陈信芳、邹振杰、谭继洵、罗重熙、刘人熙、任贵震等10余位进士。1955—1965年，授衔王震、李志民、杨勇上将等，共计30名。

胡应台，从浏阳河走出来的美男子，身材修长，风流倜傥，从小英武异常。1598年考取进士，授中书舍人，迁兵科给事中，转吏科右以直道，因才识杰出，深受大吏器重，出任江西按察副使，升太仆卿巡抚应天（京师），后任两广总督，官至南京兵部尚书、刑部尚书。

一、造红夷大炮

1622年三月，胡应台以应天巡抚，升为兵部右侍郎、右佥都御史兼任两广总督，到肇庆办妥相关工作手续，就着手为朝廷购买大量的武器装备。因为他知道朝廷有点乱。

胡应台在朝廷工作时，明神宗驾崩，尸棺尚未埋葬，"一月天子"明光宗也暴命，地宫不可能在短期内速成。无奈之下，就在景泰陵的废址上重建新陵，1621年三月修缮，八月完工，九月入葬，名为庆陵。明熹宗朱由校新君继位，称天启元年，这样，泰昌和天启两个年号就重叠了。后来，胡应台等人想出一个办法，万历四十八年七月以前为四十八年，八月到十二月为泰昌元年，第二年为天启元年。

处理完朝廷之乱，还要处理北疆战场之乱。天启元年（1621）三月，努尔哈赤率军攻取了辽沈地区，辽东战局急剧恶化。为此，购买西式火器的话题又重新提上了议事日程。

于是，胡应台上任两广总督，为天启皇帝守南疆，为北疆战场服务。明廷派张焘和孙学诗为钦差，持兵部檄文，与两广总督胡应台前往澳门，聘请炮师和购买火炮。澳门葡萄牙人受宠若惊，马上很卖力地将26门英国制式红夷大炮卖给大明，并配有多名西人头目、翻译、服务人员及葡萄牙兵百人，欲同明军一起北上抗击后金军。

胡应台到肇庆任总督后，虽然远离朝廷是非了，然而他岂敢荒匹夫之责？张焘和孙学诗很快购买了东印度公司军舰上的火炮称"红夷大炮"，胡应台协助他俩启程回国，再由肇庆推官邓士亮跟随两位大人，将大炮解送到北京，在京营中用葡萄牙人教演。接着，胡应台聘请23名欧洲人担任军事顾问，并开始对红夷大炮进行大量仿制，同时购置佛郎机枪。

不过，佛郎机枪射程只有500米，红夷大炮可以轻松打到几千米，再加上可怕的开花弹，这才是真正的大炮，可以成为辽东战场大胜的武器。

但是，红夷大炮在北京试射时，却发生了炮膛炸伤人的事件，一些官员认为是不吉之兆，"遂断其必有害而无利，立命返澳，毫无挽回余地"，将聘请的炮师们全部遣返澳门。胡应台觉得有些吃力不讨好，要求仿制大炮更尖端一些。

幸好，对西洋火器，还是有人识货的。明政府一方面派人学习制炮用炮技术，另一方面将19门大炮留守京城，其余11门大炮被兵部尚书董汉儒调往山海关，后又运至关外的宁远城，用于辽东战场。

明军开始用上红夷大炮，血染长城，激战宁远，马踏关外，滚滚洪流，一路走来，一路飘血，谱写一曲枭雄之歌！

二、建造元魁塔

1623年，朝廷调整大明区划，将两广分为九道，分辖十八府二十八州，这天，各地主要官员前来肇庆，听从两广总督胡应台的指示。其间，领略肇庆风物。其中有4个官员结伴而游，在崇禧塔上诗兴大发，每人吟诗一句，联成七绝一首："此日招携历塔巅，笔峰千尺插青天。我来但爱端江好，觅得尊形一夜眠。"

胡应台也是一位风流雅士，虽然知道各地官员逢迎巴结，可是也赞赏崇禧塔点缀着河山景色，成为一个地方的标志。

不过，有位官员临走时对胡应台说："仓廪实则知礼节，衣食足则知荣辱。肇庆物质财富增多，必然要求精神生活的丰富。但肇庆地势为三分水域三分洲，属于湖泽之地，还需多建一座实心塔弥补不足。"其实，他看到肇庆年年为水患所害，苦不堪言，萌发了恻隐之心，才这般聊说。

胡应台听其言，忙问："有何不足？"

"有三不足。镇水妖、聚人气、举文运。最主要有利督爷仕途畅顺！"

"选择何地再建一塔？"

"位居水口，乃一邑一郡一乡水门之华表。"

胡应台找来肇庆知府，选址在府城东沙岗上建一塔。知府领受任务后分解到同知和知县。这天，知县与洁珍大师一起前往今渡头村东侧江边，规划动工，宣传口号是"造塔定风水，兴文引禄得"。

洁珍大师对知县说："此塔，一为镇水，二是聚气，三就是文运，取名元魁。"

"镇水口，补风水。"的确，肇庆历年被西江洪水浸怕了。据说胡应台在暗里请了洁珍道士，在塔底下安了镇物。不过造塔是正义的，那时，渡头村梁挺芳、梁挺高两个小伙子也希望"一身正气传为美谈，满腹经纶受人敬重"，依大师之言也参与造塔。

梁氏兄弟说，崇禧塔是头塔，今建此塔就是二塔了。问洁珍大师，二塔有什么作用。

洁珍大师答道："这里两条溪分流水急，所以建塔于此镇水，有防洪作用；这塔按照道教含义，造成实心的，就是聚气；建在府城东南方，属巽方，巽方属于文笔，是要出人才、出元魁的意思，兴文运。保佑人才辈出，读书人功成名就、青云直上。"

洁珍大师又说："胡总督为官清正，爱民如子，做事从'独善'到'有责'，以便肇庆学子亲定元魁，风示天下。我们也应发动大家参与，加快建塔进程呀！"

建塔是好事，梁氏兄弟回村发动，民众十分拥护，纷纷响应，有的出力，有的出钱，端起畚箕，扛着铁锹，带上布袋，立板的立板，夯筑的夯筑，搬基石，下重锤，用壮工，尽全力，红红火火地就开工干起来了。

那日，胡应台前来巡视元魁塔工程进度，因为面积不大，人多手脚快，60天就建起了两层。各层8个面用4个"插杆洞眼"固定，人站在架子上操作。

胡应台看了看实地后，再看设计图，塔的造型，自下而上，每层高度按比例递减，塔檐及千座逐层收缩；塔底设一个小门，塔内通道楼梯窄，只许一人建塔时走动。

他对洁珍大师说，在塔旁加建一间四方形的"印星"小屋，名为"金章阁"；塔内通道只通二层，其余不通；完工后，把小塔门封闭，不出状元不开塔底门！

洁珍大师调侃说："肇庆元魁塔——没门。"

也许这话有玄机，肇庆生计艰辛，人情醇厚，虽然是建造文塔，寄寓出状元，却以笑谑中蕴含辛酸，以喜庆中隐伏哀楚。众人齐闻天籁之音，同嗅灵异之香，尽沐浴在喜悦与感叹之中！

三、以退为进

天启四年（1624）六月，肇庆和广东其他地方一样，皆闹饥荒，斗米值银一钱五分，沿海地区米价更为腾贵。

当时，高要县乡民准备向总督上访反映："我们作为耕种者，收益本来就不平均，还到处征兵加饷，再加上地方官吏向百姓征收赋税，交收不上就采用严催逼供，我们的日子怎么过啊？"

这天，胡应台之妻袁子英跟他说："我爸妈来肇庆多日，准备起程回乡，有一事相求……"

"夫人，岳父岳母有什么事？你说吧！"

"还是你去当面说吧！"

见面，岳父袁忠直对胡应台说："子英她妈一生不曾看见过大官升堂的情景，甚为遗憾。为此，她特意向女婿你提出，希望能在自己家中让女婿演示一番。"

胡应台为了完成这个心愿，特意带他们去"督堂"，准备上演姑爷为丈母娘"升堂"。

刚巧，有个老庄主来诉状说，一群村民实在饥寒交迫，就一起倒毁庄主许多蕉树，连蔸挖出，当饭熬食。老庄主悲戚地望着蕉林，想到往日枝繁叶茂的蕉花惨遭摧残，花去树空，心里滴着血，黯然神伤，老泪纵横。他撑住拐杖，颤颤巍巍地向胡应台哭诉。

胡应台告慰老人说："他们都是乡民，因为贫困没有生路才无奈去做盗罢了！为民父母的官应该为民开寻就生之路，何必驱赶他们于死地？"

于是，胡应台以他的威望压制反对者，下令停止追捕。

一向勤于为治、赏罚严明的胡应台立即召集官员说："额饷当核，额兵当清，军需当节。肇庆土地贫瘠，乡民易意气用事，我们行事更要合乎常理。"

他要求官员实地察看乡民耕作情况，减免各种苛捐杂税，根据耕作者贡献大小给予不等奖励。周边穷乡僻壤的乡民闻讯后，无不争着敦促当地决策者效仿学习，官民矛盾也得到缓和。事后，还想方设法赈济高要乡民。

肇庆算是平稳了，但是七月，广州由于一时米贵，市民聚众闹赈，却成了大事。本来大多数是当地或有小荒，也算平常，但由于达不到救赈标准，有的民众走到地方官府求赈。求赈的方式大多先是以罢市要挟，或是直接到官府哄闹告灾，偶有毁公堂物或殴差役的暴力事件发生。对于这些，惩罚一下也就罢了。

可是，广州是经济中心地位，城市民变即城市集体行动，他们还竟然殴打广州知府程光阳，还辱骂朝廷派遣的、巡视天下的巡按。

胡应台坐不住了，立即下令出兵镇压。为防止变乱扩大化，痛心疾首地传令，斩杀5名为首者，最后稳定了广州时局，使社会呈现向安定发展的趋势。

巡按对发生这样的事情十分恼火。

胡应台对巡按说："他们对地方官的过激行为，其实是希望官员做得好一点；广州人没有大规模地造反，也是因为害怕皇帝的权威和震撼力。我统帅着一支再强大的军队，也只能是维护平和之师。请巡按大人放心，我会励精图治。"

总督胡应台清楚，巡按大臣肯定不高兴，会想找岔子。其实这一年，其他地方比广州民变闹腾得更厉害，比如杭州兵变、福宁兵变，朝廷增加盐税导致地方骚乱，荷兰殖民者侵占了台湾。

时值国难多事，胡应台心中郁闷，却有相当的机智和忍耐力，他不等御旨削职为民，自己先做两手出击准备，一是将情况如实向朝廷奏报："广州民变，由于米贵，殴击知府程光阳，辱及巡按。斩杀为首者五人，乃定。"二是提出交结印绶，托病请求辞职回乡。

朝廷回复：广州民变之事不追究胡应台责任；胡应台"引疾乞归"也不允许。圣旨下，胡应台才50岁，正是为国分担责任的时候，不准病退。

胡应台只好"遵礼法，既留之，必安之"。可是没过多久，又有圣旨到：胡应台任南京兵部尚书。

为此，广东番禺戏曲作家韩上桂专门为胡应台写了一首《广州行呈方伯胡公》："江边鼓吹何喧阗，商航贾舶相往旋。珊瑚玳瑁倾都市，象齿文犀错绮筵。合浦明珠连乘照，日南火布经宵然……"

读史小札

胡应台离开广东去南京任兵部尚书，崇祯三年（1630），南京御史张继孟告他贪污，崇祯皇帝不但不信，反而将胡应台调任刑部尚书，把张继孟调到广西任知府。后来胡应台办乔允升案忤帝意，贬去做具体事务。后又办周奎家丁杀人案忤周皇后，再次贬职，削减俸禄。1634年免职返乡，1644年病故。

何士晋不畏权势　被革职一生冤气

明代各衙署的长官因在衙署的大堂上处理重要公务，故称堂官，对被派遣到外省带有朝廷命官兼衔的总督、巡抚，均通称都堂。"都"是总揽的意思。例如，何士晋，天启四年（1624）升为兵部右侍郎，任两广总督兼广东巡抚，所以有"何都堂"的美称。后来，被东林党誉为马步三军头领"地佐星小温侯兵部右侍郎"。

一、血衣进士风涛多

何士晋，字武羲，江苏无锡宜兴张渚人，1570 年生在富裕家庭，是其父何孝得老年得子。族人趁何家人丁不旺，结党图谋他的财产，杀死何孝得，继母吴氏把年少的何士晋藏匿到娘家才幸免于难。为父报仇，唯有读书，只要何士晋读书稍有懈怠，继母就拿出父亲的血衣给他看，激励他勤奋苦读。因此，年少的何士晋一直把仇恨的种子埋在胸间，与书本一起萌芽，形成冷峻坚毅的性格，与人说话，脸无笑容。后来，何士晋于万历二十六年（1598）举进士，于是，拿着当年父亲的血衣告到官府，把罪犯都绳之以法。家乡人称呼他为"血衣进士"。

此后，他立志做一名"清官贤士"，然而，他的为官之路，正如他去浙江为官所写《游普陀》诗那样："莫言岛屿津梁少，翻觉风涛世路多。两度祝厘登彼岸，愿言千载不扬波。"

明神宗时，何士晋任给事中，疾恶如仇，在皇帝面前，弹劾弄权害人的掌锦衣卫王之祯等人。1615 年五月，皇帝为太后建灵应宫，何士晋直言其"非礼"。但皇帝不听劝告，引发两宫贵妃争宠，发生了张差闯宫，梃击太子案。郑国泰是主谋，应要处理，皇帝却犹豫不决，何士晋认为这是动摇国基的大事，三次上疏力谏，向皇帝借尚方宝剑斩杀郑国泰。皇帝只好"丢卒保车"，就以疯癫奸徒的罪名将张差处死，并将庞保、刘成杖毙于内廷了事。魏忠贤看了奏疏大怒，想加罪于何士晋，又见事大家都知道了，只得作罢。在"张差梃击案"中，人们称何士晋不畏权势，是刚直之臣。

有一年，何士晋回乡，看见一个小孩穿着绿衣服，骑在父亲的肩上游桑园场，何士晋回想自己孩提时的情景，于是，就出口成句："不孝子以父作马。"

小孩眼睛一眨，出人意料地回了一句："慈善父望子成龙。"

何士晋一听，咦，这小子聪颖，就想当场测验一下，又说一句："出水青蛙着绿衣。"小孩妙答："入锅虾公穿红袍!"何士晋暗暗称奇，见没难倒他，就说："小小顽童嘴何利?"不料小孩的小脑袋一晃，吟出一句："孙孙有理驳太公!"

何士晋问其名才知道是卢象升，卢象升日后成为民族英雄。于是，江苏宜兴一直流传"何都堂三试卢象升"的故事。

天启二年（1622），何士晋任广西巡抚。时值贵州宣慰司安邦彦勾结奢崇明反叛，率兵攻破毕节、安顺、平霸、沾益、龙里等处，围攻贵阳。当时贵阳被围10个月，城中户10余万，最后仅剩200余人。城中坚守，援尽粮绝，初食粮（米屯）草木败革，继遂食人肉。明军李云、史永安连章告急。

贵州巡抚王三善，令刘超、张彦芳、线补衮三路并进，杀向龙里，用炮击死叛将安邦彦。而安邦彦远遁陆广河外，贵阳解围。但是，刘超连战皆捷而轻敌。追敌至陆广，被安邦彦诱军深入围攻，大败明军，将领杨明楷被俘，诸将姚旺等26人战死，刘超逃出。安邦彦再围贵阳，远近大震。

广西巡抚何士晋奉命率军支援，亲自督将，朱燮元为先锋，连破麻塘坎、观音庵、青山崖、天蓬峒诸寨，与秦良玉兵合，进攻永宁，一枪刺死叛将攀虎，大败叛将奢寅，追至老军营、凉伞铺，尽焚其营，解救永宁城。何士晋令副总兵官秦衍祚攻克遵义。叛首奢崇明父子一路逃入蔺州城，被参将罗乾象攻克，奢崇明逃至水西龙场客仲坝，依其妹奢社辉防守。明军总兵官李维新攻破客仲，奢崇明父子窜入深箐，其妻安氏及弟奢崇辉被生擒。接着明军又生擒安邦彦其党贼首奢崇明、何中蔚。

此时，安南禄州何中蔚趁机入侵广西上思州，围迁隆峒，掠凭祥白沙村。何士晋说："刚刚平定奢崇明，安南又来叛乱，就不能让我消停一会儿?"不出一个月，一举捉拿了诸多贼首，奏捷于朝廷。

1624年秋，何士晋升兵部右侍郎，任两广总督，将士上下一片欢腾。他在广西桂林叠彩山写下《贵州纪事碑》，过四十九盘岭宿能仁寺时，写诗道：

七七峰回磴，三三寺起钟。泉声飞燕尾，焰色照芙蓉。
籁入珠林静，香浮瑞霭浓。晓来推户看，石壁几云封。

二、何都堂与马总督斗法

何士晋来到肇庆，还未能坐得安稳，就要处理澳门重重危机关系。

1624 年，马斯卡雷尼亚斯首任澳门总督兼陆军司令后，在沙梨头建筑了一个规模巨大，被中国居民称为"城台"的城堡，并在城堡四周围墙上环架了数十门大炮，对海外也对准大陆。

马总督称，建筑历时 10 年，如今才完成。大炮台与妈阁炮台和东望洋炮台组成一道坚固的外围军事防线，以防范海盗之用。1662 年，荷兰人企图入侵，炮台山上的大炮保卫了澳门，把荷兰人击退。

对外可以，对中国就不允许。在澳门问题上，何士晋的态度十分强硬，是抗击外敌入侵的"主战派"。

马总督身材高挑、瘦骨嶙峋，嘴里叼着烟斗，嚼着口香糖，他为人坦诚，憎恨空谈，不愿讨好他不尊敬的人。这样一位自负好斗的职业军人，与笃信"天无二日、国无二君"的何士晋对话，无疑是两头毛驴拴在一根桩上，注定是要尥蹶子的。他们争论不久，马总督便感到何士晋"非常难对付"，而何士晋则抱怨："在澳门，马斯卡雷尼亚斯太自大了。"

于是，何士晋一面上报朝廷，提出"决策防御"，一面以广东官府名义，当即口头传令澳门葡萄牙政府，必须拆除擅自兴建的城堡。但是，马总督置之不理，违令不从。

何士晋接受布政使司参政、罗定备兵蔡善继的进言，采取了"一打一抚"策略，瓦解外夷的傲气，因为蔡善继曾任香山知县，熟悉澳事，并且蔡善继廉洁奉公，执法严明，使葡萄牙人无机可乘，在澳门葡萄牙人中享有很高的威信，其治澳事件亦在香山县人民中广为流传。

1625 年二月二十一日，何士晋命蔡善继向澳门议事会传达手谕，要求拆除城墙、碉堡和炮台。澳门马总督仍然拒不听命，且欲以武力对抗。

何士晋又与蔡善继商议，决定采用"首绝接济，以扼夷之咽喉；既挈揽头，以牵夷之心腹；官兵密布，四面重围；严拿奸党，招回亡命"的一系列措施。下令官兵重重包围，断绝一切供应，并派出间谍，加剧居澳葡萄牙人与澳门马总督之间的矛盾和内讧，最终迫使澳门马总督前来讲和，表示服从命令，"甘认拆城毁炮，驱奸灭哨"。不仅如此，马总督还答应"岁加丁粮十万两，编附为氓"，并"写立认状在案"。正是在何士晋的强大压力下，居澳葡萄牙人不得不签字画押，听从广东政府的行政管理。

1625 年三月二十一日，这个城台最后在中国官员的监督下，用 20 天时间完全拆毁。这是一次对在澳门土地上不服从官府命令的葡萄牙人给予沉重打击的历史事实。

为了防御"红夷"（荷兰人）的入侵，当时何士晋上奏朝廷："今内奸绝济，外夷畏服，愿自毁其城；止留滨海一面，以御红夷。"对于滨海部分地区的城墙，广东官府还是准许葡萄牙人保留下来。

此后，崇祯初年，在广东官府的同意下建筑的澳门城墙基本完成。东北面的城墙设有沙梨头、三巴、水坑尾 3 座城门，作为出入澳门的陆上信道。由此，城墙形成了葡萄牙人赁居地的界墙。界墙以南，是葡萄牙人的赁居地；界墙以北，望厦等各村都是香山县编民。葡萄牙人不得随意到界墙以北，而界墙以南设有提调、备倭、巡缉行署，并设有议事亭，对澳门进行有效的管理。

三、乌龙岗上乌龙塔

何士晋不仅是军政家，还是建筑设计大师，他编著的《工部厂库须知》十二卷，是中国古代建筑工官制度产物的建筑官书，也是继宋代《营造法式》的官式建筑书。

1624 年四月的一天，何士晋与参将王命璿、参政蔡善继等官员一起，遥望高要南岸镇新兴江口的乌龙岗，山脊蜿蜒，松林蔽日，激发了他们登顶探究和造塔的欲望。

那日登山之时，风很大，把何士晋的帽子都吹落了。野草丛生，无路可走，于是他们穿林攀岩，手脚并用，沿直线向山顶爬去，好在山不甚高，只有二百公尺。山顶原来是一大块平地，足有数亩之宽，铺满绿草。

何士晋四面察看，山向东北延伸，广阔田畴，苍翠欲滴，如青螺散落在村庄与农田之间。迷信风水的何士晋认为此地不错，他说，建塔在总督府衙东南方，《易经》将东南方称为巽、为木、为风，引申为顺畅、生生不息之意。所以何士晋将塔的名称也定为"巽峰塔"。

何士晋享受了一番登高望远的乐趣，便要下山了。岂料下山比上山更难走，坡上铺满了厚厚的松针，穿鞋走会滑倒，于是他先把鞋子扔下去，分段滑草滑下来。第一次登山真正体现了一个"爬"字。

塔名有了，选址定了，就等设计了。何士晋负责设计，他用官式建筑，为肇庆策划建造一座独一无二的风水塔。王命璿负责组织人力物力，蔡善继负责监工。

　　蔡善继接过何士晋督的设计图，细致研究，巽峰塔属楼阁式穿壁绕平座砖塔。外表 7 层，内为 13 层。高约 12 丈，底层直径为 3 丈，平面呈八角形。

　　何士晋解释说，风水塔担负着兴人文、焕地脉的重要作用。所以塔内第一层即为暗层，辟有神龛一座，第二层对开上下梯级门，无神龛。第三层开真门四个，设神龛四座。第四层对开上下梯级楼门二个，设神龛二座。第五层开真门四个，设神龛四座。第六层对开上下梯级楼门二个，设神龛二座。第七层开真门二个，设神龛二座。第八层，对开上下梯级楼开上落门，北开平门，设神龛二座。

　　从第一层至第七层外表的真假门两边无筑斗柱，但转角处皆筑有依墙柱，平面露出无设柱础，柱顶也无设斗拱。每面依墙柱之间，上部用砖砌出仿木拱额、普柏枋和檐枋，枋之上为棱角牙子砖与线砖叠涩出檐，在肇庆诸塔中确有其独特之处。

　　蔡善继按照何士晋的要求，塔檐的造法比较精细，第一层和第七层都是以六层线砖与二层牙子砖叠涩出平座，由于伸出较短，故平座无栏杆。第二至第六层塔檐，除了少出一线砖与一牙子砖之外，其他造法与各层相同。塔的外墙颜色是，红白互相间隔。塔体内外墙壁以一顺一丁铺砌，所有塔墙外表，均用白纸筋灰浆批荡，以保墙体。红白辉映，分外好看。塔的造型，自下而上，逐层缩小，成尖顶，上盖覆盆葫芦。

　　塔内层门洞处于不同方位，逐层透门望景，景景不同，犹如进入一个万花筒中，尽览四面八方的风光。当你走近时，偶尔传来沉重的木门"吱呀"声，使这座古旧的塔增添了一丝庄严和神秘。在这片古朴的宁静之中，后人细细品味着这位旷世奇才的心路历程以及书香世家的沧桑和辉煌。这种设计在明代砖塔中，"巽峰塔"属首例。

　　就在此时，太监魏忠贤独揽朝政，陷害忠良，凡是"张差梃击案"中出头的大臣，都遭到了他的恶毒报复。御史田景新秉承意旨，出面诬告何士晋曾受叛臣安邦彦贿赂十万金，并阻援兵。

　　1625 年六月，朝廷将何士晋除名罢官，征贿助军饷。当官府到何家追所谓的赃款时，家里总共只拿出数百金。何士晋"笑不得，哭不得"，因为他患有高血压病症，一笑面部就抽筋，头脑就发胀。所以，何士晋的后半生是不会辗然的。

　　也许，魏忠贤有意为何士晋摆了个大乌龙，抑或是何士晋在乌龙岗上造巽峰塔俗称为"乌龙塔"。但他没有待塔建好，便被就地罢官了。蔡善继认为，这是举世杰作，仍继续监管，直到 1627 年才竣工。因此，后人流传着"乌龙岗上乌龙塔"的故事。

塔影松声，萧然远俗。何士晋在肇庆一年，被革职为民，不堪其冤，回家乡桃溪后，1627 年冬忧愤而终。直到崇祯帝朱由检上台，下诏抚恤，何士晋才得平反昭雪，恢复官职。后人就在原宜兴撒珠巷建"何公祠"。

读史小札

何士晋《明史》有传，1615 年撰《工部厂库须知》十二卷，对各厂库的编制、职掌、例行任务、工程和成造器物（包括军器）的物资来源、规则制度、用工用料的限额等，均有较详细的记述，为明代后期建筑工程、工业技术以及社会经济的文献，工部尚书林如楚在引言中，认为是"不刊之典"，应遵照施行。

商周祚难为天官　石像下功过谁定

道教奉天、地、水三神，亦叫三官，天官即其中之一。旧时说天官赐福，是祈福消灾的吉利话。在明代肇庆两广总督中，有一个被称为"商天官"的。

这个"商天官"名叫商周祚，字明兼，号等轩，浙江会稽（今绍兴）人。他生下商景兰、商景徽二女，分别嫁与祁彪佳、徐咸清二人，前者生德渊、德琼、湘君三女，后者又生徐昭华，一门竟有八名才女："商夫人诗逼盛唐，子妇楚缟、赵璧，女卞客、湘君辈，讲究格律，居然名家。"

众所周知，浙江绍兴的黄帝陵、大禹陵、兰亭历史悠久，著名人物西施、王羲之、谢安等闻名天下。而鲜为人知的，还有明代军事家商周祚。

他于万历二十九年（1601）中进士，授邵武县令五载，廉洁如冰，因为民赔垫贴补而致家产殆尽。1620 年，他任福建巡抚。据说，在任内不征民间一钱，擒斩剧盗，抗击倭寇侵扰，1625 年七月，商周祚顶替何士晋，出任两广总督。故离任之日，闽人为之立祠，人称"商天官"，因为，商周祚之名有寓意，商周，指商朝周朝两朝之国名，祚指王业、国统。

一、成名于福建

商周祚是一个博闻好学的人，对民间故事有雅兴，以"每闻乐事心先惬，或见奇书手自抄"作为人生态度。为教化民众、安定社会、树立模范、宣传正能量，他想了很多办法。任福建巡抚时，他听说一个故事，讲述元代福州守臣柏帖穆尔有一小女，名柏姬，十多岁，喜养白鸡，分给穷人。岂料，一日夜深，众贼潜入府衙欲窃白鸡。柏姬带领两个家丁与贼搏斗，因力不敌凶贼，受重伤终至香消玉殒，葬于金鸡山顶。

商周祚觉得这个故事很感人，就随民意在衙署旁修建了"柏姬庙"，让后人祭祀，感念她的英雄事迹。

有人说，商周祚为官清廉，爱惜人才，敢抗外敌。1623 年正月，荷兰人进入澎湖，且筑城驻足。商周祚作为福建巡抚，他要求荷兰人立即从澎湖退走，理由是："因为这岛是中国皇帝的财产。"但荷兰人不肯接受，他们提出的要求大致有两个：一要跟中国通商，二要中国禁止与马尼拉的西班牙人通商。如果能做到，才考虑退让。

也许，大明朝的官员不知道海洋世界变化如何，商周祚只认为荷兰人"进无所掠，退无所冀"，对福建没什么危险。然而，与荷兰人相比，当时的海上通商已进入世界新格局。

商周祚只考虑海外经商都是强盗，会有越来越多的强盗光顾，引起无休止的扰边。于是与荷兰人谈判，来来往往谈了几回，商周祚发现越谈，荷兰人越是增兵添将。因此僵住了，彼此都没有退让的意思。剑拔弩张的时候，一场战争往往就紧随而来。

福建水师是名声在外的，号称中国最精锐的水师，却压根不是荷兰人的对手。商周祚向朝廷说："夷舟坚铳大，能毒人于十里之外，我舟当之无不糜碎。即有水犀十万，技无所施。"

战将们认为要打。商周祚分析双方的力量，并无十足取胜的把握："彼方依大海波涛之险，挟巨铳坚舟之利，盘踞以筑城，勾连以内向。而我积衰之兵、不完之器，汪洋澎湃之中，一彼一此，能操其必胜乎？"

将士们依然决心用兵，提出以战谈和。于是，福建陈则庚、徐一鸣、谢弘仪和俞咨皋4支队伍总兵，先后率水师40艘舰船，运载2 000多名将士在澎湖北部的吉贝屿登陆，突入镇海港，对荷兰施加更大的压力，终于使退守风柜尾的荷兰人无法再坚守下去。双方议和，荷兰人从澎湖退走，退往台湾大员（即现在的安平）。

一战调和，商周祚高度评价谢隆仪最为勇猛。"今升广东总兵官谢弘仪，满腔忠赤，八面威棱，掳长策于师中，一炬奏斩俘之绩，运奇筹于海外，孤军收恢复之勋，身许国以靡他志。"

1623年十一月十八日凌晨四时，谢弘仪与顾思忠为征讨红毛第二路军，前往镇海港，会师都督徐一鸣，与赵颇、陈天策、朱梁、王宗兆、李知纲等部队一起攻剿夷人。两艘荷兰单桅帆船遭受50艘火船的袭击，其中1艘被烧毁。生擒酋长高文律等52名，斩首8名。

商周祚将战报拿起来看了两遍，默默沉思了片刻，却忽然轻松起来，拟奏稿称："中左所为同安、海澄门户，洋商聚集于海澄，夷人垂涎。又因奸民勾引，蓄谋并力，遂犯中左，盘踞内港，无日不搏战。又登岸攻古浪屿，烧洋商黄金房屋船只。已遂入泊圭屿，直窥海澄。我兵内外夹攻，夷惊扰而逃。已复入厦门，入曾家澳，皆实时堵截，颇被官兵杀伤。"朝廷自然高兴了。

福建一时平息了夷人乱局，对于朝廷来说，自然是个相当不错的消息，觉得商周祚果真是个能员，为皇帝排忧解难，比起其他省的那些总督、巡抚，做事要靠谱太多了。

商周祚名利双收，一方面在圣上那里落得了一个能吏的印象，另一方面在福建还赚了"商天官"的好名声。

二、被贬于广东

"粤海无军门，天官当大任。"1625 年，肇庆来了商周祚任两广总督。

商周祚的爱将谢弘仪，善于治军，镇守广东，分忧战事。商天官说，谢弘仪参加了无数次保卫祖国海疆的战斗，用兵作战，因敌变化而制胜，根据不同的事势，即地形、时间和作战对象定其战略和战法，主张多方误敌，以奇制胜，可称为"谢氏海狼兵"。

邑民称颂说："谢弘仪公一出兵，擒获夷王，歼灭群丑，收复失地，仅两个月便建大功、士气不衰，财帛少费，此闽省二百年所未有也。"当时"一门七进士"的陈一元，送谢弘仪元戎移镇粤东作诗一首：

喜从文酒接清欢，岁序峥嵘惜别难。雄略百蛮开幕府，美名六代重词坛。
戟门月炤牙旗肃，甲帐风传画角寒。予亦远行将就道，相思红日近长安。

之后，广东总兵官谢弘仪以中府都督金事招抚广西，加右都督（正二品）兼右副都御使、都护（从一品）。而谢弘仪的海防力量依然集结在广东。商天官调集了一些粮食和军费以及物资装备给谢弘仪，虽然这些钱粮对于"海狼兵"近期的支出来说，只能算是杯水车薪，但是毕竟代表了商周祚的态度。

1626 年，荷兰人聚众万人，驾舟百艘，来往海洋，屡次窥侵南澳，焚毁官军兵船，不受官府招抚，曾攻侵惠来都龙头乡。这样一来，如何收拾两广残局，安顿百姓的任务就落到了谢弘仪的头上。"谢氏海狼兵"一连打了几个胜仗，荷兰人虽然号称"纵横七海"，但他们从未遇到过如此猛烈的攻击。殖民者见大势已去，只好树起白旗，在明军监视下拆除经营两年的澎湖要塞，灰溜溜地"扬帆而去"。此后，荷兰殖民者"不敢再窥内地者数年"。沿海稍加安定，商周祚也就舒服了。

一天，商周祚从肇庆到粤东，慰问"谢氏海狼兵"，谢弘仪陪他走到澄海县"海滨邹鲁"处，陈高飞"一门三进士"匾，陈复平、陈正运父子"一门二乡贤"碑刻，陈元勋"一门三代一进士五举人"锦纶，陈景通一家"一门忠烈"

木额等，让商周祚兴趣大发。他说，这些人物的昭昭业绩都离不开爱国、爱族、爱家，为实现民族的远大理想，对祖国一片忠贞的思想境界。

陈氏请商周祚为祠堂题写"世德堂"匾，落款"总督两广军务兼理粮、巡抚广东地方兵部尚书兼都察院右佥御史吏部尚、门人商周祚顿首拜赠"。

陈氏家人也请谢弘仪为"世德堂"题写一联："世受国恩，九重丹诏荣三代；德传祖训，亿禩簪缨萃一门"。陈氏家人十分中意，吟诵一番说："九重丹诏者，皇帝命令也；亿禩簪缨萃，祭祀达官贵人的冠饰也。好好好！"

谢弘仪以都督同知为右都督、招抚广西之日到了肇庆，拜见商周祚，却突然来了一个"肇庆王"朱由榛。朱由榛系宪宗（成化帝）七代孙，恭王朱常溉第五子。于是，肇庆又多了王气。

1626 年，肇庆王无事可做，商周祚就与肇庆王往返广州、肇庆之间，经常饮茶闲聊。没过多久，广东多数地方发生了饥荒的怪事。三水大旱复大水，东莞、番禺、新会、英德、长乐皆大旱、大饥荒，物价飞涨，一时间韶州府、惠州府"盗贼盛行"。唯独高州府则大丰收，斗谷仅 7 文钱。

商周祚没有多想，将情况一纸上报。

问题来了，因为明熹宗没有文化，只靠听读别人的拟稿来决断，但他又不愿意全听别人摆布，往往不懂装懂，一纸草诏、半张上谕，经多次涂改，往往弄得文理不通，颁发出去，朝野人士看了啼笑皆非。

这次，商周祚上章奏报，奏章中有"追奔逐北"一句，皇帝身边的一个叫何费的太监认为这是商周祚的笔误，把"比"写成了"北"，其意平息盗贼，四处奔走，非常辛苦。而太监对皇帝夸夸其谈说，商周祚怎么知道盗贼一定是向北逃窜，为什么不会向东、向南、向西呢？

明熹宗听了大发雷霆。商周祚不但未得到奖赏，反而受到"贬俸"的处罚。

所以，商周祚在肇庆，"功是肇庆王的，罪是自己的"。

三、商天官后话

这一年底，扶余、琉球、暹罗三国派使臣来进贡，拜访商周祚、肇庆王后再上京。

扶余进贡的是紫金芙蓉冠、翡翠金丝裙，琉球进贡的是温玉椅、海马、多罗木醒酒松，暹罗进贡的是五色水晶围屏、三眼鎏金乌枪等。邦国的进贡，而且进的是贵重礼物，明熹宗原本应隆重接待。在金殿上，尽管使臣递上的是商周祚写的奏章，太监魏忠贤接了，由于也是目不识丁，忙转手递给明熹宗，明熹宗装模作样地看了半晌，把进贡的奏章当成是交涉什么问题的奏疏，不由大怒起来，将奏章往地下一掷，说："外邦小国好没道理！"说罢拂袖退朝。

三国使臣丈二和尚摸不着头脑。琉球的使臣比较有心计，经多方打听，才知道大明皇帝原来不识字，使臣们几乎笑掉了大牙。从这年起，外邦各国大都停止了进贡。

1626 年十二月，商周祚离任两广总督，改任南京刑部尚书，看来商周祚是升官了，但是去了半年，魏忠贤劝他以母亲年老为名，请告归养。商周祚在家里一居就成了十载的平民。

商周祚隐居，明白了一个道理：君与臣的利益是相反的。主上的利益在于尊贤使能，而臣子的利益在于无能而任官；主上的利益在于按功行赏，而臣子的利益在于无功受禄；主上的利益在于使用能人，而臣子的利益在于结党营私。

崇祯十年（1637），商周祚又被重新起用为都察院右佥都御史，掌院事。刚任了半年吏部尚书，由于"刚正不阿，屡违圣意"而被削职归故里。

商周祚在家闲来无事，撰写志传自娱，著有《国朝武机捷录》。后来又在 1644 年六月，担任南明弘光政权的吏部尚书，却于 1646 年六月降清。

话题再转到商周祚之死，这是一个谜。有传说是战场上交战时，其首级被敌人割去，因为勇敢而皇帝赐他金头。也有传说是因遭奸臣陷害，被皇帝错杀，皇帝悔恨不及，就给他镶了一个金头。他的官属正二品，他的墓在兰亭联合村商家山北坡。墓前应有石翁仲十尊。在古代，陵墓前安设的石人、石兽统称石像生，又称"翁仲"。翁仲，原是秦始皇时的一名大力士，名阮翁仲。相传他身长一丈三尺，勇猛异于常人。秦始皇令翁仲将兵守临洮，威震匈奴。翁仲死后，秦始皇为其铸铜像，置于咸阳宫司马门外。匈奴人来咸阳，远见该铜像，还以为是真的阮翁仲，不敢靠近。于是后人就把立于宫阙庙堂和陵墓前的铜人或石人称为"翁仲"。

据说，商周祚墓一边是民居，一边是文物，仅仅一堵围墙，却隔断了一段历史。墓前"翁仲"倒地横躺在泥土里，讽刺的是，头部恰好是在去往山上的过道上，人们上山，必须踩过他的头部才能上山。可以说，百年凄惨石像生。

读史小札

商周祚授邵武县令五载，廉洁如冰，因赔贴而致家产殆尽。任福建巡抚时，不征民间一钱，擒斩剧盗，抗击倭寇侵扰，故离任之日，闽人为之立祠。在广东无功也无过，但在最后晚节不保，投降于清军。他的一生功过，谁人评说？

李逢节倒霉官僚　军门府成生意门

岁月流逝，两广总督轮流更替较快。天启七年（1627）正月，李逢节以南京工部右侍郎升兵部右侍郎兼右佥都御史、两广总督，来到肇庆，把军门府作为安乐窝，经常在肇庆和广州之间会商、会客。

一、吴李反目

一天，李逢节出行到肇庆城隍庙上香。因为他从小在江苏苏州长洲县长大，信神，1607 年登进士，授行人，升太常寺少卿后，曾为姑苏城写《重建观音殿记》。这一次他在城隍祀典，是秉承城隍赋予城市守护神的面目与功能，御灾难，安生聚，垂丰穰，庇百姓，因此他要搞活一个城市不可或缺的祭典场所。

李逢节一脸福相，是一个典型的富家翁形象。但是，眼神和言行举止与常人相比显得有些诡异。他让 4 人抬轿子，几十名军丁在前后保护，乘舆张盖，送到城隍庙。

一具香炉着香火，大堂的板壁上悬挂着几副字画，一旁的暗格中摆放着鼎炉之物，除了烟茶果品点心之外，还有几名面容姣好的侍女在那里伺候。看到这幅景象，李逢节不由得暗自吞咽了一口唾沫，说："城隍爷倒是好会享福！"

刚好，广东右布政使吴兆元也应邀祭典，与李逢节等一班官员一齐入庙参观。走到《肇庆城隍庙记》碑前停了脚步。

吴兆元读着这篇弘治七年（1494）写的碑文。这是肇庆知府陈冕邀请陈献章写的，当中赞扬了郡守黄琥的政绩，阐述了"为官者心正，则天地之心亦正"的观点；认为人神一理，神的存在有利于统治者政权的巩固，"以祸福代赏罚"。

李逢节一边看一边思考。"聪明正直之谓神，威福予夺之谓权，人亦神也。权之在人，犹其在神也。是二者有相消长盛衰之理焉。……民日汹汹以于鬼神之谴怒，权之用始不穷矣。"神与权之间具有对立统一的联系，即相互消长而盛衰的规律。神与权是相互为用，相互转化，相反相成。李逢节认为陈献章说得有"理"。

而吴兆元认为，为政清廉，公私分明，才是做人之"理"。他说："我在广西布政兼视盐政任上，当地无产盐，便岁输协济银 8 万两向广东购买。运盐的船

212

工常贷余盐于己，实为侵蚀官盐，导致拖欠盐运者被追捕拘囚不断。法当清其源，空囚此辈何用？"

李逢节反问："你说怎么办？"吴兆元说："对症下药，治弊先治本，这样才能入公盐者立增，被囚者顿减，利国又利民。"

李逢节心想，拜庙烧香，不想谈工作。就对吴兆元私下说："有理无理，吃一餐河鲜再去广州。"

吴兆元有些不解："总督大人不驻肇庆，怎么又去省城？"

李逢节心中不大高兴了，虽然两广总督府的治所在肇庆，不过我李逢节可随时去广州，不需要理由，毕竟还兼有一个广东巡抚的职务。但是，李逢节有自己的想法，说："忧心国事，见两广地区兵备废弛，兵甲不修。打算整军经武，采办精铁铸造红夷大炮等物，广州距离澳门较近，往来极为方便。不想耽搁了军国大事，故此，才到省城。"

吴兆元正想说特地来向总督汇报工作的。李逢节好似摸到吴兆元的脉搏，眼睛猛地亮了一下："我很忙。广州这座成市是国内外贸易舞台，各国贸易都以此为中心，各地的产品在广州都可以找到。东京、交趾支那、东方群岛、印度各港口、欧洲各国、南北美洲各国和太平洋诸岛等地商品，都被运到这里。我不行吗？"

"总督大人辛劳国事，正为吾辈楷模啊！"吴兆元很恰当地送上了一顶高帽子。趁此时之际，在两广盐商关节，与总督交流一下。

走到江边，停泊着一艘豪华花艇大舫。肇庆虽然比不上名震广州城鳞次栉比的"水上行宫老举寨"（即妓馆），却也让人感到寻欢者非富即贵，除商贾官宦外，闲杂人等不得入内，只能倚岸赏观。如果在晚上，可见花艇灯火通明。透过船舱雕花玻璃，妙龄女郎风姿绰约，男男女女放浪形骸，依稀可见；欢声笑语、丝竹管弦、猜拳行令之声，不绝于耳，俨然一派西江夜色风月景。

此时，大花、小花姐妹两个，见李逢节军门到来，立刻如同出谷黄莺一般娇滴滴地向他扑来。一身薄纱制成的黛袄，将大花、小花姐妹的身材勾勒得一览无余。豪华的客厅陈列各式珍馐，令人赏心悦目。她们礼仪周到，显得十分虔敬，频频让酒。酒兴正浓时，李逢节唤出一群歌妓，个个盛装艳丽，如出水芙蓉。悠扬的丝竹声，见一美女天生丽质，穿着素淡，先自边唱边舞。其舞姿，体态轻盈，飘飘欲飞；其歌声，音质清丽，恰似夜莺啼鸣。

李逢节说："现在广东军务不忙，我不想整天听到打仗时军中特有的金鼓及各式号角之声；不想看到千军万马和山头上报警的狼烟。这些除了带给军人激昂、准备厮杀的情绪以外，还能得到什么？但在这繁华之地，远离战场，亲眼看到了世上最美的女人，听到了与军号完全不同的西江靡靡之音，这对我们来说，是平生大饱眼福，感到一种从未有过的满足……"

李逢节神移心荡，对愁云紧锁的吴兆元说："这位真有倾城之色！"

吴兆元惊呆了。他认为这是十足的"文不思政，武不思器"的典型。他坚决辞别，表示廉洁忠贞，朝野可鉴。

吴兆元为何不给李逢节好脸色？因为他清正。明思宗朱由检登基时，在京赐宴天下入觐郡守廉异者，吴兆元列四位廉异者之首。后出任韶州知府，与民休息，军饷以时供给，"政平讼简"，大得军民之心。当时，魏忠贤党人崔呈秀以同籍相慕，欲拉拢他，吴兆元绝不与其往来，何况一个李逢节？

吴兆元一走，李逢节愤愤地将酒一饮而尽，把酒杯重重地拍在桌案上。

二、父子密谋

李逢节在肇庆花天酒地之际，朝廷变天了。

1627 年夏天，27 岁的朱由校与妃子在魏忠贤陪同下，到西苑乘船游玩、饮酒，然后泛舟荡漾，却被一阵狂风刮翻了，跌入水中，朱由校被淹过半死，落下了病根，身体每况愈下。尚书霍维华进献一种"仙药"，叫灵露饮，说服用后能健身长寿。服用一个多月后，竟得了膨胀病，卧床不起。朱由校预感到自己来日不多，便召弟弟朱由检入卧室："吾弟当为尧舜。"命他继位。

八月二十二日，朱由校终其一生，遗诏立弟朱由检为皇帝。"兄终弟及"，年仅 18 岁的朱由检称思宗，接过了哥哥手中的烂摊子，登上了历史的舞台，成为明朝第十六位皇帝，也就是明朝亡国之君。

1628 年正月，明思宗朱由检改元"崇祯"。崇祯皇帝烧起三把火：第一把火，定制每日在文华殿与辅臣共同处理朝政。第二把火，除掉了恶贯满盈的、权倾朝野的、奸宦遍朝的"阉党"，搜家财充公。魏良卿、侯国兴伏诛，崔呈秀戮尸，削冯铨、魏广微籍，魏忠贤自尽。260 余人或处死，或发配，或终身禁锢。第三把火，下令在全国整顿财政，裁撤官员，以节省财政支出。就驿站而言，驿卒也得裁员，据说仅此一项，一年就能为朝廷节省白银 68 万两。

朝廷的内库空虚，需要筹措饷银。在金殿上，崇祯皇帝要求大臣们慷慨解囊，捐款付饷。那些大臣谁也不愿响应，甚至连富可敌国的国丈、太师周奎，也只肯出几两银子。

李逢节也从肇庆捐出 20 两银子。在肇庆总督府书房中，他与儿子李沛霆探讨一番国家大事——北方战事。朝廷要收复全辽，李逢节的重任是从南方制造武器北运。李逢节面露喜色，对儿子说："如果在这时候能够在广东采办得到海外精铁造炮，那你我父子一番公心便昭然于天下了。"

"不知父亲打算如何重整两广兵甲，全力支持收复全辽之事？"

"崇祯帝命我与广西巡抚王尊德转托澳门葡萄牙商人购炮募兵。要铸造20尊红夷大炮，还要铸造100门红夷小炮，甲杖兵器若干等送往京师。"红夷炮就是"和兰炮"。明朝人称荷兰为"和兰""红夷""红毛蕃"。此炮又称西洋大铳、西铳。

这需要多少钱和钢呀？制造20尊红夷大炮，以每门3 000斤计，至少6万斤。100门小炮，每门以1 000斤计，就是10万斤，加起来将近20万斤。这还不算铸造之时的损耗，不含炮架炮车等附件，不含炮子之需要。况且，铸造大炮，成品率很低，每10门之中，能够成二三门的，便堪称"国手"了。如此算下来，这20门大炮、100门小炮，所需钢铁便不是一个小数目。余下的铁料可以打造多少鸟铳、刀枪，在两广地区销售。

李家父子露出了难看的吃相，都是因为回扣太诱人啊！

李逢节又说："你去告诉葡萄牙商人，为了保障大明军需，商人尽力捐输，忠心可嘉。我大明天朝，绝不能亏待如此赤胆忠心之人。我会以总督衙门的名义下一个札子，传令两广各级官吏，为确保军需，一切开绿灯。"

李沛霆依计而行，走进了汉元商号，他如实转达。老板也殷勤，因为得到了总督大人的直接支持，工作进展非常顺利，也令总督的直系亲属赚得盆满钵满。

但是，无意中得罪了广东官场上的很多人，为自己制造了不少麻烦，这是李沛霆始料未及的。

王尊德也在广东，发现情况后对李沛霆说："好小子！给我听好了！我知道你一贯是什么德行，什么'吃拿卡要'的，都是你的好手段！我平日里睁一只眼闭一只眼，也是想着你跟父亲从京师到这里来不容易！但是，你以后别把家的生意变成卖国生意！"

李沛霆只得一个"是"字。李逢节也只好将他儿子"修理"了一下，后来，李沛霆不知行踪。原因是，一天夜里，李沛霆在江边酒楼醉生梦死之际，楼上突然蹿起一抹红色火光，人群开始骚动，嘈杂声四起，忽闻一人高声惊呼"火烛了"，紧接着大火冲天猛烈燃烧，李沛霆衣衫不整，赤身露体，眼睁睁看着大火烧身，无路可逃，瞬间被火焰吞噬，他破门窗跳入冰冷刺骨的江水逃生。一时之间，火借风势，风助火威，酒楼发出噼啪巨响，撕心裂肺。江风越吹越劲，火势越烧越猛，火光映红了江面和岸边，宛若白昼……

事后查明，这场火灾的肇事者竟然是李沛霆。是日，李沛霆参加晚宴，觥筹交错，酒酣耳热之际，色心又起。同席人员声称略尽地主之谊，引李沛霆入室寻欢。其间两名雏妓贪玩，互掷"金钱炮"嬉戏，又频抛媚眼，特意对李沛霆欲拒还迎。李沛霆乘一妓不备将其揽入怀中，妓女撒娇，半推半就时打翻了火水灯，楼板顿时着火。

事后，李逢节当然要表态，命李沛霆不准住肇庆，不准投机军火。这样，一场风波平静了许多。

三、匆促离岗

1628 年，陕西爆发大规模农民起义。许多人失去了生活来源，要么等死，要么揭竿而起。饿死是死，造反也是死，与其做饿死鬼不如做饱死鬼，运气好的话，说不定还能封妻荫子，留名千古。于是"闯王"的旗帜在北方飘起。

广东也在打仗，总督李逢节这个人才能平庸，性格软弱，素以安稳地方为主张。十八芝海盗肆虐福建沿海时，他拒绝了福建官员请求广东水师协防闽南沿海。反而严令广东总兵官谢弘仪领水师死守潮州府，不得擅自越过省界挑衅海盗，坐视海盗攻打了闽粤边际的东山岛和铜山所。此时，李逢节还抽调 1 700 余名兵回防虎门，在武山建寨城、筑铳台、置泛口，内外水陆兼防。

刚好有海盗挑衅粤东，谢弘仪毫无惧色，提着大刀硬上，以不到 5 000 人直面攻击。以门板、蘸水棉被为防弹衣，以长枪大刀和鸟铳，发起了冲锋。一举攻进临高众匪的防线，并顺利砍掉了若干临高匪徒的指挥官的狗头，逼迫着匪徒们采取白刃战。

然而诡异的是，郑芝龙率领的十八芝海盗集团也同广东地方保持了默契，除了一些小的袭扰之外，并没有对广东沿海发动如同福建沿海这样大规模的劫掠行动。

广东海道稍宁，李逢节又分兵移调，削减兵员仅为 780 余人，而且器械失修，粮饷日减，管理无序。李逢节的行为自然引起了福建地方官员和朝中福建籍官员的不满，对于他的弹劾早就堆满了崇祯皇帝的案头。

不过李逢节也堪称能员干吏，有自己的算盘，他怕两广一旦出事，乌纱帽不保。所以他前后共计铸造了 20 门红夷大炮，佛郎机火炮数百，都是一时之精品，而且造价颇为低廉。在澳门所购募的炮师和大铳，由都司孙学诗督护进京。

李逢节一味求稳、胆小怕事的性格，显然不适合担任这种位于边境地区的军政最高长官。内阁推荐由广西巡抚王尊德接任两广总督，王尊德的风评不错，做事刚正不阿，在财务上也以廉洁出名。不过他对于军国之事则是一窍不通，之所以这么说，是因为他在辽东任职的时候遇到建奴攻击，他的行为举止颇为混乱无措。

而广西崇山峻岭比比皆是，地形十分复杂。境内有人口100多万，其中"狼人"居半，瑶、僮三分，汉人不过二分。位于各山林内无法计算的少数民族人口，应当也不会少于百万。"狼人"居于桂西，而汉人主要在桂北的桂林、梧州两府，瑶、僮两族则大多居住在桂东地区。而桂东靠近沿海的钦州、廉州两地因为开发较早，又有海道同广东相连，人口以汉人居多。因此，朝廷干脆把这两地都划给了广东省，并抽调桂西狼兵驻守在汉瑶两族的交界地区。

按照崇祯皇帝面前的资料，除了钦州南面永安州这块广西飞地，这个时代的广西基本就没有海岸线了。想要开发广西的蔗糖产业，就必须找个敢于任事，还没有被官场消磨掉意气的官员。而坐镇两广总督之人，又必须有足够的资历和经验，以应对突发事件。

朱由检翻看了一遍这批起复官员的培训简历和刘宗周在一边写下的个人评语之后，便把目光聚焦在"文安之"这个名字上。根据刘宗周的评语，文安之不但是这批官员中学问最好的，治学态度也非常严谨，因此可堪大用。

用过午膳之后，朱由检便跑去了文华殿，召见了黄立极。朱由检同黄立极见礼之后，便道明了自己的来意："今日朝中弹劾两广总督李逢节的奏章不断，内阁方面对此事是什么看法？"

黄立极对着崇祯皇帝习惯性地拱了拱手，才说道："老臣以为，两广地区地位重要，是我大明腹地同南方土人之间的重要屏障。特别是广东，既有海防又有陆防，且广东的税赋又是用于西南平乱的大头。老臣以为若是两广总督所用非人，则大明东南半壁江山就有动荡的风险。李逢节处理海防一事，采用以邻为壑之策，不仅大大地伤了朝廷的颜面，也给各地官员开了一个很不好的头。老臣以为，应当夺去李逢节两广总督的头衔，然后勒令其回乡冠带闲住。另选一位才能卓著的人，担任两广总督。"

朱由检想了想，便询问道："黄先生可有什么合适的人选吗？朝中倒是有不少人主张，让广西巡抚王尊德接任两广总督，然后再委派一名广西巡抚过去。"

对于皇帝的问话，黄立极安静地思考了一会儿。"陛下，这两广总督和广西巡抚同时调任，会不会让两广的官员人心惶惶啊？广西本就是土汉杂居、民风彪悍的地区。王尊德任广西巡抚期间，地方上能保持安宁和平，便是因为他品行高洁。若选了一个不合适的人选，岂不是给自己找麻烦么？"黄立极想要说服崇祯皇帝打消这个念头。

不过崇祯皇帝显然并不畏惧黄立极设下的难题，他转头让王承恩拿出了一张纸，然后递给了黄立极说道："黄先生，朕以为可以让这个文安之去担任这个广西巡抚……"

1628 年八月底，李逢节走出肇庆军门府，跑回苏州老家，隐姓埋名，写下了《静观斋集》的诗文集。

读史小札

天启七年三月，陕西澄城县爆发民变，杀知县张斗耀。崇祯元年（1628）十一月十七日，白水县民王二首举义旗，聚众攻蒲城之孝童，韩城之淄川镇。接着，府谷王嘉胤、宜川王佐挂并起，攻城堡，杀官吏。安塞高迎祥、汉南王大梁，复聚众响应，迎祥自称闯王，大梁自称大梁王。由此揭开了明末农民大起义的序幕。

王尊德布衣素食　最难得人称拗督

崇祯初年，政治动荡剧烈，朝廷把南大门交给了副都御史王尊德把守。

王尊德，字存思，贵州贵阳人，据说，其老家是安徽省泗县。1604 年进士出身，标志着黔中灿烂的文化之花结出的丰硕之果。他是一位封建时代高官中标准型的好男人，生活简朴，清廉刚正，疾恶如仇，成为黔人的骄傲、黔人的榜样。他曾典视云南，巡抚广西，1628 年九月，晋升为两广总督，直接掌控数十万兵民的命运，到达了一个疆臣的顶峰。

一、组织大炮抗清

王尊德上任两广军门之时，整个大明帝国可谓风忧雨患。主战派崇祯皇帝，为阻止清军入侵，令兵部尚书崔景荣、两广总督王尊德、福建巡抚熊文灿等仿制红夷大炮。

王尊德在思考，清军是怎样"冒"出来的。

万历十一年（1583），大明辽东总兵李成梁，率兵攻打建州女真部的古勒城。在明军遭到激烈抵抗之时，女真人塔克世和父亲两个人冒险进古勒城劝降。没想到劝降未成，明军突然城破，冲进去不分青红皂白便把塔克世父子也杀了。父子俩本来为明朝做事，不料遭此惨祸，明朝解释这是"误杀"，给塔克世的儿子赔了 30 匹马了事。

然而，塔克世有个儿子，名叫努尔哈赤，以十三副遗甲含恨起兵，从"含恨"二字不难看出他为什么要造反。杀父之仇，不共戴天！

但他不敢与明朝公然为敌，只能暗中积蓄力量，苦心经营。几十年后，努尔哈赤统一了女真各部，建立后金政权，雄踞关外。多年来，清军野心勃勃，意图逐鹿中原。数年之后，努尔哈赤去世，他的儿子皇太极继位，改国号为大清，对抗大明。

话题再转到崇祯皇帝，他算是最勤政的，即位之初，民间欢呼不已，称颂他为"圣人出"。他宵衣旰食，朝乾夕惕，20 多岁头发已白，眼长鱼尾纹。他极力主张抗战与安内，所以需要武器。

1629 年二月，人称"拗总督"的王尊德将生产火枪、火炮、日本刀和澳门葡萄牙人捐献的大炮集中在广州，派副总兵官陪同葡将公沙的西劳、耶稣会士通事陆若汉，带领31名铳师、工匠和兼伴押炮北上。崇祯皇帝赐名大炮为"神威大将军"，之后，清军进犯涿州城，明廷派大炮往前去援救，击退清军，一时舆论尽言西洋大炮的威力、葡将的功劳。公沙的西劳向明廷表示，如果皇上钦准，愿往澳门召集300个葡萄牙人前来助战，不仅可使敌军败退，还可深入彼国跟踪追击。于是，王尊德奉旨追加制造枪炮人员，共有西洋大炮16尊、中炮80尊，使得至崇祯三年（1630）八月，仿制的大、中、小型红夷大炮有400余门。

此时，辽东朝廷兵将近4万，军队的建制由卫所制改为营制，计划每营4 000人，其中战斗部队2 000人、后勤人员2 000人（战斗激烈时也是战斗部队），配有双轮车120辆、炮车120辆、粮车60辆，共300辆，武器装备，西洋大炮16门、中炮80门、鹰铳100支、鸟铳1 200支，炮手还配备手铳（手枪），火器几乎人手一支，可以说这是一支极具"现代化""机械化"装备的军队。

王尊德建议，每个士兵还装备一把锋利的日本刀。战斗策略是：与敌对阵时，以双轮车围成环形防御阵地，将火炮架在车上，同时士兵以车为掩体，释放火铳（火枪）火炮，让敌人无法近前。还有炮车，几乎就是坦克、装甲车雏形，士兵藏在车厢内躲避敌人的弓箭，车厢上有射击孔，可以发射火铳和中国独有的火箭（火药助推的箭，一次能发射多支或连续发射箭矢，也就是所谓的"诸葛弩"）。如果敌人突破了火力线，攻入车阵，士兵可以拔出刀与敌近战，而平时拉车的马装上鞍具，就变成了战马，使步兵能变成骑兵。

王尊德认为，这样的部队不用多，若成就四五营，则关内安危就不必担心；若成就十营，则不必害怕关外势力；若成就十五营，则不必担心收复失土的问题。

问题是，大清皇太极经过宁远、宁锦和北京之战三次重大失败之后，意识到自己失败的重要原因是没有最新式武器——红夷大炮。1631年正月，后金仿制的第一批红夷大炮在沈阳制成，定名为"天佑助威大将军"。从此，这是大清八旗兵器史上划时代的大事件，也是八旗军事史上的一座里程碑。

此后，大明、大清都有了各自设置新营"重军"，就是以火炮等火器装备的重型新兵种——炮兵。

但是新的问题又来了，明军有的红夷大炮清军也拥有，而清军的强大骑兵明军却没有，所以皇太极在对开拓疆域的武功中更是如虎添翼。

二、荡平粤东海盗

对王尊德来说，北方战场只是忧虑，而对广东祸患却是忧心忡忡。海盗再起，复攻南头（今深圳）。内陆的山寇也乘机纷扰虎门村落，跟着攻破了武山寨，杀戮铳台守兵，焚毁兵船，直抵广州沿海。特别是大贼苏峻，攻平远、程乡、会昌、南定等县，震动朝野。

王尊德向崇祯皇帝保证："广东征战，定会快刀斩乱麻，平息贼乱，让整个南方尽早安定下来……"

王尊德还是既定方针，逐级下令，打击与安抚双向进行。

广东兵进剿的同时，平远知县金一鳌勇于担当，一面与把总曾应元、典史陈应秋等固守城池，并擒杀了内应杜成文等，一面与官兵会合对山寇苏峻进行剿抚，擒杀总贼8名首领，斩贼人120首级，招抚94名，平远一带稍微安定。

但是，苏峻既降复叛，会同流寇陈腊梨、花腰蜂等攻劫武平、上杭等县。王尊德急令副使谢琏进剿，破贼石窟寨，斩首数百。其余40多寨望风披靡。接着，谢琏设伏连杀苏峻、龚义、钟岳、汤庆等海盗山寇头目。

一波未平，一波又起。从1630年正月开始，粤东海盗为患，有流贼500多人，入寇揭阳之霖田、鲤湖、棉湖等寨潜伏。

在一股海盗流民扰及博罗仙福都的同时，又有海盗驾船80余艘，进犯揭阳，吓得大水坑的长平、宁集、善政3都民入山躲难。知县冯元飚一面御寇，一面直报总督。王尊德令知府周以典派标营兵往弹压，捉拿300余人。

海盗叶亚婆（史料作叶袄婆）、陈腊梨攻掠大埔县弓洲、湖寮等乡。巡检祝君舜，率乡兵截击，斩杀数十。陈腊梨在平和被官兵所败。

接着，有山贼集数千人攻程乡，袭破三河镇，行人阻断，守备张承祚死于是役。此刻王尊德"拗总督"之名正式形成。他听说程乡情况后，决定亲自督战。手下说他老了，远征会对身体不利。王尊德身上有一种中国古代文人的典型品质，就是固执。一旦自己认定了什么，就坚决不肯改变。用褒义词形容叫风骨，而用贬义词的话，那就是爱钻牛角尖了。

手下的人偷偷地把他和北宋时的王安石相提并论，称他为"拗总督"，但王尊德非但不以为忤，反而很是为此得意："能够与名传千古的王荆公相提并论，那是我的光荣。"

王尊德微微颔首，抬起头望着窗外，若有所思道："流贼倭寇屡禁不止，当今政局时不我待啊！"

"大人，为何不从广西调兵？"吕易忠对王尊德居然没有召广西的官员与会感到奇怪。"广西颇有些敢战善战的土司兵，过去海南的几次黎乱，朝廷都从广西调苗、瑶、侗等各族士兵渡海作战。"

"此是广东事，还是广东的军队好用。"王尊德若无其事道："广西地瘠民贫，少征调为好。"

吕易忠稍一琢磨就明白了他的意思——"广东事广东了"。

在一般军队眼中极难对付的流寇，在王尊德面前根本就是几次冲锋，就把贼杀得少说也有数百，还有差不多同样数量的俘虏。

那时，正值罗浮山崩54处，龙门大雨连旬，山崩地溃，禾稻淹没，谷价高腾，民多饥死。归善大饥，盗贼四起，饥民聚闹。王尊德又风尘仆仆地走过去，与推官程铎署理府事，劝粮商平粜，煮粥救济饥民。

王尊德带病回到肇庆，他觉得自己年老体衰，可能为陛下做不了多少事了，便想告老还乡。

他闻报北方战事，崇祯皇帝处决袁崇焕，大吃一惊。一个打死了努尔哈赤的功臣，一个有赤胆忠心、一心想学岳飞的人，最终与岳飞有了同样的下场，死在反间计上，一代名将就这样饮恨黄泉！

袁崇焕一案牵连到很多官员，宰辅钱龙锡被流放，兵部尚书王洽被杀。王尊德有些心寒，说："自崇焕死，边事益无人，明亡征决矣。"

不久，总督陕西三边军务的杨鹤被革职查办了，他位高权重，与拗总督王尊德同进士。万历三十二年（1604）殿试金榜里面，出了不少牛人，榜眼是孙承宗，担任蓟辽督师，守着北疆；杨鹤镇西北，王尊德督两广，还有鼎鼎大名的徐光启、施凤来、成基命等，可以说，朝廷内外安危，一度都寄托在这一科进士们身上。这些都是熬过魏忠贤好几轮风波，最终依旧能够屹立于朝堂之上的厉害人物，当然，下场最后是一个"惨"字。

三、几度思危而亡

王尊德关心病退之事，崇祯皇帝表现出的态度很含糊，似乎还没有换两广总督之念，因为王尊德资历老、名声好，颇有忠义之心。

然而，那个觊觎着总督位置，专门跟他唱反调，几次三番上疏弹劾他的福建巡抚熊文灿，早就盯视着王尊德了。但在当时，他做的一切，都不断被人猜忌、讽刺、打压。所以，王尊德在肇庆考虑谁来收拾广东大局……是福建巡抚熊文灿？但绝不会是金澎海防副将郑芝龙，更不会是广东总兵官陈谦！这个陈谦可是有名的缩头乌龟和贪财大王，历史上，英国人在几年后攻占虎门要塞，他都能瞒下去。丧事做成了喜事，败仗弄成个大捷……

1630年十月十四日，农历重阳，王尊德特地放下手头的公务，带着妻眷和一众下属官僚，登上了肇庆城北的七星岩，重阳踏秋，登高赏景，也算是偷得浮生半日闲了。

玉皇殿建在玉屏与阆风相连的鞍部，风景绝佳，风水绝佳。坐北向南，小型殿式，砖木结构，重檐歇山顶。殿内金柱4根，柱础为复盆式，云石制作。尤其前端广东最大的两条木柱，镂刻云龙，弥足珍贵。左右对称，龙须勃起，龙趾清晰，衬云纹，如盘旋飞舞，如迎天长啸，雕工精湛。整座庙有头门、祭殿、正殿，西侧有客堂；正殿中央安置玉皇大帝塑像。

玉皇大帝住在九天宫阙里，南天门外有八大天将把守，闲杂人等不得入内。"办公"的灵霄宝殿祥云缭绕，瑞霭浮游；蟠龙金柱顶天立极，金光耀眼。殿前附加一座祭殿，面积26平方米，为砖木建筑，瓦面下有八角形石柱6根，无斗拱铺作。据载，玉皇殿内原有铜香炉1只，能预测天气，十分神奇。

玉帝前面有日、月、星、辰四斗星君。两旁排列着文武仙班。玉帝身着九章法服，头戴十二行珠冠冕旒，手持玉笏，微凝双目，面沉似水，不怒而威，真是仪卫齐整，法相庄严。人们对玉皇大帝实在是太熟悉了，在大家的心目中，玉帝是天上的皇帝、仙界的主宰，同时又主管人间的方方面面，是中国最大的万能神祇。

殿前，平台环翠，面对浩瀚星湖，周围长满参天大树，以鸡蛋花树为最多，形成享誉岭南的峭壁森林奇观。王尊德挥笔留下"仙源深处"。

后来有人向王尊德投诉肇庆知府陆鳌行为不检点。

原来，知府陆鳌看中了星岩的玉皇殿。陆鳌出身微贱，出生时母亲就因难产而死，家里又穷，父亲就想把他抛弃，陆鳌的婶婶知道后，就急匆匆地把他抱回家，用自己的乳汁哺育陆鳌长大，所以陆鳌从小是寄养在婶婶家的。长大后，陆鳌就在城里以卖草席为生，进士从官后，累结功勋，登上了肇庆知府。他为纪念婶婶，想在玉皇殿旁增建香云阁。

当时洁珍大师管理玉皇殿，形成"峭壁森林"的景观，不想遭受破坏，于是意见不合，不欢而散。可是，陆鳌设法逼走洁珍大师。

王尊德找陆鳌谈话："另选地方吧！"陆鳌只好在高要县令汪渐磐的授意下，在峡山寺增建香云阁。

不过，陆鳌还是逼使洁珍大师离开玉皇殿，洁珍大师干脆到鼎湖山当庆云寺的住持。洁珍大师宣扬佛道同源，万法归一，他说世间变迁，有时是道，有时是佛。这样，庆云寺庙宇出现了亦道亦佛。然而，玉皇殿从此冷落。

到了1631年，大明江山千疮百孔，出现"天灾人祸"。其一，西北部高迎祥、张献忠、李自成等共36营、20余万人马会聚于山西，准备从"闯将"过渡为"闯王"。其二，清军兵发大凌河之战，明军祖大寿被困，总兵官吴襄率4万余人马救援，结果临阵逃脱。长山一战，监军道张春、副将祖大乐等被俘，诸将张吉甫等战死。祖大寿守城粮尽，杀副将何可纲、张存仁等降清。

两广总督王尊德长叹一声："气数已尽，天亡我朝。"1631年八月底，王尊德把生命交给了广东，病逝于肇庆任上，次年被封赠为兵部尚书。

读史小札

后人评价，王尊德人品无可挑剔，为官刚正，举劾无忌，出使两广，肃清吏治。平日生活俭朴，穿布衣，习素食，虽以总督之尊，出入却无异于寒儒。家无余财，从不收受贿赂，就连上次外国人送他两瓶葡萄酒，在宴会上全部分赐属下。他清廉，使"子孙咸世清德，以文章科第显于世"。如其孙王承佑，清康熙进士，任监试官发现云、贵、桂三省无一中试，向皇帝上疏，极言中试规定之不合理，并历数西南来京路途遥远艰辛，要求各取几名。从此，贵州举人15名取1名中试。王承佑也卒于官。

王业浩一战成名　修学宫崇尚读书

1631 年八月，两广总督王尊德突然病逝，朝廷匆促间派京官"空降"，王业浩任兵部侍郎，走马肇庆，手握两广总督大印。

王业浩，字士完，号峨云，浙江山阴人，老家在余姚县，是王阳明之弟王守文的玄孙，师事周海门，讲求性命之学，贫而能乐。有《四书宗旨》经书一套刊刻，存其序。他在 1613 年登进士，授江西道试御史，后升为山东道御史，历任广东巡按御史、湖广道御史、掌河南道御史、通政使司右通政、左通政、通政使。

一、不消灭"五大金刚"就不回肇庆

王尊德提出告老还乡时，崇祯皇帝于 1630 年冬，就考虑两广总督兼广东巡抚人选，没想到此事一拖，却令王业浩匆促变成封疆大臣。

王业浩刚到肇庆接管军门，一连发生几件大事，特别是民间流传"民从贼，多起于饥寒；兵从贼，多缘于缺饷"，让他坐立不安。

他强调："地方出现灾荒由当地官员处理，如果是出现山贼海盗由官兵负责。"他举例："刚上任时，广东博罗一场洪水，全境受灾，出现民众饥饿的问题。地方官员为一方自保，抗洪救灾，力筑学湖、随龙、榕溪三堤，民心稍微稳定。这样的知府就是好样的。"

"同样，龙门县南昆山一带各营矿徒闹事，被知县命各乡设团练募勇，分别击败，一件闹哄哄的事总算平息。这样的知县就是模范。"

"还有，海盗李芝奇，啸聚海上，拥众号称万人，进攻潮阳，又从莱芜入南港攻澄海，搞沿海惊如风暴。参将郑嘉谟、郑芝龙听令出击，一番恶战，将李芝奇擒获，本官认为这样的将领就应该升任和表彰！我特许，把贼首李芝奇在潮阳杀头。"

王业浩想不到 1631 年秋，广东东部再次大乱。啸聚海上的"五大金刚"张文斌、陈万、钟凌秀、廖辉钦、金德光，分别进犯海阳、揭阳、大埔等县。尤其是陈万独据九连山，钟凌秀占据铜鼓嶂，互为掎角，聚众数万，声势浩大，震动了三省。

　　这一次，总督王业浩亲自登场了，他会师粤、闽、赣三省将士，进行一次大规模围剿，并下定决心，将军门指挥部移驻惠州，不消灭"五大金刚"就不回肇庆。

　　王业浩当群凶大逞之际，握全胜必克之谋，他号令广东总兵官陈谦、南澳总兵官程应麟、副总兵官郑芝龙、游击张一杰、潮州道洪云蒸、潮州知府黄日昌全力参与进剿，作战方案是各个击破。

　　在镇压钟凌秀的海战中，一月一大战，经过秋季的3次苦战，明军焚烧了"金刚"战船百艘。由于陈谦率领的明军水师磨磨蹭蹭地到来，使钟凌秀贼军被逼逃进九连山与陈万会合。

　　王业浩对陈谦非常不满，把他调去监控澳门，并下死令，出事者以罪论处。接着任邓懋官为总兵官，马上调动明军大部队进山围剿，此间胜局已经完全在掌握之中，不日将贼首钟凌秀擒杀。

　　王业浩又令邓懋官征讨岐山蜡烛寨的贼首张文斌，各路进兵分堵。另一个贼首廖辉钦召集余众，号智天王，封金德光为军师，进行破坏活动。第二年正月十五日的夜晚，贼首张文斌率众盘山而逃，在官兵追击下受伤，躲于崇光峒，正月二十二日，被官兵搜索擒获，而贼首陈万却请求投降。廖、金两人相继在揭阳被官兵擒斩，真是"二魁并擒，三省受福"。于是，将军门指挥部从惠州移驻回肇庆。

　　凯旋之日，王业浩又派遣参将李相协同巡按御史继续进攻张惟冲之流贼。原来，从化北部龙门县开铁矿，为首的赖丁髻、廖大鼻、张惟冲等聚集2 000多人起义，接寨于白牛洞、雁洋坡、寨子背、上下坪、兰河洞、石门寨等处，被官府称为"上山贼"。而从化南部，为首的钟国让、钟国相聚集1 000多人起义，被官府称为"下山贼"。

　　当时，从化知县雷恒连年用兵，并采用联防、奖励民众的办法"清剿"，为首的赖丁髻人称"赖鸡二"，在太平场被俘。巡按御史高钦舜派遣参将陈照、李相再次攻剿"上下山贼"。知县王至章率兵协助，分守要害，生俘为首的梁得虞等150多人，被打死的也不少，其余退入深山。时值大雨连绵，官军坚壁清野，先后杀为首的钟国相，俘获要犯陆彦博、廖大鼻。参将李相乘胜追击，继续进攻，又活捉了首领张惟冲，其余一小股潜逃。

　　事后，两广总督王业浩、巡按御史高钦舜，因为山寇据险滋蔓、官兵捣穴荡平，有功文武，以昭鼓励。

二、总督令出，草木皆兵

王业浩名声威震全国，朝廷大员称他为军事家。于是两广不少官员前来肇庆道贺，因为预测朝廷会提拔他。有一天，广东侍御官梁天奇也来了，他是来考察王业浩的。

梁天奇闻讯王业浩在广东为政，修路架桥，治盗抚绥，颇有建树，就与几名高官到处走访。有报告称："两广总督王业浩威名凤擅，长道聿修，令出草木皆兵，风行欃枪顿扫，经纬中涵，精心操纵，风云在握，提胜着于师中，谋成搉剿，威弹五岭三山，志笃忠贞；广东按臣梁天奇，功高销弥，计善绸缪，激劝时凛霜威，安集弘敷雨润，鼓舞将官，甄别功次，全资筹划；广东见任按臣钱守廉一腔雨露，遗黎引领含膏，满腹甲兵，群丑闻风胆落；广东总兵官邓懋官，各抱勘定之才，屡奏无前之绩，功在地方，耳目难掩。"

那天，他们一班官员路见增城当地乡贤，经皇帝恩准赐旨后建"进士坊"，以昭彰其著绩，全被特邀参加了。王业浩也特为"进士坊"挥毫，并在上面落款"钦差总督两广军务兼理粮饷盐法巡抚广东、兵部左侍郎兼右佥都御使王业浩，钦差巡按广东兼管清军盐法监察御使梁天奇、广东承宣布政使徐绍源、广东提刑按察使右布政孙朝肃"。

梁天奇见立牌坊便触景生情，讲起自己的故事。

据传，梁天奇是一个少年奇才。他的家乡在南乐城，城内东大街有一户霍家，当时有霍氏官居户部尚书，决定建牌坊光耀门庭。霍家的庄基是望北向南，门前对面是我们梁家的庄基。霍家想建过路牌坊，必然要占梁家的地皮，梁家虽然清贫，但就是不同意，这样，两家发生了争执。霍家无奈，情愿出钱买下。但是梁家贵贱都不卖。

为什么呢？因为梁天奇这个黄毛小儿，当时上前插嘴道："您占了我的地方，今后我建牌坊咋办？"

梁家人听了，十分舒心，所以坚决不卖。而霍家人说，一个衣食不保的小儿口出如此荒唐之言，不禁令人笑掉大牙。另一个霍家人信口答道："到你建牌坊时，建在我的牌坊顶上。"

双方主事人当即击掌立约，梁家允许霍家先建牌坊。光阴荏苒，转眼几十年过去，梁天奇的梦想终于实现了，官至御史大夫，也要立坊耀祖。因霍梁两家有约在先，于是梁御史的牌坊就建在了霍尚书的牌坊之上。

梁天奇与王业浩回到肇庆，说是考察结束了。

当然，王业浩要求梁天奇多住几天，也顺便到七星岩考察。次日，梁天奇又与王业浩在七星岩畅谈，"泱泱肇庆，物阜民殷。天恩独厚，地沃风淳。舟车辐辏，商贾云集，西江流域百货，齐聚于斯"。

王业浩想在岩壁上题记，可是没有雕刻匠在身边呀！

于是，高要县令传端砚石匠进来。一辆马车在通往七星岩的小路上飞奔疾驰，赶车的人不停地飞舞着鞭子在马背上狂抽猛打，而坐在车上的传令人却仍在不停地催促："快点！再快点！如果今天不完成任务，可就真完了。"谁知话音刚落，只见那马狂吼一声，马失前蹄，栽倒在湖边。随着一声惊叫，车上的人和东西已被甩出一丈多远。这下可是真完了，车上的人和车夫清醒过来后，却只见那马已经在星湖中溺水致死，车身和车轱辘已是两地分家。所幸两人只是轻伤，并无大碍。他们这才轻轻地松了一口气。怎么办？这已经是大半路程了，只有跑步前进。

当石匠到来之时，王业浩已题写下"崇祯辛未仲冬二日，总督两粤少司马大中丞王业浩，按粤侍御梁天奇同游"。

三、大修肇庆学宫

1632年春节过后，王业浩与肇庆知府陆鏊、通判史延旭到肇庆学宫视察，他沉思礼儒，自古崇尚读书，人文璀璨；至今名士辈出，不逊当年。更应令广府文化共沫一方水土，民风一脉相承。

他见学宫如此破陋，提议重新修葺和扩建，由陆鏊主持操办、史延旭督办。王业浩希望，星岩峨峨著高士，西江悠悠出大贤。那么，大贤从哪里来？从学宫来。

王业浩指出，从正门修起，文庙一般不见正门，要体现"夫子之墙数仞，不得其门而入"之意，沿侧门入内。过了棂星门，院中央建泮池，造石桥；两侧之东为名宦祠，西为乡贤祠，北是戟门，祭祀大典从这里开始；中为过厅，两侧的"月门"通中院，中院正厅为大成殿，两侧为东西庑。

王业浩再指出，把大成殿修葺好后，再扩建明伦堂、关帝殿、进德、修业两斋以及文昌楼、土地祠、崇圣祠、尊经阁。

知府陆鏊在想，文庙规模宏大，肇庆民贫，无力支付巨额资金呀！

王业浩说："你们先做方案、做规划，多想办法。"

几天后，史延旭请示总督王业浩，知府号召全民捐资修学宫。从大府名宅带头捐资，府司衙官带头捐资，王业浩同意，并首先带头捐银10两。陆鏊、史延旭也捐银 10 两，各豪门见总督、知府带头，也都慷慨许诺，各自捐银给府司衙。刚巧，新科进士史洪谟回肇庆家乡省亲，也为肇庆学宫出资出力。有的大户人家也报名认捐。

史延旭见钱有了着落，迅速组织人力开工。

公益事业也有素来不仰合的，史延旭向曾许诺捐银的各位人士收银时，不料大家却赖账，分文不出。其他达官贵人也想效法不愿出银，但碍于陆鏊、史延旭的面子，只好硬着头皮拿了一两银子，算是交差。

王业浩耿直信义地说："为办成此事，必须讲诚信，为官的要信守承诺，为民的也要守信用。"于是，把捐款人立碑公布于众。

于是，史延旭向达官贵人发了话："你们让我为难一时，我让你们丢价几辈子。"他命人在赖账人名下刻有"捐银十两"四字之后加了"未给"两个字。在其他人名下的"捐银五两"之后加了"只给一两"等字。

大名府各位官吏自知理屈，敢怒不敢言。于是，两方石碑成了几位言而无信的官吏的耻辱柱。赖账人本想流芳于后世，却怕遗臭万年，于是，不得不在时后补足了。由此也可窥知封建社会不少官吏伪君子的本来面目。

方碑立毕，总督王业浩接到调令，上任兵部尚书。临走前还在研究肇庆学宫的施工图。他说，建筑是有生命的，建筑生命的全部奥秘在于它的材料和工艺，时间和文化是这些材料最有效的黏合剂。后人在欣赏和赞叹一座建筑的时候，那些沉默的材料和时光就会苏醒过来，娓娓诉说砖、瓦、木、石的传奇，还有传奇背后那些在后人心里活着的人物。

他强调，要突出"左学右庙"，学宫坐北朝南，辟一条大路叫"青云路"，两旁是"贤关""圣域"二牌坊，就是进入学宫的通道；学宫的头门为文明门，二门称黉宫坊，泮池桥名青云桥，通往大成门。

陆鏊指挥依图修建，在大成门两侧有名宦祠、乡贤祠；过大成门逐级而下，有宽广九亩九分的丹墀，每年春秋祭祀孔子时，文武官员在此行礼如仪。丹墀两旁为东西二庑，是奉祀先贤的处所。墀的北面筑台，高九尺九，长宽各九丈九，四周以汉白玉石栏杆围绕，上建庄严肃穆、金碧辉煌的殿宇，就是大成殿了。

大成殿，面阔五开间，其结构为九脊重檐歇山顶式，整体建筑为木头构成，木头之间全靠担接和榫卯，不着一钉一铁。全殿以 36 根大楠木柱和石柱作为基础，中间留空，显得格外宽敞。柱顶是复杂的斗拱结构（莲花托）；上层檐为 24 组，下层檐为 32 组，斗拱外跳出三下昂无抄计心造，是整个殿中木结构的重要构件，它能把殿顶的全部负荷传到柱子上。最后，肇庆学宫结构严谨，装饰华丽，保留了南方建筑特点和艺术风格。当然，这些都是王业浩离开肇庆后才完成的。

再说，王业浩任兵部尚书，北方皇太极率大军进攻大明，直到"甲申国难"，崇祯皇帝自尽，王业浩回家去了。他与孟称舜、马权奇、陈洪绶、祁彪佳、卓人月等人成了画家、剧曲家。

读史小札

王业浩好评剧。孟称舜把《娇红记》改编为《鸳鸯冢》，男女主人公志同道合的爱情，动人心魄，剧作打破了传统大团圆结局的模式，使"同心子"之爱归于毁灭的惨烈。王业浩评说，此剧"词遣调，隽倩入神。据事而不幻，沁心而不淫，纤巧而不露，酸鼻而不佻。临川让粹，宛陵让才，松陵让律，而吴苑玉峰输其浓至淡荡，进乎技矣。予深悲娇、申之终，鼓掌称绝于《鸳鸯冢》得孟先生长不坏也"。

熊文灿心仪水月　战农军赐死街市

1632 年春去夏来，肇庆星湖杨柳，从嫩绿的新叶变成了墨绿的油叶，好像仙翁的长髯，飘拂下垂，有着一种迷人的意态。这个时候，熊文灿从福建来肇庆上任两广总督兼巡抚广东了。

熊文灿，字心开，1573 年生，贵州永宁卫军籍，四川泸州人。他喜好读书，少有大志。1607 年取得进士，为官为政之路顺风顺水，崇祯元年（1628）任福建巡抚。

一、招抚"龙智虎勇"战海盗

熊文灿任福建巡抚，用"剿""抚"结合的策略对付海盗，连年战果频传。

他与总兵官俞咨皋三战招降了大盗袁进、李忠和杨六、杨七兄弟。另一个大盗郑芝龙也想投降，只是感到"条件"未成熟，于是他在等待时机。第一次时机，郑芝龙打败官兵都司洪先春，却放而不追；第二次时机，他抓获一名官兵游击官军，也放而不杀。

熊文灿知郑芝龙有投降之心，在积累政治资本，便与俞咨皋商量，在招安中杀一杀他的锐气。便令俞咨皋举大兵出海，刚交锋，郑芝龙就被围困了，郑芝龙失败逃离，俞咨皋也不追赶。

之后，熊文灿派使者劝降郑芝龙率部投明，诏为"五虎游击将军"。郑芝龙年轻时就自立海商门户，有部众 3 万余人，船只千余艘，将部下十八先锋结为"十八芝"。

郑芝龙接受招抚，但部下李芝奇心有不甘，第一"芝"反叛。他是日本人李旦之子，伙同陈成宇、白毛老、赤紫哥、桂叔老，将郑芝龙赶出厦门，驶 600 余号船，窜入闽粤之界偷窃、抢劫、放火、袭渔舟、劫商舶、掠澎湖、攻潮阳，无恶不作。

熊文灿的大好政治前景眼看一片光明，却被李芝奇抹黑，心有不甘，授权郑芝龙"清理门户"。

在澄海战斗中，李芝奇被郑芝龙擒获而磔于市。第二"芝"钟斌也叛离，也遭到扫除，而与郑芝龙一起出生入死的第三"芝"刘香，持着一股势力，带队到广东继续在海上劫掠营生，成了明军死对头，成了"后患"。

当时的大明朝，南方海盗刘香还谈不上"后患"。在北方的开战才叫天翻地覆的"后患"。

后金皇太极率大军进攻明关要地大凌河，孙元化派孔有德部率增援，却到吴桥时突然哗变，背叛大明。被困的祖大寿部于1631年十月败走锦州。

后金耿仲明有孔有德内应，1632年正月攻陷登州，明军孙元化、张焘被俘，负责教习火器的葡萄牙人中，12人在城陷时捐躯，15人受重伤。孔有德叛军尔后在山东地区造成"残破几三百里，杀人盈十余万"的结果。

叛军将红夷大炮20余门和大将军炮300余门投入战场，叛剿双方在登莱交战，出现了"百炮齐射，炮矢如雨"的局面。朝廷派兵部侍郎刘宇烈率兵征讨，无功而返。

后金势力不断向关内扩张的同时，各地农民起义风起云涌，朝廷内部又争权夺利，互相倾轧，弄得全国上下民怨沸腾，对周延儒的"秽迹污行"，群起劾奏。

这年春末，崇祯皇帝想到了两广总督王业浩，来京任兵部尚书，支撑北方半边江山。

话题再转到广东。1632年夏天，熊文灿如愿以偿来到肇庆上任两广总督，路振飞任福建巡抚。面对自立为王的海盗山贼，闽粤依然合力"剿""抚"。

不管怎么"剿"、怎么"抚"，贼人仍然猖狂，陆地有山贼，海上有盗贼，连续向广东发难。

有山贼梁良窜犯大埔，居然到公堂索饷数千两，无人敢阻。当地绅士饶希燮出钱募壮丁守御，并请兵救援，梁良才退走。又有陈鸢、邱缙聚众由饶平攻掠大埔枫朗，各乡震动，白堠、湖寮义勇邱子康、陈日维、吕士奇、吴必显5人，领壮丁进行阻击，结果皆死于阵中。

有一次，惠来贼人陈大智，聚众从葵潭沿乡劫掠，又袭击县城，知县许直闻报，令练锋营把总蔡猷等追击，在门楼径战斗中，蔡猷战死，贼人陈大智被哨官余嘉追剿捕获后，被士民当场殴毙，其余山贼逃亡入海丰界。

惠州乌禽嶂山贼卢维贞聚众击袭揭阳，驻扎丰顺的参将林宏，督千户吴仕璋，出城防御，不料吴仕璋战败被杀。

漳州有个山贼余五姐攻陷黄冈，进迫饶平县城，参将裴兆锦与余五姐大战，却全军覆没，裴兆锦逃跑，仅以身免。大盗朱晚、张十一等数百人，流劫普宁东门外山步、乌泥等乡，焚掠80余家，掳杀村民44人。朱知县统兵击贼，因众寡悬殊，乡总方德、吴必登、刘文、颜志、陈尚等战死，朱知县身中8刀、4枪而殒命，典史仙可继重伤。

一桩桩、一件件案子，让熊文灿浑身不痛快，剿抚山贼海盗，单靠广东总兵官邓懋官的力量还是不够的，应将南澳总兵官梁东旭、朱国勋派上用场。他要求，剿除山贼由邓懋官负责，而剪除海盗由梁、朱负责。以"粤寇未靖，后期不至，誓死杀敌"的决心，平定粤东之乱。同时，他起用了郑芝龙，调动诸将，大集舟师，为征剿海盗助一臂之力。

果然收效甚丰，半年战斗，势如破竹，惠来平、惠州靖、饶平肃、大埔清。

二、三天三夜血战刘香

再说海战，熊文灿举荐郑芝龙任南澳总兵官，叛贼刘香勾结荷兰兵，对抗郑芝龙。郑芝龙在 1632 年时，曾与刘香有过一次交手，当时刘香正率船队进攻小埕，并且在岸上杀人放火，郑芝龙统率舰队围剿，结果刘香吃了败仗，向南逃窜，刘香决定联合盘踞在台湾南部的荷兰人的力量，共同对付大明海军。

在这一次，郑芝龙带领明军 150 艘帆船，痛击敌人 10 艘大船，以蚂蚁啃骨的办法焚毁荷兰船 1 艘，生擒荷兰将领 1 名，溺死荷兰兵数百。接着，追击荷兰普特曼斯 9 艘大船。此时，刘香出现了，以 50 多艘小船前来袭击郑芝龙。

郑芝龙一边以主力紧追荷兰大船，一边迎战刘香的小船。他使用铁钩钩船，纵火焚烧战术，将荷兰夷贼大船死死拖住，苦战 8 天，生擒夷酋伪王 1 名、头目多个，生擒夷众 118 名，斩杀夷人首级 20 颗，烧毁夷甲板巨舰 5 只，夺夷甲板巨舰 1 只。同时击破刘香的小船 50 余只，刘香的部下李国也倒戈投降明军，如此，刘香、普特曼斯临阵败逃。

经此一役，郑芝龙声势大振，任水师提督。而普特曼斯与刘香的关系破裂，刘香漂泊。熊文灿又派兵围剿刘香，这时刘香却接受招抚。熊文灿见不战而胜，自然高兴万分，于是命惠潮守道洪云蒸、巡道康承祖、参将张一杰等人限期亲自到海滨招谕。

广东总兵官邓懋官提醒熊总督，小心刘香有诈。

熊文灿说："总不能把人直接打出去吧？就算不想给人招安，但也不能太打脸，否则在广东的经济活动总归会受一定的影响。"他仍然想通过招安的手段来收降刘香。

洪云蒸随后到海丰谢道山，会同参将夏之林、潮州海防黄宗、惠州理刑姚希哲等招抚刘香。刘香派遣军师余仙客、副军师胡十四到海丰县拜会洪云蒸，双方谈成了招抚之事。在谢道山河岸搭起五道厂棚，举行招抚仪式。

1635 年五月初四，谢道山之下人山人海，招抚的官员、乡绅和群众达数千名。刘香带 50 只木船来到山下，登岸参见洪云蒸，慰谕已毕，刘香骤然指责洪云蒸伪抚，劫持洪云蒸下船。岸上顿时大乱，践踏无数。

眼巴巴望见明臣被劫持，官员们束手无策，欲哭无泪。显然，这件事得到这样的结果，是熊文灿所没有想到的。更糟的是，皇帝为此事大发雷霆，严厉批评熊文灿。

熊文灿更是气急败坏、欲罢不能，不得不采取强硬的手段对付刘香集团。于是下令所有水师与郑芝龙一起，率战船 200 余只，讨伐刘香。

刘香并没有将郑芝龙放在眼中，在他看来，郑芝龙不过是个甘为朝廷走狗的小人，不足以称为英雄好汉。当他听说郑芝龙与他会战时，他不禁嘲笑说："一样皮毛，素无仇隙，何苦为人作鹰犬也。他见我前岁小埕之役，稍避其锋，彼就洋洋得意。吾誓必擒灭，方快我愿。"

郑芝龙将战船分为 3 个编队，第一编队由郑芝虎、郑芝豹率领；第二编队由郑芝龙亲自坐镇；第三编队由郑芝彪等率领。

五月二十三日，刘香仓皇迎战，命令悍将李虎三在田尾洋一带组织防御，自己亲率主力船队作为第二梯队支援。经过一天的苦战，双方各有损失，由于夜幕降临，双方暂停战斗，停泊休整。次日凌晨，李虎三的海盗船队率先发起进攻，郑家军起锚迎战。又打了一天不分胜负，过了一夜，天明时，郑芝龙亲率所有的战船继续南下搜索，刘香不甘示弱，列队准备迎战。为了给郑芝龙施加心理压力，刘香将他扣押的广东官员洪云蒸押到旗舰的甲板上，威胁郑芝龙。

由于洪云蒸是熊文灿的部将，这使得郑芝龙投鼠忌器，不敢贸然发起进攻。洪云蒸看到这种情况，冲着郑芝龙高呼道："我矢死报国，身灭在即，何以止耶！公勿失战机。"说罢挣脱左右海盗兵，准备跳海自尽，刘香大怒，拔出刀子往洪云蒸身上就是一刀，洪云蒸当即身亡。洪云蒸一死，郑芝龙也没有顾忌了，立即忍痛下令向刘香的船只发起进攻。

在战斗中，郑芝虎直冲向刘香的船，"口含钢刀，手持藤盾牌，船尾绳荡跃"，跳至刘香船上格斗，恨之入骨地"格盗殆尽"，杀光了刘香手下的海盗。

郑芝龙见自己的弟弟独闯敌阵，赶紧下令全面出击。郑芝鹄的战船也向刘香的船发起攻击，刘香船上的大炮击中郑芝鹄的船，顿时爆炸，郑芝鹄当即被炸死，不一会儿的工夫，这艘船沉入海底。郑芝蟒的船也靠近刘香的船，从船上抛出火罐，刘香的船燃起熊熊大火。

眼看大头目的船只受到围攻，李虎三赶忙驾船前来营救，此时，郑芝豹的船从后面逼近李虎三，一发大炮命中李虎三的船只，当场将舵手炸死，并且引起大火，火势很猛，李虎三来不及扑救，情急之下跳入海中，最后溺死。

此时刘香船上的火越烧越大，在船上苦战的郑芝虎与刘香均无法脱身，最后两人都被大火烧死。

刘香的尸首被验明证身，海丰县城的百姓发愤鞭挞。当看见洪云蒸、郑芝虎尸体时，百姓悲伤不已，纷纷捐款建祠。

三、倾资十余万建水月宫

平定粤海有功，熊文灿得到朝廷的奖赏，郑芝龙也升任广东总兵官。两人在总督府畅所欲言，为下一步做打算。而熊文灿不胜酒力，话语间透露出想长期坐镇两广的心思，开始谋划"利国利民利自己"的目标，且把肇庆作为故乡，当个太平官，第一件事建水月宫。

郑芝龙一听便说："我能够打败刘香，是依靠摩利支天菩萨（道教称天后）的帮助，在七星岩修建水月宫，我全部赞助，并且在大殿之上立摩利支天菩萨的像。"

熊文灿为何建水月宫呢？原来，熊文灿打算长期镇守岭南，首先博个"清廉总督"的好名声，迎合民众的心理。所以，他将多年积得的钱，既用于结交权要人物，也用来修建立世之宫。他了解肇庆有个"观音堂"，万历初年由知府始建，是肇庆香火最旺的庙，也是风景最好的宝地。"近水楼台，静影沉璧，上下天光，一碧万顷。"

熊文灿对官员说，"水月"为镜，照官之清廉，为民之勤政，有警示作用。水月宫建成，数千平方米的大宫，荣显大殿、东厢、西厢、后殿主体。"宫栋宇坚，壮宏丽爽垲榱题，斗拱若雁齿鱼鳞。诸铜像尤巨丽可观，辟地数亩，建楹数十为圣寿申祝。……背负巉壁，面临澄湖，左右巩二堰蓄雨，洼塘中茈莲花，堰上植松榕，行树错落，桥梁吞吐，水光山色。"

因为风雨所折，人为所求，熊文灿倾资十余万，在墨山镜水之中，"辟广升高，壮址展基"，营造面对"镜波芷水"之美。著名学者屈大均描述这一个神奇的传说：

斗姥像（是道教信奉的一大女神）在肇庆七星岩，名摩利支天菩萨，亦名天后。花冠璎珞，赤足，两手合掌，两手擎日月，两手握剑。天女二，捧盘在左右。盘一羊头，一兔头。前总制熊文灿之所造也。文灿招抚郑芝龙时，使芝龙与海寇刘香大战。菩萨见形空中，香因败灭。文灿以为：菩萨即元女。蚩尤为暴时，黄帝仰天而数，天遣元女下授黄帝兵符，伏蚩尤。又尝下天女曰魃，以止蚩

235

尤风雨。古圣人用兵，皆以神女为助。于是，倾赏十余万为宫殿极其壮丽以答之。

就在熊文灿加紧建宫之时，崇祯皇帝向全国通报："大清立国，危及大明；闯王扩军，殃祸中原；各地督抚，送饷送兵。"原来，1636年四月十一日，后金皇太极称帝，国号"大清"，族名"满洲"，定都沈阳，有数万八旗军兵，常来干扰北疆。而另一支农军李闯王，也在为推翻大明朝廷而加紧扩军，西部战事不断。

熊文灿却不闻也不问，在南国肇庆"乐于趋事"，实在是熊军门的一大创举。1637年五月，郑芝龙奉命前来肇庆，看见水月宫中摩利支天像，双目稍向下凝望，微笑、温厚、慈祥，楣榜"苦海慈航"，早已心满意足了，就大喊一声："绝！"于是他在七星岩石室洞内题诗刻石：

偶缘开府抵崧台，奇石清泉洒绿苔。群玉山头迎佛相，恍疑身已在蓬莱。
乳岩突兀五丁开，直把星辰摘下来。金粟庄严真色相，肯惭能赋大夫才。

水月宫还有让人叫绝的呢！这天，肇庆一个画家前来画了一幅白描水月观音图，称"醉酒观音"，观音一见酒就脸红。只见画家把一杯酒端到画中人面前，观音的脸面即刻变成赤红色，好像真的醉了。当画家把酒杯移开，不一会，观音画面则由红色变为白色。

熊文灿、郑芝龙等文武官员个个称奇："绝妙！神奇！真的是醉酒观音。"于是熊文灿把"醉酒观音"挂在殿中。

为什么这样神奇？原来，画家有绝招。他用朱砂一钱、焰硝三分，捣碎和匀，用陈年老酒调配成烂泥状，装入壶中盖好，埋在向阳的泥土中，一个月后取出，在绘画时，先用芥壳制的胡粉衬底，用上述朱砂粉涂于画纸上，在日中晒干，然后再用墨绘画人像。画感到酒气时，自然赤红，酒气消失后，也就变回白色。

水月宫建好之后，熊文灿又动员官民同意在宫的西侧建生祠。无人反对，反对无效。他暗地里说："我就是在世观音。"熊文灿有权有势又有钱，半年光景，一座"熊公祠"依水月宫而落成。他还特意在生祠院中打一井，称为"熊井"，传说中这个井"斟水不溢"，也真绝。

众人半信半疑，都围观过来，只见一个道长露了一手，他将井泉之水装满一杯后，再丢数枚古硬币于碗中，水高出碗面呈弧形凸起，却一点也不溢出。熊文灿说，这是名山圣水自有奇异之处。接着，道长摇唇鼓舌，说得神乎其神，又施一技。他用指甲抓取头皮碎屑，填到一个针孔中，轻轻把针横放在水面上，只见针漂浮游动而不沉到水中，称为"针浮水面"。

其实呀，道长早已用没药粉（无毒）涂于碗的边沿，水高于碗而不溢出，这是没药粉起的作用。

肇庆知府也看热闹，但对大明北方形势慨叹地说，"商女不知亡国恨"可怜，"军门已有私家心"可悯。

四、平定丛林猛虎办书院

朝廷催促熊文灿为北方战场送兵送饷，他却不管可怜还是可悯，送兵没有，送饷更不可能。他上报说："圣上心有天下，我也心有两广呀！广东年时有海盗捣乱，于今又有贼人在眼皮底下作反，我是容不得的。待我平定贼人，粮饷之事日后定当送上。"

熊文灿说有贼人作反是否当真？确有其事，只不过他夸大了事实。此时，从外地来了一小股流民盗贼，为首者名叫练科，开始时只有 63 人，却极为剽勇，号称"丛林猛虎"，由于窜入罗定州境内生事，屡屡打劫得手，罗定州一班恶人也跟着起哄，练科的势力逐渐庞大起来，拥有一支千人的盗贼队伍，杀死罗定东山守备钱达。

熊文灿一听，头顶冒烟了："我本是华南虎，鼻孔之下岂能有其他猛虎作乱。看样子不平息不行啊，大家都加把力平息吧！"他下令，罗定兵备道张邦翼，领官兵 500 名，将生事者收拾。

张邦翼领令，对于敢于挑衅的流民盗贼，坚决还击。"丛林猛虎"也毫不示弱，列队迎战。双方作战，针锋相对，展开厮杀，但无论任何一方，都不能获得绝对的优势，战斗持续了一天，仍然分不出胜负。张邦翼有 10 多名士兵壮烈牺牲，血洒战场。"丛林猛虎"虽然也有不少伤亡，但练科这个盗贼对山地战术十分精通，张邦翼仍然十分被动，好不容易冲出盗贼的包围，向北撤退了 10 余里，摆脱了盗贼们的追击。第一战的交战结果令练科十分满意，他心里更加瞧不起罗定兵备道。

到了晚上，练科他们还敢于主动出兵，向张邦翼奇袭和突击，张邦翼先后成功地组织了多次反进攻作战，打退了盗贼两次偷袭，灭了盗贼的嚣张气焰。

多年的剿盗生涯使张邦翼在山地战方面积累了丰富的经验，他视察了练科的地形，发现这个地形对盗贼非常不利，于是以反客为主的计策，做好充足的准备，所以这次反击的速度之快远远出乎练科的意料，很快擒获了练科，有效地平定了丛林猛虎。

罗定已定，总督熊文灿前往罗定慰劳军队，知县谢天申也陪同巡视，在龙井寺咏起了五言律诗：

> 龙蛰深何处，清泉此地流。一泓常汩汩，千古自悠悠。
> 竹覆寒光冷，云封静影幽。空山被润泽，草木亦条繇。

当然，这首诗是对太平的歌功颂德，熊文灿听了呵呵地笑："这是好事呀！"

熊文灿指示，要好好地教育当地的百姓。之后，谢天申在罗定创办了东皋书院，有碑刻记载建书院经过。大意是：崇祯九年孟秋建，十年冬建成，筑土为台，台高五尺，建室三重，前为门，中为堂，后为房，门外有古榕，枝叶扶疏，垂阴覆盖数亩，清流澄溪，回环映带，双峰翠岳，拱挹秀峙。有诗赞颂：

> 山城无事学弦歌，小院新开别趣多。高樾丛阴悬翠幙，回溪漱韵溜清波。
> 看山有意云为伴，近市无争鸟自过。愿与吾民同鼓腹，南熏一曲四郊和。

碑刻说："家殷人足而揖让之象不着，弦诵之声不闻，非所以昭至治也；讼息民安，而道德文章之化不施，孝弟忠信之教不立，亦长吏之羞也。乃捐资构室，榜曰典学书院，率吾民揖让弦诵其中，相与着义考讲让型仁，使君子入焉而有道德文章之乐，小人入焉而有考弟忠信之思。"

五、"熊坑"与"伍丁"的来历

身为总督，闲居肇庆，熊文灿孤芳自赏，早年为四川泸州叙永县写的《建蓬莱桥碑记》：

> 桥之津筏于水也，旧矣。肇自国初，架木为梁，上覆以楼，颜曰"据胜"。沿至肃皇帝六年，水涨漂没。当事者修仍其旧。迨万历丙午岁，夜雨如倾，两泓奔激，桥木漂尽，民皆病涉。呜呼！何为当此末季而有斯必不得已之役也！慨自播恶震荡，阖郡勤王，财力殚罄，何敢以疮痍肩土木钜任？顾是役不举，设有嗫矢者，惧末路之懈弛，予深有虑焉。
> 数年，予寓迹燕邸。甲寅冬，衔命如闽，便道旋里，见桥成以石，履其上

者，俨若跨长虹而渡予会诸父老而叩之曰："桥之成也，意者帑金助欤？宪帅临欤？邻封恤欤？工自勤欤？"讵知不然。

郡守周公世匡，始自壬子秋，采石于定水之滨，川河效灵；伐木于远屯之薮，山林助顺。木石中选，若储之千百年之前，以俟今日之急需者。则是桥之建也，不知几经劳瘁，几经筹划，乃克告成于三年之内，有如是之神且速也！

父老曰："惟速乃怨，惟怨乃成。君子宁冒怨以图成，不邀誉以惰功，周公有焉。"诸父老以直指潘公题曰"蓬莱"，盖祝多士尽为瀛洲仙客，而欲我官民共跻春台云尔。

此时有人送上一方砚台，熊文灿暗自兴幸，战争是不好玩的，还是端砚好玩。他决定亲自开采端州老坑砚石。

"天下第一砚"端砚，指"老坑"。自隋唐开采以来，年代久远，故名老坑。明代，朝廷对端溪老坑砚石资源控制颇为严格，经朝廷许可，方能开采。比如宣德六年（1432），肇庆知府王罃奉诏重开老坑；成化年间也曾重开老坑；万历二十七年（1599）七月十七日，太监李敬再开老坑；次年，太监李凤以"钦差督理珠池内官监"职衔，到端州开坑采办端砚。此后，厉行封禁，"把总一员，专辖守坑，律令盗坑石比窃盗论"。但是，熊文灿为了掩人耳目，这次擅自开采名为"熊坑"。

大明王朝的江山已处于风雨飘摇之中，朝廷已经顾及不了这个小小的砚坑。熊文灿说"熊坑"是新发现的，于是，明目张胆地动用官开。

熊文灿在江西招收一些石工，用有异于常态的做法在夜间开坑。其实，他是私采老坑砚石。熊文灿就是这样的人如水月，心实灰暗，将偷挖的老坑端砚，冠冕堂皇地插上"熊坑"的标签。

后人有陈述。1687年，"闽中七子"中的高兆来到端州，亲历"熊坑"后写下了《端溪砚石考》："崇祯末，蜀人熊文灿总督两广日，指挥苏万邦致石工于江西，缊火中夜开坑，不敢自日中也。"熊文灿开采老坑砚石最多也最好。

屈大均说："熊制府即文灿，其石称最。"有人评："予少颇蓄砚，以熊制府所开石为最。"乾隆年间，肇庆知府吴绳年曾得到熊文灿用过的一块"熊坑"砚，名曰"脂玉"。他对此砚评价甚高："熊坑较今时所出大西洞石娇嫩过之，凝重不及，同是水岩真髓……'脂玉'砚红润而淡，发墨异常，五活眼在砚池上。"

有靓石自然要变成砚台。熊文灿亲自挑选镌石高手，专门刻砚。一天，熊文灿来到黄岗宾日村，他看了石工们雕刻砚台作品，从中挑了5个人为他操作。事有奏巧，当时，熊文灿见到村中有一张"五丁神位"的图稿，就问："为何拜五丁为师祖？"

一个老石匠说："五丁是凿石开路的神人呀！"

熊文灿想了想，为我"熊坑"雕砚的人才是神。于是他说："五丁声名显赫，天下皆知，奉为祖师爷无可厚非。然而，五丁是凿石开道，为的是粪金，为的是美女。而你们凿石成砚，为的是进贡，为的是手艺，为的是谋生。你们是一支雕刻砚台的队伍，所以要尊师就尊自己队伍的师祖。我的意见是，按照古代《管子·小筐》说的"五人为伍"，你们立"伍丁"为神是最有自己特色的。"

砚工们都说："好！"所以，肇庆也就有了崇拜"伍丁先师"的习俗。这也许是熊文灿的创意了。

六、处死于襄阳街市

进入晚期的明朝，已是兵荒马乱，风雨飘摇。崇祯皇帝在浩瀚的经史子集中苦苦寻觅，希望能找到一剂解决危机的良方。当然，也从军事人才上找到克敌制胜的法宝。所以，熊文灿也入了崇祯皇帝的法眼。

一天，肇庆来了个宫中的李太监，据说是替皇上去广西采办珍珠的，熊文灿怎能放过这样的好机会，让他在皇帝面前说句好话，"熊文灿治理广东很好"。

熊文灿随即重礼侍候，全力逢迎，推杯换盏，几杯下肚，气氛更加热络，酒席间，偶然提及中原危局、辽东危机的话题。李太监有意无意地问道："熊大人，听说自从你把郑芝龙招安后，福建、广东就安定下来了，这些年来郑芝龙也安分守己，可见你对土匪、海盗是有办法的，不知你对流寇有什么看法？对流寇是剿好还是招安好？"

听了这话，熊文灿得意一笑，说道："这流寇和海盗，都是我大明之人，能招安还是招安的好，这样一来可以减少杀戮，二来也为朝廷节省军费。"

点了点头，李太监慨叹："国无能臣，主上忧甚。熊大人说得有道理，只是招安流寇恐怕不同于招安海盗啊！否则的话，流寇也不会闹腾到现在了。"

看了看李太监，熊文灿说道："这有什么不同的，郑芝龙当海盗的时间比流寇闹腾的时间长多了，郑芝龙的财富和兵力也比流寇多，他都可以招安，流寇为何不能招安？中原流寇之所以还在闹腾，我看还是负责清剿流寇的人太无能。用兵之道，剿抚结合，当抚则抚，当剿则剿，不一而足。如果是我在中原指挥，流寇说不定早就被平定了，大局何至于糜烂到如此的境地。"

"熊大人果然见识不凡，不如咱家回京后，推荐你到中原围剿流寇，如何？"

李太监笑眯眯地问道。

李太监这话一出，熊文灿愣了一下。仔细看了他一眼，看他一脸笑容，好像是在开玩笑，眼珠转了转，熊文灿心想：中原距离两广数千里，皇帝是无论如何也不会调我去的！这太监说不定是想考察一下自己对皇帝的忠心，不妨将就着唱一出高调给这太监听听。想到这些，他拍胸脯，拱手表态道："熊某听凭陛下调遣。"

听罢熊文灿这一番慷慨的陈词，李太监大喜。他当即站了起来，从怀里拿出一道黄色的物事来，高声叫道："熊文灿，接旨！"

熊文灿一愣，急忙跪倒在地。

"奉天承运，皇帝诏曰：加封熊文灿为兵部尚书兼右副都御史，代替王家祯总理南畿、河南、山西、陕西、湖广、四川军务。交割清两广事宜，即刻直奔南阳，剿灭反贼张献忠。钦此！"李太监拿出圣旨宣读起来。

熊文灿听完，顿时眼就直了。这太意外了，怎么回事？

见状，李太监微微一笑，把熊文灿拉了起来。

后悔不迭的熊文灿，先是上书大谈"五难四不可"，却遭拒绝。毫无主意的他不得已在广东招募了两千火器兵作为护卫。

在成行之前，他跑去三仙观问卦，道士是一个年过九十的老人，白胡子白眉毛，精神矍铄，面色红润，一看就是仙风道骨，让人肃然起敬。

喝了几口香茶，道士淡淡问道："熊大人乃封疆大吏、国之重臣，不知到此有何贵干？"

熊文灿双手抱拳行了个礼，语气诚恳地说道："近日，圣上调我到中原围剿流寇，在下心绪不宁，特来求道师指点迷津。"

沉寂了好一会，道士才缓缓道："你认为自己有能力消灭流寇吗？"

犹豫了一下，熊文灿才摇头道："没有。所以，也不知是剿或是抚。"

道士听了这话，同情地看了看他，踌躇良久才言："能抚则好，一致对外；战则命危，两败俱伤。"

于是，熊文灿算是有了点主意。

熊文灿离开肇庆，直奔中原，接管六省军权，与杨嗣昌合谋用兵，对付张献忠等流寇。他说："我途经湖南湖北，看见稻谷富饶，这太招贼，应该下令把农间的财物谷物都搬到城里，流寇看见没东西可抢，自然也就不战而退了。"奏章递上去，顿时成为政治笑话。

当时的名将左良玉在南阳击败张献忠，熊文灿立即实施招抚，张献忠看出了庸才熊文灿是多么希望兵不血刃、建立奇功，便派人送碧玉两块、珍珠两颗，哀书乞降。将领建议，趁着张献忠受降之机而诛杀。熊文灿嗤之以鼻，不假思索地答应张献忠要求，发放200万两饷银。结果，张献忠不散一兵一卒，还占据了官方指定的驻扎休养地。

崇祯皇帝认为，李自成已败，张献忠不再是威胁。但是，这一年冬天，历史上发生了著名的"双雄会"，李自成到谷城拜会张献忠，东山再起。这下熊文灿惊了，崇祯皇帝责令他免职，"立功自赎"。他却不顾军情，仓皇出兵，中了张献忠的埋伏，精锐全丧。

明朝的内乱自此一发不可收拾。熊文灿的推荐人、恩师杨嗣昌因张献忠袭破襄阳，诛杀藩王而忧急病逝。熊文灿被逮下狱，1640年十月被处死于襄阳街市上。

读史小札

熊文灿是个能臣。他注意到流寇只是些铤而走险的"饥民"。民以食为天，百姓吃不饱肚子，任你如何剿办，只会越剿越多。审时度势，决定招抚为主，剿办继之。后来成功招降了张献忠、罗汝才等流寇。不管这些人是真降还是假降，都为中央王朝争得了喘息的时间和休整的机会。可是，由于当时的经济、政治等多方面的原因，再加上崇祯皇帝本人的刚愎自用与决策失误等，明朝没能抓住这一线生机，扭转不了时局的变化。

张镜心气节沉毅　断大事生平雅重

1637 年十二月，肇庆有好几天冷雨夹着重雾，看不清对岸的烂柯山。不过，随着空气中污染物在雨水下有效沉降，雾霾天气得到明显的缓解。

此时，朝廷从南京派了一个掌管祭享、筵席、膳馐的"光禄寺卿"来肇庆，管理两广军务。在崇祯皇帝的心目中，两广是"平靖"的，就放心地将岭南军事大权交给张镜心。

一、忧郁中的风雅

张镜心未任两广总督之前，曾和好友李孝廉、杨茂才、张振羽、季惺元一同借游山玩水之意，谈论国事，正好 1630 年"己巳之变"，袁崇焕被处死之时，他们来到定晋岩，看见 100 年前明代文学家谢榛的诗，张镜心借机发挥，步谢榛之韵，写下了两首诗。

倚天古刹敞云扉，鸟隔千峰度影稀。座拥乱山横翠黛，岩飘杏雨漾晴晖。
疏林风挂千溪箸，远岫霞寒一线飞。谷口野云迷去径，桃源深处倩谁归？

古佛岩深昼掩扉，穿足险径客游稀。老禅趺石翻经卷，野鸟呼晴弄晓晖。
长啸似传空谷韵，高山惟见白云飞。烟霞僻处堪逃俗，懒向峰头乐醉归。

诗句的飘逸掩不住积压在他心底的忧郁，狂草的张扬喷射着澎湃的激愤。因为内外交讧，军国积弊，皇帝还不断地加税，民间称呼以"重征"代替了"崇祯"。

张镜心，字孝仲，号湛虚，晚年号晦臣、云隐居士，1590 年生于磁州（今河北磁县），1622 年进士，他的父亲是张仁声，母亲是许夫人，辈辈高官，四世进士，地位显赫，门庭兴旺。因其家族"一门五宦四进士"，而成为明末清初磁州的第一望族。

他 32 岁从知县做起，48 岁担任两广总督，晋升可谓飞黄腾达。上任之日，张镜心先了解两广情况。报称：粤东地区遭遇自然灾害，百姓四处逃荒，饥民、流民起义此起彼伏；海上流贼麇集在沿海地区，滋惹是非，严重扰乱了社会秩序；夷人入侵。

这些不算什么，小事一桩。把"剿贼驱夷"方案做好了，执行落实，问题也就解决了。这是张镜心与将领们商量后得出的结论。随后，派两支队伍驻扎在岭表、沿海，加强"预情监控"。

意外的是，给新总督的"见面礼"竟然是肇庆老巢出现数百募兵哗变。

这些各地"应诏湘征"的募兵，曾经赴援镇压临武（湖南郴州）流贼、流民的，他们以不满克扣兵饷的理由，在肇庆哗变，向总督府抗议。

张镜心想不到大明军团号称百万之师，其实有两个体系，一个是营兵，是军方管辖的正统军事机构；另一个是卫兵，是地方政府负责的安保军队，占据明军的大多数。

明军的征兵制和募兵制，好比义务兵役制和志愿兵役制。由于征兵制基本上无法保证军队的战斗力了，于是用钱募集士兵，弥补军队战斗力的不足。募兵制的好处就是募集死士和壮士，多数优秀将领都是通过募兵制的方式进入军队的。但各种哗变、兵变的比例非常高。

张镜心其实也明白，明朝后期为了战争需要，大量募兵，导致财政不堪重负，拖欠粮饷的情形十分严重。官府的税费一征再征，仍然严重拖欠军饷。士兵们被迫卖命打仗，却又缺粮断饷，募兵哗变起来自然理直气壮。出现这种情况，归结为"崇祯之重征"。

可眼下如何处理呢？张镜心和地方政府商量，把一部分募兵"押回"惠州安置。后来，惠州官员报告，这班募兵人员仍然结党抗官，将谋举事，可能出现"自流于匪徒"，"由兵转匪"的兵源匪化，应该实行宁可杀错，不可放过。于是，张镜心果断地大开杀戒，"千里杀将谋为先"。他令肇庆守道、肇庆知府设计密捕哗变头目，分别以诛杀（杀死）、监毙（指死在监狱）、省释（教育释放）处理。特别强调，杀少放多，安定人心。

但是，明朝天下内忧外患，外之清军，咄咄逼人，内之反贼，扑而不灭。崇祯皇帝只有重征，苛政猛于虎才能保证"剿饷""练饷"，加上"辽饷"。

张镜心对军饷来源采取4个办法：一是"因粮"，就是加派岁银；二是"溢地"，就是核实土地，加收赋税；三是"事例"，就是要求有钱人家多出点钱；四是"驿传"，削减邮驿开支。

当时崇祯皇帝金口玉言，一年之期，结果饷尽而寇未平。

张镜心与百姓都希望国家平安，不再是民不聊生，一片哀鸿。可是又有什么办法呢？

二、首创"水雷"战英日

话题再转到对外政策。明朝国度混乱之际，英国继日本、荷兰之后，也想学强权，在中国海岸分得贸易一席之地，遂成为东方海洋世界的唯一强权。

英格兰东印度公司的船队进入澳门不被允许，英国皇家委任的船长约翰·威德尔暗中贿赂广东负责交通的总兵官陈谦，得以开入广州，购买一批丝、糖、酒、布之类的货物后扬长而去。但是发生在新总督张镜心未到之时，陈谦把代管两广军务的广西巡抚郑茂华不放在眼里。

其时，海道副使郑觐光等两广大员，均力主将英国船队迅速赶走，总兵官陈谦迫于压力，不得不表示赞同。于是联名发布文告，严厉谴责英船进入广州的强盗行径；就英方提出的贸易问题，指出须禀明上司，如无上司许可，英船"不得贸易"；命令英船立即起航，驶往外洋，并警告英国人"如敢损毁一草一木，我军誓将尔等消灭，使尔等片帆不留存，则尔等后悔莫及，罪无可逭"。陈谦还命保罗·诺雷蒂向威德尔当面宣读文告。

两广总督张镜心到任后，获悉威德尔船队仍逗留澳门，立即整顿军队，部署兵力"示以必剿"，并谕令海道副使郑觐光，催促英国人从速离华回国。

英国船未走，日本船又来进犯。

英日合力想吞了澳门。船长约翰·威德尔率领 4 艘商船抵达澳门，澳门的葡萄牙当局认为，英国人到来，葡萄牙的商业利益就会全部丧失。为此，葡萄牙当局不许英国人登陆澳门，并从第一天起就采取各种可以利用的办法，阻止英国人获取任何贸易。

日本船在停留看时机。英国船长威德尔自行带领商船闯入虎门，要求与广州通商。虎门地方官员说，此事须请示广州当局，需要 6 天才能答复。威德尔嫌 6 天时间太长，当接到海军司令部"有限打击"的授权命令后，乘坐黑水晶号轻巡洋舰，带着蒲公英号、月季号、郁金香号 3 艘护卫舰，迫不及待并蛮横地带领商船沿珠江直驶，与日本船向虎门炮台开炮。

这一轮炮弹，把驻守虎门炮台的明军打懵了。这些年好不容易仿制出的 20 多门红夷大炮完全没了用处，就眼睁睁地看着漆黑的远方海面，那一排排闪烁的炮口将自家的炮台当成玩具在打，事后一清算，死伤官兵数十人。

日本和英国的船兵还烧毁地方官府衙门，占领虎门沙角炮台，抢走虎门海防要塞的几十门并抢掠周边乡村。

两广总督张镜心一听，立即震怒，亲赴广州，不得不引用新武器来解燃眉之急。他下令驻防在广州的水师开炮还击，轰走了入侵广州海域的 4 艘英国和日本商船。

当然，这种"华夷之见"的红夷大炮，不能够被充分利用它的威力。日本船不惊，英国船不怕。于是，张镜心使用较先进的火器技术，他拥有"水底龙王炮"。该炮是 1590 年制造的第一颗定时爆炸水雷，该水雷用牛脬做雷壳，内装黑火药，用香点火作引信，凭借香的燃烧时间来定时引爆水雷，又称"混江龙"水雷，该水雷通过与舰船直接接触进行引爆。

张镜心指挥明朝海军使用"水底雷"，一举击沉日本一艘大型战舰，这是人类历史上第一次使用水雷取得实际战果。这一次日本和英国惊怕了，节节败退，明朝军队取得了胜利。

事后，张镜心写《直纠通澳巨贪疏》，大意就是明方哨兵盗奸夷妇，澳葡夷人过界私自寻仇，误杀明军军官。然后在广东方面的压力下，葡萄牙不得不把凶手解献内地正法，并推说凶手是"逃夷"。但是其中又纠出另一件惊天诈骗案，就是中军守备吴某借此事私吞澳葡 52 箱银作为"打点费"，引发澳葡不满，一度拖延凶犯引渡。事件最后得到解决，有关罪犯全被收押，赃银充军。

三、"官不修衙"而修城

张镜心从广州回肇庆，途经三水，有一位禅师请张镜心题书牌坊。张镜心干脆与禅师前往清远峡山，人称七十二福地之第十九福地，他题下了"飞来禅寺""十九福地"，禅师说把两幅字分别刻在牌坊正背两面。

当时，张镜心问禅师："想在肇庆修建一些建筑，修寺可否？"

禅师说："修德修心，就是官不修衙。俗话'官不修衙，客不修店'。然凡事皆务实，不苟为名。"

禅师说："动屋有二忌，一坏风水，二损官声。所谓'顺乎天而应乎人'，如果拆房动屋，就会坏了风水，使自己的仕途不顺。修衙就等于是把自己钉在了这个职位上，以后就永远没有升迁的机会了。另外，名声不好，修衙工程不仅要耗费人力、物力，又不能造福地方和百姓。崭新的衙门虽然舒服一时，却为日后种下祸根。"

作为一名称职的新官，在到任之时，一定要禁止修衙，无论下边的胥吏和地方乡绅怎样巧舌如簧，都要厉声拒绝，使得他们不敢借机派累民间。而且大肆修衙与朝廷所倡导的节俭美德相背离，所谓"先声狼藉，民口难防"，何必为修衙葬送了自己后半生的锦绣前程呢？

话题再转回来，张镜心听了禅师一席话，回到肇庆之后，不修衙就修城墙吧，这是一项惠民大工程啊！

肇庆生命建筑在城墙上首先实现，从而造福于肇庆社会。肇庆围城，1053年知州江柬之筑土而建，1113年郡守郑敦义扩大城池，将土墙筑为砖墙，开"宋崇""镇南""端溪""朝天"四门，城墙周长742丈8尺，厚1丈5尺，高2丈2尺，垛堞共1 220个。历经250多年后，府事黄德明于1368年进行首次修葺。1480年知府李瓒，加大城墙厚度，改东门为"庆云"、西门为"景星"、南门为"南薰"、北门为"朝天"。

张镜心视察了整个城墙，发现多处损毁，于是亲自主持大规模的修葺计划。张镜心诠释："自驻肇庆，督治戎行，迅扫寇氛，负惭重任。圣恩宽大，百姓赋闲家居。而城旧破落，于洪涝不固，于防寇不牢，民荷慈荫，有赖城池，今重修以安日永。"

在一旁的岭西道谭汝伟说："护城则护民。防御灾害，御敌城前，守护府衙，保护百姓，让城墙拥有生命。"肇庆知府张玙赞道："大人体恤百姓，大有悲悯之心，实乃百姓之福。公有谋国之忠，与人之厚，深钦佩！"

张镜心要求，将城墙增高3尺5寸，高至2丈5尺5寸，同时改建四门的月城，增筑城门前的墩台，人称"马面"。张镜心说："'马面'之设，既增强了墙体的牢固性，又在城池守卫战中得以消除战场的死角。一旦敌人兵临城下，相邻马面上的守卫可组织成交叉射击网，让来犯者左右受敌而一败涂地。"

城墙是实实在在的责任和生命的交织，也是文脉的延续。

张镜心集千人之力，工程前后历时一年，1640年五月完工。

一围城墙，凝固成了一座众志成城的本质和形象。一砖一石的背后，都闪耀着创造的心血。官民的距离缩短为一块方砖，却让人们看到了墙体的厚度和建筑的高度，变成一个时代文脉的长度。

张镜心就爱做这样有益于大众的事，赋以肇庆个性"古城可朽，文脉不可断"。此刻，他的心情好一阵风雅，却没有那种作诗的狂热了。其实，他的心依然像桃花那样，"八月桃花不见花，沿溪何处觅渔槎。山容淡荡惟秋水，流向人间作野茶"。

四、阅江楼上阅江流

肇庆城东，峰峦叠嶂。一座东汉时的鹄奔亭，又名鹄巢亭，变成了南宋的"石头庵"。1431年，石头庵改建为崧台书院，经历繁华依旧、文风鼎盛百年之后，破损荒废。

1638 年的一天，张镜心到此一游，十分谦尊，原本鹄鹊栖所，崧台书院怎能无光呢？可惜了这个"聚天地精华其中，引四方才俊竞至"的好地方啊！

尽管他不赞成"建堂兴楼"，然而眼前景物，令他做出筑楼之举。他说，要有一些东西，让后人知道值得寻回古韵，能带给人们一种独有的生命感悟。让无数来去匆匆的人停住脚步，感受艺术氛围之时，也感受大江的气魄。

于是，张镜心命高要知县萧琦修缮崧台书院，创建阅江楼。

萧琦说："崧台书院好办，阅江楼就不知用什么模式了。"张镜心想了一下，对萧琦说："你是南昌人，南昌有滕王阁，你仿照其样式施工。另外，在阅江楼加建水师楼台。"

萧琦遵命操办，回乡直接取滕王阁图纸，组织能工巧匠，按图施工。

就在这时，爆发了连山八排瑶动乱。当地流传的一句民谣"九村开辟自明朝，一半俍（壮）民一半瑶"，诠释了壮族和瑶族世居的历史渊源。

八排瑶由军寮、马箭等瑶排举起义旗，称之为起义，秘密串联"八排二十四冲"瑶民，多方筹备刀枪弹药和其他物资造反，不断袭击官兵。总督张镜心派何庭抠镇压，想不到动乱的瑶民已发展万人，以江流之势冲破明军"清巢营"的封锁，攻克连山县城，夺得县印，并出击连州、英德、乳源、阳山等州县，一连打败何庭抠的官兵，击毙广西参将刘唐衢，杀死阳山守备陈帮对，射杀乳源把总许上操、刘国安，斩杀连州吏目黄中选和守备梁陈转等人，声势浩大，震惊朝野。

1640 年二月，连山知县朱若迏刚上任，于五月，与陈都司提兵驻连山县会合，企图扑灭起义烈火，却遭到瑶民的奋力反击，陈都司全军覆没，仅以身免。朱若迏惊恐万分，先后 4 次上疏朝廷，请兵剿瑶。张镜心又派"骁勇善战"的广东副总兵官陈鹏领军，剿瑶不克，反而被义军斩杀，守备黎树绩等头目和大批死士也都死于林丛。

朝廷下令，调集粤、桂、楚、闽、赣五省数万官兵，务必将八排瑶剿灭。然而，平定八排瑶动乱的重任并非落在张镜心身上了，而是福建巡抚沈犹龙。

张镜心变成了"张省心"，他主持修建的肇庆阅江楼、水师楼台、崧台书院在 1641 年秋日的阳光中竣工了。

从峰峦叠嶂生长起来的建筑，一面世就呈现出肇庆大地上前所未有的气象。外观楼房高 2 层，分东西南北 4 座，瑰丽雄奇；内在整体空间巧妙结合，是典型的岭南庭院，布局匀称、均衡，楼与楼间建有回廊小阁，相互衔接，组成四合院式的整体建筑。中间设有水池、假山以点缀，四周有前人所载的米兰古树，弯扭虬曲的米兰，后园遍植鸡蛋花树，每值花开之时，树冠上束束鲜花馨香四溢，沁人心脾。

面容消瘦而冷峻的张镜心与萧琦等一班官员视察。他一身戎装登楼凭窗眺望，西江之水自楼前滔滔东去，江中浮光点点远接天际，对岸青山连绵，文明、巽峰二塔与阅江楼隔江相对，诗情画意令人陶醉。那是"荡胸峡水远，送手群山迎。未闻流船喧，已觉沧浪声"。张镜心开怀一笑说："这不仅是检阅水师的楼台，而是观景台。"

吾邦山水秀，雄丽冠名楼。素有文望的萧琦说："请张大人题匾吧！"张镜心挥动大笔，写下寄托为官超越现实希冀的三个大字"阅江楼"。

张镜心搁笔而说："我们虽然在塑造建筑，但建筑也会重新塑造我们。"

在一个襟江带湖、江山入座、朝来爽气、钟灵毓秀的环境中，阅江楼为第一。组合了一种恢宏的气势、一种俯视天下的视野，一些散乱无序的砖瓦在文化的浇筑下，屹立在大江边，突起了一个前所未有的高度和开阔境界。于是，张镜心吟了一句：

阅江楼上阅江流，江流洗尘心，江楼怡望眼。

说者无心，听者有意。萧琦在想：这是上联吗？萧琦便若有所思地张望，见摆渡人不停划掌渡船，有村里人在叫"过海"。随即构想出下联：

横水渡头横水道，水渡知我意，水道鉴臣情。

1641 年秋冬，圣旨到了肇庆，张镜心平定八排瑶动乱有功，升兵部尚书，任总督蓟辽军务。但是，他没有上任，而是以父母年迈，请求归养尽孝，荣归故里。因为他明白：在这 13 年中，蓟辽军务频繁更换负责人，那些人没一个有好下场，杨鹤、洪承畴、曹文诏、陈奇瑜，复用洪承畴，再用卢象升，后用杨嗣昌，今用熊文灿，一个个做了崇祯皇帝的替罪羊，现在又想送我张镜心上断头台？免了吧！

五、舍不得的阅江楼

张镜心在肇庆总督府收拾自己的行囊，也在收拾自己的心情，等候新一任两广总督的交接。

他又一次登上阅江楼，伫楼而望，随即以邀山在手的胸襟与邀江入怀的抱负，大声抱怨："百姓生死，国家存亡，责任谁负？"大明朝廷日益腐化堕落，崇祯皇帝猜忌心重、昏庸佞佛，社会矛盾再次激化，整个官僚体制已经朽烂，国势急转直下，清国兴兵犯明，北方开始陷入较大的内乱，矫治弊政，留给崇祯皇帝的时间不多了。盛世伟业，很可能就这样断送在崇祯皇帝的手上。

看阅江楼外、榕树下休憩嬉戏的黄发垂髫，耳畔是渔舟唱晚的阵阵南音，或许极易感受到一种遥远却仿佛铭记在灵魂深处的纯真滋味，就像脚下沉静的石板路，平实而久远，狭窄而悠长。

再看阅江楼，从此时起，登楼的人没有远近，亦无亲疏，无论是文人的雅集还是农夫的眺望，都让人发思古之幽情，敏感季节农事，惜怜日月光阴，阅江楼便成了他们心仪的一个地方。笑声和花香藏匿在阅江楼上，只有嗅觉灵敏的人能够感知文以楼名，楼以文传，寄望文人相惜，隔代神交吧！

张镜心等候了一些日子，仍不见沈犹龙前来，便背负着重大的历史宿命感，告别了多年的戎马倥偬，离开了肇庆，前往广州，把军门大印传递给广东总兵官施王政，匆匆赶回磁州。

张镜心在家乡建起了"恩荣坊"，整修了祖茔，过了几年闲情的生活，因为崇祯皇帝灭亡了。然而，1644年，南明弘光帝派使臣，邀张镜心前去任礼部尚书，他迟暮的血性重新勃发，但是，马士英、阮大铖擅权，狼狈为奸，结党营私，排斥将领，使得张镜心愤然辞职，不再踏入皇宫。

于是，张镜心濯洗了身上厚重的征尘，酷爱文字翰墨，以一种叶落归根的心情和隐士的姿态寄宿在广东山乡水镇。据说，他能"黑夜无灯读书"。他用水晶雕成箱形，装满水银于内，戴于额上，在黑夜中看书，字体清晰，像在白天看书一样。

1646年，张镜心重返肇庆，以云隐居士的身份悄然远望宋城墙和阅江楼。因为他的心是"大明"的，也是肇庆的。即使在清顺治十年，广东顺德府知府朱国治修邢台小西天圣母殿，立碑纪事，请张镜心撰《小西天建修圣母殿碑记》，张镜心在碑文后面署名，几乎是其本人在大明的自传："旧壬戌进士，资政大夫，正治上卿，总督蓟辽等，处军务兵部尚书兼督察院右副都御史，仍留部管事，前督抚两广地方军务，兵部左侍郎，大理光禄太常等，寺少正等，卿吏科给事中，邺下张镜心撰"。

张镜心的归宿始终在家乡，他看到杀戮血腥的影子渐行渐近，金戈铁马的声音越来越响，大明山河彻底破碎了，便写下催人泪下的《客泪》诗：

烟尘不辨旧山河，万里西风客泪多。天晚不留南雁去，江深时见一龙过。
西陵夜洒空山雨，南极春添涨海波。浩荡五湖何处棹，愁来霜雪满渔蓑。

读史小札

张镜心 1656 年卒于家乡。后人评价他"生平雅重，气节沉毅，能断大事。事亲孝，家法严，谨视子弟才质，使各有所成立"，"都督两广军务，荡寇平乱，攘外安内，颇多建树。在粤五年，恩威并用，智勇兼施，凡所以为地方经久计者，无不尽其力"。张镜心博学多才，通易，工诗，与著名书画家王铎为同榜进士兼好友。王铎变节入清仕，张镜心却保气节，居林下十余年。

沈犹龙坚守军门　尽人事天命难违

　　江山乱象尽显，明朝的"明"，已是夕阳西下，只有半个月亮挂在半空。1641年底，李自成领农民军攻南阳，皇太极率清军占松山，两路"不同类"的人马把大明江山踏得烽烟四起，尘卷残云。而在这时，崇祯皇帝仍然派出52岁的沈犹龙充任两广总督兼广东巡抚，从福建来广州。

一、五省兵剿八排瑶

　　崇祯十四年（1641）秋，沈犹龙还未到肇庆，在广州就接到了广东总兵官施王政转交的两广总督大印，因为前任张镜心没有耐心等待了，放下督印一走了之。

　　沈犹龙还不知道全国局势糟糕到什么程度，反正现时广东劫乱比较严重。潮州府的乱贼黄海破澄海，邱文德攻揭阳，苏诚据潮阳，黄历元焚程乡，惠州府乱贼陈大智掠和平，林学贤及陈辉据归善，肇庆府乱贼王兴据恩平，广州府东莞有郑、石、马、徐四姓"山海群盗"。最大的动乱还是八排瑶民。"岭南无山没有瑶"，成为这片土地独特的人文景观。

　　沈犹龙大声说："我来广东是平乱的。"

　　沈犹龙，字云升，1589年生于松江府华亭县（今上海松江），家住望仙桥塥，别宅在泗泾。1616年进士出身，初授御史，出任河南副使。1628年任太仆寺少卿。1633年右佥都御史、升福建巡抚，大破江西张普薇叛乱，人们尊称他为沈军门。

　　沈军门借用这个机会，以壮军威，向到场的两广官绅富户敞开心扉。他环视着在场的官绅，表情十分严肃地说："广东近年流寇作乱，流民栖野宿林何止万数。南国边海重地不可轻视，本督抚奉旨监理广东兵马，效忠皇上，保障一方，整备新营，以解国忧，还望诸位父老多多帮扶。"

　　如此简言地发起了"捐饷助军"，终于有人站出来表态："报效朝廷，助饷募军，乃我等两广士绅本分啊，谁敢沽名钓誉贪图朝廷嘉赏？老夫愿献白银一千两，为总督大人分忧！"一个富商站了起来，说得慷慨激昂。

　　"保家安民，我等岂能坐视旁观？小人没多少银子，就捐粮两千石了！"又一个粮商站了起来，更是一本正经。

"广州人富裕呀！"沈军门赶紧指示身边的小文吏拿出笔墨记录。

此时，广东总兵官施王政已经带兵匆匆起程，按战略部署与桂、楚、闽、赣各省2万多人，大规模镇压广东连南八排瑶，要求所有官兵对连南搜岩剿穴，驻兵三载。

然后，沈军门又向广东各地授以方略，下达了作战任务。

连南八排瑶一直受大藤峡和罗旁之风影响，素有联手护卫之谊的瑶壮人，反抗明朝统治者压迫的情绪空前高涨。

沈军门为了尽快结束对峙，恢复安定的局面，迫不及待地想消灭对方，指示施王政步步深入，摆脱被动挨打的局面，官兵稳住阵脚后开始东进和南图。

结果，三战三克，八排瑶军千余人战死，众多村寨被焚毁。攻防态势逆转，四省联军捷报频传。

怀集知县李盘灭瑶行动记述：1641年冬，"余苍怀未愈年，山瑶蠢动，三省会兵，时关隘无备，且讹传有尽歼通瑶乡民之语，人心震恐，余单骑走隘，犒劳乡民，抚慰备至，人心始定，乃周视近瑶各隘，立茶岩、松冈、黄潭、白水、黄草冈、嘉峒、水下、黄姜八大营。增兵守卫……"次年春记述："时大军克期进剿，淫雨浃旬，征途蹲躅，余与王赞画徒步至嘉峒营。"仲夏记述："时总兵部郑芝龙督兵至连，军声大振，克期荡乎，制军乃檄王参戎驻兵石田，防瑶窜怀，余抵嘉峒，参戎亦至，把臂谈兵，相得甚欢……"秋日记述："时大兵环瑶已数月，绝其往来，断其盐米，势极穷蹙。郑总戎带漳潮劲弩二万复抵连山，真有直捣黄龙之势……"十一月记述："时大兵雕剿，三入其阻，所杀多过，当乘风纵火，新巢旧穴，荡为烟尘……"

当然，随着平乱的深入，烧山剿瑶，用心狠毒，更是加重了瑶族民怨。他们面对数倍于己的官兵，毫不畏惧，英勇抗击。接着，官军多路围剿，一直追至狗头山乌石老巢。

这里连绵牵制，盘根错节，又独自高耸，倚天似剑。瑶民环顶立寨，坚筑排栅三层，人莫能上。一堵斑驳的石墙延绵数里，扼守着进山的咽喉。此时，瑶民盛装打扮，吹牛角、打铜锣、跳长鼓舞，山寨一片欢腾。原来他们在演绎"耍歌堂"的"过九州"，还不知道官兵大举攻寨。

最后，官兵攻破里八峒，军寮、大掌等瑶寨焚烧殆尽。继而在乌石破寨栅、攻石墙、烧寨子、俘义军。杀戮死伤近1 000人，"归降"400人，"愿为抚民"1 000多人。

1642年十二月十九日，平息了连南八排瑶大乱，宋纪"托言师老"退兵；

李盘说"群瑶蕞尔轻天威，扫穴焚巢无所依"；苍梧巡道林铭鼎来怀集阅兵道："已传凯奏平瑶窟，重憩征鞍惜焚宫……"

沈犹龙令各营在对待瑶族问题上，采取"抚瑶化瑶，与汉同化"的手段，有招抚入籍、赏榜入籍当差、授田为民、入贡方物免其赋役、每岁来朝赐之钞币、自首免罪擒杀给赏、抚瑶老人、胁从归农、熟瑶为质等10多种。招抚的结果，除"偶有出者"外，为数不少的拒招者则返回中心区连山等地瑶寨。后来连南汉族中的盘、唐、沈、廖、邵等姓氏，与瑶族有某些渊源。

二、批准设立开平县

再说平定肇庆府恩平之乱，历时3个月，贼寇王兴就被肇庆军灭杀了。

1641年，首事生员张朝鼎等10多人约同到肇庆府，请建开平县。岭西道谭汝伟接受了张朝鼎等人的请求，呈文给两广总督，题请建开平县。他们说，早在1638年，恩平县长居、静德二都（今苍城以西一带）经常受流寇侵扰，恩平县又无法制止，于是恩平知县宋应升向省宪建议，由新兴、恩平、新会三县割地建立开平县，但由于"时绌旋寝"，当时的条件不足而停止了。

张朝鼎又说，明朝时期，大沙、马冈、龙胜、苍城、金鸡一带，地广人稀，山高林密，一些反抗官府的人以此为基地，开展活动，而官府鞭长莫及。到明隆庆年间（1567—1572），在今苍城一带又有陈金莺、林翠兰等率众造反，他们与新兴县的陈奇山和新会县的造反者联合起来，声势浩大。提督御史殷正茂派岭西兵备佥事李材督师镇压。到万历元年（1573），才将这一带反抗官府的人镇压下去。事后，李材为了维持这一带的治安，在今大沙、马冈、龙胜、苍城、金鸡一带，设置了18个屯，并从外地募兵来屯驻守。这些屯，有的用原地名来命名，有的则用原地名与命名者的愿望相结合来命名，而最多的是以命名者的愿望和带有歌功颂德性质的字来命名。在仓步村设置的开平屯（今苍城），有"开通牧平"之意，目的是希望经过这次镇压后，设置屯地，募兵耕守，使这一带从此太平。

两广总督沈犹龙收文后说，为了加强管理，在恩平东北境置屯的谢家仓步村，成立开平县，建城驻军，减轻海防匪乱压力，应该可行。

"立县可以，不过要走程序。"沈军门下发文书，要求广州府和肇庆府调查开平立县的可行性。1642年，岭西道谭汝伟委派肇庆知府张瑃到开平屯勘踏地形。张瑃找到新会县知县李光熙、恩平县知县宗应升到开平屯视察，经过调查后，认为在开平屯建县城较好，遂回复沈犹龙。

张玛勘度地势，绘图详报，宣述割都设县的必要。以前殷正茂命令岭西兵备金事李材屯兵为营，扼守这一要地，为建开平县打下基础。潭江、苍江相会，穿流而过，水深河宽，环境优美，景色宜人，是重要商埠和货物散集地。

张玛接着汇报，肇庆府辖下的新兴、恩平两县没有意见，而广州府辖下的新会县的乡绅则认为割去登名、古博、平康、得行四都（今沜村、址山、月山至蚬冈、赤水、东山、沙塘、赤坎一带），会使新会县不再成为五大县之一，于是极力反对。新会知县李光熙力排众议，同意割地。

两广总督沈犹龙采纳了僚属意见，要求抓紧办，随即呈文给明朝廷户部，题请建开平县。1643年，获得户部批准。1644年八月，恩平知县江大任接到批文，随即和乡绅张朝鼎等十几个人择日上梁，兴建县衙。

此后几年，由于明、清政权忙于战争，加上开平地方"奴反主"斗争兴起，社会局势动荡，时局变化，况且兴建县衙工程浩大，结果不了了之。这一时期，大明官僚腐败，社会风气奢靡。由于土地兼并严重，战争持续，很多百姓破产破家，男丁为避兵役、徭役甚至出家为僧，以至劳动力缺乏、兵源不足。在这种情势之下，经济衰退、战事不利、频繁加重赋税、征兵征粮，而世家大阀则更加肆无忌惮地进行土地兼并，致使更多的百姓逃亡隐匿。当然，在战乱之中，开平建县事未及施行。

话题再转到南明时代。在南明永历三年（1649）二月，举人张巨璘等人看到时局稍微稳定，便约同到肇庆，向永历政权说明崇祯十六年（1643）批准立县而没有执行的原因，再次要求执行立县，随即得到永历政权的户部批准，并派出知县伍士昌来开平县治理。新兴、恩平、新会也随即割地、割户口给开平县。当时，因来不及建县署，便由乡绅谭虬捐出自己的房子权作县署。至此，开平县的政体正式确立。

三、乔装测命龟顶山

沈犹龙刚回到肇庆总督府，第一个向他投诉的是崇祯十五年（1642）新科进士高要人黄虞龙，他说，"重征"令天下没有人愿意种田了，反正种田也是死路一条，不如拼命。用农民的话说："民田一亩值银七八两者，纳饷至十两。"也就是说，农民辛辛苦苦劳碌了一年，最后不但没得赚，反而还要赔进去血本。

南方如此，北方又如何？据高斗枢说，崇祯十四年六月，他奉命驻守郧阳。七月初，他从长沙动身，水路到达荆州，路经襄阳，八月初六进入郧阳。一路数百里的农田里都长满了蓬蒿，村落破败，没有人烟。唯有靠近城市的一些田地，还有城里人耕种糊口。他说，在他抵达郧阳前的十几天，左良玉率领的官兵路过此地，两三万官兵一涌入城，城中没有一家没有兵的，"淫污之状不可言"。住了几天，大军开拔，又将城里所有人家洗劫一空。10多天后他到了，竟然找不到米和菜。士绅和百姓见到他，无不痛哭流涕，不恨贼而恨兵。

面对"内乱外侵"的凶险局势，结局会如何？沈军门前途又会怎样？他听肇庆知府说，端州龟顶山有一测字先生很灵验。

一天，沈犹龙换了便装，悄悄地带了一名身边护将来到测字先生跟前，要求测字。问罢方法，他顺手在桌上写了一个"友"字。测字先生问："大人要问何事？""我问广东安定。"沈犹龙说。"哎呀，不好！"先生边说边画："您看，这'反'字都出头啦，广东难安定。"

接着，先生又说："自古以来，大国数尽，君臣必然迷糊，行事逆理乱常，不知其过，骄泰以失。"

"晦气。"沈犹龙暗暗叫苦，但他不信邪。"刚才我写错了，是这个'有'字。"先生又问："大人，你再问何事？""还是广东。""更糟！""从何说起？"沈军门紧紧追问。

先生不紧不慢地说："您看这个'有'字，上面是大字去掉一半，下面是明字去掉一半，大明江山去了一大半，岂不更糟？"

接着又说："一国天命将归，每个地方动念行事，天必启翼，好像风雨霜雪默助促成。如果明朝大国，若存心如海之宽，如山不动，公正无私，天又如何会败给天下呢？君臣存心不正，无天无地，苍天怪罪，失其土地，百万兵马也皆被杀死。当今皇上明知天屡降灾异，兵将败死，地土失守，而不知自咎。而广东名臣不信，大言不惭，何不自羞。我测算，江山不保，广东也不会好多久。"

沈犹龙望着测字先生，眼都大了。此时，先生说："为官者能自知其过，即认不是，自悔自责，赎其罪过，乃上等好人，天也爱之，人亦喜之。若知其过，不能自举，只待人言，乃中等人。不认其过，强以自非为是，乃下等人。天也怪之，人亦恶之，是自然之理也。"

沈犹龙想讨几句吉利话："其实，我是想辛酉戌亥的'酉'字呀！"先生问："还问什么？"

沈犹龙一改语气："这次我问社稷！"

"完了，完了，只怕当今皇上要身首异处！"先生在纸上写了一个斗大的尊字，一只手蒙住上边一只手蒙住下边，"你看，至尊的皇上上无头下无脚，这不是身首异处吗？"

沈犹龙早已战战兢兢，不知是杀了这个测字先生好，还是自己逃走好。他回想起崇祯皇帝当朝以来杀大臣的记录，汗颜了。

崇祯元年（1628），巡抚都御史毕自肃自杀，刘鸿训罢，寻遣戍。崇祯二年（1629），杨镐被斩，巡抚都御史王元雅、推官何天球等死之，兵部尚书王洽入狱。崇祯三年（1630），逮总督蓟辽都御史刘策下狱死，袁崇焕被杀。崇祯五年（1632），巡抚都御史孙元化被斩首弃市，刘宇烈下狱。崇祯七年（1634），陈奇瑜下狱。崇祯八年（1635），总督漕运尚书杨一鹏下狱被斩。崇祯十二年（1639），巡抚都御史颜继祖，总兵官倪宠、祖宽，内臣邓希诏、孙茂霖等33人被斩，兵部尚书傅宗龙入狱。崇祯十三年（1640），兵部尚书熊文灿被斩。崇祯十四年，郑崇俭被斩。崇祯十五年，吏部尚书李日宣6人入狱，兵部尚书陈新甲被斩。崇祯十六年，范志完下狱。

这些列出的人当中，绝大部分都因战事失利、玩忽职守而被惩处。

测字先生又说："天子守国门，君王死社稷。天怪大明帝朝，常说国大兵众，大言大语，是乃抗天也。如今南天还有祥云，天示一角之瑞，希望能默祐大明吧！"然而，沈军门左右为难，既不敢得罪朝廷，又不愿向饥寒交迫的寒民逼租，只能怨起"天命"来。

"天命"不是救世主，这一年中国北方爆发了一次大型鼠疫，造成驻守北京的20万明军全军覆没。

1644年三月，李自成打下北京，崇祯皇帝自杀，明朝灭亡；四月，清朝赶走李自成，顺治皇帝主政。

北京沦陷，沈犹龙依然守在肇庆，管理两广，听任事态自然发展和变化。1644年六月，福王朱由崧逃往南京即位，年号弘光，史称南明之始。

朱由崧召沈犹龙入朝任兵部侍郎，但他黯然离开两广军门，未去赴任，以葬亲为由，回归故里。

读史小札

沈犹龙卸任军门后，在故乡与陈子龙、夏允彝、徐孚远等名门抗清复明，军号"振武"，被一致推举为义军领袖。1645年六月，在一次抗清战斗中，夏允彝投水而死，沈犹龙中箭身亡，陈子龙逃脱走昆山。事后，陈子龙为沈犹龙忠烈诗咏："污官荐棘虽无成，天下始知称汉兵。不逢时会岂失策，犹与宛洛开先声。"

丁魁楚拥立永历　岑溪路谁收枯骨

　　北京沦陷，大明没落。一个朝代没落的同时，必然有新的势力崛起，这似乎是历史发展和更迭的必然规律。清朝开始了。然而，南京拥帝，南明崛起。福王朱由崧立起"弘光"的标杆，似乎又给大明的子民带来了希望。

　　1644 年六月，肇庆进入南明，弘光帝依然设置两广总督，要选派一个开明之督、治世之帅，于是想到了丁魁楚。

一、去肇庆就是生天道

　　丁魁楚，字中翘，号光三，河南永城马牧乡丁老家人，1616 年进士，从户部主事、郎中、大名道副使，擢升为山东按察使。据说，他"历官有能声"，兴利除弊，勤政爱民，体恤民苦，深受百姓称赞。在 1631 年春，以右佥都御史的职衔巡抚保定，1644 年十月十九日，总督两广军务。

　　丁魁楚在来肇庆路上，做梦都想不到，李自成是崇祯皇帝的掘墓人。当年三月，李自成率农民军攻入北京城，形势危急，有人劝崇祯皇帝迁都，他不去，有人劝他走，他不逃。他回到后宫，一怔，跟随他 18 年的周皇后上吊而死。不知道是惊是悔。此时，崇祯皇帝终于尝到了"下岗"的滋味。三月十九日凌晨，在黑夜的笼罩下，崇祯皇帝于神武门出，向煤山走去，离开了让他难以割舍的紫禁城。他已知山穷水尽，走投无路，身处绝境，只得自缢于景山。司礼太监王承恩记录下他最后一句名言："朕非亡国之君，诸臣尽为亡国之臣！"不知在天上，崇祯皇帝是否还会弹奏那只名叫"翔凤"的琴。琴声悠悠，而斯人已去。

　　丁魁楚也想不到，顺治的清军轻易抢了"大顺"政权李自成的胜利果实，坐上皇帝的宝座。在这样的情况下，明朝的官员们有三种选择：逃跑、投降或殉国。丁魁楚选择逃跑，跑到了南京。逃跑者当然不少，其中大胖身材的朱由崧，丢下母亲邹氏，趁乱来个"猪颠疯"，逃过一死，跑至淮安（江苏省中北）。

　　虽然朱由崧有"不孝、虐下、干预有司、不知书、贪、淫、酗酒七不可立"的名声，但还是被马士英、阮大铖这两个奸臣看中，认为此庸者"奇货可居"，便拥立其在南京登上帝位，年号弘光。

　　本来，任命丁魁楚为河南、湖广总督兼承天、德安、襄阳巡抚，但丁魁楚不

258

敢去上任，只好改任为两广总督兼辖广西。

丁魁楚携一家老少提早离开南京，不留宿广州，直接到了肇庆。因为他怕"万事不如杯在手，百年明月几当头"的弘光帝酗酒；他怕马士英等人大兴狱案，罗织罪名，杀掉与自己有过节的朝臣和士人。由于朝政糜烂，加上令人疑窦丛生的"童妃案""北来太子案""大悲和尚案"。此时的南明，又开始大大小小的战役，层出不穷的阴谋、形形色色的君子小人、一茬又一茬的匹夫战将，每一个细节都波澜壮阔，每一个人物都曲折坎坷，丁魁楚当然怕了，能走去肇庆就是奔向生天。

也好在丁魁楚跑得快，打着"清君侧"旗号的宁南侯左良玉患急病而死后，他手下数十万的明军，为其儿子左梦庚所掌握，率全军向清军投降，沿途大肆劫掠，直向南京逼来。弘光帝仍旧醉生梦死，麻木不仁，还派人四处逮了数万只癞蛤蟆剥取蟾酥以做春药使用，并叫来戏班子连夜通昼地唱戏。

过足戏瘾饮足酒的弘光帝忽感大事不妙，只带着两个贵妃和几个太监骑马冒雨悄然遁出，奔向忠心于大明的将军黄得功处，又一次把他母亲扔在城里不顾。

不过，这位太后成为奸臣马士英的一块挡箭牌，他挟持太后向浙江逃去。马士英这样考虑：清军知道黄得功收纳弘光帝，肯定会猛攻。如果黄得功侥幸胜利，马士英有"护送太后之功"；如果黄得功失败，清军会继续猛追弘光帝，能使他自己"追师稍后"，更便于逃命。

左梦庚作为清军努尔哈赤第十五子大将军多铎的前锋，到了芜湖，与黄得功对阵，互相劝说对方投降。左梦庚手下张天禄忽发暗箭，射中黄得功的咽喉，黄得功大叫一声："我黄某今日死国，为义也！"言毕双手握住喉头之箭用力自刺，落马而亡。接着，两军刀矛挥舞，杀声阵阵，明军落水无数，死伤漂湖。

明军两个总兵叛变，把弘光帝献给左梦庚投降。这一年，多铎征江淮，击败史可法，克南京，平定江浙。转年五月，弘光帝被杀于北京。不久，闯王李自成在湖北通山遇袭被杀，"大顺"标志性人物的死亡，也宣告了这个政权的落幕。

南京失陷后，"朱家王"满天飞。杭州的潞王朱常淓、应天的威宗太子王之明、抚州的益王朱慈炲、福州的唐王朱聿键、绍兴的鲁王朱以海、桂林的靖江王朱亨嘉等先后建立政权，其中以鲁、唐二王政权较有实力。

由于江南一带掀起了抗清斗争，清军后方发生动乱，一时无力继续南进。但是南明内部严重的党派斗争与地方势力跋扈自雄，且鲁、唐二王政权不但没有利用这种有利形势，发展抗清斗争，反而为争正统地位而形同水火，各自在福建、浙江争立，引发对抗。所以，当1646年清军再度南下时，先后为清军所击灭，这是后话。

二、平定靖江王

丁魁楚在肇庆坐稳了总督之位，也关注唐、鲁二藩事。清军占领南京，弘光帝被俘，消息传到了广东和广西，分封于广西桂林靖江王朱亨嘉，认为机会来了，不甘寂寞，"即借勤王为名，有妄窥神器之心"，梦想黄袍加身。

朱亨嘉是太祖侄儿朱文正的后裔，在宗室诸王当中谱系最远，按宗法观念他根本不具备继统的资格。然而，自从崇祯皇帝自缢北都覆亡以后，朱明王朝宗室中不少人心中窃喜，妄图乘乱谋取大位，朱亨嘉正是其中一个。

广西总兵官杨国威、桂林府推官顾奕等人也想以拥立为功，三章劝进，推波助澜。1645年八月初三，朱亨嘉居然身穿黄袍，南面而坐，自称监国，改广西省会桂林为西京。杨国威被委任为大将军，封兴业伯；孙金鼎为东阁大学士；顾奕为吏科给事中；广西布政使关守箴、提学道余朝相等在桂林的官僚都参与拥戴。

朱亨嘉自立后，在广西玩耍一下也就罢了，没想到他说广西地方狭小，兵马钱粮样样有限，难以为守，立志要下广东，到肇庆会同丁魁楚商议两广大计。他命杨国威留守桂林，自己带领兵马由水路出平乐，以参赞严天凤、范友贤为将军，充当左、右前锋，直奔梧州，准备下肇庆，但他在梧州的苍梧不走了。先派人到梧州、肇庆打探情况。

殊不知，福州的隆武即位早了一步。弘光亡，唐王绍宗朱聿键，自立称帝于福京（福州），名为隆武年。除了浙江的监国鲁王外，江南明朝各地政权都表示拥戴隆武，两广总督丁魁楚被隆武帝加衔为大学士。

因此，丁魁楚为了表忠，认为天赐良机，向隆武帝献计，打朱亨嘉，为自己建功立业。丁魁楚也太没有政治眼光了，他不是团结一切可以团结的力量反清复明，而是在两广燃起战火。

于是，他与广西巡抚瞿式耜合力，派出精兵数千名进至广西梧州，同时差官乘船由小路而去，船头打着"恭迎睿驾"的牌子，借以麻痹朱亨嘉。1645年八月二十二日半夜，丁魁楚兵在梧州突然发起进攻，朱亨嘉拼凑的兵马被打得落花流水，自己狼狈不堪地由五屯所、永安、荔浦逃回桂林。

丁魁楚挥师前赴桂林。朱亨嘉的大学士孙金鼎原是个不齿于士类的充军罪犯，凭借靖江王的宠信，同思恩参将陈邦傅打得火热，结为亲家。朱亨嘉兵败以后，孙金鼎逃往陈邦傅处避难，同时劝说陈邦傅支持朱亨嘉。岂料陈邦傅翻脸无情，将他处死，"醉而投之水，仍取其尸，擦灰包扎，即传谕各舡易剿逆旗帜，解功至梧州。广督丁魁楚大喜，叙以首功，官征蛮将军，协东师前赴桂林"。

九月初五，丁魁楚亲自来到梧州，命参将陈邦傅、赵千驷、严遵浩、都司马吉翔等统兵向桂林进发。朱亨嘉的大将军杨国威同他部下的旗鼓（相当于传令官）焦琏本来就有矛盾，趁机一举擒获杨国威、顾奕等。二十五日进攻靖江王邸，朱亨嘉被活捉。十月下旬，朱亨嘉和同谋文武官员被押解到广东肇庆。

平定朱亨嘉的僭乱（虚妄湄乱）后，隆武帝加封两广总督丁魁楚为平粤伯，在给丁魁楚的诰敕中说："卿有闻檄拥戴之大志，又有迅平逆寇之巨绩。王守仁当全盛之时，无推举之事，以卿比之，功实为过。"这种过誉之词反映了朱聿键渴望得到丁魁楚的鼎力支持。

丁魁楚又一次想不到，唐王朱聿键气数尽矣，清军该来的还是来了。1646年秋，唐王朱聿键在福建汀州被清军俘杀，隆武小朝廷败亡。

其实，清军未到，长江三角洲已动乱，广东的日子也不好过。那时江西劫贼与福建悍匪合伙引倭寇入闽杀掠，劫夺渔船，被明将陈豹驱赶。倭寇退去，而赣闽贼众入粤，称曾全帮、马龙帮，合力烧杀揭阳新亨、车田、锡场、曲溪诸地。

话题再转到粤东，当地有一个武生刘公显，非礼南澳守将城隍庙进香女眷，犯奸而丧失前程，继而造反，引曾全帮、马龙帮占据揭阳岭地方，反明建国称后汉，纪元"大升"，号称九军，烧杀更甚。九军贼攻陷揭阳城，不分贫富官民，一律屠城杀掠，时死难者无法统计。城内官绅之死则有 76 人，如籍都司黄梦选、户科给事中黄毅中，推官邢之桂，知县谢嘉宾，举人杨琪华、黄三槐、杨世俊、岁贡林鼎辅、谢联元，武举杨德威，监生王之达、郑之良，例贡郭之章等死于叛乱之中。贼在全城举火，烧焚文书府库，县城唐宋元明历代文牍书志烧毁殆尽，邑人称痛。当然，清军称快，九军贼成了他们的帮凶。

在粤东大乱之际，丁魁楚不是派水军去平乱，而是到肇庆羚羊峡，在斧柯山下挖取老坑砚石，他居然也玩起了端砚。不仅如此，他还有心思与各处府衙的官员依然寻欢作乐，醉生梦死。肇庆军门府内一天到晚传出的尽是管弦之声，一声声深刻地讽刺了当时明朝官员不顾国家安危、沉溺于金钱声色的丑态。

三、立"帝都"于肇庆

1646 年，清军准备南下的战略正在日益加快进行，江浙地区、福建、江西的时局都十分紧张。

两广地处大陆最南，地理条件很好，倘若很好地经营，建成抗清的后方基地，是能成就一番事业的。然而，丁魁楚完全没有抗击清军的意识，"怙安不修戎备"，日以享乐为事。行政用人方面，也是弊端丛生，"将吏以贿为进退"。

不久，隆武灭亡，其旧臣相继到达广东，来到肇庆。广西巡抚瞿式耜以"同仇恢复"和"立贤立亲"为由，提出拥立桂王朱由榔，征求丁魁楚的意见，并明确指出：拥立朱由榔，关键靠丁魁楚。

丁魁楚总制两广，"带甲五岭"，拥有实力，成为建立南明新政权不可缺少的支柱。丁魁楚同意了瞿式耜的倡议，与吕大器、李永茂等拥立桂王朱由榔。

这时，有讯报：从翁源迁居罗定的一名姓巫的白莲教首领，组织教徒起事反明，罗定州南部不少人参与。丁魁楚下令肇庆西山参将赵千驷以"千驷"之兵剿灭了白莲教，为永历帝献上一份见面大礼。

当朱由榔紧锣密鼓地准备登基之时，明宗室隆武帝之弟朱聿𨮁为首的另一支抗清力量在苏观生等人的拥戴下，也在广州重建明朝政权，年号绍武。

丁魁楚、瞿式耜等置之不理，他们认为，隆武帝曾讲过："朱由榔是永明神宗嫡孙，正统所系。朕无子，后当属朱由榔。"他们还认为，若唐王监国，于"伦序不当"，绝不能"奉表劝进"。为反对广州方面的政权，两广总督丁魁楚、广西巡抚瞿式耜、广东巡抚王化澄、广西巡按郑封、肇庆知府朱治憪、广东总镇严从方、旧锦衣卫检事马志翔、兵部尚书吕大器、原任兵部尚书李永茂、太监庞天寿等商议：朱由榔是"神宗嫡孙"，按血统称帝是名正言顺的，加上"永明王贤"，论才能，讲正宗，成为最有"资格"的朱明皇朝继统人。

经过一番舆论准备和对外宣传策划之后，遂于 1646 年十一月初十监国，十四日拥朱由榔即帝位，以第二年为永历元年，改肇庆府署为行宫，在肇庆开铸"永历通宝"钱。南明史上的最后一个小朝廷就这样诞生了。其中"永"字来源于"永明王"，"历"字意在标榜自己是万历的直系亲孙。

朱由榔时年 24 岁，姿表飘逸，样貌酷似其祖父明神宗朱翊钧。虽然没有帝王端凝深沉的大器，但他事母极孝，又无好色饮酒的恶习，在明末诸帝中可以算是品质不太差的人才。但他生性懦弱，对做皇帝的言谈举止一窍不通。凑巧太监王坤（又名王弘祖）投入他的府中，这人早在崇祯年间就已经得到皇帝的信任，懂得宫中"故事"，指点仪注，使他知道如何摆出皇帝的架势，不至于出丑。

永历朝廷粉墨登场了，丽谯楼上，永历皇帝登基。冬日融融，万里晴空，古城内外人山人海，大街小巷旌旗遮日，红灯高挂，丽谯楼、披云楼、阅江楼之间沿途两旁甲士林立，威武喜庆。皇宫丽谯楼深红色楼体粉刷一新，拱形重门上方"古端名郡"4 个金字光彩夺目，与日争辉。大门口鼓乐齐鸣，城中路醒狮狂舞，参加大典的官员和来宾鱼贯入宫，拾级上楼。

南明政权"天大的事"是抗清复明，那一天，除了来自南方各省的大臣外，意大利、西班牙、葡萄牙、暹罗（泰国）、安南（越南）等国的使节也纷纷前来祝贺。只见永历帝端坐龙椅，内侍夏国祥肃立一旁，堂上肃立群臣贵宾。24 门红夷火炮排列江边，万余将士列队恭候于楼前，当礼炮相继喷射而出，众臣齐呼万岁，场面壮观。

话题再转到丁魁楚，他当上了首席大学士兼兵部尚书，瞿式耜为东阁大学士兼吏部左侍郎管尚书事，同时任命了各部院官员，广东巡抚王化澄兼任两广总督。

不久，湖广督师何腾蛟、湖广巡抚堵胤锡也上表支持。郑成功拥 17 万水师和 8 000 艘战船，也在烈屿（小金门）起兵支持永历朝，将郑改姓朱，旗帜称号"忠孝伯招讨大将军罪臣朱成功"。而早期入阁的何吾驺、陈子壮等人却宁可株守家中也不愿来肇庆。

接着，丁魁楚、瞿式耜提出举行一次阅兵仪式。朱由榔问原因。82 岁的宰相黄士俊说，一次成功的阅兵实质上是一种成功的政治仪式，可以带来神话一样的效果，且能检验意识形态国家机器的功效。因而，阅兵始终是一个国家和民族最感荣光、最感振奋、最为神圣的庄严盛典。

因此，在阅江楼的前面矗立着一座阅兵台。此台规模不大，造型简单，也没有什么气势，但是它代表一段历史，告诉人们这里在明代曾是著名的阅兵场。永历帝登基影响巨大，来投靠的流亡军队散兵游勇川流不息。不出一月，就收集到马、步、炮、水军 6 万余人，战船 2 000 余艘，各式火炮 500 余门。丁魁楚下令，万余将士列队恭候于楼前，请皇帝检阅，在阅江楼前西江边搭建点将台，专事操练水军，其余兵种由指定将领带往郊区操练。

阅兵开始，朱由榔帝设宴款待群臣，战船并发，沿浩浩荡荡的西江驶去，直出羚羊峡。五百楼船十万兵，江头潮涌鼓鼙声。如此威武雄壮的大阅兵，可以说是阅江楼阅兵史上规模最大的一次了。

时隔多年后，锦衣卫指挥佥事陈恭尹写下《阅江楼晚眺》诗一首，其中四句回忆当年的场景：

犹忆登楼发尚髫，楼前亲见海龙朝。万乘旌旗屯北郭，千军万马聚寒潮。

四、身死岑溪路

朱由榔粉墨登上永历朝廷的舞台不久，1646 年十二月十五日，李成栋率领降清伪军攻入广州。李成栋是佟养甲所部的第二号人物，原是大明很有实力的将领，投降清军后所部编入佟养甲部，位居二把交椅。

丁魁楚第一个获知消息，他不慌不忙，隐匿不报，因为他与李成栋有些私交，他派亲信家仆携黄金3万两及大量奇珍异宝准备离开，万一有不测也好向李成栋表示大礼，随时准备降清。

李成栋见信当然很高兴，急忙回复丁魁楚，让他一切放心，在肇庆等候，"到时自有安排"。因此，当朱由榔和众臣大溃逃之际，丁魁楚成竹在胸，把几年来搜刮受贿的财物装满40只大船，在西江上缓缓而行，有如太平时节的宰相游江行乐。原来，丁魁楚在肇庆时，就任命中军苏聘的岳父钟鸣远为广西岑溪令，日运财货到此作为退身之地。

朱由榔一班人的目标是走梧州，上桂林，作为永历根据地，他或许还心存侥幸，希望有朝一日能够返回自己登基的原点。

李成栋攻到肇庆，不见朱由榔、丁魁楚等重要官员，恼羞成怒，但一转念稳住了心情。他赶快给丁魁楚写亲笔信，急速请人追送，随后大兵跟进。

丁魁楚接信大喜过望，李成栋要他回来肇庆主持两广军政总务。于是，丁魁楚剃发迎降。

李成栋来了，设大宴款待丁魁楚父子。丁魁楚本有三子，因战乱病亡死掉两个，现只剩一子。欢饮之间，李成栋搂着丁魁楚肩膀，亲热地说："岭南半壁江山，就靠老先生您与我两人支撑啊！"并表示第二天早晨，就要择一吉时，为丁魁楚举行两广总督封授仪式。丁魁楚被感动得老泪纵横。

当夜，丁魁楚正做统管两广的美梦，忽然被士兵叫醒，让他下船入李成栋营帐议事。丁魁楚匆忙赶入帅帐，见李成栋端坐居正，两旁士兵个个立目横眉，刀剑出鞘，丁魁楚知道事情有变，忙双膝下跪，叩头不止："望大帅只杀我一人，饶过我妻儿。"

李成栋一笑，问："您想我饶你儿子一死吗？"一挥手，身边将领杜永和上前一刀就把丁魁楚仅有的一子脑袋砍下。

哀号未久，兵士拎起老谋深算的丁魁楚，一刀结其性命。

接着，李成栋尽杀丁魁楚一家男丁，并把他一妻、四妾、三媳、二女均押入帐中。同时，丁魁楚40船大船所载的84万两黄金和珍宝奇物尽归李成栋所有。仅这黄金一项，如果丁魁楚拿此饷军招买人马，就足以抵挡个清军两年三载。

丁魁楚三年间在广东横取得来的积蓄，全部为李成栋所据有。南明史家温睿临由此发出感叹："以区区之粤，而柄国者宝赂如是，不以之佐国用，而以之资敌，且抢扰之秘，而弃君营私，其杀身夷家，不亦宜乎！"

丁魁楚正值清军一统宇内之际，他先是不积极进行抗清准备，后来大敌当前，作为永历政权的秉政之臣，又以职位相争，因循苟且，"弃君营私"，不致力于抗清复明的大业。

丁魁楚呀，清军未至，苟安一隅，清军既至，剃发迎降。面对清军凌厉的兵锋，南明政权的支柱就是这样一班人马，其败亡的厄运就不待言了。

丁魁楚危急关头的卑俗和狡诈让人瞠目结舌，就连贩夫走卒在某些时刻都会比他们高尚得多。高尚庄严变成佻薄无耻，豪气凌人变成臣妾意态，悲怆豪放变成奴颜婢膝，壮士情怀变成鹰犬效力。正如清代学者全祖望诗曰："当年草草构荒朝，五虎犹然斗口嚣。一夜桂花（暗指桂王朱由榔）零落尽，沙虫猿鹤总魂销！"

读史小札

至于丁魁楚之死，有几个传说，其中《明季遗闻》云："魁楚在岑溪，屯兵千余；清朝招之，不服。乃水陆设伏，大战藤江；丁兵败，魁楚中箭死。按成栋是时兵锋甚锐，魁楚止部千人，何能与之大战乎！况魁楚泊舟岑溪，已弃永明王如敝屣，欲尽忠谁何；而与大清兵大战，且以身殉之也？"《两广纪略》云："魁楚遗二孙，成栋发于标下将官为奴；见其自言姓丁，即挞之。"《所知录》云："后见魁楚一孙才数岁，为罗成耀子。"

王化澄有忠君志　辅朝廷无治世才

一代永历南潮涌，振臂一呼动九霄。

"壮哉肇庆！博得世人竞折腰。石韫玉而山晖，水怀珠而川妍。佳山佳水，藏在深闺人未识；大智大勇，方有睿者敢问津。观时势，赤龙腾飞指日可待；告天下，彩练飘舞就在今朝。"

这是永历帝定都肇庆时，广东巡抚王化澄发出的感叹。

一、30天总督，功过后人评

1646 年秋，永历帝改府署为行宫，又将丽谯楼辟作"永明宫"。这为古端州增添了皇宫色彩，人称肇庆城为皇城，称景福围为皇城围，称猎场为皇禁。

丁魁楚当上了首席大学士兼兵部尚书后，而两广总督之印像击鼓传花那样快，一下就传给了王化澄。

王化澄，字登水，江西金溪人。崇祯七年（1634）进士，授知县。1645 年，王化澄在福州拥立朱聿键为隆武帝，任监察御史。当时，弘光朝在南京结束，又一个王爷潞王朱常芳在杭州代理皇帝，3 天后，清军杀到，朱常芳献城投降。朱聿键接着在福州正式称帝，举行大典仪式当天，"大风雾起，拔木扬沙"，尚玺官的坐骑受惊，玉玺摔落，碰坏一角。虽然征兆不祥，君臣还是很有平复天下的决心，锐意恢复。

隆武帝善于抚慰群臣，乐于纳谏，甚至同意招纳"大顺军"（李自成军）余部，共同抵抗清军。同时，针对南明军杀害剃发的平民一事，也予以阻止："兵行所至，不可妄杀。有发为顺民，无发为难民。"这一谕旨使得一般百姓欢呼鼓舞，纷纷来投。

此时，隆武帝声言要亲自北伐，以挽颓势。忠臣黄道周以甲子之年，带数名门生故吏，一路招至 9 000 多人，北上抗清，千辛万苦，百死愁绝，终为清军俘获，慷慨就义。

愤懑之下，王化澄跟随隆武帝再携数千明兵"御驾亲征"。而李成栋的清军在浙江大胜，先后攻下绍兴、东阳、金华、平州，很快攻陷郑鸿逵所守的仙霞关。王化澄与隆武帝逃湖南不成，又想取道汀州去江西，此时的"御驾亲征"

已变成"御驾亲逃"。王化澄慨叹，一边是大臣众叛亲离，离心离德，一边是清军先锋李成栋继续南下。

王化澄逃到汀州，刚刚歇一口气，次日凌晨，就有大队身穿明军军服的人大叩汀州城门，声言护驾。守门士兵不知是计，城门一开，原来都是李成栋派出化装的清军。隆武帝闻乱惊起，持刀刚入府堂，就被清军乱箭射杀。李成栋将隆武一家三口的人头献上，得到清廷垂青，命他与佟养甲一起驻军福州，以观时变。

危难紧急关头，王化澄在乱军之中逃出，从江浙南逃广州。刚巧，隆武帝朱聿键死后，弟朱聿𨮁在 1646 年十一月初五被大学士苏观生及广东布政使顾元镜等在广州拥立，年号绍武，争南明天下第一之主。

王化澄没有留在广州，而是又跑到肇庆。他讲述了福王、潞王、隆武三帝灭亡情况之后，一班大臣拥戴桂王朱由榔为永历帝，王化澄也就积极献功，把肇庆作为朱由榔指挥抗清的总指挥部。

1646 年十月，王化澄被提拔为副都御史，总制两广兼任广东巡按，正三品官。但是，王化澄不是军事人才，没有抗清的策略，也没有治军之才，而是一心谋官。虽然代替丁魁楚成为两广总督，但是由于他懦弱而无决断力，指挥不了军队，叫他指挥打仗真的不行。不是他怕死，而是他真的没这个本事。

有一天，号称佛弟子、南京司郎中李霞绮来到肇庆，投靠朱由榔，他跑去水月宫斋宿，名为家慈祝寿，实为永历帝祝贺，王化澄知道永历帝信佛崇佛，就让水月宫的龙床给李霞绮用。

李霞绮题诗一首，其中有两句很特别，他对王化澄题说："龙床借卧意爬搔，争暇临流与陟高。"意为，王化澄你还可以升官。然后，王化澄将诗刻上七星岩璇玑台。

虽然王化澄没有治军本事，贪财却有一套。明末之时，海内陆沉，东粤独安，故以富甲天下。用一年时间，王化澄就搜刮了 20 万两白银，老坑端砚 10 多块。他自恃有拥戴之功，整日受贿卖官，用钱买通永历帝的亲信太监王坤，又与永历帝的小舅子王维恭结为本家兄弟。

太监王坤因为知晓宫中事务，得到朱由榔的器重。王坤却专横跋扈，擅改朝政，私定人才的进退、官吏的升降。王化澄与其相勾结，不去改进行政，剔除弊端，在与同僚的关系上，以自己的权力和利益为依归；臣僚之间因职位和偏见相互掣肘，一点也不团结。

他为谋取兵部尚书与大学士吕大器争掌兵权，逼使吕大器不辞而别。有一天，永历帝问王化澄："广州绍武如果向我们举兵，我们该怎么办？"

王化澄说："应战吧！"如何应战？王化澄说："这个问题应该……待上朝之

时，满朝文武自会献策。"

永历帝真的有些担心：我的军权已交给了你王化澄，你不去制订方案，指挥军训，还问什么人啊？这个两广掌门人的"殊荣"，王化澄配得上吗？

二、治军无能，治国无才

王化澄知道永历帝担心带兵打仗之事，也知道自己不是这块料，于是与太监王坤沟通，将才掌握了30天的两广总督军权推给了林佳鼎，自己升任兵部尚书，当然，他最后还做了东阁大学士，升为宰相，"正色立朝，人赖以安"。

本来王化澄不会用兵也就算了，但是身为朝廷宰相，日后却搞起内讧。在抗清危急的情况下，王化澄与太监夏国祥勾结，称为吴党，擅权作恶，排斥异己，贪赃枉法，令正直的士大夫们痛心疾首。

王化澄卸任两广总督之后，被称为楚党的金堡、丁时魁、刘湘客、袁彭年、蒙正发5人发起整顿纲纪、参劾奸佞之举，称王化澄弄权乱国，残害忠良，"贪庸误国"。事后，王化澄串通一班太监，蒙蔽永历帝，把这五人逮捕监禁，想借一个罪名置他们于死地。

这五人除袁彭年、丁时魁后来都降清外，其他三人极有识见和骨气。特别是金堡，背井离乡，捐妻别子，跟从永历帝出入于刀剑之中，赴汤蹈火，舍身效命。而锦衣卫（明代御用的特务机构）奉"密旨"，严刑拷打金堡，鲜血四溅，几次昏去。

朝官王夫之气愤极了，和管嗣裘赶到内阁大学士严起恒那里，要求营救，调停内争。王夫之说："朝臣理应一致对敌，同舟共济，如果结党营私，杀害无辜，将使志士解体。国势如此，而作如此事，奈天下后世何！"

严起恒听了很感动，他在朝廷上涕泪纵横，力争是非，竭力援救金堡等人。王夫之还接连3次上疏参劾王化澄等结党误国。王化澄恼羞成怒，设法害死王夫之。幸亏忠贞营主帅高必正（即高一功，李自成妻子高氏之弟，原为农民军将领）出面营救，才未遭毒手。永历帝怕事态扩大，对金堡从轻发落，让王夫之休长假，实际上是撤了他的官职。

王化澄虽然信仰菩萨，却没有菩萨心肠，更容纳不了明士。本来，陈子壮有文天祥之风，陈彦邦有"粤中杜甫"之气，张家玉有"袁崇焕第二"之称，他们被誉为"明末岭南三忠"。王化澄是欣赏他们的，但他们看不惯王化澄若干人等的所作所为，不愿在肇庆为官，拒绝入阁。王化澄却说："不为我用，留也无益。"不过，王化澄劝陈子壮同举大计不成，却对"界人须用板"的典故记忆尤深。

不得不表一下"明末岭南三忠"。陈子壮，1596 年生于广东南海，万历四十七年（1619）进士，性格刚毅，先后两次被魏忠贤、崇祯皇帝罢官。他虽被罢官退居，但心系国事，对奸佞当道、外族入侵、人民涂炭等无不痛心。福王在南京继位，陈子壮被起用为礼部尚书，福王弃京潜逃，陈子壮辗转回广东与陈邦彦、张家玉等人同举反清义旗。后在高明战斗中被俘。清廷鹰犬佟养甲以杀害陈子壮的幼子等手段相要挟，妄图逼他变节，陈子壮宁死不屈，以绝命诗明志："金枝归何处，玉叶在谁家。老家曾愿死，誓不发春花。"

佟养甲逼降不成，恼羞成怒，想了一条杀一儆百的毒计，将陈子壮处以惨无人道的"锯刑"，即将人从头顶向下，锯成两片。但因人的躯体晃动，无法锯下去。这时陈子壮对刽子手高喊："蠢材，界（锯）人需用木板也！"刽子手才领悟用锯行刑的方法。至今"界人须用板"的典故，仍在广州百姓当中流传。

行刑时，佟养甲"遍召广州诸绅，坐堂上观其受刑以惧之"，还凶恶地问道："诸公畏否？"可是陈子壮依然骂不绝口。1647 年十一月初六被磔死于广州东郊。陈彦邦、张家玉也至死不屈。张家玉还吟起袁崇焕《边中送别》名句："策杖只因图雪耻，横戈原不为封侯。"

王化澄对岭南三忠的气节感叹万分，但是没有反思在朝廷迫害多少名贤义士，导致永历朝不堪一击。王化澄的最后结局发生在 1652 年，永历帝被清军追杀，王化澄躲入山中，被清将马蛟麟捕获，马蛟麟对王化澄说："你降吧，跟我就不会死。"王化澄慷慨激昂地说："你是反贼，背弃明廷，不忠不义，定会被后人咒骂。我堂堂一国宰相，怎会与你同流合污？我已一把年纪，死不足惜，留点名声给后人，让心安定一些。"之后，王化澄还吟起当年在九华山写就的《题金地藏塔》诗：

突兀诸峰入望齐，衔来丹诏指群迷。庄严宝相黄金塔，洗拂珠光白玉梯。
几树松杉巢老鹤，下方钟磬杂鸣鸡。徘徊无限归依想，三径犹存玉马西。

1652 年三月十八日，王化澄英勇就义，以身殉国。后来清政府对王化澄公正客观地评价：有忠君之志，无治世之才。

读史小札

王化澄（1605—1652），江西抚州人，明崇祯七年三甲第 181 名进士。南明

1646 年，任兵部侍郎，总督两广军务。永历二年（1648）任礼部尚书、东阁大学士，正二品；三年，任文渊阁大学士，一品。王化澄按粤，不能以廉闻，宦赀至 20 万。纵观他的一生，大概是想钱、想权、想官。他得到了，却不能为南明造福。他虽然不是什么好官，但他绝对忠诚于明朝政府。

林佳鼎人称神君　总督公节谊山河

　　1646年十一月，肇庆这个冬季来得有点夸张，本来是风干气燥的，永历帝登上皇位的惬意还是那么温柔，却来了一个大变脸，冷峻无情、寒风凛冽。尘封天地季节的冻霜埋葬了明朝所有记忆的伤口，即使是经历过这一时代沉寂和冷清的林佳鼎，也只是为伤口承担一点痛楚。

　　林佳鼎，字汉宗，福建莆田人，莆阳才子。少时好学敏悟，为人刚正，素有大志，不拘小节，品行高尚。在五侯山麓度岭村众妙园书院读书时，与同窗好友徐嘉奋、王家彦等情同手足，共求上进，令人羡慕。他擅长诗文，与人谈义侠事，辄心向往。他于崇祯七年（1634）中进士，官礼部郎中，改广东按察使。拥立永明王称帝后，王化澄玩了30天如绣球般的两广总督大印，又被朱由榔传给林佳鼎，人们尊称他为"总督公"。

一、顶天立地为永历

　　林佳鼎在崇祯时代任职广东按察使，当时就住在肇庆。他与两广总督张镜心、沈犹龙、丁魁楚、王化澄曾共事，经历了崇祯、弘光帝王的灭亡，见证了朝代交替的悲壮历史。

　　1644年，明朝倾尽国力，耗资巨大所豢养的军队，本来还掌握在南京弘光帝朱由崧手中。朝官扬言："岳飞讲'文官不爱钱，武官不怕死'，这真是大错特错。文官若不爱钱，高爵厚禄何以劝人？武臣必惜死，养其身以其待！"

　　想不到，爱钱惜身竟成了"硬道理"，可见弘光君臣糜烂的境地。富人需要追求更多的财富，强民族需要挤压弱民族的生存空间，奴隶主需要占有更多的奴隶，社会收入的不公和民族发展的失衡，让农民起义战争和民族征服战争，在干旱肆虐的神州大地同时迸发。

　　结果，清军南侵的时候，一战未接，大部分都投降了。投降的南明士兵就有23万多名。仅这一批在江北投降清朝的南明兵员数目，就超过了清兵南侵多铎、阿济格两路兵力的总和。

　　此后，左梦庚、田雄、马得功这些汉将又带着几十万明军力量，为大清击溃南京明政府、统一江南立下了汗马功劳。弘光帝重用这些无耻将领，想不灭亡也难了。林佳鼎说，明亡于汉，坐享其成益于清。

在清兵多铎的铁骑下，在汉将为贼的战刀中，岭南以外的沿海省城，全部成为清朝的战利品。

"天下不可一日无君，我们为大明撑一片天吧！"林佳鼎一直等到 1646 年十一月，广东建立反清阵营，在广州朱聿鐭登基，改元绍武；肇庆有朱由榔称帝，改元永历。

林佳鼎站在朱由榔身边，听从下旨："进吕大器为中极殿大学士，擢丁魁楚、李永茂、瞿式耜皆为大学士，大器、永茂入阁直机务，魁楚总理戎政，式耜以吏部左侍郎掌部事。命司礼太监王坤管文书房事；少司马（兵部侍郎）林佳鼎力佐之，加封两广总督。"颁诏楚、滇、黔、蜀。

朱聿鐭、朱由榔几乎同时称帝，两者不是握手言欢，而是用刀光剑影说话，造成你死我活的内乱。

朱由榔以聊天的口气问林佳鼎："知道弘光、隆武、绍武的事情吧？"林佳鼎答："知道，一个已崩于杭州，一个命薄福州，一个又在抢立广州。"

"弘光、隆武为何一下子丢失天下？"林佳鼎不置可否，但也笑着说："误用庸臣。"

朱由榔忽然愤恨地说："满朝文武官员无情无义，朱聿鐭很快就会向我朝进攻。"

林佳鼎若有所思地点点头。虽然李自成给了大明封喉一剑，清军又来了一连串的黑虎掏心，但是明朝仍没有灭亡。除了鲁王在海上阴魂不散，不时登陆反扑以外，广东又出现了两个政权：隆武的胞弟朱聿鐭在广州称帝，建元绍武；桂王朱由榔在肇庆称帝，建元永历。

他心想：现在，南明出现二帝并存的局面。能合力最好，若大明江山不能合力，就真的完了。

大敌当前，形势如此严峻，就怕这些人重蹈明后期的覆辙，互结朋党，各援党系。这方面，林佳鼎对眼下这班明朝官员的贪腐和无耻，自然会比朱由榔了解得更深、更全面。

贪欲如同一个锁在肇庆包公井中的恶鬼，南明制度的缺失为恶鬼解锁，人们信仰的缺失给恶鬼松绑，当恶鬼翻腾而出时，荼毒将祸害永历天下。

在小小的红楼行宫之中，又诱发了良知泯灭、心理扭曲、集体变态、饥馑遍地、疾病泛滥，在没有自然灾难的外力下，官员的"内功"，却几乎把自身毁灭。

林佳鼎称为"总督公"之时，丁魁楚为内阁首辅，党邪伐正，贪赃枉法，言官们慑其权焰，多缄口不言，唯独总督公林佳鼎抗丁劲之。

　　林佳鼎虽然学历与丁魁楚同高，但玩起政治来，没有丁魁楚老道。不过，别看他岁数小，说话却是硬朗的，他在肇庆入永历宫一见丁魁楚，就怒不可遏地问："你们做得太过了！也贪得太多了！难道你们不能帮帮朱由榔做个好皇帝吗？"

　　丁魁楚以牙还牙、以眼瞪眼，俨然以一种"黑帮"老大讲话的语气回敬道："我这不是帮他做个好皇帝吗？不让满身油水的家伙们吐出银子，咱们那么多军队，吃什么？喝什么？我不担心民变，就担心军变呀！我不是为你这个军门着想吗？"

　　林佳鼎虽然是总督公，但对丁魁楚的粗暴无礼无可奈何。不过他仍然语重心长地对丁魁楚、王化澄说："民心是船、军心是桨、官心是舵，欲得天下，三者缺一不可啊！追赃助饷就收手吧！"

　　所谓不言则已，言则中的，且罪不及已，不作无谓之牺牲。林佳鼎继续说："桂王的登基，立刻招致了反对者的反扑。面对清军大敌当前，我们能否与绍武讲和，一致对外，不要争得你死我活，你们应该拿主意啊！"

二、联合政府，一致抗清

　　永历拥立，撑住南明，还算"天下云集响应，赢粮而景从"，虽然处处"揭竿而起、斩木为兵"，想取而代之，但半壁江山的南明，应以绍武、永历二帝最有实力，联合抗清还是有号召力的，可叹的是，"卧榻之侧岂容他人捣乱"！

　　在大敌当前、国难临头这样的危急情况下，南明这些官绅们却各自怀着野心，死死抱住一个皇子皇孙作为政治资本，只顾他们自己加官晋爵，实现"佐命元辅"之野心，置国家民族于不顾。

　　绍武帝、永历帝各自拥立后，尽管总督公林佳鼎与绍武帝他们还继续做说服工作，但因没有一个领袖人物出现，说也白说，谈何容易，只让矛盾加重，怨隙越演越深，最后导致兵戎相见。

　　当时吕大器称病，弃官归蜀。大臣方以智、李永茂，为大监王坤所忌，辞官而去。在朝廷不稳的情况下，林佳鼎建议，让永历朝廷，派兵科给事中彭耀、兵部职方司郎中陈嘉谟前往广州游说组成联合政府，一致抗清。但是，丁魁楚、王化澄改变初衷，让彭耀、陈嘉谟带着联合声明前往广州，劝说绍武帝取消帝号，退位归藩。

　　彭耀到达广州后声泪俱下地对苏观生大学士说："今上神宗嫡胤，奕然灵光，大统已定，谁敢复争？且闽、虔既陷，强敌日逼，势已剥肤。公（指苏观生）不协心戮力，为社稷卫，而同室操戈，此袁谭兄弟卒并于曹瞒也。公受国家厚恩，乃贪一时之利，不顾大计，天下万世，将以公为何如人也?"明谕唐王绍武必须削去帝号。

绍武帝和苏观生听罢，气愤至极，认为这是莫大的侮辱，绍武帝拉着苏观生无情揭露以"桂王"为首的一小撮反动分子分裂国家的阴谋，号召广州指战员为维护统一血战到底，并以二人名义发动了进军肇庆命令。

后人实录："永明王使给事中彭耀、主事陈嘉谟赍敕赴广州谕苏观生；被杀。耀，顺德人；奉使，即过家拜先庙，托子于友人。至广州，以诸王礼见，备陈天潢伦序及监国先后，语甚切至；因历诋观生诸人。观生怒，执杀之；嘉谟亦不屈死。耀谓观生曰：'上神宗嫡派，奕然灵光；大统已定，谁敢复争！且闽、虔继陷，强敌日引兵西下，势已剥肤；不协心戮力为社稷卫而同室操戈，此袁谭、袁尚所以早并于曹瞒也。公受国家重恩，乃贪一时之利，而不顾大计；天下万世，将以公为何如人耶?'观生大怒，杀耀于市；即日，集兵向肇庆。陈邦彦抵广州，闻使臣彭耀被杀，乃遣从人授苏观生敕而自以书与观生，晓以利害；遂变姓名，入高明山中。邦彦劝观生与魁楚并力，勿国中自斗，贻渔人利。"

总督公知道联合声明送出后，急忙劝说永历帝，派陈邦彦去纠正说法，可惜一切都迟了。

绍武帝的军师苏观生悍然下令把彭耀、陈嘉谟推出斩首示众。苏观生此举导致"同室操戈"，矛盾更加白热化了。原来，大学士苏观生与丁魁楚素有"兄终弟及"拥立"监国"的过节，福州陷落时，他正在广东募兵，又与丁魁楚产生恩怨。

随即，苏观生派陈际泰为督师，调动军队向肇庆进攻，旗号是"讨伐"。要知道，由于绍武政权建立得太急了，拥护的人很少，地盘小，兵力也少，绍武帝其实仅是广州一城的皇帝。为了解决兵力不足的困难，苏观生招募大批海盗和地痞组成部队，毫无军纪可言，这样的军队别说战斗力了，就算拉出去吓人都不够格。

永历政权见调解无望，也调兵遣将，以林佳鼎为帅，周光夏为都御史，夏四敷任监军，会同韶州调来的武靖伯李明忠，带领3 000多名士卒，浩浩荡荡地去迎击"讨伐"。林佳耀领兵出发，始终建议以和为贵，出兵也只是"打中求和"。

永明王以兵部右侍郎林佳鼎、金事夏四敷督兵赴三水，苏观生以番禺人陈际泰督师拒之，战于三水；际泰大败而还。时王化澄代丁魁楚总督，庸懦且怀观望，林佳鼎请代；化澄出，遂命佳鼎以原官督诸军东下。

绍武政权统帅林察勉勉强强算个职业军人，还有个名叫陈际泰的副手，他们召集了军队，把四姓海盗的人召集在一起，又组成了一支流氓地痞的部队，进入三水就被永历军队阻挡了。

三、他失义，我失觉

再怎么说，永历政权的军队也算是正规军，虽说和清军不是同一个数量级，但打苏观生的杂牌军，那也是十拿九稳的。

十一月二十九日，永历政权和绍武政权的两支军队在广东三水县大战。一番战斗之后，正规军打败了杂牌军，朱由榔取得了胜利，斩杀800多名绍武兵，陈际泰狼狈而逃。

林佳鼎得胜后，一面向永历报捷，一面挥军直往广州而去，继续提出共同抗清。林佳鼎在离广州城5里驻扎，又派员去通报。绍武帝没了主见。虽然大明这个山头已经摇摇欲坠，但是苏观生坚持接受既成事实，将错就错，一山不容二虎。他倒有个主意，派总兵官林察率数万海盗（已招安为绍武军）前往说和，实质是迎敌。

苏观生献计，林察与林佳鼎同族，又是旧相识，过去有共事关系，应主动伪降，并说双方不必大打出手，也不要上演同室操戈的戏了，一定要采取诱兵深入之计，接待林佳鼎。

十二月初三，林察携信向林佳鼎求见，自称投降。心中"五味杂陈"的林佳鼎见信大喜，将信传给众人看，心想：林察真不愧是我的兄弟啊！林佳鼎与林察说："扪心自问，我帝有何对不起你们呢？共同抗清，封侯、赏银，两家并用，你们又为何冒着国家命运和自己过不去呢？还杀了来使，这实在是个问题！"

林察淡然地对林佳鼎说："大水冲了龙王庙，各为其主，一家人不识一家人了。咱们的大帅说，应当投降，我们也愿意劝说手下投降。咱们就一起前往军营，接管兵马，保你安然无恙。"

"林老弟呀，不要说'投降'二字，都是大明的军队，应该心往一处想、劲往一处使嘛，这样才能合力抗清贼。林老弟是个深明大义的人，我信你啊！"林佳鼎极其天真地相信林察，两家和好，便往林察军中。

林察和海盗们就这么归顺了？御史周光夏、监军夏四敷有些不放心，劝阻林佳鼎应该小心警惕，要求林察过来上船同行。

林察说愿意在前面领路。

林佳鼎为人过于老实，也信以为真，一心想着以和为贵，再加上他太轻信林察这些人假投降，更没有认清老奸巨猾的海盗面目。径自带领战船依约前往林察驻三山的兵营。将军李明忠还是有作战经验，兵分三梯队前进，自己断后。

行进河汊之中，林察大喊道："林总督，我们的军队就在此地恭候。"

突然，河面上一片通红，原来有人突然施放火器，发起了攻击。林佳鼎还没明白过来："是谁干的？"

原来，苏观生他们早就暗中设伏，向永历军船施放火器。海盗个个勇于海战，又富于经验，打得永历军措手不及。"中计了！有埋伏！"遭到迎头攻击的林佳鼎恨得咬牙切齿，但已经晚了。

林佳鼎所乘的船无法同林察陆上作战，被迫弃船登陆迎敌。

海盗的火力太猛烈了，永历兵大惊溃败，不是被水淹死、被火烧死，就是被自家明军杀死，水师游击将军管灿当下就战死在河滩上。

林佳鼎又因地理不熟，陷入了三尺多深的泥淖，结果一败涂地。林佳鼎在临死前哀叹道："他失义，我失觉。"最后，林佳鼎和夏四敷都溺死水中，李明忠带兵三十余骑逃出，许德生被俘，部下兵员趋于瓦解，迅速崩溃，几乎全军覆没。

林佳鼎军事失利的消息很快就传到了肇庆，永历君臣和百姓心里绞痛。纪念他在广东施行抗清大计，但是未见清兵，却死于南明绍武"窝里斗"的刀下，事迹与精神可嘉。肇庆百姓以国家遭难之痛，与总督公之悲交织在一起，称他为"神君"。

幕府夜阑起暮茄，端城秋老菊无花。可怜珠水凄凉甚，荒冢朔风卷白沙。永历君臣为林佳鼎奠文："公勋猷永历，节谊山河。烈愤指天，爰捐躯而赴义；血诚贯日，遂慷慨以成仁。谁非王臣也哉？乃独完正气，而大明仅有我佳鼎也。呜呼！"

不过永历也不必太生气，用不了多久，清军就会替他出这口恶气。

绍武举行盛大祝捷大会、趁机大封官爵之时，清军占领福建，满将博洛回京休息，李成栋带着佟养甲迅速向广东推进，他们破惠州，打算突袭广州，对绍武政权实施斩首。

一天夜里，三百精骑清兵潜广州城外，伪称援兵，骗开城门，数百清兵策马扬鞭，蜂拥而入，大红顶笠满街驰奔。

绍武官员霍子衡大书"忠孝节烈之家"于中堂，北拜，换大红袍谒拜家庙，全家9口投井、上吊自杀殉节；苏观生提笔在墙上大书"生既无成，死亦万古。

节报高皇，恩怜老母"，而后说："大明忠臣义士固当死。"自缢而死。

梁鍙也装假上吊自杀，然后第二天，梁鍙冲进屋指挥仆人扛着苏观生尸体向清军投降，声言有献"大学士"之功，深获李成栋嘉奖。

绍武帝化装外逃，在城外被清兵抓住，关押在府院。晚间，趁守兵不备，绍武帝用衣带自缢而亡，做到了"国君死社稷"。

绍武政权仅存在40天就被清军消灭。揭阳的益王朱由榛（1647）、夔州的楚王朱容藩（1649）称监国，郑成功也在南澳一度立淮王朱常清（1648）为监国，均后废。这样，永历帝成为南明唯一的实力皇帝。

读史小札

林佳鼎是昙花一现的、只任职40天的军门，却在一生之中，勤政恤民，清廉端慎；精忠爱国，死而后已；事亲至孝，处世诚直；爱岗敬业，深思笃行；淡泊名利，不计得失。后人评论：他是晚明一位不可忽视的历史名人、一位政绩卓著的廉吏贤臣、一位铁骨铮铮的伟丈夫。

朱治㶫旋生即灭　抗清兵肇庆失陷

永历帝悲伤地思念着两广总督林佳鼎，他如一颗彗星，闪着耀眼的光骤然划破长空，但很快就被茫茫夜色吞没了。过了几天，肇庆皇城在冬阳的照耀下，恢复了往日的活力。永历朝阵痛之后，调整了一批官员，其中接替两广总督的是朱治㶫。

一、一步踏上两广军门

朱治㶫，字子暇，浙江秀水（今嘉兴）人。他的学历不算高，只是天启初年（1621）的举人，能诗文。他是大明朱元璋嫡系子孙，虽然没有封王也是一方侯杰，后来授肇庆府推官、同知、知府，官至副都御史。

据说，他懂风水学，说肇庆这里风水好。1646 年，两广总督丁魁楚与广西巡抚瞿式耜、广东巡抚王化澄、广西巡按郑封、肇庆知府朱治㶫、广东总镇严从云、旧锦衣卫金事马吉翔、采买翠羽太监庞天寿等会议监国。

朱治㶫说，西江的地形是西高东低，水自西从天上而来，源远流长，称为"天门开"。全境所有河流向东汇聚峡口，众源归一，山停水聚，称为"地门闭"。桂王一步登上永历帝位，在"天门开，地门闭"的地方建立西京之都，从此天下大吉，可保南明江山永久。

他说得永历帝很高兴，永历帝也让他满意，在永历元年（1647）正月，让朱治㶫也一步登上两广总督的宝座。

其实，朱治㶫是临危受命，因为清军纵兵在广州城掳掠三日，名曰"放赏"，将流落广州的明宗室藩王周王、辽王、益王等全部杀了。这支神速侵入广州的清军由两个部分组成：李成栋率领的汉军与佟养甲率领的八旗兵。清军并不打算停步，二将进行了分工，佟养甲率八旗兵留守广州，李成栋率汉军继续追击永历帝。

永历帝对清军行动的迅捷有了深刻的认识，召集大臣研究制敌之策。

朱治㶫明白，肇庆将遭受一场劫难。他认为，肇庆乃至广东，用粮用饷都不紧张，旧制卫所军由国家供应粮饷。除此之外，用兵就紧张了，没有多余种类的兵将，一切军兵都由各卫的指挥统辖节制。每寨都有号船，互相联络呼应，又添设游击等官。即使是狭小的港湾，也必有兵船防卫。

现在要想分兵防备清军，不如招民为兵，恢复旧制，抓紧训练，精壮骄悍，否则，即使添设、招募更多的兵丁也无益于事，就好比驱赶平民去战一样，白白地浪费钱粮，除了侵扰百姓，没有什么帮助。

永历朝廷上下都把朱治㵑的直言敢谏视为审时度势的名言，得到多数官员、士绅和抗清义军的支持，并且采纳了许多意见或建议。

曹烨也是手握重兵的将领，想讨封更大的官职，也乘机献忠心说："皇上，肇庆自然要重点布防，可离广州太近，一旦打起来，很难有回旋的余地。我等主力都在广西，皇上可随时进退，微臣全力保卫朝廷，誓死效忠皇上。"

永历帝朱由榔一听，觉得曹烨说得也有道理，当即封曹烨为广西巡抚，镇守广西梧州。曹烨立即行大礼谢恩。

永历帝朱由榔心里早想到做好撤离肇庆的准备，因此必须加强梧州防务力量，便叫唤陈邦傅，朕封你为偏将，令你辅佐曹大人，镇守梧州。陈邦傅将军行礼："臣遵旨谢恩。"

最后，朱由榔下令："众爱卿，绍武政权覆亡，永历王朝将成为清军最主要的打击目标。肇庆由朱治㵑总督御敌，朝廷立即移跸梧州。"

瞿式耜反对说："皇上，朝廷是将士们抗敌的坚强后盾，万万不可在开战前撤退。我们要为祖宗报仇雪恨，应该拿出勇气，号令四方的豪杰。现在广东的民心都还没有安定，如果这个时候跑了就是放弃了广东，引起民心不服，国家怎么建立得起来？"

临事逃命，对于朱由榔永历事业的发展来说，不是坏事，而是好事。因为惧怕而逃命，所以做事会多一份谨慎，少一份浮躁；因为惧怕而逃命，所以做事会多一份周全，少一份片面；因为惧怕而逃命，当然会失去肇庆这个最美的家园。但是，权衡利弊，保存永历王朝的有生力量，寻机再回来肇庆立朝，不失为等待时机之策。

朱治㵑主张正义，坚持朱由榔真理："清国大兵压境了，不要争论了，何必让皇帝在恐惧中度日呢？广州府与肇庆府仅200里，清军大兵随时都会杀到。你们转移吧！"

其实，朱治㵑心里十分清楚，自己只是尽力而为，做南明王朝大厦的中流砥柱，尽管独木难支，也要等待援军，保卫肇庆。

永历帝匆忙离开肇庆，撤退至广西梧州方向。

只有朱治㵑坚守帝都肇庆。众将士跪拜行礼说："我等誓死跟随总督大人。"

所以从那一天起，朱治㻞品尝到了两广"一把手"的快乐，还有"保都为国"的担忧。他想过，如有不测，可以不惜为国捐躯，舍生取义，也可以突围撤退，再组织抵抗！

但是，目前他抱着小心翼翼的态度，力争使自己体恤民生，心系百姓，决不做贪官守令腹削民膏的事，以廉洁清平的姿态，赢取广东的人心。

肇庆的正面战场只有朱治㻞、邓彦总担当大任。他俩勤于军务，督师城门，补救不遗余策，巡军营，查厂库，请免班军工役，尽归行伍。

一天，朱治㻞登陴阅视内城岗哨，冷夜携一灯步巡城堞，人无知者，翌日校勤惰，将士皆服，争自励。

当时有劫掠，屡次侵扰乡镇，邓彦总要惩治。朱治㻞说："百姓不得衣食，才跑出去为盗，不是恶势力，算了吧。"

就这样，肇庆皇城在一丝寂寞、几点闲愁中迎接寒冬的日出日落，朱治㻞也在留守防御里打发恐惧和难熬的时光。

二、留千古半分忠义

1647 年二月十九日，李成栋叛军终于来到肇庆，他问先锋罗成耀将军："肇庆南明守将是谁啊？"回答说："两广总督朱治㻞。"

李成栋将军一听是朱治㻞，摇头叹息说："这个老狐狸，说起来他还是大明先帝的子孙，大明先帝的子孙都是如此，更何况他人呢？大明江山岂能不亡？"

李成栋依然是先礼后兵，假惺惺地说了一些"识时务者为俊杰"的套话，他还骑马在城下高喊，让肇庆人投降。忽然，清军发现肇庆城东门洞开，以为有人献城接应，疑惑之中，立即开始入城。如此说来，永历朝廷都是些酒囊饭袋。

城中百姓在朱治㻞事先安排下，皆伪降。一股清军以为得计，没高兴多久，肇庆士民伏兵大发，来个关门打狗。有壮士挟双斧，舞动如飞，杀入敌阵，一斧砍下清将头颅，然后大呼杀出。伏兵四合，肇庆人民又杀掉入城未及逃跑的数百清兵。

朱治㻞出现在城头，他躯干丰硕，双眉卓坚，目细而威，面赤长臂，活像水浒朱仝的长相。他身后还有一人手执大刀跟从，此人为将军邓彦总。

李成栋大怒，集中全部兵力投入攻城，势头极为凶猛，大有一战便取城之意。接着清兵发起了"狂攻乱打"肇庆城的命令。

朱治㻞亲自站在肇庆城上督战，激励将士，顽强抗战，苦苦坚守，一日十余战，仍然精力不减。

　　李成栋这种"群殴战术"并没有取得多少明显的效果，肇庆城仍是"我自岿然不动"。肇庆城是一面临水，三面靠山，地势险要，城墙坚固，易守难攻。再加上百姓的拼死抵抗，结果是肇庆攻坚战打了一天一夜，李成栋一无所获。

　　战争说到底，就是让这边百姓打那边百姓，肇庆的百姓自然反抗到底。李成栋见防御十分得力，要求与朱治㦗对话。

　　朱治㦗凭城大骂："我虽然是永历的军门，称为高官，但也只不过是一个肇庆知府的文职，尚能为国尽忠。汝为大明朝廷的大将军，不能以死报国，却成了清军狂犬，如今还有何脸面来见大明的父老！"于是，朱治㦗、邓彦总大书一帜："留千古半分忠义，存大明一寸江山。"

　　李成栋惭甚。但是，为了向清朝主子有交代，他"发明"用三层厚牛皮做的攻城皮帐，让士兵躲在下面，进逼城墙。牛皮坚韧，城上矢石投之，皆反跃弹起，不能射入。朱治㦗派人取人粪和桐油煎煮，在城头上煮开后立即泼下，牛皮帐顿时被烫穿，下面的清军非死即伤，损失数百人，清军无法破城。

　　朱治㦗在人才辈出、名将云集的明朝，算不得是出色的将才，但在风云突变的明末之乱背景下，其忠勇与谋略也是屈指可数的。借用魏晋时阮籍的话："时无英雄，使竖子成名。"

　　朱治㦗与邓彦总商量，搞一次突然袭击，反客为主。他对守城将士说："我受国恩，死所不辞，但念你们与我一起为国捐躯，而所赏不足以酬功，所以十分痛心。"将士听后纷纷请求出战，情绪高昂。于是，朱治㦗杀牛设宴，犒劳将士。

　　当晚，邓彦总手执战旗，亲率将士直冲叛军北大营。来势凶猛，个个奋勇向前，一副不怕死的样子，叛军惊骇之下竟然大溃。朱治㦗在城楼擂鼓助威，又鸣金收兵，这一战杀敌500余人。

　　二月二十一日，李成栋不断增兵，叛军又集兵逼临城下，攻城也更猛烈。明军刚开始还能拿着弓在城墙上吓唬敌人，后来敌人发现只见弓动不见箭出，也就悟出城中缺少武器。同时，"坚城铁拳"的清军运来巨炮，连轰连击，城墙倒塌数处，清军趁机抢攻，肇庆城东门告急。求援，求援！眼下能保住肇庆的只有一条路：求援！

　　向哪儿求援呢？援兵迟迟不见，朱治㦗暗暗深吸了一口气，从座位上站起来，由于起身太猛，加上严重的营养不良，身体一个趔趄，在他旁边的邓彦总要站起来搀扶他，朱治㦗用手按住了邓彦总的肩膀，示意他不要起来。最后决意弃城。

　　大将邓彦总自告奋勇，愿意带兵杀开一条血路。邓彦总虎背熊腰，十分剽悍；声如洪钟，站在城上大吼一声，远近十里都听得真真切切，没准练过狮吼功。朱治㵾和邓彦总亲自挑选 30 名精兵，朱治㵾特别准备了丰盛的食物，让大家饱餐一顿，各带锋利兵器准备殊死拼杀。

撞破铁笼逃虎豹，顿开金锁走蛟龙。朱治㵾出城后，清军如潮水般涌来，30名精兵如同撒入汪洋大海中的几片树叶。邓彦总一马当先，直冲敌众，左右施射，气势如虹，一路冲杀，所向披靡，其余 30 名精兵紧随其后，还未突出重围，邓彦总已战死。

朱治㵾逃到龟顶山下时，回首而看，自己守城不力，于是正色咆哮："国破身死，吾何足惜！但主上存亡不可知，恨不追随乘舆，触死辇前，赎臣子万一之罪耳！"言毕，北向叩首，以谢先帝，再复南叩首，以谢父母，遂自缢而死。

朱治㵾一死，总兵官李承志、水师参将易知和一班府县官员全投降了。

肇庆孤城向敌，不少大明义兵皆血战而死。清军连杀一日，直到找不到南明军才挂刀。之后，公然"放赏"三天，放纵士兵奸淫杀掠，使肇庆人民遭受了一次血腥浩劫。

三、悲怆豪放与奴颜王八

清兵攻下肇庆，两广总督朱治㵾在龟顶山自缢。理论上明朝在肇庆设置的两广总督府，应该画上了句号。然而，两广总督府的精神不死，在西江流域依然雄起，因为永历朝能得到西江流域各界的承认和拥护。

当时，清军李成栋计划，留总兵罗成耀进驻肇庆府，自己挥清兵沿西江而上，攻德庆、打封川，直取梧州，派出商之盘、王芋，取道罗定，过岑溪，最后会师梧州。

先说罗定抗清。罗定西山，有永历朝把总朱家臣带领一支明军，自称都督，统率罗定各处南明力量抗清，阻挡李成栋进攻的步伐。首先朱家臣与哨官罗成基以州城为据点，阻击清兵，结果被清兵商之盘统兵反攻破城入州，罗成基战败。商之盘规定州人按满族习惯，男人留长辫，妇女梳髻，以示臣服。

接着清兵又占据东安，朱家臣决心组织罗定兵民起兵抗清，亲自提兵前往，夺回清兵攻占的东安县，杀死新上任的清知县邱山禺，并乘势进攻南乡所，从泷江威迫南江口。

后来，李成栋又派清将军王芋领兵进压。朱家臣被击败。西宁人李国珍继续组织千余农民抗清，攻打罗定州城，屡攻不克，便联络罗成基、林志昂等明军数万人复攻州城，围城两月有余。因清军援兵赶到而撤退，罗成基两度进攻州城均被打败。

当年夏初，西江大水，高要决堤之时，高要举人杜璜联络金利等乡民，力图收复肇庆城，与清兵战于蕉园，被罗成耀清兵击败，杜璜战死。一时间，西江流域洪水与血水交融。

罗定、肇庆稳定了，李成栋大举进军梧州，兵发占封川，据江口圩。那时，南明广西参将管大胜承机攻占了开建，沿贺江而下，袭击江口清兵。

清兵备道李士琏率军扫荡西江流域各地的抗清武装队伍，在封川城又打败了管大胜。

清兵主力迫近梧州前，永历君臣们知道两广总督朱治憪已亡，肇庆城失守了，心早已继续向广西桂林逃去。"朕已经决定撤退桂林，你们就随驾吧！"

再说梧州是广西东面重镇，为明广西巡抚驻节地。清军向广西推进时，明将陈邦傅夜间弃城而逃，一时风声鹤唳，人无固志。

南明驻守梧州的是巡抚曹烨，还有梧州知府陆世廉、苍梧知县万思夔等。面对清军进攻梧州十分险峻的形势，万思夔早就用木头做了个大鳖（俗称王八，骂人话中经常用到），并抬木头大鳖在梧州城内游行，并大喊口号："投降逃跑者就是这玩意！"

永历朝廷刚撤离梧州不久，清军就到达梧州城外，不知永历朝廷撤往桂林，以为还在梧州城内，因此围而不打。李成栋没想到广西巡抚曹烨大开城门，迎降道旁，涕泣不敢仰视，口称："烨不知天命，不早事君，使君怀怒以及下邑，烨之罪也。若以罪不赦俘诸军，惟命；若惠邀天之幸苟保首领，使得自新，君之惠也。"

李成栋又怕吃肇庆的亏，恐有埋伏，切不可轻敌。几经试探才兵不血刃地占领了梧州，李成栋笑而释之。

万思夔没想到曹烨心理素质极好但胆子极小，宁可当王八，也不去送死。就在木鳖的身上写下了"这是曹烨"，然后就弃城而逃。

南明一些士大夫，危急关头的卑俗和狡诈让人瞠目结舌，就连贩夫走卒在某些时刻都会比他们高尚得多。高尚庄严变成佻薄无耻，豪气凌人变成臣妾意态，悲怆豪放变成奴颜婢膝，壮士情怀变成鹰犬效力。

其实，万思夔还不如曹烨强呢，人家曹烨当了王八也不为自己辩解，别人愿意怎么骂就怎么骂，反正心理素质好，不在乎。万思夔就不一样了，不但胆小怕死，心理素质还不行，当了王八，还怕别人说自己是王八，自行逃去。

清政府占广州、据肇庆、驻梧州，明朝的两广总督还会出现吗？

读史小札

朱治愲即朱子暇，人称其有才，报师恩深，天启元年辛酉科，牧斋主浙江乡试时所取士为举人，选肇庆通判，崇祯十年（1637）任同知。1640年离任返家嘉兴，后来在广东活动重返肇庆任知府。

朱盛浓弃城逃跑　隐富川选石裁诗

李成栋占领梧州后，安排妥当，就回广州，留出一小股清军进逼桂林。

永历帝知道肇庆失守、两广总督朱治㵎逃亡后，依然故我，继续逃离桂林，准备进入湖南投靠兵力较多的军阀刘承胤。大学士瞿式耜坚决反对，他指出朝廷不组织抵抗，只是一味避敌先逃，会涣散人心。但永历帝根本听不进去，在太监王坤、锦衣卫马吉翔的怂恿下，向全州逃难。

瞿式耜只好请求自己留守桂林，永历帝最后答应他，升任文渊阁大学士，兼兵部尚书，赐剑，便宜从事。同时任朱盛浓为永历朝兵部右侍郎、两广总督兼广西巡抚。

一、上任 20 天便遁隐

永历帝畏清若虎，最后还是逃。瞿式耜、朱盛浓等出于稳定人心的考虑，要求永历帝无论如何不要离开广西，哪怕暂驻于靠近湖南的全州也好。这样，肇庆的两广总督府自然迁往桂林。

朱盛浓，湖广江夏（今湖北武汉）人，早年授楚府中尉，后任池州府推官。他的推官之职来得颇有戏剧性。南京弘光帝时，身为楚宗的朱盛浓，上疏诬告黄澍"毁制辱宗，贪贿激变"，内阁首辅马士英大喜升任盛浓池州府推官（负责刑狱），不久后升任刑部侍郎。在永历朝任巡按御史，这次永历再任命自己的亲属、兵部右侍郎朱盛浓为两广总督兼广西巡抚。

清军将领李成栋带兵进军梧州，所有官员投降、弃城逃跑。瞿式耜叮嘱朱盛浓图谋出兵，坚守广西平乐，平乐、浔州相继被攻破，桂林危在旦夕。

朱盛浓自然应诺，很想为朱由榔送上一份大礼，以报两广总督职位之恩，似乎宽慰了一下永历帝受伤的心灵。

1647 年三月，一股清兵袭击平乐。朱盛浓力量并不弱小，却无法阻挡凶悍的清兵，气势如虹，似秋风扫落叶一般横扫平乐、浔州。

其实，朱盛浓怕死，只是在平乐前沿阵地设置一些障碍物，使用障眼法厮杀一阵，就不战而退，杳如黄鹤，逃回桂林去了。朱盛浓怕清军是有原因的。

实际上，朱盛浓明白自己打的不是清军，而是大明叛军。早在 1644 年，朱盛浓在皖南江阴、泾县等地的抗清斗争中，经历了"乙酉之难"。叛军将领洪承畴取代清军宣称"留头不留发，留发不留头"。这个下"剃头令"的多铎督率清军、叛军在渡过长江，平定江南。

皖南地区的抗清力量主要包括朱盛浓、金声、邱祖德、尹民兴响应起兵，抗清怒火遍地燃烧，使得清军称，宁国府城外遍地逆民。不久，清军铁骑、叛军大炮，把朱盛浓等众多将士打得落花流水，城中屋瓦皆震。激战竟日，义军难以抵挡，清军终于杀入县城，大肆屠杀，把参与守城的3 000多名民兵全部处斩。一时间，县城内外横尸遍地，血流成渠，惨不忍睹。封刀后，泾城遗民仅存90余人，史称"乙酉之难"。接着就是"泾县之屠""扬州十日""嘉定三屠"等城陷后的屠杀、被俘、殉国惨状，三尺童子亦当哀而敬之。

朱盛浓是"见过鬼都怕黑"。他守广西一个小小的平乐府，也只是清军盘中餐的一碟小菜。虽然平乐文风昌盛，人杰地灵，民风淳朴，百姓过着平静的生活，但在事故多变的明清之战中，这只能作为思想武装，而不能作为战斗武器。

清军席卷广西的狂风骤雨，注定要让平乐这座小城接受一次血雨腥风的洗礼。朱盛浓哪有不逃之理。

朱盛浓向广西最高指挥官瞿式耜汇报，平乐失了，浔州破了，桂林危了。

永历朝桂林城的官员大为惊恐。总镇陈邦傅竟拔营而去，镇将刘承胤护帝走了，巡按御史辜延泰、布政司朱盛调、副使杨垂云、桂林知府王惠卿以下皆逃遁。他们都像受惊的鸟儿，一个比一个逃得更远。

瞿式耜估计敌人必然要争夺桂林，一边调度粮草，一边把驻在黄沙镇的焦琏部队调回桂林，他还把自己的俸银也凑上去犒赏焦琏等将士，并把从澳门借得的葡兵300人、重炮数门都用上。

1647年三月，清军屠列鳌部以精骑直犯桂林，被瞿式耜杀得大败，守住了桂林。这是永历立帝以来的第一次胜利，瞿式耜向永历帝传捷报。

永历帝闻讯，加封了瞿式耜"伯爵"，对朱盛浓放下两广总督印、遁隐富川之事非常气愤："说什么打回广东，立都肇庆。他现在是想做山大王了。"于是，上任两广总督20多天的朱盛浓被罢免了。

二、选石裁诗偶落名

朱盛浓自请卸职总督侍郎，以皇室宗亲名义与丰城侯李茂先、总兵官龚遂等由桂林走灵川，后遁隐富川。最后命运又如何呢？

清兵进入广西后，贺州的富川也不平静了。据传，朱盛浓另立政府，发动当地瑶汉人民抗清复明，可惜历经战祸的富川瑶汉人民不愿从戎，特别是历遭离难的瑶族人民，无心参与政治。朱盛浓只能聚众数千，其余村寨百姓惊惶逃避。

朱盛浓举事希望不大，只好在新华乡井头湾村山巅石壁上，大书"知米"二字，意指当地人民只知米粮，不知政事。然后又题下四韵诗：

选石裁诗偶落名，为他幽谷少同声。倘能飞至西湖上，更有三生一段情。
嶙峋罗列胜天门，满眼青苍翠滴痕。偶继昌黎千仞兴，笔锋墨沉达昆仑。
削壁梯云好赋诗，几行醉墨仗青藜。山深不许凡夫见，只许清风明月知。
漫说云根袖里收，层层悬壑少人游。直攀绝顶空宵汉，定有潇湘一派秋。

左署"永历癸巳（1653）秋江夏朱盛浓题并书"。

1655 年九月十八日，清军分三路进攻富川朱盛浓的朱家兵。彭麟、王自福等 9 名将官，共带马步清兵 110 名出征；高应诏、郁从政等 10 名官员，率领 800 名士兵前往征剿；王永年、张国良、瞿天后等 6 名将领，带铁甲兵丁 500 名、火器兵丁 94 名，共官兵 600 名，前往征剿。

清兵说："富川一隅，久为贼孽盘踞；又有逆贼朱盛浓等煽惑瑶僮，负固狂逞，毒流楚粤，久拟发兵征剿，而逆贼朱盛浓等，以投诚诡计饵我兵。考虑兵威所至，玉石俱焚，先差官童钦等前往招抚，而朱盛浓、王心、钟守御、蒋干柏等，日遣党贼焚劫铜盆、洞心等寨，杀人掳牛，不可胜纪。朱盛浓之弟朱盛添往长沙假投诚，实劫抢。中军参将张可用，领亲兵 100 名，合营进发，会师征剿，并令湖南永州守道、道州参将，统领官兵于紧要隘口，严加堵截。令平乐副将刘用楚，城守王士元、王泰，各率所部官会合前进。檄湖南道将协力截堵会剿，督令楚粤官兵合力进剿。"

清兵赴富川八都秀山寨，攻克茗山，杀死迎战的朱家兵丁 30 余人。次日，清兵攻破大坝十三村落，斩朱家兵丁不计其数，活擒 7 名。此后连续 3 日，清兵攻克山寨，又杀数 10 人，先后得妇女、牛只、器械等项。6 个村寨的兵丁相继投诚。

清兵剿大围。朱家兵数千，旗号遍野，拦路接仗。清兵彭麟带领一队从左杀进，王永年从右包来。双方兵将奋勇，砍杀不计，朱家兵弃寨奔逃深山。清兵各将分路搜山，朱家兵又来接仗，被清兵杀死在深沟山坡的难以计数。清兵夺得马 4 匹、大旗 8 面、弓箭 7 副、铳炮 30 门、长枪 315 根，并得大炮 1 门。接着，清兵铳炮连天击打龟石源，后清兵四面齐上，杀得天昏地暗，活擒首领刘登会、麦有成，以及朱家兵余党 57 名，获得鸟枪 42 门、长枪 280 根。

清兵称："富川独是宝剑寨逆贼数千，是役，逆孽与寨贼，恃险真固，积玩多端，猖獗粤西，宁死不屈。"清兵昼夜围攻，一连打了七天七夜。

清兵分析，富川瑶多民少，朱盛浓、万王心等处处皆系险寨，利刃坚甲，各恃险寨，作祟多年。在此方略，擒贼必须擒头。清兵到朱盛浓出入的门户，先发兵前去宣扬招抚，兵丁反而鸣锣放炮，不肯投诚。随后彭麟带领清兵分打北面，姬之英带兵攻打东面，王永年带兵攻打西面，高应诏带兵攻打南面，四面齐上。午时攻破，斩兵丁500余人，活擒朱家将周士显，得获腰刀80把、鸟枪53门、长枪无数。

之后，清兵攻打古城寨，朱家将蒙时贵投降，连夜生擒副将王心，并斩亲兄王恩、长子王文鼎，收获了明副将锡修印。次日，又缴获了朱家兵部戎政尚书铜条印，并抓获蒋干柏、钟守御、周居道，同时，曾是两广总督的朱盛浓也被俘了。

朱家兵死伤不少，清兵势勇，余下的朱家兵料无生路，情愿剃发投诚。由于清兵声势大振，朱家兵、毛文范等14寨，涌泉13寨，月塘7寨，金田8寨明兵赴营投诚。结果九都30余寨，各领头目唐逐庭、义大策、毛万九、莫廷炤、李大申等赴营投诚；朱家兵千总龚升科、头目莫应龙等赴营投诚，永不做贼，得获马匹、刀枪、盔甲，清兵已经全胜，富川一带悉平。

1655年十一月初一，清兵报："广西富川县，与湖南道州永明接界，山势险峻，民瑶杂处，为土寇潜伏渊薮。兼有伪部院朱盛浓窃踞于中，妄称楚藩、遗孽，号召党羽，以通孙、李二逆声势。致粤西湖南两省交界地方，受其扰害。广西抚臣于时跃等会合，直捣贼巢，散胁擒渠，将富川一带险寨克复，悉行归顺。"

清官蒋肇昌称，查清兵阵亡兵丁52名，带伤千总1员徐升，把总1员李仕，轻重带伤兵丁77名。据平乐副将刘用楚报，该副将下阵亡兵丁14名，轻重伤兵丁19名。有功受伤官兵分别重轻引赏，以示鼓励，并给偿阵亡兵丁，以作恤资。

这就是朱盛浓的结局。

读史小札

据《岭表纪年》述："1647年正月，升朱盛浓兵部右侍郎，总督两广兼巡抚广西。"但他上任不足一个月，就弃督印，带兵逃了。在余下几年，他不是回不了肇庆，而是甘于消失在广西富川山寨。

于元烨夤缘求进　风洞山泪溅桃花

清朝《风洞山》作者在剧中写了一首"战地肃杀"诗，反映南明永历朝坚守桂林的官民之情，也是映射于元烨等人的另一番咏叹。

青山寂寂水澌澌，正是将王战死时。
雨淋白骨血染草，月冷黄沙鬼守尸。

于元烨，字仲华，山东东阿（今平阴洪范镇谢庄）人，是于慎行孙辈，早年荫历为中书舍人，历迁常州、顺天二府通判，刑部员外郎中，贵州黎平府知府，永历帝升任他为两广总督，工部尚书，人称"桂林尚书"。

一、桂林春夏保卫战

清军数万，兵临桂林城下，守臣瞿式耜为渊阁大学士，兼吏兵两部尚书、督师，还有太子太傅的荣誉称号。同时，通判郑国藩、县丞李世荣及都司林应昌、李常瑞、沈煌驻守桂林。由于朱盛浓的"失踪"，两广总督之职另议人选。永历帝当即任命兵部右侍郎于元烨代替朱盛浓出任两广总督兼巡抚；任命鲁可藻为巡按御史，代替辜延泰。封焦琏为富川伯任总兵官，封陈邦傅为思恩侯，守昭平。

瞿大学士说："东藩已失，所存惟桂林一隅；若复委而去之，武冈虽金城汤池，何能长久。臣本巡抚此地，愿与此地俱存亡。"

1647年三月底的一天，清兵数万人三面进攻桂林城。

本来南明军就是以步兵为主，对付骑兵没优势，况且南明军战斗力本来就不强，几次全军覆没，永历帝落荒而逃。

在桂林城，总督于元烨率部属拼死抵御，大战一天一夜。第二天上午，清兵突然大炮袭击，攻入桂林文昌门。瞿式耜沉着指挥，依靠于元烨、焦琏部队奋勇厮杀，与清兵展开了激烈的战斗。焦琏虽右胳膊中箭，仍屹然不动，白贵、白玉等明兵陆续奔来，奋勇争先，大败清兵。以往清军每到一处，不过用数十骑为先锋，又以数百骑兵和步兵随后，如入无人之境。这次桂林保卫战的胜利打破了清军不可战胜的神话，鼓舞了抗清将士的士气，真乃"从来未有之奇功矣"。

　　当然，也幸亏葡萄牙雇佣军在城头用火绳枪和大炮将其全歼，也把城外清兵全面溃退。

　　随后，在那样艰苦的岁月里，于元烨不动摇、不后退，沉着指挥，使得清兵一个多月不敢进犯桂林城。

　　五月二十五日，孔有德从湖南领清兵二次攻打桂林，这是事出有因。

　　当时，永历帝进入武冈，地方军刘承胤以岷王府为奉天府，打算让他"长住"，并奉命到桂林驻防。结果，刘承胤部到来之后大掠财物，还和焦琏部发生摩擦，瞿式耜批评了刘承胤，刘承胤不服气，离桂林而去。于元烨也令焦琏部出城驻白石潭。

　　清兵侦知桂林已是空城，又在兵哗之后人心惶惶，满以为这一下子不费吹灰之力可占桂林，因此，他们再调数万人来，不但把准备夺下城池后的官吏委派停当，连一切应用什物也带来了。

　　攻城之中，没想到瞿式耜、于元烨不但筹集了大量兵力和粮草，而且准备了许多守城的红夷大炮和西洋铳。红夷大炮是司礼监优秀的"技术太监"庞天寿主持铸造的，结构紧凑、性能优良、质量可靠。一向骄横的清军骑兵没想到葡萄牙人的大炮能打得那么远，清军骑兵被打得如秋风扫落叶，士气大挫。自辰时至午时都在苦斗，在明军炮火一阵接一阵的轰击下，攻城清军连桂林城头的砖头都没有扒下一块，就成批成批做了南明炮兵的"炮灰"。

　　就在清军的战斗意志被大炮轰得所剩无几之后，夜间，大将军焦琏一马当先，率军冒雨出击，从白石潭杀来桂林城，对围城的清军实施"反围城"作战，于元烨亦出城督阵，再接再厉，连杀清兵。清兵弃甲丢盔，纷纷逃窜。清兵以为桂林唾手可得，未料竟又一次被击败。

　　于元烨与焦琏得胜回城，战士们不及用餐，瞿式耜搜集署中的米蒸饭，亲自送到战士们手中。瞿式耜又立即将夫人的簪珥，尽行取出，充作军饷。"苦乏库帑"的守兵将士感激涕零，发誓杀退清兵。于是，几个大官员连夜调整作战方案。

　　第二天清晨，焦琏作为先锋，又带兵直捣清军营，这一次可谓倾巢而出，于元烨等人相继迭出，各自领兵朝目标为战，把清兵杀得落花流水，又一次弃甲而逃，于元烨、焦琏不给清军喘息机会，分路追赶数十里。将士感到越是拼命，越是得胜。

　　是役，清军损失惨重，进入广西的这支"优质清军"基本上被打残打废。历史学家把这次大捷称为"桂林保卫战之捷"，使桂林城避免了清兵的蹂躏。这是南明政府军在东南沿海的正面战场上取得的第一次较大规模的保卫战胜利。

于是，于元烨遣人向远离战场的永历帝报捷……

二、全州城深秋烽火

桂林保卫胜利的消息传递到全州，永历帝多少有些欣慰。永历帝在离开桂林后，对全州情有独钟，这是有缘由的。一是远离战场相对安全。永历帝是流浪皇帝，在肇庆登基就被清军四处追杀，安置全州总比桂林离清军驻地要远。二是永历帝认为全州是他的福地。相传永历帝的父亲桂王朱常瀛是明神宗的第七子，封地在衡州。早在 1643 年八月，农民军张献忠进军湖南时，朱由榔仓皇出逃，从湖南逃往肇庆途中，路过全州，在龙岩寺休息时，曾在弥勒佛座前做过一梦。梦中佛祖对他说："尔有十四年的江山，无忧！"因此他深信，福地会佑他。

话又说回来，当年五月，总督于元烨等统军守桂林，击败清军孔有德；十一月，孔有德改为攻打全州，于元烨又出兵支援，组成大顺军、湘军、滇军、桂军联合队伍，再次把孔有德的清军赶出广西。其实，烽火燃起时，永历帝又溜之大吉了。

孔有德自从南下，大军压境，越过湖南边境，第一次遇到强劲的对手。他不相信永历帝、于元烨有这种本事。

话题转到李自成，他在中国历史上堪称农民起义的代表者，号称李闯王，1644 年建立大顺政权，不久被多尔衮率八旗军与明总兵吴三桂合兵，在山海关内外杀得惨败，1645 年五月死于九宫山。之后他手下大将分布在各地抗清，其中李过，又名锦，字补之，号称"一只虎"，任大顺制将军、都督。自北京败退时受命镇守陕北，与清军作战 3 月，牵制清军南进。南逃时与高一功率部转战荆门，后联合南明何腾蛟、堵胤锡、瞿式耜等联合抗清，号"忠贞营"守荆州，这次随李定国转战湘、桂。还有一个大将郝摇旗，初于军中为大旗手，故名"郝摇旗"。李自成死后，降于何腾蛟，与李过等拥明抗清，赐名永忠，屡败清军。1647 年也到了全州，参加保卫战，抵抗清军的围攻。

这次全州大战，驻足湖南武冈的永历帝出动了郝永忠、焦琏、卢鼎、赵印选、胡一青等"百炼成钢"的将军，个个算得上身经百战、经验丰富，并且联合队伍的士兵有 10 多万人，诸营并连，首尾亘 300 里。更重要的是，全军上下此时的确有了一股同仇敌忾、誓死抗争的悲壮气概。焦、卢、赵、胡四将负责对清军耿仲明部发起正面进攻，正午时分，当两军激战正酣之际，郝部则绕道小路，负责从背后发动袭击的郝永忠，身先士卒，率骑兵卫队，突然朝清军"总指挥部"的背后凶狠地一刀砍去，一举打瘫了清军的"中枢神经"。

　　就这样，失去指挥的清军乱作一团，奔溃北走，被赶出广西境内。此役，明军"杀虏千余级，夺大西马三百余匹，小马无算，火炮、弓箭、衣甲、器械不计其数"。历史上称此为"烽火全州"。

　　在各路援军奋勇力战的同时，驻守桂林的于元烨与瞿式耜等人研究，发动了"由守转攻"的作战意图，趁势分兵取阳朔、夺平乐，收复梧州，把广西的清军全部"驱逐出境"，重新让这个地域广阔的边陲省份，插满了大明的旗帜。

　　永历帝从迁无宁日的逃跑到稍有安顿；南明军从连续败北的惊恐到恢复秩序；国势从民心惶惶的不安到家有所依。这一切都从保卫战胜利中得以体现。将士兵气大振了，永历政权巩固了，百姓不再受尽清军的窝囊气了，清军的嚣张气焰也被打击了，桂林在抗清斗争中的地位奠定了，也鼓舞和支援了各地的抗清斗争，也促使了一些降清明将的反正，随之各地纷纷响应，攻城掠地，收复失地，清兵在湖广的势力开始动摇。

　　说实在的，朱由榔称永历帝后的一年时间，和少数朝臣带着宫眷匆匆从肇庆退梧州，经平乐逃桂林，转全州入武冈，处处是行宫，府府为"暂居"。当瞿式耜一再找他的时候，他却复迁全州，然后去了柳州，好不容易才让他由柳州移跸桂林。

三、斑斑红雨染吴绫

　　1648年初，朱由榔迁回桂林作行宫后，知道焦琏屯桂林，论功，从总兵官都督同知升为太子少师、左都督，封新兴伯，晋封新兴侯，因为他"敢战耻走，身为士卒先，而与诸将交，谦让不竞，诸将皆安之"。免去于元烨两广总督职务，转任工部尚书。明眼人一看便知道，于元烨是明升暗降，因为削去了军权。

　　有人举报，于元烨任总督，有两大罪状。一是克扣军粮，中饱私囊。永历帝认为，贪财贪到军粮上来了，这可做得有些过分，应受处分。二是于元烨为"夤缘求进"（拉拢关系，攀附权贵，以求高升），他向上巴结，将一女许配两家，引起南明将官内部分裂。永历帝认为，这般姻缘说不清、道不明，不能上纲上线定"分裂"。综合二罪并罚，念于元烨保卫桂林有功，将功抵过，调整岗位，以观后效。

　　说于元烨"夤缘求进"，主要是于元烨之女于绀珠与声望较重的王永祚之子王开宇的姻缘纠葛。王永祚是抵抗"昆山屠城"的指挥者，1645年七月，清军李成栋、李延龄攻打昆山县，时任湖北郧阳督抚行台王永祚等人倡义昆山县绅民起兵反清。顾炎武、归庄等爱国志士都积极参与义举。清军攻陷昆山后，大肆屠城，死难人数达 4 万。王永祚逃离后，在永历帝处兵部任职。

据称，于元烨有主动向王永祚通婚之意。当然，由于娇姿英武的于绀珠挑逗、勾戏，使王开宇顿生恋意，两相互爱，私定了终身，只盼喜结良缘。

1650 年十一月，清军孔有德从湖南再次大举进军广西，烧全州、毁兴安、攻严关、占恭城，然后南北合击，逼近桂林，永历帝和大臣们已跑到南宁。

最高指挥官瞿式耜召集诸将讨论战守事宜。当时桂林明军有开国公赵印选、卫国公胡一青、武陵侯杨国栋、宁远伯王永祚、绥冲伯蒲缨、宁武伯马养麟等。瞿式耜认为凭借手头兵力即使不能打败孔有德部清军，至少也可以守住桂林。因此，他竭力筹措粮饷，鼓励诸将备战。不料，这些养尊处优的将领与朱由榔一样，已成惊弓之鸟，毫无斗志。

赵印选见清军势大，畏缩不前，这天下午他和胡一青、王永祚、蒲缨、杨国栋、马养麟带领部众保护着家属离开桂林，向西逃窜，城中顿时大乱。尚书于元烨"微服出走，甫至月城，遂为乱兵所杀"，南明守军溃散。桂林陷落前，何腾蛟已死，焦琏驻守阳朔，离开了二人，桂林变成一座空城，一点也不奇怪。

为此，后人写下了《凤洞山》剧作，全剧以"战场空，情场散"，国破家亡为结局，以"于绀珠殉烈湘清阁，瞿式耜尽节仙鹤岩，王开宇祝发华严寺，杨硕父修墓凤洞山"总括全剧。

我们以剧情还原当时的情景。桂林城将破的这天傍晚，张居正之孙张同敞听说桂林兵将星散，只有瞿式耜仍留在城内，就从漓江东岸泗水入城，要和瞿式耜一起殉义。

二人在灯下正襟危坐，在大堂之上放声或笑或谈，笑谈间取酒同饮，等待清兵来抓。

孔有德自作聪明地想通过瞿式耜的江苏同乡王三元劝两位削发为僧，以规避大清法律的惩罚。瞿、张二人对这个自作多情的建议嗤之以鼻。

好心当作驴肝肺，精神很受伤害的孔有德马上对张同敞施以酷刑，将其手臂打断，眼睛打伤。但他还是听不到一丝求降的"软话"，却仍然听到这二人孤灯对坐，赋诗唱和，合计 100 余首，名曰《浩气吟》。其中瞿式耜云："莫笑老夫轻一死，汗青留取姓名香。"张同敞说："衣冠不改生前制，名姓空留死后诗。"

孔有德下令将二人处斩。1651 年正月初八，瞿式耜、张同敞在桂林叠彩山风洞前遇难。

对于瞿式耜的殉国行为人们很好理解，因为在他的生长道路上，饱受国恩。但张同敞的殉国行为，并不好让人理解，因为他为之殉节的明朝，不但对其"无恩"，而且"有负"。明神宗曾将张家人沦为"贱民"。直到天启年间，张居正得到平反，张同敞才得荫补为中书舍人从七品官。就这点补偿，却使他内心充满感激，誓言将以生命来报答。永历帝继位后，他投入抗清复明的洪流中，以生命作凭证，兑现了自己曾经立下的誓言。

话说回来，尽管瞿式耜、张同敞这种坐以待毙的做法多少显得迂腐，还是应当承认他俩的从容就义比起那些贪生怕死的降清派和遁入空门、藏之深山的所谓遗民高洁得多，理应受到后世的敬仰。

于元烨被杀后，其子于坦，守灵不离桂林；其女于绀珠，不甘国破家亡受辱而自缢，殉节湘清阁，她的未婚夫王开宇，躲避在凤洞山后，出家在华严寺，收葬未婚妻在凤洞山下。悲剧如诗："泪溅桃花冷血凝，斑斑红雨染吴绫。"梦境之中，王开宇在"游湖"：

凭栏凝望，天风满袖凉。算湖山风月，兀自无恙，日丽天气爽。念西泠景物，念西泠景物。桂子荷花，锦绣钱塘；玉笛琼箫，勾栏门巷，写不了风流帐。嗏，蟋蟀半间堂。南渡江山，一例都抛漾。西湖呵，你虽僻处广西，只怕与临安一样。今日风光柔媚，却分外替你担愁也。梅花动晚香，桃花泛新涨。这风光旖旎，齐齐整整，依旧是太平景象。

读史小札

《岭表纪年》：1647 年二月，升兵部右侍郎于元烨兵部尚书，总督两广兼巡抚。在黯淡无光的前景下，永历朝的大臣们一部分屈身降清，以求富贵；一部分遁入山门，不问世事；一部分返回"清统区"，苟存性命；只有一小部分官员坚持留下来。

鲁可藻枕梦边城　留青史岭表纪年

深秋的寒风，卷着桂林枯黄的树叶，在两广上空乱舞；低垂的阴云，吻着战衣的灰色，飞入冷艳的山水。然而，在那萧瑟的风中，一股复苏的士气，深沉而苍凉，刚毅而不屈，人们听说南明军的队里有个鲁可藻，他的抗争激情，给南明注入了时代的生命力。

一、护主西出桂林

鲁可藻，和州（安徽省和县历阳镇）人，明经进士出身，崇祯十六年（1643）任新宁知县。新宁是湘西南边陲小县，百姓安居乐业，久不知兵。张献忠领兵压境，百姓纷纷出逃。鲁可藻探知张献忠兵有1万余人入境，而其率领的乡兵不过是上千人，实力悬殊，若不取胜，张献忠必血洗新宁县境。而鲁可藻手上的一点点兵马不可能硬碰硬地阻击。他苦思良策，沿扶夷江北上，考察沿途地形，终于决定在回龙寺鹅口（今新宁县回龙寺镇鹅口村）设伏。

鹅口顾名思义，两边山川并齐绵延，平地狭小悠长，进入其地，犹如进入鹅口，入其鹅颈，两边山川树叶茂盛，极易藏兵，是设伏的好地方。

九月秋，张献忠兵由武冈州进入新宁县境，村民纷纷躲避，田地谷物失收，兵所过之处，焚杀甚惨。鲁可藻派一死士假扮村民引路，将不熟悉路况的敌兵引致鹅口。张献忠进入鹅口埋伏圈后，鲁可藻亲自指挥。瞬时间，明军把箭头淬上毒液，万箭齐发，射向敌兵，喊杀声震天。凡中箭者，脸色青紫，口吐白沫而亡，敌兵军阵大乱，互相践踏，兵不听令。

鲁可藻又命民兵若干分别树明军旗虚之，敌兵以为是明主力军追截，无心恋战，仓皇逃命，退回宝庆府，不出兵了。

鲁可藻见敌兵退去，张榜安民，并出台了10条安抚百姓的政策，抢救庄稼，休养生息，百姓甚为感动。

1644年，明朝灭亡，鲁可藻继续担任新宁知县为南明朝廷效忠。

1647年八月，武冈总兵官刘承允动乱，鲁可藻保护永历帝匆忙逃出武冈城，从间道过八十山进入广西天湖河谷盆地，位于全州大西江、龙水、才湾和资源梅溪四乡镇之间。

一路纷纷扬扬的小雨下个不停，旧明臣将蒋锡周发现，一向冷冷清清的地带突然来了大队人马，泥泞的乡间小道上，逶迤数里，有的骑马车、牛车，还有步行的。乡下人没见过世面，远远躲在对面的小山上疑惑地看着。走在前面的是两匹白马拉的车，黄色的装饰十分华丽考究，因为隔着帘子，看不见车里的人。跟在后面的还有几辆车，也全部上了帘子。

蒋锡周知道是永历帝，领旨确保这条军事间道的畅通与安全。鲁可藻又从柳州转桂林，负责保护永历帝。后得焦琏上援迎接，永历帝和朝臣、宫眷人心方定。

返到桂林，永历帝诏旌瞿式耜银币，又赐"精忠贯日"金图书一枚。永历帝见鲁可藻，英俊青年，不仅姿容美，也有一定武艺，知悉是将门之后，永历帝深有爱慕之心，奉行命令，自署"两广总督兼抚"（旧例：东抚称制兼粤西，西抚称广西巡抚），接替于元烨，之后一直追随永历帝抗清。

天湖盆地称为青瑶峒，周边的江、水、河、湾，素有"长万二乡出白米"的美称，农业经济可供部队筹措给养。这里崇山峻岭，地势险要，且周边的宝庆府、桂林府、永州府等皆有军事间道通往山内，进可攻、退可守。当然，永历帝还是觉得南宁好。

在1648年二月，鲁可藻协助瞿式耜等人防守桂林，发生一件令鲁可藻不愉快的事情。联明抗清的农民军将领郝永忠在灵川战役中受挫，退到桂林休整。工部尚书于元烨认为，郝永忠此来必然别有所图。瞿式耜也下令制止郝永忠入城，并且下令督镇标将马之骥，歼除郝永忠，马之骥不肯执行命令，原因很简单，因为马之骥只有数百个兵，而城外的郝永忠有万余人。同时，郝永忠也是抗清英雄。

郝永忠远道而来，没有款待，却吃了两天闭门羹，他派出了通山王朱蕴钎、东安王朱盛蒗、督饷金都御史萧琦，向桂林城交涉。太监庞天寿不言，于元烨依旧坚持拒绝，瞿式耜无奈，是落井下石，还是锦上添花？

总督鲁可藻提出，如果始终坚持不给郝永忠开城门，却不能保证郝永忠能够主动知难而退，而且宜章伯卢鼎也刚刚来到了桂林城下，并与郝永忠军合营一处。假使这二位的耐心到了极限，举兵攻城，那么桂林也一样难逃危机。

鲁可藻的意思是，不如出城与郝永忠见上一面，说不定郝永忠倒没有入城抢掠的意图。

瞿式耜不得不认为鲁可藻的分析有道理，想当年，靖江王叛乱那样的大风大浪都经历过了，难道还怕郝永忠不成？于是，瞿式耜终于决定，让郝永忠入城。

之后，鲁可藻、郝永忠、焦琏合兵合力，一举收复贺县、富川、平乐，再与思恩侯陈邦傅由宾州出柳州及浔州，攻克梧州，清巡抚耿献忠逃遁。至此，广西全省复为南明。

二、护主南下肇庆

永历二年（1648）正月二十七日，一件大事在江西境内突然发生，对整个南明的发展产生了巨大的影响。因为这一天，清廷任命的江西提督金声桓联合属下的副将王得仁趁江西巡抚章于天正出巡瑞州之际，在清廷毫无防备的情况下发动了兵变，并一举擒杀了江西巡按董学成、布政使迟变龙、湖东道成大业，随即宣布反清复明。

四月十五日，李成栋归附明朝。随即朝廷恢复办公并在城内张贴告示，发榜安民，正式改尊永历为正朝。

在短短的几年之内，几乎经历了常人一生的大喜大悲、大起大落后，永历帝不仅在政治斗争中了解了政治，同样也在与命运的抗争中掌控了自己的命运，因此命运之神决定给予永历帝一份大礼，好让他的事业和国家真正获得新生与转机。

有书说，1648年"四月初十，大清广州统兵固山李成栋将所辖广东、广西兵马、钱粮、户籍、土地悉归永历，遣帐下投诚进士洪天擢、潘曾纬、李绮等三人抱奏称臣，并请圣驾东跸肇庆为逾岭策应地，满朝惊喜"。

六月初十，朱由榔由广西南宁起程，前往肇庆。鲁可藻等人一边护送，一边提防李成栋。此时，李成栋先派养子李元胤将军到梧州迎接。八月初一，朱由榔乘船到达肇庆，李成栋郊迎朝见，在行宫中预先准备白银1万两，供永历帝赏赐之用。

当初，李成栋收缴了明朝两广文武印信50余个，独取"总督"之印收藏。现在将"两广总督"印送还永历帝说："鲁可藻将军勇猛，可当大任。"

在李成栋显威的情况下，聪明英武、早怀爱国抗敌之心的鲁可藻认为"朱家群臣"与"李氏大军"强持不是上策，以比喻的口气说："李大将军真虎威。"他急中生智，向永历帝谋出"交印"辞职的计策。

朝贺后，永历帝加封李成栋为两广总督，爵极品，赐御袍靴带、尚方剑。而鲁可藻让出两广总督，另封为兵部尚书，巡按广西。按照明后期的惯例，广东、广西设置两广总督，广东巡抚由总督兼任，另设广西巡抚驻于桂林，处理广西事务，听从总督节制。

封官之中还有：李元胤为南阳伯，沈原渭为都察院右副都御史，朱天麟为拜相，晏清为冢宰，张凤翼为兵科兼翰林院修撰，张佐辰为司文选、考功司事，扶纲为司文选、考功司事，顾之俊随驾上天地人三策、水火药三用，张起为户科给事中、营考选，朱士焜为吏科都给事中、营考选，董云骧为大行人，潘观骏为武选主事进兵曹，王渚为户部主事，蒙正发为户科都给事中，陈邦傅总镇粤西留浔州。

"地少官多、朝小官大，一时人情，咸以出仕为荣、不仕为辱。"《鹧鸪天》云：

别绪如丝睡不成，那堪孤枕梦边城。因听紫塞三更雨，却忆红楼半夜灯。
书郑重，恨分明，天将愁味酿多情。起来呵手封题处，偏到鸳鸯两字冰。

一时间，永历政权控制的区域扩大到了云南、贵州、广东、广西、湖南、江西、四川，出现了南明时期第一次抗清斗争的高潮。

但是，永历政权内部矛盾重重，各派政治势力互相攻讦，农民军也倍受排挤打击，不能团结对敌，这就给了清军以喘息之机。鲁可藻说："彭年欲大拜（指入阁为大学士），时魁欲掌宪（出任都察院左都御史），堡欲掌吏科，肆行排挤，公道所以不服耳。"五人遇事强谏，不过是倚仗李元胤、瞿式耜的势力排斥异己，达到控制朝廷的目的。如叶子眉朝歌逆旅题壁：

马足飞尘到鬓边，伤心羞整旧花钿；回头难忆宫中事，衰柳空垂起暮烟。

三、消失在平乐府

明末乱世，九州鼎革，乱象丛生，天道苍茫。鲁可藻卸任两广总督，算是完成了历史使命。但是，南明方见几年风调雨顺，又被清军乌黑的征尘卷盖了。大清军继续南下，永历帝令李成栋驻广州，李元胤守肇庆，鲁可藻与瞿式耜守桂林。当然，永历帝计划把皇室迁逃广西。

鲁可藻只好以广西巡抚的责任，与永历帝抗清到底。

鲁可藻认为，南明抗清不力，原因在于人心未收、关隘未守、奸细未诛、乱民未靖。

就说朝廷楚党与吴党趁机斗争，楚党有袁彭年、丁时魁、蒙正发、金堡、刘湘客，吴党是王化澄、朱天麟、庞天寿、夏国祥等。此时称霸粤西的陈邦傅把楚党五虎抓了起来，专门设立了东厂、锦衣卫，大加刑讯，逼他们承认贪赃之罪，追索赃款以作军用。五虎虽横，并非贪官，也没有贪赃受贿的条件。折腾了许多日子，也没折腾出多少银两来。充没 5 家家财，也有个几千两，算作赃款加以没收。5 人都被免官流放，差一点就送了性命。

陈邦傅有 3 个女儿，为了巩固自己的势力，托人说合与焦琏、马进忠结成了亲家，加强称霸粤西势力。严起恒对他道；"朝廷只有粤西一隅之地，都封给了你，其他几十万大军到何处征用饷粮去？"

故事推进到 1650 年。有陈邦傅在，鲁可藻驻平乐，调兵调不动，调钱粮调不动，四面掣肘，八方刁难。各镇帅索饷索粮整日吵闹，自相争斗，无有宁日。不等清军来攻，已是分崩离析，难以维持下去了。

鲁可藻身心两竭，无力回天，只好当一天和尚撞一天钟，往前对付。每当来了故人，谈及时局，鲁可藻都泪流满面，叹息不止。镇将们唯有焦琏赤胆忠心，但也只是一介武夫，没有将略。曹志建虽有将略，但心眼小，好争不让。因为一点小事，焦、曹二军起了纷争。

鲁可藻奉旨切责，不得已才出外督师取钱粮。他认为，凭借手头兵力即使不能打败入侵清军，至少也可以守住桂林。因此，他竭力筹措粮饷，鼓励诸将备战。一天，曹志建属下骁将刘成玉看见鲁可藻押解税银从营前路过，贪心顿起，杀了鲁可藻，劫了税银。（另有一说鲁可藻已逃回老家，隐姓埋名。）焦琏属下骁将赵兴大怒，出兵追杀，将刘成玉杀死。

曹志建大怒，发兵攻打赵兴，两军激战各有死伤，几成誓不两立之势。瞿式耜大惊，出面两下协调，曹志建不肯罢休，非逼着让赵兴为刘成玉偿命方肯收兵。赵兴屡立大功，是焦琏部下的猛将。瞿式耜晓之以大义，赵兴自刎，头颅被送到曹营，两下才各自退兵。

焦琏部下主要有白贵、赵兴、刘起蛟三员猛将，所以无往不胜。白贵战死，身上箭矢盈筐。赵、刘二将都因为维护军纪蒙冤而死。焦军回兵阳朔，眼不见心不烦，从此军威不振。

从此，就有了 1650 年赵印选、胡一青、王永祚、蒲缨、杨国栋、马养麟逃窜，瞿式耜殉义，桂林归于清朝的结局。

不得不说的是，最高指挥官瞿式耜排斥和歧视民军将领郝永忠迂腐、不知变通，导致郝永忠发动兵变，洗劫了桂林，连瞿式耜本人和家属都受到冲击，事变之后郝永忠离朝廷而去，从此不再为南明效力。同时，因为瞿式耜党同伐异、用人唯亲，卷入朝廷党派权力角逐，凭一己意气而纠缠受制于蜗角争持之中，被诸军抛弃，桂林最终失守，他本人也难逃厄运。

这个影响对南明是很大的，而决定一切的不是上天的意识，而往往是人们自己对这个世界的态度。

读史小札

史载，鲁可藻初授新城县令，有政声，后擢为御史，"永历元年（1647）十一月，南明两广总督丁元烨转任工部，升两广巡按鲁可藻右佥都御史，提督军务粮饷巡按广西"。永历二年五月，后移总督印授李成栋。著有《岭表纪年》，为南明政权留下珍贵的历史文献。

李成栋一生反复　信丰河血肉横飞

王朝灭亡了，政权也落入他人之手；江山易主，忠于前朝的诸将一心复明。

自从1647年二月清兵占领了肇庆，街上没人关注红楼，大家都心无旁骛走着自己的路，走过大色块的城墙壁和总督府门前，走过阳光和阴影的交界处。

一年之后，在1648年九月的一天，肇庆满城南明的官员和百姓，都看到了快乐的阳光，给天下苍生以温暖。这是李成栋给永历朝廷的希望。

李成栋，不管他是山西人，还是陕西人，抑或宁夏人，他名叫廷贞，绰号虎子，或许后来觉得这个外号不太好，所以又改叫"李诃子"。他为人朴讷刚韧，无衿意、无喜容、不阿谀、不多言，文武悉敬畏之。他参加农民起义后，长期跟随李自成部将"翻山鹞"高杰，并随高杰投降南明弘光帝，任徐州总兵官。1645年高杰死后，李成栋投降了清朝，从而领清军攻江南、平福建、扫广东、收梧州。他本想博得清廷高官厚禄，却仅授以提督，受总督佟养甲节制，大失所望。于是听从一个女人之言起兵反清，迎南明永历帝立都于肇庆，在1648年八月坐镇两广总督。

一、"反骨仔"的战绩

在波澜壮阔、血肉横飞的明清交替之际，李成栋以"反骨仔"臭名昭著。

且说明末1644年，崇祯帝在北京自尽，弘光帝在南京登基，南明仍有半壁江山、百万军队，譬如，高杰4万兵，黄得功3万兵，刘泽清3万兵，左良玉80万兵，黄斌卿2万兵，安庆、凤阳、淮安驻军也有3万兵，即使军队的实际人数没有这样多，还是可与清军对抗。不过，弘光帝是个庸主，忠臣良将是独木桥，偏偏上昏下暗，唯利是图，明系一脉怎会不危亡？

当年四月，高杰被刺杀后，数万兵马成"贼军"，首鼠两端，不知去哪里了。高杰的妻子邢氏投奔徐州镇守李成栋，伤心落泪地说："昔日义军反明虽然招安，今日却成诸路杂牌军，打不过清军了，为保一命，也留下威名，不如学习汉军的其他将领，向清军投降吧！"

李成栋左思右想，眼看自己手下只有4000个兵，迟早因兵力不支，败在清军的刀下。于是，李成栋"牺牲徐州城，幸福四千兵"。摇身一变，带领几千汉军投附清军。清豫王多铎自然多多益善。随即，李成栋成为革弘光命的先锋猛将。

1645年五月二十日，他指引清军进围扬州，以死伤数万的代价攻破扬州城，进行了惨绝人寰的"扬州十日"大屠杀，80万人死于清军刀下，而这些杀人的"清军"中，有很多人是左梦庚的"前"明军，更有李成栋为清兵卖力杀戮的前驱身影。"是两日天气晴明，而风色惨淡，空中无一飞鸟，暮皆大雨，震雷轰烈……初八日，王师（清军）拘掠千艘，载房获西去。约计城中男妇踰垣得出者，十无一二。巧掩得全者，百无一二。骤遇炎雨，尸皆变色……其死亡状，有倚门、卧床、投阁、扳槛、反缚、攒捆、压木柱、斩首、斫颈、裂肩、断腰、刳肠、陷胸、肢解、才磔种种之异，以至悬梁挂树，到处皆是；井坎池潭，所在皆满，呜呼惨矣！"

看扬州积尸如山，流血漂石，时人叹息："石人也要泪千行。"

1645年七月底，李成栋率部进逼嘉定，在路上就开始奸淫杀烧。清军受命，挨家挨户，小街僻巷，无不穷搜。乱草丛棘，必用长枪乱搅，一心要杀个鸡犬不留。在随后血腥的屠城中，熬过战争和熬过饥饿的几万幸存居民，也无一例外地受到了清军"男人分杀、妇女分留"的"非国民待遇"。当时的惨景，"市民之中，悬梁者、投井者、投河者、血面者、断肢者、被砍未死手足犹动者，骨肉狼籍"。清兵从屋上奔驰，通行无阻。城内难民因街上砖石阻塞，不得逃生，皆纷纷投河死，水为之不流。日昼街坊当众奸淫，有不从者，用长钉钉其两手于板，仍逼淫之。兵丁每遇一人，辄呼蛮子献宝，其人悉取腰缠奉之，意满方释。遇他兵，勒取如前。所献不多，辄砍三刀，至物尽则杀。此为嘉定一屠，共有近3万人被屠杀。

江南最终像一片耗干了养分的树叶，在饥饿与屠杀中痛苦地凋零，宛如一幅活的人间地狱图。

接着，李成栋攻灭福建、广东，射死一帝（隆武帝朱聿键），生擒一帝（绍武帝朱聿𨮁），进而平肇庆，定梧州，灭明之功臻至高峰。

1647年八月初，广东陈自壮、陈邦彦和于隆进攻广州，张家玉在东莞领导起义。佟养甲急令李成栋放弃围攻桂林，救援广州，扑杀明军起义。李成栋回师广东后，杀死了于隆，把张家玉赶回惠州，再杀入东莞城，与明将杨邦达大战望牛墩，双方苦战七天七夜，上千明军战死，杨邦达牺牲。休整部队后，李成栋挥兵直杀道滘，明将张家玉以泥砖为垒，遍伏大炮，待清兵攻近时，炮火齐发，清兵死伤甚众，李成栋的坐骑也被炮火击中，摔入泥中，狼狈不堪，这是他数年战场遭遇中最危险的一次。

随后，李成栋指挥船队进军新安，与陈邦彦决战于鱼珠州。第一阶段是陈邦彦的复明军占上风，将火船开入李成栋舰队，使许多战船燃烧起来，清军伤亡惨重。李成栋大难不死，被一阵暴风雨救了命。

李成栋为扭转战局，重新编排战船，扑向转身逃跑的复明军。陈邦彦一直逃到清远，李成栋却穷追不舍，一路上消灭小股部队，并且攻城夺寨。

李成栋包围清远，用火药炸开城墙，率2万兵马攻入城中。陈邦彦到死都是一个英雄，他三次负伤，在一个朋友的幽静花园里写下了他的墓志铭："无拳无勇，何饷何兵。联络山海，喋血兹城。天命不佑，祸患是撄。千秋而下，鉴此孤贞。"然后试图在一个池塘里投水自尽，但是水太浅了。他昏倒在那儿，被清军抓到。此后，陈自壮也在高明被俘，均被处死。

值得一提的是，陈自壮、陈邦彦率领抗清复明战斗的队伍，广东占266人，其中有40人出家为僧，大多是士绅领袖，22名是诸生、4名是贡生、3名是举人、2名是进士。这些复明分子中，有27人为函是和尚的弟子，著名诗人屈大钧也是函是和尚的弟子。

二、一为红颜又反清

永历帝朱由榔被李成栋穷追猛打溃逃广西，又平定了广东。忽然传来江西反正，金声桓、王得仁重新成为明朝的"忠臣义士"。李成栋开始良心发现，萌动了反清归明。

他回顾三年来一扫浙、闽、粤，占着这份"大功"，原以为两广总督一职非己莫属。不料清廷重用"辽人"，封佟养甲为广东巡抚兼两广总督，李成栋只落个广东提督，一切军务大事还得听佟养甲说了算。此夜，李成栋把明代肇庆"两广总督"的印信拿出来鉴赏和思量……

他在攻打两广战斗中，一共收缴了明廷文武印信有50多个，唯独把"两广总督"的印信私藏了起来。此时，李成栋的养子李元胤看见了，就揣度出了他的意思，纵论天下大事，"涕泣陈大义益切"，劝他反清。

一天，李成栋与袁彭年、李元胤登越王台，相谓曰："吾辈因国难去顺归清，然每念之，自少康（夏朝国王）至今三千余年矣，正统之朝虽有败，必有继起而兴者。本朝深仁厚泽，远过唐宋。先帝之变，遐荒共悯焉。今金将军声桓所向无前，焦将军琏以二矢复粤七郡，陈将军邦傅虽有降书而不解甲，天时人事，殆可知也。又闻新天子在粤西，遣人瞻仰，龙表酷似神祖，将相交和，神人共戴。

若引兵辅之，事成则易以封侯，事败亦不失为忠义……"

李成栋回家后，与爱妾张玉乔共谈。张玉乔有一股幽香，沁人心脾，天生丽质，皓腕凝雪，美目含情，气质高雅，不同凡人，一声"李将军"，温存委婉，让人百听不厌。

自古英雄竞王权，倾城国色浸东宫。女人在封建社会是弱者，因为没有体力，所以更乐意攀附比自己聪明的人。而张玉乔是上海松江女，千里迢迢，赶来与智勇双全的李成栋鹊桥相会，也表述有复明之心。

李成栋感慨自己命运多舛，说道："一旦起兵，不但你生死难料，且松江的百口家人，立马化为冤魂，你让我如何是好！"

待李成栋唉声叹气之时，张玉乔接着便劝自己的丈夫："女人事小，江山事大，顺从民意，担当起大明的兴亡的责任，建功立业，留名后世，才是大丈夫所图。"

李成栋凝视张玉乔，心在想：这女子虽然娇声娇气，而骨子里与那些庸俗不堪、恬不知耻、故作多情的女人相比真是天壤之别。拥此美人，实天下之乐。

张玉乔知道李成栋反清复明有后顾之忧，便沉思一会，趁李成栋熟睡之时挑灯铺笺，提笔写下："家妇亦知亡国恨，愿效子归滴血花。大丈夫难道不能够为国割爱，我先死在你的前面，以成全你反清复明的大志。"

书毕，横刀在颈，用力一挥，香消玉殒。李成栋不及解救，抚尸恸哭："我还不如一个女人。"为报答红颜之死，益感愤激昂，决意反清军。

李成栋命李元胤迎何吾驺、袁彭年入卧内决策，表达了自己决心反正的意向。密谋之后，李成栋拔刀而起，发狠言道："事即不谐，自当以颈血报本朝！"（此言也是一语成谶）

何吾驺等人相率下拜，说："督公言行，我太祖高皇帝之灵，宗庙社稷之福也！"决定归版籍，迎乘舆，以端州为行在所。

于是，1648年四月十五日李成栋在广州发动兵变，剪辫改装，用永历年号发布告示，宣布反清归明。清军督巡佟养甲仓皇失措，被迫剪辫，违心地附和反正，并让出了两广总督之位。

广东全省都在李成栋的部将控制之下，各州县官员望风归附。广西巡抚耿献忠也在梧州同梧州总兵官杨有光、苍梧道陈轼也率部反正，并且立即派使者进入南明辖区，报告两广反清归明情况。由此，两广归入南明版图。

之后，由于李成栋的反清复明之举，搭上了松江100多个家人的性命，何吾驺为张玉乔夫人作传，又命门人邝露作歌。

三、诏下百官同拜舞

"重新做人"的李成栋真有刮骨洗肠之效，忠心耿耿，一心事明。他不仅派人把桂林永历帝父亲的陵寝整修一新，又派兵迎永历帝回都肇庆。

永历帝在南宁先下诏封：李成栋为广昌侯，佟养甲为襄平伯，升耿献忠为兵部尚书，杜永和为江宁伯，阎可义为武陟伯，张月为博兴伯，董方策为宣平伯，罗承耀为宝丰伯，郝尚久为新泰伯，黄应杰为奉化伯，杨大甫为乐安伯，张道瀛为镇安伯，范承恩、杨有光、叶承恩、马宝为都督同知。

1648 年六月初十，朱由榔由广西南宁起程，前往肇庆。李成栋先派养子李元胤到梧州迎接，遣派雕龙巨舫驶出百里外迎驾。八月初一，朱由榔乘船到达肇庆，阅江楼前码头锣鼓喧天，鞭炮齐鸣，场面甚为热闹。

肇庆洗尽铅华，重新装扮，展故都风貌，显旧镇神威，溯昔日风流，看今朝妖媚！锦鸡鸣晓，渔舟唱晚，红棉挺岸，小桥流水，湖绿草碧，岩泉并美。景美人常游，主雅客来勤。一时遍树明朝旗帜，尽复明朝衣冠，"乌纱吉服，腰金象简满堂，如汉宫春晓"。

一天，永历帝论功行赏，李成栋还真没有足够的心理准备面见明朝新君。觐见之前，他在行宫中预先准备白银 1 万两，供永历帝赏赐之用，还向一帮儒臣宾客练习面君时的进退礼节和应对之语。

李成栋的动作只是跪伏在地上。之后，他见永历帝温颜相接，并给自己赐坐，然后慰问再三。但当时他感到浑身乱颤，没有一句答言，最后"叩头趋出"。出殿后，他的参谋很奇怪他为何没有与皇上对话。李成栋回答说："吾是武将出身，容止声音，虽禁抑内敛，犹觉勃勃高声，恐怕回言时惊动皇上，有失人臣礼节。"从前杀人如麻、嗜血成性的李将军，这一番真心剖白，真令大家刮目相看。

永历帝为了表示对李成栋的尊宠，特敕晋封为惠国公，拜大将军、大司马，兼两广总督，并效刘邦拜韩信故事，在城东筑坛亲自授钺（象征授以兵权），封坛拜将，把中兴的希望完全寄托在李成栋身上。永历帝筑坛拜将，才进行一半，殊荣无比的李成栋说："事在人之做不做，安在坛之登不登。盖刎颈爱妾，刻不去怀，必欲得当以瞑九泉之目也。"李成栋心中依然为一个女人。

1648 年中秋节，永历帝在水月宫亲书"水殿"二字置一牌坊，鼓吹送入帝舟；再令群臣上表称贺："情实孤舟嫠妇，形同画船箫鼓。"

百姓发现，自从"大明旗帜高高飘扬"在身边的那一刻起，他们为装修行宫、官署，加固城墙，制造大炮，铸造"永历通宝"铜钱等贡献力量。想要笼络人心，光凭精神上的激励和空画出的大饼还远远不够，物质待遇这块必须得跟上，不然别人就不会全心全意的给你卖命、效力。朱由榔的内帑里有七八万两银子，桂王府几十年积累下的老底子到如今也就剩下这么点了，不过给文武官多加一两饷银，这笔负担对于目前的朱由榔来说还是承担得起的，也花得值。

九月二十日，肇庆建立了一个重铸辉煌的朝廷。各地义军闻风响应，一些清将倒戈，一些降清将领反正，奉永历为正朝。军事上连战皆捷，有效地控制了两广和云、贵、湘、赣、蜀等广大地区，局面相对稳定。永历帝接见各地使臣，张献忠余部首领孙可望遣人至肇庆，向永历帝请求封赐；福建郑成功遣使往肇庆朝永历帝，奉永历为正朝后被封为延平郡王。真正"形势一派大好"，称得上是永历王朝的鼎盛时期。

皇家建都于肇庆，是一个轰轰烈烈、前无古人、后无来者的令人震惊的行为和过程。先不说史书有无记载，但是我们可以想象，肇京（庆）相距几千里的宫廷建筑和文化及生活方式被带到这个地方并被复制翻版所带来的震撼和喜悦。

永历宫禁湫隘，供奉清简，不逾千金子家。……盖府署与高要县学并峙，中隔一池……三宫从侧楼阅视以为乐。三宫者，太后马氏，桂王原配；圣后王氏，帝之生母也；中宫王氏，正宫也。每日三宫同帝供膳止限二十四金，内寺包值；凡有赏赉，亦在其中。帝复不节省，报捷面恩奏毕，必左顾曰："赏银十两与他！"司礼吴国泰、夏国祥等深以值日为苦。至大司礼庞天寿，自养御营兵十营；每营正总兵一人、副总兵二人、参将四人、参将以下官头二人、官头以下小卒一人耳：一营十人，十营百人。此皆天寿出自己钞以为永历视朝日仪卫拥护，亦竭力苦支矣。

不过，令永历帝烦心的，就是驻肇庆的永历王朝内"楚党"与"吴党"之争激化。1649年正月，永历帝着手整顿朝廷秩序，为息"楚党"起哄，无奈罢了"吴党"大学士朱天麟父子的官，暂缓内讧。

李成栋与永历帝亲临阅江楼检阅抗清水师（海军），回到广州驻所叹息道："人言马皇帝，岂不信哉！懋赏不典也，五等显秩也，爵人于朝，与士共之。乃于一座之顷，呼吸如意，何其神也？我弃老母、幼子为此举，惟望中兴有成，庶不虚负，今见权奸如此，宁有济哉！"至于用人行政、兵马钱粮等问题，由于广东的反正，既扩大了来源，也增加了摩擦。

四、重开肇庆中兴景

这一时期，永历王朝对文化的传播是规模较大和有的放矢的。由于没有受到战火波及，内部秩序较为安定，各州县都致力于修建学宫。这样的举措使得士子们"书声不辍"。

为巩固政权，显示新朝兴替，1649 年十二月，永历在肇京（即肇庆为西京）举行开科取士，设贡院，有考监，延揽人才；士子参加乡试，两省合取，将 3 场减为 2 场，考 7 篇减为 2 篇。头场考三书二经，二场考策、论、表并诗 2 首。取士 32 人，授给头巾、青袍，与明朝旧例相同，并且直接授钱澄之、刘苣等 8 人为庶吉士。

肇庆复兴，引来了不少志士。王夫之的《晨发端州与同乡人别》向世人描绘了此情此景。"海甸见新草，故园入春心。天涯共萋萋，谁能辨浅深。寒潮落沙影，晓塔郁层阴。日南绝征雁，桂水孤归禽。遥分前渚泪，共湿故人襟。"再如钱澄之在《初至端州行在第一疏》写到"间道宵奔"，"备历厄苦"。钱澄之参加了肇庆永历朝的考试，被授为庶吉士，后又迁编修，知制诰。当时，"凡大诏令悉秉镫视草"。钱澄之也想有所作为，屡上书言事。这期间，钱澄之有许多诗记述了永历朝政事。如《放诏歌》描写了永历三年（1649），永历帝颁布亲征诏书，大大鼓舞了民心士气的情景：

亲征诏草已一年，亲征诏书今始宣。
诏下百官同拜舞，即时雷动边庭传。
诸将接诏勇十倍，南军奋臂咸争先。

当然，朱由榔称帝之后，也感动过外国人。早在 1646 年，他曾向澳门的葡萄牙当局求助，葡澳派出 300 门大炮，帮助南明收复失地。作为报答，永历帝携全体南明皇室成员加入了天主教，皇太后王氏、皇后王氏和太子以及后宫嫔妃均受洗。虽然永历帝本人并未受洗，但也接受了天主教信仰。

1648 年十月，南明政权再次受到危机，永历帝再次向澳门求助，但当时澳门政府仅给出了火枪百支，于是王太后就亲自着手写信向位于罗马的梵蒂冈教皇请求搬救兵。可惜的是，这封信直到两年后才到达罗马教廷，而当教皇回信经过越南到达时，已经是 1658 年了，此时南明朝廷已经濒临瓦解。这封信的落款分别为"皇太后玛利亚""中宫皇后亚纳"以及"皇太子当定"，信中还提到"天主保佑我国中兴太平"。虽然这是后话，也说明在大好形势下，散处各地的明朝遗臣纷纷前来效忠，称肇庆为"西京"。肇庆一时熙熙攘攘，呈现一片中兴景象。

王夫之说："永历三年正月，上在肇庆。西洋人瞿纱微进新历，诏颁行之。诏所在督抚勋镇将吏，勿得纵兵掠杀焚毁淫虐，有故犯者，督抚勋镇削夺，偏裨以下按军法不贳（赦免）。"

此间，有几百万人民重新在大明灿烂的阳光下，过上了"穿我汉家衣，复我汉家发"、自由且有尊严的生活。终于创造出了"农业增产、农民增收、各族团结、社会安定、文教鼎盛、军队发展"的显著成就。

演武坪上，100多名御前亲卫正忙着习练武艺，刀剑闪亮、枪缨飞舞、杀气腾腾。羽箭射出时震响的弓弦声、盾牌挡击刀枪发出的铿锵声，以及侍卫们急促的脚步声、粗重的呼吸声和豪壮的呐喊声，所有的声音汇合在一起，顿时给人一种置身于战场的感觉。

李成栋驻广州时，永历帝夕日寄情于宗教迷信之中，祈求上天保佑。他既信奉天主教，又皈依佛教。一方面请澳门神父为其家人和一些大臣洗礼，另一方面又上鼎湖山庆云寺拜佛，捐资开法会。

一天，陷于朝内党争困扰的永历帝，偕母妃率群臣爬鼎湖山，到庆云寺听高僧栖壑说法。当时上鼎湖山庆云寺的路须经白云寺从后山进入，路远而崎岖。为方便君臣上庆云寺，他命御林军修天溪路上庆云寺（即今寒翠桥、补山亭一带上山路）。

永历帝见到栖壑大师，示意大臣捐金为庆云寺置田产。栖壑大师知永历帝廷内帑空虚，迫各官捐钱必激起不满，就以"舍身出家，期登觉岸"，无须广置田产为由，拒绝了。事后，永历帝命地方臣官定下庆云寺永远不得置办田产的约定。该约后被勒为石碑，置于庆云寺内。永历帝命群臣向佛祖发誓：同心协力，抗清复明。

清初岭南著名诗人陈恭尹写《端州华严庵送何孟门、陶握山、王紫献游鼎湖》诗，其中加有注文说："栖壑大师以（桂王）行宫在端州（肇庆原名），改鼎湖山为天湖山。"天湖意为水从天上来，源远流长，寓江山永久。由此可见，命名端州行宫、鼎湖为"天湖"明显带有纪念南明永历皇帝的意思。

众所周知，"肇庆盛景"时，永历小朝廷曾一度风光。当外面的世界已是纷纷扰扰、干戈不息时，动乱的飓风却丝毫没有越过岭山粤水，刮进这个"世外之国"来，整个肇庆依旧是一片太平祥和的景象。唯一与这景象不协调的，是永历小朝廷诸官吏基于各自的权力与利益，分别结成不同的党派。

"广州派"以洪天擢、潘曾纬、李绮、曹烨、耿献忠、毛毓祥等人为一党；"广西派"以严起恒、王化澄、朱天麟、晏清、吴贞毓、吴其雷、洪士彭、雷得复、尹三聘、许兆进、张起等人为一党；"外来派"以袁彭年、刘湘客、刘憬、丁时魁、金堡、蒙正发、李用楫、施以敬等人为一党；"广东派"陈世杰、吴以进、李贞、高赉明、杨邦翰、唐元楫等人又为一党。还有，广东以李成栋话事；桂林、平乐瞿式耜为政；庆远、柳州焦琏为政；浔南、思则陈邦傅为政，永历小朝廷完全被架空，永历帝反而轻松。

五、两次北伐叹惨败

江西和两广相继反正，骤然改变了明清相持的格局。

两广总督李成栋享受永历最大军权的待遇后，率兵3万出南雄，"旌旗器仗焜耀一时，所携粮饷、弓刀、铳炮、火药等不可计数。其气壮，意在必得"。他派部将董方策统兵先行，度庾岭攻赣州，助金声桓、王得仁攻取武昌之役。同时多次致信清朝赣州巡抚刘武元，进行招降。

清廷接到江西起事的报告后，立即命令进至湖南的孔有德、耿仲明、尚可喜率部退回汉阳；又命惊恐万分的罗绣锦坚守武昌，令镇守赣州的清将高进库采取缓兵之计，他设计诈降，派人致信金声桓说："人心未死，谁无汉思？公创举非常，为天下倡，天下咸引领企足，日夜望公至……"另外，他派人送信给李成栋："约以逾秋清军援军不至，当输款投降。"

高进库暗中却加固防御工事，把四野的居民和物资全部转移，叫敌人既打不进来，又抢不到一点东西，因而站不住脚。这是对付优势之敌的一种作战方法。

李成栋不明真相，竟对高进库信以为真，遂还军屯大庾岭，致使战机耽误，坐视南昌受困。

孔有德为了防止内变，竟然把在湖南降清的刘承胤、傅上瑞等人全部杀掉，然后援军入江西，支持攻击金声桓。清官南赣巡抚刘武元，与胡有升、高进库等人都是"两面派"，一边表示愿意反正，麻痹李成栋，趁赣州围解而广东明军未到之时，在附近乡村搜括粮食，加固赣州城防工事，一边出兵合围追杀金声桓，战至南昌。同时又与清军以八旗劲旅为主的大批军队顿兵南昌城下。

南昌危在旦夕，然而李成栋军屯3万在大庾岭，还蒙在鼓里。第一次出师北伐也就结束了。

话题再转到南昌。金声桓、王得仁在南昌城被围困很久，粮食薪柴均告匮乏。城中米价先涨到一石要60两银子，后来更高达600两，最后是断粜，"杀人而食"，拆屋而炊。城中军民处境十分艰难，不少人为了不致饿死，从围城中逃出。不料清军主帅谭泰早已拿定主意，不管是来降的官兵还是逃出的难民，一律屠杀。

第二次出征前，李成栋做了较充分的准备。同年八月，他再次率军从广州赴南雄，沿途旌旗、器仗炫耀，所携粮饷、弓刀、铳炮、火药、锹锄等不可计数，其志在必得。

九月上旬，钱澄之经过南雄，将赣州清军正在坚壁清野的实情转告李成栋，建议他迅速出兵，从间道直趋南昌，以救金、王，李成栋却笑道："书生何所知？其降书方雪片至，宁有疑耶？"在战事之中，钱秉镫又向李成栋提了一些军事建议，由张调鼎传达，李成栋不以为然，说他是书生，不知军计，未予采纳。

十月，李成栋不见赣州来降，也没人理睬，始下令出兵。率兵出南雄，入江西，按原定目标直逼赣州。当然他还不了解江西局势的变化，所以依然分兵两路，一路入龙南，驻信丰；另一路经南安，取南康，并联络山区畲族等少数民族首领和大庾岭"土寇"罗荣。罗荣自明末活跃于赣粤间，自号五军都督，聚众数万，阻山结寨20余处，号称百万大军，大举攻赣州。

李成栋过梅岭时，担心岭北无舟船，到处抓民夫，扛舟过岭，甚至连许多读书人也不能幸免，造成沿途道路死者枕藉。傍晚，明军抵赣州城下，士卒又饥又累。营栅未定，南赣巡抚刘武元遣兵前来骚扰。

再说在赣州，清南赣巡抚刘武元，总兵官胡有升，副总兵官高进库、刘伯禄、先启玉等见李成栋明军势大，商定以速战、突袭、围攻战术，一面是请征南大将军谭泰发兵急救，一面是趁李成栋招降之心尚存之时，但是待李成栋发现情况不妙，一切都晚了。

是夜凌晨，刘武元挑选精锐士卒作为死士，由城上缘索而下，袭破明军10余垒，随后炮火连天，环攻彻夜，突然大开东、南、西城门，全军出击，奋命冲杀，大破明军。

李成栋猝不及防，被清军冲入营垒，策马先奔撤退，将士惊惶败退，所有帐帷、器械、大小炮尽弃不顾，争相渡河逃命，自相践踏，阵势大乱，整个大军兵卒民夫1万多人就这样像烈日下的雪人，瞬间消融。

李成栋被迫撤军南安（今江西省大余县），此战之后，明军元气大伤。刘武元向清廷报告："贼带红夷大炮100门，来攻赣城40门，尚有60门见在梅岭……今诸贼虽落胆败遁，屯驻南安，纠合各处土贼，多携大炮，势必复来犯赣。而残破城垣立见倾颓，万一人心惊惶，战守而无所恃，职死固不足惜，而朝廷四省咽喉尽轻弃于一旦耳。"

十一月，李成栋复遣部将阎可义率6 000骑兵援救南昌。至南安，与清副将高进库部相持不下。而金声桓、王得仁守护的南昌城被清军攻破了。长达6个月，他们没有得到南明其他军队的任何支援。清军攻破南昌城时，身中两箭的金声桓诗曰："恨昔因人凭远游，南陔养缺疏情恋。晚达徒含风木悲，朝朝泣对大官膳。我今一笑入黄泉，喜得慈颜永相见。"然后投帅府荷花池自尽。

大学士姜曰广也采取了同样的方式自我了断。王得仁则始终不改"英雄本色"，在清军阵营往来冲杀，三进三出，最后负伤被俘，处以最残酷的"磔刑"。后人有诗曰："哀哀四兄圣贤徒，心行直与先君符。端凝皓皓自洗濯，俯视流俗如负涂。忆昔提携绕膝时，篝灯子夜共呫唔；明发常怀过庭训，日征月迈争步趋。兄德则丰命则塞，拂乱烦冤志不输……"

六、死于信丰谥忠烈

金声桓、王得仁阵亡的消息传到李成栋处，他仰天流泪；在肇庆的永历帝悲伤之余，对他们给予了"追赠爵位"和"谥号表彰"的"事后奖励"。

李成栋召开将军分析会，他说，出师北伐失利，盔甲、骡马、器械半数落入敌手，从广州运来的40门新式火炮全部成了清军在赣州的战利品。但部下将领并没有伤亡，运到梅岭一带的大炮器械尚多，退回广东，以图再举。

阎可义说，失利是由于既不知己也不知彼，开战之前还没有做好充分准备，就分兵立营，而应该以气吞万里如虎之势猛烈攻下赣州城；李栖鹏又总结道，失利之后又过高地估计了赣州清军的力量，没有组织手头兵力继续进攻。赣州守城清军侥幸得胜，但"兵马有限"，只有五六千名……

李成栋愤恨不已、后悔不止，返回广州后，无颜入端州面君，也无颜与钱秉镫论军。他怀疑，出征诸多不顺，是因为佟养甲做了内奸。由于清官佟养甲被胁迫降南明，一直郁郁寡欢，恰巧此时，佟养甲暗中派人递表给清廷，说明两广事变的情况，请求派兵南下，自己充当内应。

人算不如天算，那个送信的刚离开肇庆，就在路上被李成栋部卒给逮着了。锦衣卫都督李元胤向永历帝献策，以祭祀兴陵朱由榔之父——老桂王朱常瀛为名，派佟养甲前往梧州。

佟养甲本来一直装病，听说派他外镇，觉得终盼蛟龙入海之日，忙带亲兵上船，沿西江逆流而去。

李元胤奉永历手谕，预先在他的座船必经西江水道之路，让张善于德庆道上设下伏兵，夜晚二鼓时，李元胤发出信号，张善让船过了黄禁地段三榕峡处，截杀了佟养甲。同日，李成栋随即把佟养甲在广州的亲信全部处斩，以清内患。

1649 年春，李成栋到肇庆面见永历帝请求方略。永历帝鼓励说："成栋在，大明在；成栋亡，广东失。"他让李成栋率军北上南雄，阻挡清军，收复江西。

桃花开，春带雨。李成栋第三次北上，兵出南雄。为了避免重蹈覆辙，李成栋决定先占赣州外围各县，然后进攻赣州。此时，永历朝廷命兵部右侍郎揭重熙总督江西义旅，与宗室朱由榙至南雄。李成栋亲自率领主力进入江西境内，刚过梅关，就驻于江西赣州府信丰县，并派宣平伯董方策等占领雩都等县，意在孤立赣州。但其时南昌已失，金声桓、王得仁已死，清军势力愈壮，李成栋明军反而日益孤立。

清军攻破南昌城后，陆续攻取了江西其他州县，将这片土地再次归于清朝的统治之下，赣州已无后顾之忧，而且征南大将军谭泰派梅勒章、京胶商等统领的正红旗、正白旗的兵也来到赣州，增强防守兵力。很明显，双方的态势已经发生了变化。尽管在兵员数额上，李成栋军仍占优势，但清军凭借在赣州、南昌挫败李军的声威，正处于士气高昂之际。

这一次，清都统谭泰、何洛会自南昌逆赣江南下，破明军充国公部于南康，侦知李成栋在信丰，仍遣副都统觉善和宜尔格德与刘武元、高进库等联合围攻信丰。

刘武元认为，趁李成栋立足未稳，要求主动出击。他领一支满汉混合部队组成的清军，从赣州出发，进攻屯扎于渠岭的明将阎可义，这一仗连破阎部木城（木城是以木桩部分埋入土中相连而成的防御工事）5 座。

二月二十九日午时，清军进至距信丰五六里处，李成栋挥军迎战，同时派兵800 名，前往雩都协防，斩断增援之敌。结果被清军打得惨败，李成栋退入信丰城中。

接着，双方在城外接战多天，李成栋败多赢少。三月初一，清军又开始进攻信丰城了。李成栋强行挥军迎战，他不愧是久经战阵的老将，用兵迅猛，稳守反击，顶住了刘武元的攻势。

休整一天之后，清军突然发威了，再次向南明将士发起挑战，李成栋亲自带队出战，结果被清军打败，再次退入城中。

接连三天败仗之后，当时将士多死伤，粮草亦尽，诸将请求退师，寻找机会再图重兴。可是，已经绝望的李成栋索酒痛饮，性情暴戾，恣睢杀戮，人莫敢近。他醉后投杯于地，杀宣忠伯王承恩，又杀大学士、宗室朱由榙，说："谁言退师，就地处斩！"欲杀兵部右侍郎揭重熙时，揭重熙察觉后兼程逃去。

夜间，会天久雨，李成栋坐在城楼上，召诸将议事，而去者已大半。部将杜永和请求退师，李成栋命左右取巨觥痛饮，举觥投地，说："吾千里效忠迎主，天子且筑坛欲以大将拜我，今出师无功，且胸缩返，何面目见天于耶！"慨慷唏嘘，誓死城上。

是夜城破，南明诸军溃散，清军一见，蜂拥而上，混战一场，不知如何形容，只见南明将士"鸡飞狗跳"。李成栋已大醉，左右挽之上马渡河，河水涨，马力弱，加上饮酒过量，伤心欲绝，竟摔入水中，他忽然发出了一句"苟活万事重，死去一身轻"的长叹。

初五，清军骑兵追至南雄而还。南明军撤至大庾岭清点兵马时，才发现主帅无影无踪，估计至中流人马俱沉溺死。清左协副将高进库部下兵丁在河滩"捉获大马一匹，镀金鞍辔俱全，送营报验，审问活贼供称系李成栋骑的战马，随验明转解江西（指南昌）报功"。

如此，南明与清军将士才知道李成栋已死，结束了他令人费解、充满杀戮、反反复复而又波澜壮阔的一生。也许是他前半生造孽太多，也许是历史不愿把成功的桂冠戴在他的头上，大名鼎鼎、纵横四海的李成栋就这样窝窝囊囊、糊里糊涂地死了，死在信丰一道小小的河沟里。永历帝泣追李成栋谥为"忠烈"，封宁夏王。

读史小札

李成栋的一生历程难以用"忠"或"奸"加以定夺，更难以用"好"或"坏"来加以形容。在明清交替之际，忠臣赤子有、奸臣佞贼有、首鼠两端有、不齿"贰臣"有，唯独李成栋入不了"贰臣传"，因为他在历史正反的路口上，戏剧般地消失了。"贰臣"在《现代汉语词典》中的解释："贰"意为"变节、背叛"；"贰臣"就是"在前一朝代做了官，投降后一朝代又做官的人"。"贰臣"是一个典型的政治术语。

李栖鹏奋剑南天　炮火中销声匿迹

当年草草构荒朝，五虎犹然斗口嚣。
一夜桂花零落尽，沙虫猿鹤总魂销！

清代学者全祖望以诗讲述永历年间的明廷党争。当永历帝取得立朝资本，有政治就有派别，有派别就少不了斗争。在南明阵营中，就两广总督人选开始发生了意见分歧与权力相争。可悲可叹的是，在南明永历王朝，"数十万人齐解甲，却无一个是男儿"。吴楚两党相抗，耗尽了本来就不强的国力。

一、起兵拒清守梅岭

随着李成栋的死去，永历帝的反清势力也被削弱了，更何况南明朝廷有假山图、五虎号也自伤削弱。"假山图者，假者贾也。绘假山一座，下绘朝官数百。有以首戴之者，有以手抱之者，有以肩背负之者，有以木杖支之者；有仰望者，有远听者，有指点话言者，有惊怕退避两手掩耳而走者。又山岭黑气一道，直上冲天。此皆市井童叟不平于胸中，为此图以诙谐之也。"

当时永历朝臣分吴、楚两党。"假山图"的吴党基本为随永历帝自广西来的旧臣，如吴贞毓、吴其雷、谢元汴、马吉翔、陈邦傅及太后。人称"五虎号"的楚党为李元胤、瞿式耜、袁彭年、金堡、丁时魁。

李成栋虽然死去，朝廷依然是楚党天下，楚党先排挤谢元汴，后打击吴其雷，继续找人戴上两广总督之冠。

永历帝为扭转乾坤，打算将总督大印交由兵部尚书刘远生，因为他早习骑射，谙韬略，会用兵，提议开武备库，节用储饷，招练禁旅，奉上亲征，出粤督诸将为死战计。这可以大大鼓舞永历朝廷君臣图复士气。

但是，刘远生太不了解永历帝，曾要求下诏皇帝亲征，这可能吗？太师严起恒第一个进谏皇上，建言刘远生协理戎政，不应任两广总督。

钱秉镫认为，总督大印应给李元胤，"当时诸将惟成栋子元胤可用。使闻变之时，即令李元胤驰入其军，摄行帅事，而召杜永和入代元胤禁旅之任。彼即拒朝命，无以拒元胤也。元胤果断有智略，又其诸弟李元泰、李建捷皆军府要职，最称骁健。元胤至，诸将即有异志，元胤亦足以制之矣。于是移军府于南龙，宿重兵于岭上，北师虽锐未可长驱而入也"。

想不到李元胤却辞免，他力说非常时期任"儿"为帅造成军心不服，仍旧以锦衣卫都督同知提督禁旅为好。他提议，两广总督军务交传李栖鹏。因为他有非常强的治理能力和应变能力，为人正直，有谋略。

于是，李栖鹏在 1649 年四月，走马上任军门之职，保全南明半壁江山的重任压在李栖鹏身上。

永历帝是一个心细如发的人，尤其对潜伏的危险具有高度的敏感性。当时，李栖鹏既不是"吴党"，也不是"楚党"，他任两广总督，永历帝感到放心一点。因为李栖鹏是李成栋军中名将，二人有相见恨晚之交，只讲"忠义"二字。他为人质朴而好学，说出来的话经常是引经据典，体恤他人，不管远近亲疏。

永历帝也看重朝廷这忠义的最佳组合。从国家长治久安的大计出发，授予李栖鹏"节制文武""便宜行事"的权力。李栖鹏大义凛然，慷慨陈词："我华夏三千余年，虽时有衰微，但终能屡仆屡起，继而复兴；我大明深仁厚泽，远过唐宋；我先帝又为国捐躯，天下敬仰……大明不死、大汉不亡，我得今帝封侯拜将，起兵拒清，事成则仁，事败也忠义千秋！"

李栖鹏发自肺腑的一席话，竟说得永历帝心潮澎湃、热血沸腾。于是，1649 年四月李栖鹏接过永历帝的军印，带领千军万马执行永历帝的战略意图，设行署驻于韶州，守梅岭，进江西，再北上。

稗史中说，李栖鹏是个神出鬼没的人物。李栖鹏，字天池，奉天广宁（今辽宁北镇）人。在崇祯年间，他在河北石家庄的井陉县任职时，走进古驿道畔的龙窝寺石窟，看到历来古人过此多有题咏并有刻于壁上，他曾题写《游龙窝寺》诗，留给了后世：

千山积翠合，半壁出香台。巧借人工就，奇疑鬼斧开。

相厝何壮也，石室更幽哉。徙倚此中味，尘心顿作灰。

两广总督李栖鹏带兵出征，逆风前往守韶州。岭南一阵阴凉的四月风，把心已枯萎的老树吹出了新叶。但是，此时的风从江西越过梅岭旋转而来，又从南雄冲往韶关，直卷肇庆城，把城上的大明旗吹拂得发出萧萧飒飒的响声，像是在悲哀地哭泣。

李栖鹏令大将阎可义从韶州出镇南雄，自己从韶州进军梅岭。梅岭在现在的南昌市西郊山脉中段，鄱阳湖西南岸，北与庐山对峙，是兵家必争的战略要地。

他为了完成"中兴大明"这一艰巨而光荣的使命，只能实行沿途大征兵。赣粤的父老乡亲忽然有了一个"拿起武器，报效国家"的大好机会。于是，5万新兵很快集结，"军书十二卷，卷卷有尔名"。

征了兵，还得提供后勤保障呀！李栖鹏继续开动国家机器，又从民间征发"民夫"10万人。汉族人不够征了，就征少数民族的，反正"爱国不分民族"呀！征完了人，又从百姓的家里无偿地征收了弓刀、铳炮、火药、盔甲、骡马等大量作战物资。

将士义薄霄汉，挺身而出，令南明历史的壮阔画卷平添了奇丽的动人风景。

二、事败也忠义千秋

李栖鹏到达韶州不久，和所有将士紧密地团结起来，认认真真地组织了一场事关南明生死存亡的"韶州会战"。他知道，韶州、梅岭要是丢了，自己的命也就没了，因此他拼死保卫韶州。更重要的是，全军上下同仇敌忾、誓死抗争，因为是打着"光复大明"的旗号来韶州的。

就在李栖鹏大举进军梅岭之际，目睹南明"枪指挥党"怪异现象的清军多尔衮在想：1644年以后收编的李成栋、姜瓖、金声桓等人，叛变的意志很不坚定，思想波动较大，"身为清民，骨是汉人"。因此，使用汉将要留些心眼。

多尔衮，努尔哈赤第十四子，奉命大将军，奠定清朝入主中原基业，与同母弟多铎定国大将军一起，追击李自成农民军，破潼关、克西安。再征江淮，击败史可法，克南京，俘明福王，平定江浙，可谓战功赫赫。

多尔衮想了很久：派谁去打南明李栖鹏呢？叫清军将领们去打，不靠谱，因为他们都是日后建立大清帝国的资本。他了解李栖鹏底细，是李成栋手下战将，辽宁人……对了，派孔有德、耿仲明、尚可喜最合算。

孔有德，辽东人，初为明军登州参将，后起兵叛乱，占据登州一带，自号都元帅，四出攻掠。1633年渡海投降皇太极，封恭顺王。1646年为平南大将军，率部转战于湖广、江西、广西，复为定南王。

耿仲明，辽宁盖县人，初为明登州中军参将，与孔有德、尚可喜同为总兵官毛龙部属，被称为"山东三矿徒"。袁崇焕督师蓟辽，耿仲明杀毛龙，响应孔有德叛明，投降皇太极。1644年随清将多铎入关，镇压民变队伍，又下江南，入湖南，改封为靖南王，率军征讨广东。

尚可喜，辽东人，初为明朝副将，守广鹿岛，1634年降于皇太极。1644年入关，从英亲王阿济格追击李自成农民军至九江，从孔有德征湖广。后改封平南王，率军与耿仲明同征广东。

这几个人资格老，而且叛汉意志坚定。自然不会把江西蜕变成一个"南明的驿站"，让他们打南明比较合适。

于是，多尔衮做出了决定，命令兵分两路南下，一路由孔有德率领，经湖南攻打广西；另一路由耿仲明和尚可喜率领，经江西攻打广东。如此用兵的意图很明确，重整旗鼓，多路挺进，一举拿下两广。

由于李栖鹏在梅岭玩命地表现，清军攻打梅岭 7 天还是结束不了战斗，战场陷入了胶着状态。但是，孤军奋战不是长久之计。在生死存亡的关头，李栖鹏向抗清多年的大顺军残部求援，永历帝也向郑成功发出勤王令，但郑成功的军队远在千里之外，远水解不了近渴，所以，永历帝只得向云南、四川一带的原大西军求援了。

云南大军将领孙可望，表面上他是这个政权的盟主，但是他想要封王。孙可望派使者前往肇庆，与永历政权取得联系，并要求永历帝封他为"秦王"。目的在于以封王一举奠定自己比李定国、刘文秀更高的王位。

永历小朝廷虽然是一个半死不活的政权，但这面子也拉不下来。第一，"秦王"是一字王，也就是亲王，在明代没有异姓封为亲王的先例；第二，"秦王"是诸亲王之首，所以永历小朝廷为这个名号争吵不休。

结果，李栖鹏还未等来支援消息，清军经过调整后又开始攻打梅岭了。在清军的前锋中，与李栖鹏死磕到底的有两人。一是"一把手"清南赣巡抚刘武元，另一个是"二把手"清赣州守将高进库。他们二人曾把李成栋消灭了，这次又信心十足地想消灭李栖鹏。

而"擎天一柱"的李栖鹏见援兵迟迟不到，欲哭无泪；明军见大势已去，因此军心涣散，士气低落，这样打仗是不行的。或许，李栖鹏是个不幸的将领，他所接手的两广总督印就像是一个从里到外都烂透了的柿子，一碰就破，谁遇上这个烂摊子都会头疼，他坐在梅岭火山口上玩火，那也是迫不得已。

最后梅岭被攻陷了，李栖鹏也就失联了，生死不明。

读史小札

李栖鹏在韶州曾任守土之官，自从梅岭失陷后，有人说，他战死了；也有人说，他走了，1650 年去了安徽任宿州知州，然而"尘心顿作灰"成为他的自传。有资料显示，他在郴州市安仁县，自称曾任守土官者也，撰修了著名的《天元山志》。

阎可义断指督战　亡国泪洒向梅岭

　　南方的夏日，出现一场狂风，刮了几个月，在梅岭的山野里嗥叫而来，像是一群群北方的饿狼。

　　半年之中，南明两广总督先后换了二人，李成栋兵败身死，李栖鹏人间蒸发，朝廷上下一片惊惶。军中不可一日无帅。朱由榔问："谁可任两广总督？"在南明将领中，也不乏忠君爱国的将领，无须动员、无须命令，这些将领找准时机，主动出击。国家兴亡，匹夫有责。武陟伯阎可义，便是其中一个。

一、以南明为归宿

　　阎可义是李成栋的部将，从起义到南下同道，他与李成栋是最佳搭档。

　　阎可义年轻时，由于文化水平不高，只能在义军李成栋身边干一些杂活。有一天，李成栋说要侦察敌情，就把这个任务就交给了他。当时，阎可义心里抱怨："我对侦察一窍不通，为什么让我做，不让别人做呢？"但是，他还是接下了这个任务，并请人指导，仔细研究。

　　一日晌午，阎可义到英德县，正当处暑，热气难熬，街上已寥无几人，只听见远处有议论声传来，一看是客栈，阎可义走进找了位置坐下，解下佩刀，帽子往桌上一放，只听众人纷纷议论，阎可义便叫住小二："请问，众人皆议论甚？"小二答道："客官外地人吧？你有所不知，在这东街尽头，有一铁匠铺，据说里面的工匠是南汉刘氏后裔，练得一身打铁技术，据说能打造世上神器，广东总兵官郑芝龙闻此人神术，便遣人请他为自己打造一把佩刀，谁知那铁匠居然不从，还推脱说打不出，郑芝龙得知，火冒三丈，看来此人命不久矣。客官，便是此事。"

　　阎可义问："敢问此人大名？"小二答："小的只知此人姓刘，手拿一把红色兵器，至于是甚，小的就不知道了。"

　　话刚落，阎可义起身，放下茶钱，提起佩刀，戴上帽子便走。

　　出了客栈的阎可义直奔东街，到了铁匠铺，直进入内，只见此人虎背熊腰，背后刺有大虫。"此处可造佩刀？"阎可义问道。

　　铁匠反问："造佩刀何用？"阎可义低声道："替天行道。"

此人转身一看，说道："你可是阎可义大哥？"阎可义心想此人为何识我，说道："在下便是，敢问英雄大名？"只见铁匠跪了下来，说："小弟日夜盼望，有生之年能见你一面，都说你忠义一身、满腔热血，今日得偿所愿，死而无憾！"

"英雄请起，在下不敢当。"阎可义说着便扶起铁匠，"我听众人议论，你得罪郑芝龙，此人心狠手辣，英雄恐怕会遭罪，若不介意，随我投身李闯王如何？""我早有此意，今日哥哥相邀，我便随哥哥！"阎可义又问："敢问英雄可知韶州时事？"铁匠说道："小弟略知一二……"

李成栋交给阎可义的侦察任务终于完成了，义军大伙都对他另眼相看。几个月过去了，他对侦察知识和有关作战技术已经掌握了很多，义军将士一有问题就找他帮忙，他成了这支部队不可缺少的人。当部队要提拔将领时，他是第一个。

1646年，为清军卖命的李成栋部将有张道瀛、阎可义、李仰臣、董方策、张友德、叶成恩、杨友贤、王庆甫等。阎可义在李成栋部将中是比较忠勇敢战的。对于南雄地势，阎可义比较熟识，两年前他领兵在英德县击败明将陈课、童以振二部，随即占领韶州。之后，叶成恩部进抵南雄，当地官员不战而降。

进入广东后，阎可义带领清军作前锋，一举击下高州，派遣游击汪齐龙、守备王忠等领兵至吴川，大量屠杀县城居民，黄兆穰被捕，知县王协卜投降。至霞街，清军屠杀军民数千人。之后取廉州，夺雷州，强渡琼州海峡，击败明高雷廉琼巡抚洪天擢，占领琼州府。就因有他，广东十府之地全部沦入清方李成栋之手。

李成栋反正后，阎可义受封为南明武陟伯。

阎可义到肇庆后，走进端州名刹梅庵烧香。梅庵，顾名思义，寺院栽有梅。传唐朝时惠能喜梅，客居古端州城西岗时，曾于岗上植梅，以锡杖掘井。宋至道二年（996），一位名叫智远的和尚为纪念惠能，在此处建草庵，取名梅庵。

阎可义看了梅庵香炉青烟袅袅，小平台被前来祈福的人擦拭得非常干净。再看所列功德，便自认为保护梅庵有功，自负地问住持："我南下以来，平定岭表，战功不可胜纪，而又不毁一寺一观，也算有功德了吧？"

住持的回答是："并无功德"。阎可义诘问："何以无功德？"住持回答说："你所做这些都是有为之事，不是实在的功德。更何况扶老携幼的岭南人不断遭到骑兵围追堵截，牲畜死亡殆尽。他们希望的圣地没有了。"

阎可义不能理解："这是战争的罪过。"住持又说："你见门外梅花吗？它才有功德，终生亮节，以故土为归宿，不离不弃，代表着祈福的人们的虔诚之心。"阎可义心中认定，一生与梅花为伴，以南明为归宿，恢复了内心的平静。

二、泣血出岭镇南雄

阎可义成为南明大将之后，随李成栋出征赣州，他率兵六千援救南昌，至南安（府治大余），第一战在渠岭与清军鏖战。清军南安守将刘伯禄、金震出等向赣州"泣血求救，一刻四报，危在旦夕"。清南赣巡抚刘武元派副将栗养志等率兵往援。双方都杀红了眼，样子都不是在防守，而是在冲锋。一番蛮力过后，明军阎可义部人数上比起对面的清军有较大的优势，渐渐占了上风。他对面清军的气势渐渐被压制了，阵型也开始向中央萎缩。

忽然，清军重炮发威，炮声大震明军大营。正在以优势兵力打击清军侧翼的明军阎可义部顿时乱了阵脚，看清了威胁在哪里的阎可义立刻调派 500 人杀向了清军的炮兵阵地。清军也进行了反扑，战场的核心地域，阎可义已大战了多个时辰，却未分出个胜负。十步之外两方亲兵的战况也十分激烈，搏命的打法比比皆是，轻伤不下火线，重伤便找机会与敌人同归于尽。自己的骨骼就算碎裂了，也要见到对方的鲜血迸出。

为了避免损失更大，他将本部六千人马撤向西侧。损失是减少了，可攻势也随之减弱了，清军那 20 门重炮的威慑，终于避免了己方的一次危机。

之后，阎可义与清军相持之下，一直镇守在南雄。南雄位于广东省东北部，大庾岭南麓，毗邻江西、湖南，自古是岭南通往中原的要道，史称"居五岭之首，为江广之冲"。南雄因地处五岭南北交通要道，为兵家必争之地，军事活动频繁。南明永历政权在广东建立后，便倚之为粤东门户，派重兵屯守。

1649 年七月，由于李栖鹏不知所踪，南明朝廷任命阎可义为两广总督，他慨然任之。他明知失去了大好形势，明军已完全处于守势，只有坚守南雄了。但他锐气未挫，有出岭之志，镇南雄，重返梅岭。阎可义立言："存人失地，人地皆存；存地失人，人地皆失！"

阎可义令一支军队由董方策统领，统兵五千扼守英德、清远，策应南雄、韶州。

南明永历帝的将领大致可以分成"逃跑型""死守型""找打型"三种。"逃跑型"除了永历帝望风而逃之外，代表人物包括刘泽清、何腾蛟、陈邦傅等。"死守型"比较少见，特点是怕背骂名，于是守着城池死扛，拼了老命也要与城共存亡，代表人物有瞿式耜等。"找打型"简直就是凤毛麟角了，特点是怕没仗打，迎头撞树也要踢三脚，代表人物有阎可义。

南雄府是广东的北大门，与江西的南安府仅隔着一道梅岭，相距不足百里。

要是换作"逃跑型"将领镇守，听说清军逼近梅岭就会望风而逃。换作"死守型"将领，情况稍微好一点，赶紧收缩兵力，退守孤城。

阎可义镇守南雄，情况就大不同了。自从来到南雄，他便三天两头派人去梅岭打探：清军怎么还不来？

事实上，对于永历朝廷来说，金声桓、王得仁、李成栋、何腾蛟活着，还能聚成一个拳头打人，伴随着这四颗巨星的陨落，这个拳头就再也无法形成了。自反正形成的中兴局面彻底丧失。南明的永历政权再一次被抛到了前途未卜的低谷之中。

清军计划长驱直指韶州，因为打梅岭花去半个月的时间，人力、物力都要补充了。同时出于保护满族"稀有民族"的目的，多尔衮确立了"慎用满军，多用汉军"的作战原则。

当阎可义统兵再次翻越梅岭之时，多尔衮的部将耿仲明、尚可喜亲自带着清军部队前往梅岭，进征南雄，企图借险关挡住阎可义进军的脚步。但这只是耿仲明一厢之愿，很快被阎可义破灭，因为多尔衮的"百战雄师"眨眼就被阎可义的军队打得"浮尸蔽江而下"。阎可义旗开得胜。

此时此刻，耿仲明、尚可喜才明白，自己碰到一支不同以往的明军。这支明军，身后有亲人的期望，身前有汉人的希望，他们懂得为何而战。这支明军，不抢不掠、不烧不杀，沿途百姓为其送粮、引路，心甘情愿。这支明军，多族汇聚，既擅长平原攻击，又擅长山地作战。

战报传至肇庆，本已感到"山穷水尽"的永历帝，忽然间又峰回路转，迎来了一个果实累累的秋季。这给了永历帝一个不错的感觉，未来的岁月可以"波澜不惊"地过下去了。

三、结得梅花一笑缘

清军出师不利，痛定思痛后，多尔衮推出诱之以利、导之以法，宁与家奴、不与外人的新思维和新政策："此次南下占领广东广西，打下一县，你们就可以自己任命知县（县长）；打下一府，你们就可以自己任命知府（市长）；全省都打下来了，你们就可以任命巡抚（省长）。各官员的印章，大清都给诸位刻好了，大家尽可放心使用。"

为了表示对各位的信任，南下的士兵及官员均可携带家属同往，打下两广后，可以在此地分房分地，长期驻扎。最后，他还给孔有德、耿仲明、尚可喜这三位王爷新增了大量的"招兵"指标。

政策一变，心情就变，在这么好的政策面前，3个王爷马上生龙活虎、热火朝天地干了起来。

1649年七月底，清军陆续率部开拔，孔有德负责攻打广西；耿仲明、尚可喜两位联合攻打广东。

清军耿仲明、尚可喜分两路直搏明军，虽然阎可义的"阎子军"有战斗能力，在南明的军队尚属前列，但这次与"满汉旗"一较量，逢"满"必败的故事再次毫无悬念地上演。

因为明军这次已经不是"众星璀璨、云集梅岭"了，更没有取得"聚集效应"，一年之中，硬仗从春打到夏，从夏打到秋，明军还是"依然故我"。此刻，明军胆怯了，副将杨大甫与首将不协调，先是烧了自家营寨，然后东下，使南雄势单力薄。阎可义发现后，挥刀自断一指发誓："朝廷平时以高爵待你们，百姓以膏血养你们，你们今天却不发一矢就四散而逃，可知头顶三尺有神灵。"

如此，全体军心方始稳固。但是，阎可义又听信了谗言，杀了总统十三营总兵冯高明（原为惠州义军），其部下3 000余人尽皆散去，明军势力愈弱。

清军耿仲明指挥一路兵，直搏明军阵营，总兵官刘治国、陈杰部队将士抵抗了10天，最后还是战败了。

二人马上拟出游击战方案，在移动中打击清兵。但是耿仲明根据刘治国、陈杰调兵线路，另行安排一支奇兵打伏击，他提出想法："无论江西、广东过来，都必经山路，在此袭敌，以雄兵为奇，前出敌后，断敌后路，可得大功。"

果然，明军被袭击，大败一阵。驻守岭关的刘治国、陈杰等9人分别被俘杀，大小梅岭、木城均被清军占领。

消息传到南雄，如同晴天霹雳，击倒了大帅阎可义。他看了这片战地，悲愤之下顿足流泪，哀声叹息："大明不可复矣！"

毕竟，阎可义是铁血造就的，为改变这一态势，他决定召李建捷领兵死守南雄，自己带另一支部队反攻梅岭。

"风萧萧兮易水寒，壮士一去兮不复返"，他的目光停留在崇山峻岭时，隐约感受到其中隐藏着的清朝军队随时都要跳出来，使他生出莫名的心惊。他顿然醒悟，他的对手耿仲明、尚可喜并非抵挡不住，南明手里还有众多有生力量，足以以南雄为中心，摆开一个口袋阵，张网以待！

然而，南明的各路部队被冲得七零八落，再这样打下去，部队将被一个个切割、包围、吞没……

在梅岭防线上，他立下军令："退是死，守可生，吾誓与梅岭为殉。"

然而，战事缠身、日理万机的阎可义，在战争的暴风骤雨下，身体显然不能继续耗下去了。他想到了梅庵，请人咏唱一首梅花诗："东海边来南海边，长亭三百路三千。飘零到此成何事，结得梅花一笑缘。"就这样，在1649年八月二十四日，他带着满腹的惆怅，对南雄梅岭最后一瞥，匆匆诀别时，他眼角流下的泪好比残落的梅花瓣，他的心也如同梅花一样了。

读史小札

阎可义，在前方为大明王朝孤军奋战、血洒疆场、以身殉国的一段史实，让人看罢油然而生敬意。正如有人写的一联："时局类残棋，杨柳城边悬落日；衣冠复古处，梅花冷艳伴孤忠。"

李建捷年少虎气　治三军力不从心

梅岭是南明的第一道挡土墙。对于南明政权来说，梅岭是岭南防线的藩篱，梅岭有失，则千里岭南防线如同一字长蛇阵裸露于敌人之前，清军何时打广东、何地入广东、何处主攻、兵力如何安置，完全取决于敌，南明兵只能被动挨打，防不胜防。

阎可义病死，对南明政权的打击多么严重！谁来任两广总督？如果没人站出来的话，大明实在是无人了。这次永历帝直接把总督军权交给率部从信宜转调南雄的李建捷，他毫不推诿地代行出任两广总督。

一、往来披靡，却力不从心

李建捷，又名李五老，李成栋养子，河北正定人，三国时代的常胜将军赵子龙便诞生于此。李建捷是家中的独生子。他的父亲就感觉这是人生中不能"儿孙满堂"的缺憾，每当看到邻居家有好几个儿子的时候，心里很不是滋味，就抱怨自己的命不好。有一天，他的父亲把心中的苦闷准备写成一首诗，提笔写道："邻家有子三四五，我家一子独且苦……"还没写完，有人有事找他父亲出去。

李建捷回家看到父亲所写的两句诗，心中明白了父亲的心意，就续了两句来安慰父亲："众星不如孤月明，满山牛羊独畏虎。"父亲回来后看到这首完整的诗："邻家有子三四五，我家一子独且苦。众星不如孤月明，满山牛羊独畏虎。"

李建捷有赵子龙的气概，就这点小小的安慰，却使他父亲内心无比感慨。从那时起，他父亲就立下"父言"，要李建捷以生命来报答这个家。

李建捷就在这样的家庭中长大，在他的生长历程中，误解、歧视、坎坷如影随形。

在李闯王进京、崇祯皇帝自杀之时，李建捷就只身跟随"父王"了，他与李元胤、李元泰称为李氏兄弟。李元胤果断有智略，李元泰英勇有谋，李建捷最称骁健。此后，李建捷无论在李自成旗下，还是李成栋军前，直到在永历军府里，他都兢兢业业、认认真真地做好每一项工作，用实际行动来抒写着在这个特殊的年代里对朝廷特有的忠诚。

就在清兵近梅岭、南明前线正当用人之际，在永历帝看来，现在已是"东风无力百花残"，身边一批将领相继败亡，其他将领远在天边。广东要有大将才是南明生存下去的希望。永历帝决定让李建捷挺身而出，投入抗清救国的洪流中，担任两广总督重要角色。在朝堂上并没费多少周折，便获大臣们的一致通过。

圣旨传到前线，封李建捷为安肃伯，任总督，他在就职时说："大明国无论对错，都是我的家国。永远不要对自己的国家失望，我可以用生命作凭证，让江山在永历帝的手中，为大明尽自己一份微薄之力吧！"

大敌当前任军门，他向永历帝保证，守住南雄，筑起人体长城。接着，他向随军将士下达作战命令："上阵不利，守城！守城不利，巷战！巷战不利，短接！短接不利，自尽！"

实际上，就在阎可义离去之时，南雄已经开始断粮，"兵民饥饿，死亡殆尽，余兵无几"，整个"南雄长城"到了承受的极限。李建捷用生命作为蜡烛，点燃令南明官员感到温暖和希望的亮光。他传令所有将士，存粮、备战、守南雄。

相传，李建捷平生绝技有双飞砣、子母刀、罗汉袍、无影脚、铁线拳、单双虎爪、工字伏虎拳、罗汉金钱镖、四象标龙棍等，他为人清白，有威严，少言辞，将众整齐，每战必克，曾带领一班"锐士"为李成栋立下不少战功。

问题是时至今日，官兵士气如同七月流火，他还能让梅岭战场添色吗？李建捷锐士横空出世，立言要进攻，让残阳都染上锐士的血，让每一道防线都是血肉之躯……

正当南雄梅岭惊呼"锐士"之时，李元胤是知道其弟李建捷能力的，他非常遗憾地告诉永历帝，李建捷只是一个战将，不是一个帅才。他在前锋杀敌可以，但是布控整个前线的战局，他还是缺少谋略，应尽早酝酿人选。

此话不假，李建捷出梅岭，战清军，"身从骁骑数十，直陷重围，斩首级挂满马首，往来披靡，以为常"。最后却遭败仗，阵地险些失守，他在战场上还负了伤。他求功心切可以理解，只是今日的锐士不能同日而语了，能坚守就不错，还能进攻吗？将士们也鼓噪，说李建捷无力统军，这样会导致广东全省重新沦陷，需要换帅。永历帝大声喝道："李建捷不任总督谁任总督？"

李元胤即与留守广州的大哥杜永和沟通，两广总督一职另选他人。李元胤顺势让小弟李建捷从前线下来，在肇庆养伤，永历帝也只好罢了李建捷总督一职。

南雄危急，李元胤为了不让永历帝撤入广西，便向广东沿海招兵。他令"拿得起，放得下"的李建捷先行前往高州、雷州收合余兵，准备在韶州同清军再决雌雄。

二、兄死，我忍独生乎

本来李建捷从梅岭回来，前线应当是紧张的，清军可以俯冲而下，夺取梅岭，占领南雄，却不知为何，清军没有这样做，南明又有了喘息的机会。

永历帝让李元胤等人分管战事，自己与满朝文臣逍遥在西江的护城河上，有民谣唱："汉宫秋也，昭阳愁也。"因为严起恒字秋冶，王化澄字昭阳。他们一班大臣与太后、三宫在楼船置酒，箫鼓于端州城外。严起恒还手书"水殿"二字，挂小牌于御舟前。上饮至中宵，不乐而罢。

活在当下，自我欢娱，不必问前世，不必管来生，这是永历"大臣群体"的底色。这种底色使大部分南明官员在外族入侵、改朝换代的大变革面前，会选择"好死不如赖活着"。

南雄的兵力形势如此难堪，广东其他地方战况又如何呢？

郝尚久是李成栋的部将，永历朝廷封他为新泰伯后，命其镇守潮州。按理说，潮州紧接郑成功家族占领的铜山、厦门一带，背靠永历朝廷管辖区，如果以大局为重，西连两广，北连舟山，本应与南明各派联军气脉相通，共赴国难，恢复福建，可以有一个全盘的复兴计划。可是，南明的派系矛盾使这一前景幻灭。广东潮州一带产粮区，郑氏集团觊觎潮、惠已久，郑鸿逵和郑成功急于解决粮饷来源问题，要求潮州转交给自己，永历朝廷决不同意。

1649 年八月，郑鸿逵舟师与郝尚久军交战于揭阳，互有胜负。十二月十七日，郑成功亲率 24 镇将至揭阳，每镇 500 人，大举入潮，与郑鸿逵会师。郑成功明知郝尚久镇守下的潮州府已属南明永历朝廷，"彼尚藉明号，岂可自矛盾"，却故意制造事端，擅自派遣军队到处搜刮粮饷，遇有"不服输将"者就"声罪致讨"，攻城破寨，俘掠百姓。

郝尚久见郑军在自己的管辖区内如此胡作非为，愤而出兵阻拦。郑成功就乘机宣布"郝虏助逆，加兵擒而灭之，师出有名矣"，肆无忌惮地大打内战，先后占领了属潮州府的海阳、揭阳、潮阳、惠来、普宁等县，并包围了潮州府城。永历朝廷对郑成功挑起内衅显然是不赞成的，但又无可奈何。

就在李建捷动员在肇庆开建活动的庆丰伯李光恩、在高州神电卫一带活动的威远侯郭登弟、在海陵岛活动的靖氛将军邓耀、在台山一带的虎贲将军王兴、海北道周腾凤、上下川岛陈奇策等部支持出战韶州和南雄的时候，郑军还在争夺潮州府，而清军尚可喜、耿继茂挥师由江西南下了，并于 1650 年二月进抵广州城下。三月，镇守惠州府的奉化伯黄应杰、惠潮道李士琏剃发降清。尚可喜等派尚奇功、白万举二将往惠州"协守"。郝尚久镇守的潮州西面已归附清朝，与永历朝廷隔绝，东面又遭到"遥奉永历"的郑成功军的进攻，他一怒之下同潮惠巡道沈时决定叛明降清。

就事实而言，郑成功、郑鸿逵进攻潮州是极无策略的，它加速了清军侵占广东全省的过程。郑氏集团鼠目寸光，只知从自身利益出发，想夺取已属于南明永历朝廷的潮州府，借以解决粮饷问题。结果是鹬蚌相争，渔翁得利，迫使郝尚久把这块富饶之地献给了清方。

南雄、韶州怎么就被清军破了？谁是两广总督来负责守护这个广东大门？这不是李建捷的个人问题了，因为他已被免了总督职务，至于李建捷的最后结局如何？在此先作陈述。

清军班志富突破韶州后，遣许尔显、江定国以舟师袭清远，西断肇庆路。

李建捷奉命带兵守清远峡，让肇庆永历朝廷安全撤离。他连战数十日，缺医少粮又少兵，虽然苦苦支撑，却又节节败退，清远峡失守，清远城也失守。之后，李建捷又在三水阻击清军，因广州被清军破城，又突围走回肇庆，准备与李元胤会合。岂料，此时的肇庆城满朝文武官员逃亡了，只有守将宋裕昆在，却也已叛变，不允许李建捷入城，几经奔走无门，唯有西出沿海。

1651 年，李建捷在钦州防城被清兵王胜堂擒获，押送到广州。耿继茂劝他投降，他坚决拒绝；又劝他写信招降琼州的杜永和部明军，李建捷大义凛然地回答道："事不成，已为辱国，乃欲败人事耶？"

在我们民族的幼年期，先知先觉的孔夫子就曾用"不知生，焉知死"来教育我们这个民族。大部分汉人，骨子里成为"不怕天，不怕地，不怕神仙鬼怪"的"无畏一族"。几天后，李建捷听说杜永和率部降清，痛哭流涕，日夜请死。耿继茂告诉他，李元胤被斩首了，问他怕不怕。李建捷大声说："兄死，我忍独生乎！"

耿继茂下令，将他及部将李用朝杀害，投尸海中。

李建捷的悲剧，也成为南明这支锐士精兵的悲剧！

读史小札

在"英烈如云"的南明史中，李建捷很普通，以至在很多史料记载中，他仅仅作为李成栋的一个义子这样的配角出现。但就是这样一个配角，让永历帝看到一种朝廷有难，李建捷骨子里却无畏的高贵品格；一种能忍受朝廷"不公平待遇"，却九死不悔地为之奋斗的品格。

罗成耀取财做官　不设防两王入粤

　　1649 年深秋，梅岭前线打得土崩瓦解之时，两广总督李建捷负伤，撤下火线。清兵南进的脚步越来越近，南明官员如鸟兽散，永历帝几乎"寒酸"到了无将可用的地步，忽然想到了罗成耀可任两广总督。

一、接受重贿方任职

　　在巨大的生死存亡压力下，坚守广州的全军统帅杜永和与李元胤等人"殷勤建议"，决定派宝丰伯罗成耀去接替李建捷两广总督之职，守卫南雄，坐镇韶州。

　　罗成耀，又名罗承耀，陕西合阳县坊镇人。父母早亡，18 岁辍学。农闲赶毛驴往返于陕北贩盐。一次，贩盐被盐吏没收，身遭拘押数日，返乡不成，投奔李自成，历经抗清失败后，率部由西北南下，后跟随李成栋降清又归南明，一直镇守肇庆。

　　烈火炼出了钢，也排出了渣。罗成耀不管大敌当前的形势，对两广总督之职嗤之以鼻，他对杜永和发牢骚说："你们在大本营安享受用，为何单独要我去受苦？当时国公李成栋屡出梅岭，都未能成功，如今派我去又能何如？"罗成耀之言理亦直，气亦壮！

　　杜永和不说什么大道理，只说"信任"二字，因为单凭发号施令，必然在军中引发"信任危机"，造成不必要的麻烦。杜永和说："你不要怄气了，我们出生入死已经多年了，你很会打仗，你不胜任谁胜任？我派兵守东线，你督北面，清军自然入不了广东。"

　　罗成耀不紧不慢地亮出"我有什么好处"的底牌。

　　说到罗成耀，虽然长年镇守肇庆，但军权尽归于李元胤。当朝有人称"五虎"，总宪袁彭年为虎头，丁时魁为虎尾，户科蒙正发为虎脚，兵科金堡号为虎牙，副都刘湘客号为虎皮。而罗成耀连虎髭都算不上，一直闷闷不乐。

　　也许，乱世之时有不少强者出现，这时的朝廷人对罗成耀既不欢迎，也不反对。因为，君权旁落的结果必然是派系林立。派系林立的结果，必然是党争不断，罗成耀只好静静地接受了这一现实。

　　他安享肇庆，居功自傲，争强好胜，总是和别的官员比吃比穿，胜过别人就会高兴几天，如果不如别人，他就会神情沮丧。他为官运投桃报李，不但花光自己所有的积蓄，还欠了一屁股军饷债。看看自己的周围，好像官员们一个个都很快乐、幸福，自己却不那么幸福！

他不明白，自从嘉靖皇帝"疏于工作，忙于养生"以来，党争便进入一个"辉煌"发展的阶段，明朝120多年来，推陈出新，薪火相传，可谓"党争恒久远，遗臭永流传"。

罗成耀像只斗败的公鸡，失去了生活的勇气和信心，终日陷入心烦意乱和无尽的忧虑中，直到一次偶遇改变了一切。有一天，罗成耀在肇庆街上走着的时候，看到迎面走过来一个刚打了败仗而且少了一只脚的军官。罗成耀看着他，一时间，不禁惭愧起来：和这位残疾军官相比，自己是多么富有，至少还有两只脚可以走路！回到军府，罗成耀郑重地在自己的书房里挂上一幅字：有官谁难过，无脚苦自知。

清军步步逼近，南明的江山眼看不保，而平时大言不惭、趾高气扬的罗成耀，感到情况有些不妙，开始贪生怕死，不近朝政，默不吱声了。

如今，杜永和与李元胤推他上前线，他吊起了永历帝的胃口，他不是不想任两广总督，而是"无利益者"不可为，"既得利益者"可奋斗。他说："任两广总督也可以，你们能给我多大利益？"

因为各自所得利益的差别，必然会产生矛盾，当矛盾累积到一定程度爆发，就会成为不可避免的事情。所以，永历帝要防止矛盾的爆发，就要提前进行调整，让矛盾提前释放或中和，也就出于理解、尊重，目的是团结杜永和、李元胤、罗成耀这班人。

永历帝把罗成耀的利益当作大明的利益。眼下如果没有了人与人之间的理解、尊重和团结，那么，这个帝业就像一条没有韧性的铁链，当外部或内部变化时，就会有忽然断裂的可能。于是，永历帝表态："你守住南雄、韶州，这两地就属于你，外加黄金30两、琥珀5块、良马8匹。"重贿之下，封为宝丰伯的罗成耀才勉强赴任两广总督。

二、除夕夜雄城遭屠

罗成耀"被任职"地踏上赴南雄之路。虽然愁眉紧锁，自怨自艾，但难受归难受，现实归现实，掂量自己无法与风头正盛的杜永和抗衡后，他驻于韶州一方也是自己的天地。因为他有两年不去前线了，认为清军没有什么了不起，并且那里也风平浪静。当然，他自己驻韶州，派部将江起龙与总兵官杨杰守南雄。

在肇庆的权臣对永历皇帝说："现在好了，广州城有杜永和，南雄有罗成耀，没什么忧患了。"于是又和一班人重演"前线在吃紧，后方在紧吃"的大戏。

"家大父壁"的王思沂，与郑九叙、谢砥黄、高云衣几个罗成耀手下的文官，连同谢又玄、周问公、翁鸿其等老友，还参观刚从暹罗进贡的玉虚宫，又拟神游梦般地把臂同游七星岩，看乳落崖淙，好不快活。

清兵早已集结于江西吉安，封耿仲明为靖南王，副都统徐得功、连得分别为左、右翼总兵官；封尚可喜为平南王，副都统许尔显、班志富分别为左、右翼总兵官。两藩王各授金册金印，各统兵 1 万，往征广东，挈家驻防，其全省巡抚、道府州县各官，并印信俱令携往，下敕谕："投诚者抚之，抗拒者诛之。"

清军准备大举南下，为什么突然停止了？因为当时突然发生了情况。江西清军"执法大官"忽然到吉安，找耿仲明、尚可喜进行单独约谈，告知二人犯"窝藏逃人"，严重违反了大清的法例。所谓的窝藏逃人，就是指收留、包庇从旗人庄园逃出的汉人奴隶，其构成对旗人庄主"特殊财产"的严重侵犯。

耿仲明、尚可喜窝藏了 1 000 多个"逃人"，因此负责此案的官员严厉指出："大清是法治国家，尊严和权威不容践踏，不论是谁，只要触犯法律，都将依法处理，决不姑息。"耿仲明禁不住考验，在吉安府畏罪自杀了。

当罗成耀进韶州时，清军调整了部署，任命耿仲明之子耿继茂袭父王爵，率军同尚可喜南下，继续平定广东，史称"两王入粤"。

尚可喜大军攻破梅岭，沿途枯树，举火焚之；又破中站城，劫掠妇女、广货无数；清将以六骑追逐明军 400 余人；入关攻南雄时，刘武元遣副将栗养志、杨遇明、刘伯禄、贾熊、董太用等进攻大庾岭"土寇"罗荣；南雄义军将领刘穉升率部与清军战于长甫桥而死……从梅岭俯冲而下，夺取南雄，跟玩似的！

1649 年十二月二十八日，尚可喜放消息，在南安过大年休战 10 天。老谋深算、诡计多端的尚可喜开始玩"阴招"。他与会全军上下，一方面杀胖猪宰肥羊、贴春联买花鞭，摆出一副喜气洋洋过大年的欢庆场面；另一方面，却秘密派出多名部下假扮商人，潜伏到广东北大门南雄城中。

在爆竹声声辞旧岁的除夕夜，存心不让南雄人民好好过年的清军开始行动了。先是假扮商人的清军部下跑到鼓楼去放火焚烧。趁守城明军赶去救火之际，偷偷地打开城门，放早已守在城外多时的清军冲入城内。

明军江起龙、杨杰本以为清军会在南安过大年，自己也能在南雄过大年，没想到清军想跟他们一起在南雄过大年。

由于守城军队近日忙着筹备年货，此时又忙着救火，没工夫对抗入城的清军，结果在战斗中，江起龙准备投降，明总兵官杨杰闻言，厉声怒斥："受命守城，城存与存，城亡与亡，何降为？"于是仓促应战，身受数刃而死；萧启、董其信、郑国林等 30 余名将领战死，总兵官董垣信被活捉，守军马兵 200 余名、步兵 6 000 余名被杀，明军大败。明军将领家属大都自缢、自杀。

1650 年春节，清军屠城，大肆烧杀、抢劫、奸淫、掳掠，无所不为，"城内居民，屠戮殆尽"，制造了人间地狱。文书陈殿桂目睹"伏尸如山"的惨状，回忆写下《雄州店家歌》：

十五年前投此宅，宅旁左右无人迹。家家燕子巢空林，伏尸如山莽充斥。
是时雄州城始开，鱼鳞万屋飞成灰。杀气横天昏白日，阴风吹火起黄埃。
死者无头生被虏，有头还与无头伍。血沚焦土掩红颜，孤孩尚探娘怀乳。
贾商裹足空市廛，焦茅赭瓦余青烟。我提一剑逆旅宿，主人对语泪涟涟。

陈殿桂听到了"眼泪声声泣夜乌"，看到了"鲜血焦土掩红颜"的母亲尸体上，还有一个绝望等死的婴儿……

三、死于封开江口

攻占南雄之后，清廷所派广东巡抚李栖凤即入城据守，其余清军由尚可喜率领继续向韶州进发。

1650 年正月初三，在南雄欢度完春节的清军，神清气爽地向下一个城市挺进，准备一战取韶州。初六抵韶州府，但韶州的明军，早已人去城空，清军便顺顺利利地开进了这座"不设防的城市"。原因是两广总督罗成耀不思抵抗，事先已带领兵将和道、府、县官南逃，清军未遇任何抵抗即占领韶州，遣人招抚府属六县，广东的北大门落入清军之手。

罗成耀信命，在韶州请人算卦：活动力强，社交广，有如瀚荡之波，生性好动。有智慧，富理性，大都好权利名誉，但四处奔波徒耗精力，易陷于放纵荒诞，贪财好权是其特性，且易惹祸，招致急难不祥之虑。因此，他脑海里早就想好"三十六计，走为上计"。

消息传到肇庆，永历朝廷上下陷入一片恐慌之中。围绕何去何从的问题，群臣形成了两种不同的意见。马吉翔主张向广西撤退："打不赢就应该跑，这又不是第一次。"驻扎在广州的杜永和则认为："韶州距肇庆还有一段距离，广州也还在我们的手里，有什么好怕的？朝廷如此贪生怕死，必然引发人心瓦解，无异于将广东拱手送人。"杜永和的意见得到金堡、彭佺等"广东系"官员的支持。

"广东系"官员跟着李成栋"易帜"，让广东失而复得。如今大军压境，就把这些人撂下不管，朱由榔多少有点于心不忍，他亲写圣旨，任命杜永和为两广总督，派刘远生、金堡前往广州，向杜永和解释"转移"的必要性、紧迫性和可行性。总归一句话："不逃跑，我死了你负责？"

太监夏国祥看到朱由榔犹豫不决，擅自将皇太后送到行宫门外，又以皇太后懿旨的名义催促朱由榔赶紧上船。朱由榔倒是会顺坡下驴，赶紧逃跑，于正月初八登船，沿西江而上。

远在桂林的瞿式耜向朱由榔写信说："粤东水多于山，虽良骑不能野合；自成栋归顺，始有宁宇。赋财繁盛，廿倍粤西，内强而外可备；韶州去肇庆数百里，强弩乘城，竖营固守，亦可待勤王兵四至。何乃朝闻警而夕登舟？"

待朱由榔收信时，他已离开德庆，抵达梧州境了。朱由榔离开肇庆已经不是第一次了，或许希望有机会再能够返回自己曾经登基的肇庆。

二月初一，朱由榔在梧州暂避，观察广东一段时间，也在重新谋划朝廷……

话分两头，先讲罗成耀。南雄失陷，粤东门户洞开，罗成耀闻警，早已尽弃辎重逃离韶州，沿途直追永历帝，也想逃至梧州。

罗成耀逃跑主义路线错与对不好评论，永历帝也是逃跑主义者。但是，罗成耀叛国投敌，永历帝是不能容忍的。于是，永历帝命令护驾督军李元胤杀罗成耀。

李元胤，字源白（元伯），陕西榆林人，是儒家子弟。李成栋起义时收养他为义子。自少年时代起，他一直跟随李成栋出生入死，"稍读书，知大义"，而且"心计密赡，有器量"，降清时快快不乐，李成栋反正时，李元胤绝对是劝成首功之人。

李元胤被永历帝任为车骑将军，封南阳伯，李元胤说："任车骑将军可以了，封南阳伯就不必了。"车骑将军地位相当于上卿，主要掌管征伐背叛，有战事时乃拜官出征。

永历帝信任李元胤，主宰生杀大权。比如杀叛将佟养甲于船里；明将杨大甫屯居梧州时，劫掠行舟，杀戮往来军使，抢夺贡物，被李元胤逮住缢杀于船外。

再说罗成耀逃走，便暗中约降清军，派手下杀掉永历帝。李元胤知悉此情，利用平时兄弟关系不错，相约罗成耀前往梧州。

罗成耀从罗定出南江口，与李元胤、马吉翔相会。若干人继而坐舟西上，同船饮酒。舟泛中流，驾至封川犀牛头山岩下，李元胤忽然把正在绳床上悠荡的罗成耀掀翻，说："你步佟养甲之后，也死于犀牛头。"以利刃一刀杀了这个叛贼。

马吉翔不知是计，与众人大惊。李元胤不慌不忙，持天子诏书以敕示众人："有诏斩成耀，而令公收其军。"这才稳定众人。之后与众人"移尸涤血，行酒歌吹如故"。

后人评论，"元胤三斩叛将，决机俄顷，而皆先请敕行事，不自专也"，有忠有智有勇，确是一个人才。

但有版本说，罗成耀没有降清，但他实对永历朝廷失望透顶，所以领着残部千余人逃至肇庆西北和广西交界的开建（今封开地）一带坚持抗清。

杀了罗成耀，李元胤不忍心看到广东重新沦陷，又不愿意撤入陈邦傅控制的广西，更不愿违背义父之命向清军投降，便向永历帝请命自告奋勇前往高州、雷州聚拢残部同清军再决雌雄，并且孤守肇庆，支援广州杜永和。

读史小札

明代，南雄是东南地区经济较为繁华的地区，素有"小扬州"之称。罗成耀守韶关时，惨遭清兵屠城，是南雄历史上最为悲惨的日子，随即经济十分萧条。时隔2年，即1651年，清朝官府第一次编审保昌县版籍，"悉复明季之旧"，即将户口人丁数恢复到明末的水平，全县也只有男丁妇女虚数1.2万人。

杜永和死守广州　悲咽在琼州海岛

北风卷着梅花，像雪花狂澜，带着吓人的灰暗，从天上铺来，一阵阵地把岭南的山变成瘆人的白色，且扬起尖锐的悲鸣，像是把肇庆吞了一般。

一、诸忠义士抵御战

罗成耀逃跑，南雄和韶州相继失守，广东的局势从此逆转，让杜永和躁动不安。他非常生气，一气中军罗守诚无能，任两广总督不孚众望，被废除了；二气自己身为两广总督，却节制不了各方将领；三气朝廷毫无远志，南明兵力虽多，却缺乏核心指挥，各部不但观望不前，而且互相牵制。

他本是李成栋的副将，生于河南，随清军第一次入侵广东，擒杀明朝两广总督丁魁楚，反正后他受永历帝封为江宁伯，善机略、娴守战，朝廷把广东军政大权交给他，死守广州。

永历帝逃窜前，面对着殿中的文武百官，他不得不有所表示："国朝多难，鞑虏猖獗，社稷倾危，朕虽为人君，却不能恢复咫尺疆土，一路西巡，途中眼见耳闻，尽是虏寇铁骑蹂躏我江山，大明子民流离失所、啼哭之声不绝于耳，朕无能，实有愧于臣民，有愧于宗庙社稷啊！"

此番话落，殿中出现了片刻的沉寂，继而一阵骚动，李元胤抢先说："皇上无须自责，当年以汉光武之英明，尚有滹河兵败，身边仅剩数骑，尔后东山再起，一路荡平群雄，延续了两百年大汉基业。吾皇英明神武，天纵英才，不输汉光武，如今只是暂避锋芒，时机一到，必定驱虏复国，中兴在望。"朱由榔叹了口气，道："朕可不敢跟汉光武比，朕只是想早日收复故土，让大明子民不再被鞑虏无辜地屠戮。李将军能助兵部尚书马吉翔先生御虏之事，就看现在了。"

永历帝连下两道圣旨。一道圣旨，令广西庆国公陈邦傅、忠贞营刘国俊等部增援广州。另一道圣旨，升马吉翔为兵部尚书督守肇庆，李元胤招兵增援肇庆。当然，这一切都是纸上谈兵。

如今，清军"两王入粤"，朱由榔离开肇庆这块"龙兴之地"，不但给广东士民的心理蒙上一层阴影，而且所有的压力落在杜永和身上，清军的矛头全部指向他居守的广州。

　　话题转回清军南下。尚可喜、耿继茂率两万大军从韶州扑来，两日后占领英德。尚可喜派许尔显率一路兵马沿水路攻取清远，自己亲率大军主力逼近广州外围的从化。

　　杜永和坚持死守广州，同时向外调兵遣将抵抗。他派肇庆总兵官马宝、郭登第率军进攻清远；派"广东系"元老何吾驺组织总兵官陈奇策、张月水陆并进，在三水阻击清军。悲剧的是，马宝、郭登第没能攻下清远，却被清军打得落花流水。何吾驺这一路更别提了，三水总兵官邹文光侦敌被执，海军梁标相投降，三水丢了，明军也散了。

　　1650年三月初四，清军主力进至从化县，知县季奕声投降。初六，清军尚可喜即推进到广州郊外。广州已经危在旦夕。

　　兴致盎然的清军统帅尚可喜、耿仲明，首先"很有礼貌"地向杜永和表达了希望和平解决广州问题的诚挚意向。但杜永和硬性地拒绝了。

　　清军在三月初九上午，开始竖梯子爬城。这种原始、笨拙的攻城方式，在这支由李成栋亲手调教出来的明军面前，实在是像武装演习。结果，粤军张月出战，一上去就干掉清军近千人，获战舰300余艘、资械无数。再战，清军摔死的、摔伤的、炸死的、炸伤的，总而言之战斗减员严重。照这个速度损失下去，不出一个月，两万清军便能消失得无影无踪。

　　灰头土脸的尚可喜硬啃广州，不是崩坏牙的小问题，而是难保命的大问题。于是决定改变策略，从两个方面入手做好充足的攻城准备。

　　一方面，对广州形成合围。征民夫在广州北、东、西三面挖壕沟，断绝广州与外界的联系，困死杜永和；赶造战船、募练舟师，招降了梁标相、刘龙胜等率领的"红旗水师"，对广州形成"铁桶合围"；抓紧赶制攻城的红夷大炮70多门，配发3万枚炮弹。另一方面，扫清广州外围。攻打潮州，明将总兵官郝尚久、巡道沈时启受到清军与郑成功"抢粮军"的两面夹击，杀了明朝滋阳、铜陵、兴化、永平等八郡王，又一次降清；继而攻打惠州，总兵官黄应杰、道臣李士琏、知府林宗京等宣布归附清军。

二、血流大地终成碧

　　在平南王尚可喜进攻肇庆之时，靖南王耿继茂在广州城外张罗了半年多，忙得不亦乐乎，没有遭受干扰。要是换作阎可义守广州，一天能出去骚扰七八次。但是，杜永和不喜欢找茬，几个月来一直趴在城墙上看"珠江风景"。

　　客观地说，尚可喜、耿继茂敢这么干，既算准了永历朝廷只会逃跑，顾不上派援兵支援广州，也算准了杜永和魄力不足、瞻前顾后，不敢出城冒险。

清军分兵清剿外围，大营兵力空虚，杜永和不动；清军开始挖沟设卡，广州成为孤城，杜永和还是不动；清军赶制船只大炮、封锁江面，杜永和依旧岿然不动。杜永和给广州每位副将500黄金，彩缎表里，拜奉张月等以金杯犀玉，所以上下将士一心效命。这就叫"死守"！

说也奇怪，在围城100天后，广州城中的居民依然是歌照唱、舞照跳、茶照喝，仍旧一副优哉游哉的模样，压根就没有出现"营养不良"的征兆。

究其原因，这得益于城南的那条水道。擅长"投机倒把"的广州商人，通过这里源源不断为被围的广州补充了生存的给养，并形成了一条龙的战时供应体系。

耿继茂傻眼了，遥望跌足曰："不谓吾曹遂死此地。"照这样的攻城进度发展下去，恐怕就要在广州城边长期"蜗居"了。于是，他要求尚可喜回来，解决广州城问题。

尚可喜知道广州城实力雄厚，经济承受力远比南昌、大同这些中等城市强得多。广州城最早叫"楚庭"，周惠王时楚人熊恽祚修建，公师隅当了越相扩展成"南武"城。秦始皇时期，南海郡尉任嚣筑"任嚣城"，赵佗继任筑"赵佗城"，汉代建"番禺城"，宋代筑东城、西城和子城合称十里"三城"，明代向东北拓展城池，周围21里32步，高2丈8尺，上宽2丈，下宽3丈5尺；开城门7座，城楼敌楼7座，后筑瓮城、月城、新城，1646年佟养甲加高加厚。如此巨城怎样攻呀？

在赣州屡立殊勋，已成为大清"今日之星"的高进库，率援兵和新铸火炮46门赶到，总炮数达到73门。

十月二十五日，清军各项准备工作均已就绪，十一月初一，尚可喜、耿继茂下令全力进攻广州。整整轰了一天一夜，第二天，奇迹终于出现了，坚固的广州城墙，被轰塌一道30余丈的大口子。清军连得成、班志富、郭虎、高进库首先攻克广州西关。

杜永和用大炮杀敌千人，大清军退，南明军战胜。

广州孤城在血与火中巍然屹立、殊死抗争，这场惊天动地的保卫战是抗清斗争最久、最激烈的战斗，"城中人亦撄城自守，男子上城，妇女馈饷（送饭）。清兵环围城外……北师两王攻广州不遗力，杜永和督守勤，副将张月总陆兵、吴文敏统水师，背城出战，多捷"。侵略者损失惨重，清将尚可福等被击毙，清军尸体在攻城地点下堆得几乎和城墙一样高，连尚可喜、耿继茂也差点完蛋，"张月等犹击败可喜军，烧其铁甲去，又以炮碎可喜及耿继茂案，二人方共食，幸不死，可喜以兵攻西门，张月以大炮击之，杀其兵千人"。两广总督杜永和三战三胜。

当夜，清兵突然里应外合，乘空而发，城中遂溃，死者 6 000 余人，追至南门，逼海壖溺死尤众。南明军只能奋死守卫，清军拼死冲锋，双方拉锯一样相互攻杀，士兵、平民死伤数万，杜永和与张月指挥广州守城战，自二月至十一月，持续 270 多天，最终尚可喜亲率的敢死队冲进了广州城。在巷战中，明军官兵被杀 6 000 多名，总兵范承恩被擒。

十一月初二，两广总督杜永和见大势已去，欲将部队开往琼州，大将张月起而反对，杜永和正低头看地图，闻此语，大怒，抬头视之，乃张月将军，怒气顿消。原来张月有勇有谋，冲锋在前，守城有功，军中将领多敬之。杜永和见是张月，转口道："张将军既不赞同，必有高见。"

"我们走了，广州百万生灵，一朝横死，你我之罪也！"

"此事我亦有顾虑，不走，是等死，迟早会恐激起兵变，迟早会屠城；我等撤离，或许引清军追赶，减轻百姓死亡。"

张月一想，有理，指挥广州守军先行弃城。杜永和同"张月、李四、李五、水师总兵吴文献、殷志荣等俱由水路逃往海南，大小船只千余一时奔窜出海"。

值得一提的是，在广州守城战中，有不少伊斯兰教的"达官兵"浴血奋战，他们是归附明朝的元朝残军，其中包括蒙古人、色目人等少数民族。死于广州城守最有名的 3 位回族将领，是羽凤麒、马承祖和之浮，他们被称为"教门三忠"。为此，明朝遗民诗人陈恭尹曾写诗：

天方为教本坚刚，受命先朝卫五羊。生死只殉城下土，姓名不愧羽林郎。
血流大地终成碧，骨化飞尘久亦香。世禄几家能矢报，为君歌此问苍茫。

三、广州屠城戮甚惨

清军平南王尚可喜率"天助兵"入粤，经过以"十八甫封刀"为标志的大屠城，广州再度易手清军。

清军攻入广州，尚可喜开始命令清军屠城，广州迎来了最黑暗的 10 天。根据史料记载，广州城"屠戮甚惨，居民几无噍类"。清军攻破广州，大屠杀很悲惨，市民几乎没留活口。虽天地鬼神，不能不为之愁惨。番禺县人王鸣雷写了一篇声泪俱下的祭文，摘录一段以见当日情状：

甲申更姓，七年讨殛。何辜生民，再遭六极。血溅天街，蝼蚁聚食。饥鸟啄肠，飞上城北。北风牛溲，堆积髑髅。或如宝塔，或如山邱。便房已朽，项门未枯。欲夺其妻，先杀其夫；男多于女，野火模糊。羸老就戮，少者为奴；老多于少，野火辘轳。五行共尽，无智无愚，无贵无贱，同为一区……

意大利传教士卫匡国在《鞑靼战纪》记载："大屠杀从十一月二十四日一直进行到十二月初五。他们（清军）不论男女老幼，一律残酷杀死，士兵们挥刀高喊：'杀！杀！杀死这些反叛的蛮子'……最后，他们在十二月初六发出布告，宣布封刀。除去攻城期间死掉的人以外，他们已经屠杀了10万人。"

荷兰使臣约翰纽霍夫在其《在联合省的东印度公司出师中国鞑靼大汗皇帝朝廷》记述："鞑靼全军入城之后，全城顿时是一片凄惨景象，每个士兵开始破坏，抢走一切可以到手的东西；妇女、儿童和老人哭声震天。从十一月二十六日到十二月十五日，各处街道所听到的，全是拷打、杀戮反叛蛮子的声音；全城到处是哀号、屠杀、劫掠；凡有足够财力者，都不惜代价以赎命，然后逃脱这些惨无人道的屠夫之手。"

《广州市宗教志》说："顺治七年（1650），清军攻广州，'死难70万人'。在东郊乌龙冈真修和尚雇人收拾尸骸，'聚而瘗之，埋其余烬'，合葬立碑。"

中国史籍也记载，顺治七年尚可喜、耿继茂"再破广州，屠戮甚惨，居民几无噍类。浮屠真修曾受紫衣之赐，号紫衣僧者，募役购薪聚胔于东门外焚之，累骸烬成阜，行人于二三里外望如积雪。因筑大坎瘗焉，表曰共冢"。

《番禺县志》记述，番禺典史丁有仪夫妻先后被杀，"越日（第二天），所弃儿匍匐尸旁，犹吮其（母亲之）乳，过者无不泪下"。屈大均《广东新语》记载："庚寅冬，广州城拔（攻陷）。天濠街有妇襁负婴儿赴池而死。"留下绝命诗：

恨绝当时步不前，追随夫婿越江边。
双双共入桃花水，化作鸳鸯亦是仙！

"五羊城外，十八甫寸草不留；六脉渠中，四万众残生莫保。"甫即埠头（埠），商业街区。清兵3日内就屠杀了18个街区。广州城内六脉渠中，大屠杀时就浮尸4万多人……

四、肇庆又燃战火

广州平定了，平南王尚可喜开始考虑进攻肇庆。1650年六月，李元胤、马

338

吉翔率兵从肇庆东援广州，将领张大奎又败于三水，只好退守肇庆。

1650年十二月，对于平南王尚可喜收拾肇庆，这个工作不算麻烦。尚可喜实施攻克肇庆的战略构想"东失则西孤，明军不能兼顾"。于是，清总兵许尔显又一次燃起肇庆战火。

两年前，朱治㥾守肇庆时，已发生过第一次肇庆保卫战，被清军攻破。此时，清军尚可喜兵团以许尔显为总兵向西江推进，抵达肇庆。

肇庆府，原名端州，乃宋徽宗当端王时的封地，宋徽宗继位当了皇帝后，就升端州为府，赐名肇庆府，并亲笔手书了肇庆府的城名，肇庆的名称一直延续至今。

刚进肇庆水界时，许尔显就派出亲兵装扮为明军，一路打着前站，通报消息，清军逆上，无人阻拦，一直到了肇庆城外。

护卫提督李元胤，设立有禁军，禁军是南明设立的皇室宿卫军，负责皇城内外防卫，也就是肇庆城防，凡有军兵靠近，禁军都要盘查验看，这次来的明军有十几人，李元胤不敢大意，便亲自来了。

李元胤前来验看，在手下点验人数的时候，李元胤仔细看了看这支军队，心中不由得暗暗称奇，只觉军队行成列站成行，不动如山、沉寂如松，军姿昂然军威浩荡，衣甲鲜明，坐骑膘壮，就连那手中拿着的骑枪，也是刃口雪亮、寒光闪闪，完全不似大明普通外镇军兵那般颓废可笑，是难得的一支强军。

李元胤自幼跟随李成栋从军，平生阅兵无数，大明军队难得有能入他眼的，心中一直以为，只有他李家军才是天下强军，除了八旗真兵，无人能抵。不过，他发现这是小股清兵，当机立断擒杀了。

李元胤要求禁军在城外指定地点守营，只带随身亲卫入城，与马吉翔研究守城方案。肇庆城高墙厚垒虽可使敌顿足城下，却要付出弃守大片外围地区的代价，且有遭敌分割包围、各个击破之虞。所以，李元胤守在城外，马吉翔守备城内。

在肇庆一带，能拉出来与许尔显过几招的南明将领，就剩下"孤胆英雄"大督军李元胤了。因为一地散兵无人召集，陈邦傅退回广西、李建捷走失三水、马宝镇退守德庆、刘国昌兵布封川……

李元胤希望在肇庆有所作为，让南明军有归宿感，虽然是痴心妄想，但他也要试一试。

不过，李元胤是"演戏天才"，先守在西江羚羊关，与清军相持。敌众我寡时可由明转入暗处战斗，保存实力，等待援军；一伺时机成熟则可以逸待劳，潜伏攻击，断敌退路。

指挥"李家兵"用长斧大刀杀上清兵船。临进攻的时候，他脱去甲胄，摆出要身先士卒登船的样子。其手下亲兵泣谏，几个人死死抱住这位"左都督"，不要他先上。李元胤忽然抽出腰刀，做自刎状，大喝："士兵攻不上船，你们又不让我上，让我如何对得起大明皇上？我今天就死在这里吧！"众亲将听了之后，皆嗷然奋起，掉头往船疾奔当肉盾，率明兵冒死登船。如此先后击败清军 3 次进攻肇庆城的船只。

但是，在清军、叛军混合队伍的强大攻击下，李元胤一路败退入城，重整残兵。计划是由兵部尚书马吉翔与其弟马雄飞守城，然后，李元胤用大炮在城外阅江楼、石嘴关口布防，占据战略制高点，城内城外夹攻清军，准备和来犯之敌尚可喜一决雌雄。

许尔显本想一口吞了肇庆城，结果，被李元胤打得靠不了岸，连城边都到不了。如果说，在没有南明军人来"喝彩加油"的情况下，李元胤战斗能力在三国处于"姜维级"的水平，许尔显则是"张辽级"的，那么马吉翔是"廖化级"的了。

肇庆府城南临西江，护城河从西南至东南，长 458 丈，宽 2 丈 8 尺，深 1 丈，城高壁坚，学习广州杜永和守城，十天半个月清军是攻不下的。但是，大凡没有本事的人，自尊心还特别强，马吉翔不出兵支援，瞪着死鱼眼，死愣着防守。

最后这个"廖化级"的兵部尚书还下令弃城撤退，让宋裕昆守肇庆，另叫人通知一声李元胤，自己提前带领 6 000 多名士兵走了，成为"逃跑先锋"。

李元胤成了孤军，终于不支。为教训这位"抵抗派"敢叫板的"车骑将军、南阳伯"，尚可喜分兵三路包围李元胤。明军再战再败，损失 2 000 名士兵，另有手下 4 名重要的将领战死。

李元胤不入肇庆城防卫，免得百姓遭殃，决定转向龟顶山。尚可喜分兵推进，一支攻城，另一支追逐，不能让南明守军从眼皮底下从容撤离。龟顶山激战，李元胤焦灼了半天，且打且退，如此战斗了一个多月。

马吉翔逃跑，丢了肇庆城，还把兵部尚书的官印也弄丢了。丢了就算了，心理调节能力极强的马吉翔，一气跑到广西夹尾跟随永历帝，继续施展"拍马有术"。

李元胤孤军守肇庆，并独军于西南驿击败清军。1651 年正月，肇庆府将宋裕昆等率所部投降，德庆又重陷清军之手，封川守将杨大福被诛，罗定总兵官郭登第投降，清军邬象鼎为将收拾了西江各县。

许尔显攻陷肇庆城，与知府张之璧合力，发动兵民在城上增建炮台 6 座、窝铺 148 间、水城炮台 2 所，拆除离城 4 尺以内的房屋，增置修葺楼堞。

再说尚可喜，坐镇广州后，大修藩王府。饱经战乱的广东人民，膏血横流，成为奢豪华丽王府的点缀。他一方面执行着清政府统一中国的使命，忠于职守；另一方面，特殊的"故明情结"又使他在战争中对旧王朝遗民的屠杀，怀有几乎令人无法置信的触痛和负罪感。他还没放下屠刀，就想立地成佛了。

搞笑的是，他向鼎湖山庆云寺住持说："我向年提师入粤，屠戮稍多。虽云火焰昆岗，难分玉石，然而血流飘杵，恐干天和。内返诸心，夙夜自愧……"所以，供佛养僧，想为他自己和全家祈福消灾。

住持指着石碑上的一首诗，叫尚可喜上前一读：

鼎湖山，最靓鼎湖茶，哎，试下，清门无事去采花。真好耍，真好耍，莫说凡人知，凡人知了要出家。

尚可喜不解其意，看到这首打油诗真过瘾，也掏出笔来，在碑的另一面也写了一首诗：

生鱼粥，熟鱼肉，虾身红，蟹脚绿，无处忌房宿。香烧酒，最好炆狗肉，莫说和尚知，和尚知道要还俗。

住持唏嘘不已，知道尚可喜没有佛性，立刻派人把两首诗的石碑抬走。后来，尚可喜在广州期间，崇佛多多，广铸佛像，督民建华林寺、海幢寺、光孝寺等多处庙宇，自己"修行"，一心想洗刷罪恶。庙宇的香火可以冲淡斑斑血迹，却冲不走弯刀下的罪恶和惨呼的冤魂。

1651年九月，耿继茂攻打海南岛，杜永和、张月等由于缺乏后援和周旋空间，时间一长就撑不住了，投降大清……

读史小札

杜永和在广州抵御清军10个月，很英勇，但是在破城后见大势已去，同部下由水路逃去，乘大小船只千余一时奔窜出海逃亡海南，不久后投清。由于他的变节，后人就把他"遗弃"了。

341

连城璧谢幕文村　南明朝关闭军门

南明朝诸师沦亡，两广总督之花似是凋零了，花瓣随肇庆西江飘忽而下，当人们看不见影的时候，有一瓣却在丛林深处，历尽艰辛，又坚持了多年，彰显着特有的"朱色"。

一、卧雪嚼霜，卧薪尝胆

1650 年十一月，清军向永历朝廷管辖下的两广地区展开了大规模的进攻。初四，清军尚可喜、耿继茂部攻占了广州；次日，清军孔有德部占领桂林，两广地盘土崩瓦解。

在梧州待了不到一年的永历帝朱由榔接到消息，感到这是从来没有出现过的巨大危机。这次危机不比往常，再加上几年来亡命天涯，群臣已经没有什么信心可言了。永历朝廷的乱象比任何时候都要剧烈。

十一月十一日，朱由榔乘舟向南宁逃窜，群臣便"树倒猢狲散"，开始分道扬镳、自寻退路，"兵各溃走，永历呼之不应"。曾经养尊处优、颐指气使的官员僚属，如今惶惶如丧家之犬，生不如死。向为鸳班贵客，今为鹄形丧狗，哀苦万状。真可谓"金满箱，银满箱，展眼乞丐人皆谤"。

途中，永历朝廷的镇西将军朱旻如在昭平县同清军格斗而死，因犯事被革职的朝臣汪皞投水自尽。其他未随驾的官员，除了少数慷慨就义以外，有的降清，有的窜入深山，有的剃发为僧。如大学士唐諴、户部侍郎张尚、大理寺丞吴德操、广西巡抚余心度、督粮参议魏元冀等均先后降清；以风节自命的"五虎"首领袁彭年（左都御史）向尚可喜投降，献上赃银 800 两，得保残生；丁时魁向孔有德摇尾乞怜，上任清朝广西学道；原戎政尚书刘远生及其弟刘湘客等避入深山；鲁可藻、钱秉镫、王夫之等人以明朝遗民自居；"山中宰相"方以智、原给事中金堡做了和尚；大学士王化澄等人往容县跑，半路遭遇土贼，"弃妻失妾，亡子遗仆"，转眼间成了乞丐，被迫躲入山区避难，演出了一幕大散场的悲剧。

朱由榔经过浔州时，麻烦找上门了。镇守浔州的是陈邦傅，他意识到永历政权已经无可救药，便图谋抓住朱由榔作为"投名状"，向清军投降。

　　眼看就要羊入虎口，朱由榔再一次发挥了"嗅觉特灵，跑得贼快"的优势，率领船队"冲雨而过"。事发突然，陈邦傅猝不及防，让朱由榔从自己眼皮底下顺利脱险。

　　"快煮熟的鸭子竟然飞了"，陈邦傅火冒三丈，带着舟师去追，跟在后面的焦琏、董英等人成了替死鬼……

　　桂林、广州先后陷落，实际上挂起了永历政权覆亡的倒计时牌。此后，广东是尚可喜的礼佛地，广西是孔有德的新天地，福建是耿继茂的驻节地。

　　除了大学士严起恒、锦衣卫马吉翔、太监庞天寿以及焦琏、董英等少数官员外，大多数臣属陷入一片迷茫与混乱之中。对于永历政权而言，广东已经没有指望了，两广官员显然也对这个政权基本上绝望了。如果不出什么意外，两广总督伴随南明的历史，将在1651年完全结束。

　　但是，永历帝朱由榔永不言败，他在南宁迎来了1651年的春节。为力挽狂澜，决定重整军旗，一锤定音："任命连城璧为两广总督，坚守在广东反清复明。"

　　此时，连城璧也主动请缨，在广东、广西沿海地区坚持抗清。他说，在广东境内还有两股力量：一是陈奇策，三水之战失败后，率舟师辗转活动于钦州沿海；二是不忍抛弃故土的，在高州、雷州一带打游击的"易帜"军队。连城璧表态："卧雪嚼霜，卧薪尝胆，只为守护大明。"

　　看来，连城璧是极少数骨头硬的人物，于艰难蹶竭中联络各部义军，选择留在广东"敌占区"继续与清军相抗衡。

　　肇庆由南明没骨气的叛军"送出"，负责进剿的清军照单"收礼"，已经躲过战烟的阴影。连城璧却回不去了，将总督府设行署于广东新宁文村（今新会、台山西南一带）。文村地形复杂，南临大海，东、北、西三面丘陵连绵，只有一条羊肠小道可以同外界相通。

　　1651年三月，连城璧与王兴为主帅的邓耀和李常荣等部，以恩平、新兴（今台山）、阳江一带为据点，坚持抗击清军。王兴，原名萧嘉音，绰号绣花针，被授予虎贲将军；另外，陈奇策有舟师，被任命凌海将军。

　　同时，信宜、茂名等地连续发生邓花、韦翅鸣、古道元、高翔、张九龙、郭勇、陈选等多批农民暴动，支持连城璧。

　　连城璧利用地利，挖濠筑寨，修建仓库，准备长期据守，以待时机。当时闻风而起的抗清义军有数十处之多，"小者百人之奋，大者万人之斗"。因此，许多明朝有头面的人物都迁来文村依居。这里还成为永历朝廷同东南沿海郑成功、张煌言联络的重要通道。

二、共扶明室，两蹶名王

连城璧才思出众，擅长书画临摹。有一次，一个肇庆书画商人拿着一幅明初王履的真迹《华山图册》，有意要卖给兵部侍郎连城璧，但价钱有点高。连城璧说："你先放这里，五天后你再来，我若要，你把钱拿走；我若不要，你把画拿走。"

连城璧说完，商人走了。到了第六天，商人来了。连城璧说："画我看了，不错，价钱太高，你又不让价，就请你把画拿走吧！"说着把画打开，并说："你看好，是不是这张画？"商人客气地答道："没错，是是是。"商人把画拿走了。

第二天，商人拿着画又来了，门卫一见就说连将军不在。商人只好等着。门卫又问："你找连将军何事？"商人心里焦急地说："是我眼拙，把连将军的临本拿走了，今天特来奉还。"门卫大笑道："你不用找他，也不用还了。他已去了广西，离开了肇庆。"商人有一种说不出的痛苦。

连城璧任两广总督后，以白泥为根据地，与王兴部守将何国佐、陈鹤仔、李耀斗在恩平、新宁（台山）边区抗清活动，杀了作威作福的清政府知县鲍之奇，袭击大地主陈王道的村庄横岗、小担、那马等地，与肇庆府许尔显的清兵进行游击作战。

平地惊雷，历史"意外"还是发生了转变，有一股强大的力量加入了保卫南明的阵营中，并把南明的两广总督历史又往后延续了多年。

此时，南明参加抗清的农民军以张献忠生前的大西军为主要武装力量，分别是老大平东将军孙可旺（后改为孙可望）、老二安西将军李定国、老三抚南将军刘文秀、老四定北将军艾能奇。他们用"共扶明室、恢复江山"这个政治号召，成功地把绝大多数百姓团结在自己的旗帜下。

永历政权与大西军的联合抗清阵线建立后，大西军正式改称为"明军"，全国形势大为改观，掀起了第三次反清高潮。

李定国的出现，使南明两广的抗清斗争打开了一个新局面。1652年，他领奇兵从云贵下桂林，夜破武冈，日克宝庆，败清军势如破竹，又夺取全州。孔有德闻报大惊，亲领桂林守军前往兴安县严关，企图扼险拒守。李定国用大象冲锋，抢占严关，双方大战，死者不计其数。孔有德又率精锐来攻，只见明军的战象扑上，清军马匹受惊了，大败而跑，明军趁势掩杀过去，清军浮尸蔽于江下，只有孔有德一人逃回桂林城，紧闭城门。

六月三十日，李定国大军将桂林围得水泄不通。七月初四中午，攻破武胜门，清军不敌兽散，孔有德怅然失色，悲叹道："已矣！"遂在王府自杀，死前命随从将其所居后殿及掠得的珍宝付之一炬。其妻白氏自缢前把儿子托付给一名侍卫，嘱咐道："侥幸活命，便叫他出家。不要学他父亲，做贼一生，落得今日之下场。"据说，生存的孔四贞，1635 年生，曾是孝庄皇太后的养女，封和硕公主，是孔有德的独女，也是清朝唯一的汉人公主。

桂林大捷后，广西全境很快被收复，胡一青、赵印选、马宝等相继归顺李定国。庆功之日，李定国对南明兵部尚书刘远生说："文、张诸公（指文天祥、张世杰）其精忠浩气，固足以光昭青史，为天地生色，然吾侪之对于国家，窃不愿有此结果也。"表达了他决心收复被清军占领的土地，恢复明朝的志向。

同年，清廷被广西的局势震惊还没有回过神，李定国更是先人一步，北上湖南截击南下的清军，克衡州，继而进攻长沙。清廷这才回过神来，特派敬谨亲王尼堪（努尔哈赤的孙子）为定远大将军，领兵 10 万驰援湖南，双方决战衡州城北。李定国佯装败退诱使尼堪中计，待其进入包围圈后收紧口袋，一举斩杀尼堪，取得了史称"湘桂大捷"的胜利，粉碎了八旗兵不可战胜的神话。

连城璧组织致力抗清的乡绅义士则大受鼓舞，他们重新唤起兴复之希望，欣喜欲狂、奔走相告，许多退入山区的明朝残兵败将和隐居乡间的官绅更闻风云集，共同成就义举。

不到半年时间，清朝二王双双命丧李定国一人之手，史称"两蹶名王，天下震动"。清朝有官员悲恸大号："自国家开创以来，未有如今日之挫辱者也。"连顺治也悲叹："我朝用兵，从无此失。"愤恨之下意欲亲征！

三、进攻肇庆，炮火如雨

此后，李定国着眼于全国战场，提出和江南张煌言合作，尤其与郑成功合力，从东西两个方向夹击，拿下广东，光复南方。

此时，转移到广东新宁文村的两广总督连城璧起而响应，令虎贲将军王兴率部积极配合安西将军李定国作战。

1653 年二月，李定国计划进攻肇庆，写信给郑成功要求出兵相助："知公畴昔之愆期，若有俟不谷今兹之少选，诚有待也。"他们约定了会师广东的作战计划。

李定国率部从广西贺县出发，占领战略要地梧州，接着出师广东。广东义师连城璧、罗锦鼎迎接大军入粤，再次掀起抗清运动。之后，攻占开建城，轻取封川县，夺回德庆州，抵达肇庆城外。继而分兵攻打外围，占领四会、广宁，为打肇庆解除了后顾之忧。

1653年三月二十六日，李定国拉开肇庆战役的序幕。

肇庆城一直是两广政治、经济、文化中心，人口密集，地位显要，是历代战争的必争之地，所以攻守城池的战斗是主要战争形式之一。肇庆城是封闭式的堡垒，不但有牢固高大的城墙和严密的城门，而且城墙每隔一定的距离还修筑墩、台楼等设施，城墙外又设城壕、护城河及各种障碍。可以说层层设防、森严壁垒，攻城与守城都是显示智谋和武力的硬战。

镇守肇庆城的是清军总兵许尔显，城中粮草齐备，各处均有水井，可死守半年以上。他据城顽抗，防守相当严密。他在护城壕后，附加一道木篱或夯土的矮墙，称为"冯垣"，后面部署士兵，待敌军进入护城壕范围，配合城上守军，以武器杀伤或柴草熏烧之。再向内是拒马带，主要用于阻碍敌军云梯接近。在守军出入的地段，拒马带会浅埋成易于移动的状态，并在城顶加以标志。最后在距墙以内，是一排排高出地面的交错尖木桩，兼有阻碍敌人攀城和刺死坠落之敌的功能。

当时守城密度高，除正规兵外，征集百姓成年男子担任兵员，成年女子负责工程作业和运输战材，剩下的老弱人员负责后勤杂务。武器配发则设抛石车，存放修补城墙工事的砖石，设置锅灶、水瓮及沙土，存放弩、戟、连梃、斧、椎。人员或武器不足时举旗为号，苍鹰表示需要敢死队支援，双兔表示需要大队人马支援，狗表示需要补充远射兵器，羽表示需要补充格斗兵器，赤表示需要火战器材，白表示需要滚石等。

同时，有火枪和火炮，攻守力量不弱。另外，还有瓮城箭楼、多重瓮城和藏兵洞。箭楼又叫"万人敌"，代表之一就是前门楼子，一层层射击孔密密麻麻，确实雄伟。多重瓮城是一种想把攻方烦死的设计，一个门接一个门，要想攻到底，还真不如跳墙呢！藏兵洞设在城墙内侧，用砖石加固，既提供了预备兵力的就近安置，又能作为掩蔽和休息的场所。

针对如此森严的防御，明军用带有轮子的壕桥，以缩短打通护城壕的时间，总结出强攻、地道战术，予以对抗。

进抵城下，旋即发动猛攻。明军强攻，借夜幕用冲撞、焚烧等办法破坏城门，守方拼死抵挡，连射带刺、连砸带抢、连烧带浇，一通猛打下来，明军损失惨重。同时，守军点燃火炬伸出墙外，用眩目的火光封闭城头情况，使攻城者陷入被动挨打的境地。

明军初战不利，又赶制飞楼、堆筑土山，准备发动更大的攻势，李定国便令攻城兵士先用大炮、弓弩仰射，攻击城上守兵，这种攻城方式便是强攻，尽量缩短双方对峙时间，一鼓作气，迅速攻破城防，然后迅速接近城墙，四面架梯，缘梯登城。

李定国亲自指挥部队从东、北架梯攻城，他要求以迅速登城为决胜前提，架梯必须果敢、迅速、乘虚入城，所以，他采用各种轻便简单的木制、竹制飞梯，有"避檑木飞梯""蹽头飞梯""竹飞梯"，飞梯长二三丈，首端装有双轮，便于依附登城。

孰料许尔显早有防御，抽调一批精兵敢死队从城西用绳索缒下城外，反击攻城之兵。城外顿时混战，尸横遍野，血流成河，清兵始终据城顽抗，夺得攻城用的梯子100多架，李定国难以一鼓作气攻下城池，一筹莫展。

当时，李定国的明军强攻不成，转而将城墙团团围住，并昼夜攻打，再用钩梯爬城，在城外垒土山，设工事，居高临下，用强弩射城上守兵。许尔显守军用火炮、火箭反击，双方相持不下。

这天，城外忽然喊声大起，守军发现远处一个战车似的庞然大物被许多牛拉着，向城边接近，车顶上一人披发仗剑，装神弄鬼，车中数百名武士张强弩待发，车两翼有云楼，可俯瞰城中。战车趋近时，霎时毒矢俱下，城上守兵惊慌失措。许尔显见状沉着若定，告诉官兵这就是吕公车，立即命令架设巨型石炮，以千钧石弹轰击车体，又用大炮击牛，牛回身奔跑，吕公车顿时乱了阵脚，自顾不暇。

李定国见强攻无效，久攻不克，改用挖掘地道透入城中的战术，"挖地道、出奇兵，以一当十"。为了掩人耳目，命令将士用布袋盛土堆积为墙，栽木成栅，辅以挨牌作掩护，利用鸟枪狙击清军，暗中组织人力开挖地道，还擂鼓掩盖地下的挖掘声，以至清军唯有无可奈何地称其为"至为险毒"。

地道是挖掘通向城墙的地洞，并用木桩支撑，然后或发动突袭攻入城内，或烧毁木桩使城墙塌陷。此战术有所惧，一方面头顶的护城河会增加挖掘难度，另一方面一旦守军观察到城外的异常，就会在城墙内侧的相关地段埋设一口大瓮监听地下。

许尔显察觉了明军的意图，敌变我变，他在城内挖掘一道同城墙平行的深沟，准备与李定国士卒在深沟地道中灌入浓烟，并展开肉搏战。

毕竟，李定国兵力强大，许尔显虽竭力防御10多天，但难以持久，为避免久困城中，便迫不及待地向广州呼吁急派援兵。

坐镇广州的清平南王尚可喜深知局势危险，于是他亲自率领平南、靖南两藩主力赶赴肇庆。由于郑成功的援军迟迟没有行动，因此干扰不了广州的清军。

四月初八，尚可喜到达肇庆，登城仔细观察了双方战守形势，对部下许尔显等将领说，肇庆城墙坚固，易守难攻；他带领的广东清军主力到达之后，双方兵力对比悬殊的局面也已经改变，李定国的明军攻下该城的可能性不大。

尚可喜通知留守广州的清军，扼守三水县西南面的木棉头渡口，切断李定国同郑成功之间的联系通道。果然，遇到李定国遣往潮州联络的一支小部队，清军趁这支李军渡河到一半的时候发起攻击，格杀数百人，挫败了李定国的战略意图。

尚可喜解除了后顾之忧，即着手全力对付李定国的明军了。他下令从东、西炮台各凿一侧门，出其不意地冲出城外，夺取李定国所挖的地道。

为了鼓舞士气，他高悬赏格："有能出城夺贼地道者，人赏银五十两。"重赏之下，必有勇夫，清军士卒拼死卖命，蜂拥向前。

尽管明军"炮火如雨"，清军以挨牌遮挡头部，持刀奋进，夺取了明军的地道口，随即放火熏燎地道内隐藏的明军，死者不知其数。李定国被迫离城 5 里下营。

尚可喜初战得胜，趁明军立足未稳之际，派主力由西、南两门出攻李定国设在龙顶冈的营垒。明军作战时，用长幅布缠头、棉被遮身，清兵刀箭难以奏效。

此时，尚可喜配给士卒每人 1 丈 5 尺长的挠钩长枪，一番苦战，明军败，终于突破了明军阵地。

李定国获悉，清廷洪承畴又命令耿继茂靖南军增援肇庆。明军强攻肇庆 40 多天不果，原寄希望的郑成功等军又杳无消息，李定国审时度势，决定主动撤回广西。

洪承畴闻李定国败，派尚可喜、耿继茂修书，意欲招安李定国，李定国回答十分动人，略云："大王中国旧人，倘同心相与，共猎中原，得地分王，遥护共主可出。"尚、耿二人接书，既十分惭愧，又十分恼怒。

肇庆战役失利后，李定国并未气馁。他总结教训，确定东西夹攻、恢复广东是南明中兴的最佳战略。

四、围攻新会，兵丧圭峰

李定国在肇庆受挫回师广西之后，酝酿再度发动广东战役，多次派使者前往厦门同郑成功联络，详尽商讨了战役部署和出兵时间。

1653 年九月，永历朝廷派兵部职方司员外郎程邦俊携带诏敕前往广东，向两广总督连城璧宣谕"藩臣定国，戮力效忠，誓复旧疆"，即将进军广东，命连城璧联络广东义师准备接应。

1654年正月，连城璧回奏说，亲自到王兴阵营，与其点算军实、收合勇壮；又通知了陈奇策、罗全斌及各股官、义头目，面定要约。定在三月初二，水陆官兵集结，以待李定国的"王师"。众皆踊跃，又是一番充满朝气的景象。

于是，李定国配备了大象和铳炮，挥大军入粤。二月，从广西柳州南下横州（今横县），经广东灵山（今属广西）攻廉州府（今合浦），清总兵郭虎逃走。

连城璧预先做了准备，带兵迎合李定国，三月初二在高州（今茂名）击败清守将张月，平南王副将陈武、李之珍，占领高州城，接着，清雷州总兵先启玉也以城归降。高、雷既定，李定国于是题字"一匡天下"，自比管仲复出。

连城璧落实了第二次进军广东的具体计划，会师李定国，联军郑成功，东西夹击，目标一致攻打广州门户新会。但是，没有见郑成功率领主力军队来会的消息。

于是，四月李定国再与连城璧派使者致书郑成功，信中透彻地分析了战局态势，称中兴之望在克广东，广东克，则全局皆活，福建、浙江、江苏、安徽均可势如破竹，而复广东之关键在于克新会，新会是广州南面重镇，克新会，可乘势攻克广州，恢复广东全境便指日可待。

由于新会地区水道纵横，虽有广东义师水军接应，但没有把握在该地击溃广东清军，若郑成功率主力相助，则必可大功告成。

望眼欲穿等待郑成功的同时，李定国决定与连城璧联合先取罗定、新兴、阳江、阳春等县。

李定国大军入粤，使两广地区的抗清力量受到鼓舞，纷纷起而响应，配合作战，新兴、阳江、阳春很快归明。

当时罗定之战，由李定国部将靳统武发起，率象兵（装备有战象的部队）攻打罗定州城。总督连城璧派罗成基为将，24寨响应，支援打罗定，特别是瑶民首领盘敬山，组成敢死队打头阵。广西岑溪的宋国相、韦应登部出攻广东罗定、云浮、郁南。

清将窦明运率清兵救援，盘敬山等数百义军阵前战死，罗成基败入三都。不久，罗成基与南明西军将领吴乡圣、靳统武合兵攻破罗定州城，俘清兵备道邬象鼎、知州慎叔仞至连滩杀了。罗定金方引爆火药库，与攻城者同归于尽，家人亦投井殉难。吏目陈炳新在逃亡中溺水身亡。

罗成基占领罗定城，为州城留守。（注：1655年清总兵侯袭爵、副将郭民胜率大军围剿木兰山，罗成基组合队伍抗清，结果战败身亡，余部逃散。）

再说李定国给郑成功的信定一月之内回复。使者到达厦门时，郑成功正同清方"和议"，唯恐使者李景泄漏消息，将来使稽留于厦门。拖了两月有余，才派李景携书信复命，虽反复强调出兵之诚意，却不约定具体日期。

李定国不快，又致书指责郑成功虚戴永历名号，不以君命为意，并劝他以抗清复明之大业为重，不要过分计较个人得失。这封信发出后，仍不放心，又以极其恳切的言语写了一篇短笺：

> 圣跸艰危，不可言喻。敕中怆怛之语，不谷读之痛心。五月至今，所待贵爵相应耳。倘确不能来，即示以的，不谷便另议舟师，以图进取。甚勿然诺浮沉，致贻耽阁。要知十月望后，恐无济于机宜矣。

六月，李定国与连城璧按既定策略，准备孤注一掷了。他到恩平拜王兴为"虎贲将军"，率所部做开路先锋，进攻新会城。又令"凌海将军"陈奇策率领舟师直捣江门。不料，李定国突染重病，只好暂住高州休养。李定国令前军吴子圣遣所部到阳江，与连城璧会合，集中兵力攻下恩平城，活捉清知县王奇，然后向新会进发。

六月二十九日，新会攻城战打响。主帅李定国不能随军，郑军迟迟不来，加上清军深知新会之重要，重兵布防，故战争初期极为艰苦。新会战役打了一个月没有进展。而坚守新会的耿继茂部清军、汉军也获得死战命令：无论如何都不能失去新会，人在城在，人不在城也要在。连城璧没辙了，只好借优势的兵力实施了长期围困，要将新会清军困死、饿死。

江门战役也同时打响。八月，总督连城璧所部陈奇策带领水师攻占江门，击毙清广东水师总兵盖一鹏，不仅控制了广州地区的出海口，还切断了广州同新会之间的通道。

清平南王尚可喜看出新会的得失直接关系着省会广州的安全，先后派参将由云龙、右翼总兵吴进忠率部入城协助防守。九月十二日，尚可喜、耿继茂见形势危急，亲自带领官兵前往江门，加强广州南面和西面的防务，但仍不敢同连城璧部主力决战。

九月底，李定国病愈，亲统大军猛攻新会。明军先后采取挖掘地道、大炮轰城、伐木填濠等战术进行强攻，都因守城清军负隅顽抗，未能得手。

新会清军早制订了不惜一切代价保住城池的方案，也针对李定国不会拿百姓的生命作战争代价的"善良弱点"，采用了各种不择手段的守卫方式。清军对内宣传"可怕的屠城后果"，为避免将来可能发生的灭绝性屠城，百姓自然就站在清军一边，全力支持他们守城。

新会清军被围困日久，粮食告罄，城中清军竟然屠杀居民为食。《新会县志》记载：

举人莫芝莲，贡生李龄昌，生员余浩、鲁鳌、李炅登等皆为砧上肉……天降丧乱，未有如是之惨者也。

清军有"吃人之举"之时，新会城终于炸开缺口，李定国眼看就要攻克新会了，在这关键时候，城里清军驱赶百姓"甘心"出来阻挡。

新会战役是"好汉遇到了无赖"，可是战争中，"无赖"何尝不也是战争策略之一呢，对于弱者一方的新会清军，如果他们非要守住城池，也只有"无赖"这一招数了。

李定国犹豫不决，结果给了清军喘息的机会，清军再次结阵堵住了缺口。而李定国在城外的大军也因瘟疫死伤过半，郑成功大军却依旧渺渺无望。

十一月，清平南王尚可喜、靖南王耿继茂再次统兵从广州来援；靖南将军朱马喇等率满、汉兵也长途跋涉杀到，八旗清兵会同平、靖二藩军队前后夹击于圭峰山下，用大炮轰乱了李定国最厉害的象兵阵，以铁骑兵冲垮了李定国左军，经过连续4天的激烈战斗，连城璧、李定国的军队抵敌不住，全线溃败。

1654年十二月十九日，清军乘胜追击，追至吴川，李定国所统明军主力在二十四日退到高州，二十六日晨撤回广西。连城璧与战将"绣花针"（王兴的绰号）也被迫逃回文村。

1655年正月，广东州县和部分广西地方重新落入清方之手。李定国精心筹划的恢复广东、进取江南战略完全失败，这以后他再也没有力量和机会进入广东了，南明复兴的希望从此化作泡影。

五、南明云散，总督烟消

用兵如弈棋，关键一着失误，全盘皆输。新会战役失败后，李定国主力撤回南宁，再未踏入广东半步。

李定国策划的广东之役是南明中兴的最后一次机会。计划的重点是联络郑成功东西合击，配合广东各地义师首先全歼广东清军，再展宏图。在这三股抗清力量中，李定国军和广东义师都是全力以赴的，只是由于郑成功志不在此，最终功亏一篑。

广东义师为了实现李定国的战略意图而表现出的积极性颇足称赞。在李定国新会战役失败之后负责联络广东义师的南明两广总督连城璧，仍然为这一东西合击战略奔走呼号。他在 1655 年六月，依然给永历朝廷奏疏呼吁："所望西师迅发，闽帆再扬，而臣与辅臣郭之奇一鼓再鼓，乘敌之疲，用我之壮，粤东不足平也。"可是他力单势孤，带领部众退到新兴、恩平地区以文村为中心扼守。"坚处海滨……枕戈以待王师重来，与闽师期会，收前此未济之功"。

虽然永历朝廷没有回音了，广东抗清的大势也已逝去，但还有王兴、陈奇策、萧国龙、邓耀等人率领残部，退据深山或海岛继续坚持抗清斗争。王兴退居新宁县的文村，陈奇策退据新宁县下川岛，萧国龙退据阳江永丰寨，邓耀退据钦州龙门岛，成为广东最后抗清的几个据点。

连城璧占领文村后，改村名为文安城，努力在此建立反清复明的根据地。"熬海铸山，务农积粟"，发展制盐业，建仓库，铸刀枪，构筑沟垒；又礼贤下士，招兵买马，壮大自己。连城璧继续外出联络抗清部队。

1656 年春，清军数万进攻文村，环营十里。连城璧、王兴临危不惧，率部固守，还不时派奇兵出击，激战两月，清军死伤近万，被迫撤退。

1657 年正月，清军又从新会出军来攻，被连城璧、王兴事先侦察到，派出一支军队在 200 里外设下埋伏，击败清军先头部队。清方知道王兴已有准备，再次退回。1657 年冬，永历朝廷嘉其忠贞，特派使者敕封王兴为广宁伯。

1658 年七月，清平南王尚可喜趁明永历朝廷节节溃败，决定摧毁文村抗清基地，拔除忠于明室的广东据点。由于连城璧、王兴所踞地极为险阻，"羊肠鸟道，曲屈丛杂，刺竹与陂塘相间，骑不得驰突，短兵接战，数步一折，多歧而易伏，皆失其所长"。尚可喜采取长期围困方针，征调水陆兵和民夫约 10 万，挖掘深沟，筑造高垒，切断文村同外界的联系。

由于力量对比悬殊，王兴无法突围，冲锋陷阵的势头很快就被强摁下去了。围困了足足一年，文村粮食告罄，寨内买一升米要 2 000 文钱（约合白银 2 两，即一石米价 200 两），一只老鼠也索价 100 文。王兴下令允许寨中兵民出寨自谋生路，然而多数人却宁愿忍饥挨饿，不肯离去。

此时，尚可喜派使者前来招降王兴，首先称赞了王兴的品德和才能，表示如果他能以事明之心转而仕清当委以重任。王兴知道文村外无救兵，内无粮食，陷落已迫在眉睫，对他的弟弟说："城可恃而食不支，天也。我终不降。弟善抚诸孤以续先祀，我死且不朽。"

他一边命人制造了一口巨大的棺材，决心杀身成仁，一边叫自己的 5 个儿子护送年老的母亲带着永历朝廷颁给的敕书、印信、令箭前往清军大营谒见尚可喜，目的是保护部下将士和百姓的生命安全。

尚可喜以为王兴真心投降，非常高兴，又派使者前来致意，王兴避而不见。夜间，满天星斗，王兴宴请所部文武官员和依附人士，宣布已经同清政府达成协议，让大家各奔前程，自作主张。

席散，王兴先让妻子张氏和15个妾侍自缢，劝母亲赶快逃离。王兴走到中堂，堂中挂着他心爱的国画"一虎顾儿图"，据说这是明成祖的御物。他把永历帝赐给他的印信放在正中，点起香烛，向永历帝遥拜，接着又拜过四方。然后脱下朝衣，走进堆满火药的房间，先后解下张夫人和15个妾侍的尸体，移至火药堆上。他再出去穿上朝衣，就进房点燃火药。一声巨响，烈焰腾空，王兴壮烈牺牲。

王兴自焚，清朝使者金光流泪，明朝军民尽皆怨恨。而尚可喜并非"可喜"，更是大怒，决定血洗"文安城"。从此，文村四周的山峦、松林、小溪都静得出奇，仿佛都被惨绝人寰的罪恶行径惊呆了。

在文村战役中，明军逃无可逃，漳平伯周金汤被俘，总兵李常荣则向清方投降。总督连城璧因在外招兵未罹其难，文村被屠，他已心灰意冷，拒绝接受清朝官职后返回故乡（江西金溪）隐居。

至此，明朝两广总督的"番号"从此结束。1658年十月，明代两广总督驻肇庆长达95年（1564—1658）的历史宣告落幕。永历朝廷已经残破不堪，也因皇帝朱由榔被吴三桂以弓弦绞死，而于1662年六月初一灰飞烟灭。以一诗聊以终篇。

百载艰虞为国恩，辱荣盖世不堪论。两广海域征尘满，万叠江山血雨氛。
汗马端溪添乐土，沙场草木送归魂。到头苦节今方尽，莫向秋风洒泪痕。

读史小札

连城璧（1591—1660），江西省抚州市金溪县五里圳（今对桥乡）人，崇祯十三年（1640）特用138名进士，南明永历1651年任兵部侍郎、两广总督，领导肇庆明军7年抗清，1658年回乡隐居，后病故。他是明朝两广总督的终结者。调寄《西江月》云："世路群雄争霸，硝烟直捲残霞。西江饮恨落梨花，明月清风转化。放眼南疆如画，村庄又是人家。端州城上望天涯，留下军门史话。"

附录一

南明肇庆两广总督大事记

1644 年

三月十九日，李自成攻陷北京，崇祯皇帝朱由检缢亡。

四月二十九日，李自成离开北京。

五月初二，清军进驻北京。

五月初三，福王朱由崧监国于南京，年号弘光，史称"南明之始"。

十月十九日，丁魁楚总督两广军务，驻肇庆。

1645 年

五月二十二日，南明弘光皇帝朱由崧为叛将田雄、马得功、刘良佐等所劫，献于清。黄得功死，弘光朝覆灭。

闰六月二十七日，唐端王朱聿键于福建福州即皇帝位，是为隆武皇帝。

八月，永明王朱由榔移居广东肇庆。

1646 年

八月二十八日，隆武皇帝朱聿键于汀州被清兵所执，隆武朝覆灭。

十月十四日，朱由榔在瞿式耜、丁魁楚等拥戴下于广东省肇庆监国；王化澄提为副都御史，总制两广兼任广东巡按。

十月二十日，南明永历皇帝朱由榔闻江西赣州失陷，逃至梧州。

十一月初二，朱聿鐭于广州监国，以 1647 年为绍武元年。

十一月十二日，朱由榔还肇庆。

十一月十八日，朱由榔于肇庆称皇帝，以 1647 年为永历元年，是为永历朝。兵部右侍郎林佳鼎总督两广军务。

十一月二十四日，永历皇帝朱由榔遣彭耀赴广州宣诏，被杀。遂遣林佳鼎督军进攻绍武。

十一月二十八日，林佳鼎于广东省三水县大败绍武之军。

十二月初二，绍武朝广州总兵官林察于三山口大败永历军，林佳鼎战死。

十二月十八日，侍御李绮参丁魁楚十大罪：欺君、误国、玩兵、害民、败群、乱常、罔神、灭誓、丧身辱祖。若不改过，覆亡立俟。次日奉旨，李绮降三级调用，绮宵遁。

十二月二十三日，任朱治㦤为两广总督守肇庆。

十二月二十五日，清将李成栋率兵突袭广州，绍武皇帝死，绍武朝覆灭。

十二月二十六日，永历皇帝朱由榔弃肇庆逃向梧州。

1647 年

正月上旬，永历首辅丁魁楚故意不随永历帝西逃，却遣亲干 3 人潜至广州，带黄金 3 000 两，与李成栋接洽投降条件。自己则将精金 84 万两及珠宝等装载 40 只大船，春节后移舟上岑溪等候消息。后被李成栋诱杀。

正月十六日，清将李成栋攻陷肇庆。永历将军邓彦总战死，总督朱治㦤弃城走南乡（今郁南）。李成栋留总兵官罗成耀守肇庆，永历总兵官李承志、水师参将易知及府县言俱降。

三月，任兵部右侍郎朱盛浓为两广总督兼广西巡抚，守平乐。

四月，任命兵部右侍郎于元烨为两广总督兼巡抚，驻桂林。

十一月，署鲁可藻为"两广总督兼抚"。

1648 年

闰三月十一日，李成栋在广州发动兵变，挟佟养甲归明，遣进士洪天擢、潘曾纬、李绮赴南宁迎永历帝。十五日，宣布反清归明，再派沈原渭奉表劝永历帝还肇庆。

七月二十九日，永历帝还肇庆。八月初一，永历帝正式进宫，封李成栋为大将军、南阳伯兼两广总督；其子元胤为锦衣卫指挥使，晋佟养甲为兵部尚书。时首辅为严起恒，次王化澄，又次朱天麟。

八月十二日，两广总督李成栋辞谢永历帝欲筑坛拜将之举，提兵 20 万出师北伐，上南雄。

九月，李成栋兵败归朝。

十月初九夜，李元胤杀佟养甲于德庆道上。李成栋自江西败绩，回到广州，虑佟养甲有异心。该夜，李元胤向永历帝奏李成栋密计，请佟养甲往梧州祭永历帝之父兴陵。二鼓时，使张善于德庆道上白沐洲头截杀之。同日，尽杀广州城内与佟养甲有干系者。

十一月二十七日，李成栋再上南雄，增援南昌的金声桓。

十二月，郑成功遣所署光禄卿陈士京朝见永历帝，永历帝封郑成功为延平郡公，台湾用永历年号。

1649 年

正月初一，永历帝令诸臣先诣太庙，誓同心济国而后贺新春。之后时年 82 岁的状元黄士俊来了，金堡从湖南沅陵来了。永历帝加封李锦为兴国公，高一功为郧国公。永历帝见诸臣矛盾多，命到太庙盟誓。

三月初七，清将尚可喜克南昌，金声桓败死。大学士何腾蛟、大将军李成栋、豫国公金声桓死讯至肇，永历帝辍朝三日。李成栋再北伐，醉后杀宣忠伯王承恩，又杀大学士、宗室朱由㮦，并欲杀兵部右侍郎揭重熙（幸逃去）。部下离心，赣州战败。

三月，李成栋第三次出征兵败信丰，落水而死。永历帝闻报，升李元胤为南阳伯驻肇庆，杜永和驻广州，李栖鹏为两广总督，守南雄。

七月，李栖鹏进军江西，陷于梅岭后不知所踪，任阎可义为两广总督，坚守南雄。

八月，阎可义病卒韶州。李建捷代为两广总督，李建捷人称李五老，元胤之兄，成栋养子，军士鼓噪而罢。

九月，罗成耀赴任两广总督，驻韶州。

1650 年

除夕，清平南王尚可喜、靖南王耿继茂潜师集南雄州。守将江起龙弃城走，韶州守将罗成耀闻讯亦逃。初三至初六，两州相继陷于清。

正月，两广总督印再传罗守诚，原李成栋中军，以不协众望，黜之。罗守诚不服，率党叛。1650 年秋，李元胤诱罗守诚至肇庆，斩之。

正月初七，清兵陷南雄报至，永历帝于初八登舟逃走。百官见永历帝要逃，亦纷纷各寻去路，老宰相黄士俊请回原籍。永历帝命金堡同刘远生往广州敕谕杜永和与李元胤等诸将死守广州；永历帝加封马吉翔为兵部尚书，升曹煜为尚书，并留守肇庆。时上下崩溃，初九开始，武弁家丁大肆抢杀。先劫财厚者，如晏清等；再劫官位高者，如丁时魁等。

二月，两广总督印再传杜永和，守广州。

四月，广西镇将陈邦傅、德庆守将马宝、李自成余部刘国昌，在肇庆会马吉翔、李元胤之兵，合攻三水。三水先有水师罗全斌、陈奇策等扼守，会援兵至，大败清兵于西南驿。

闰十一月初二，两广总督杜永和与张月逃离入海，平南王尚可喜、靖南王耿继茂清军攻占广州。

十一月初三，广州城破，开始屠城，至十一日屠城完毕。

十一月初五，清定南王孔有德攻陷广西桂林，瞿式耜、张同敞被俘死节。

十一月初九，永历帝朱由榔仓促弃梧州至浔州。当时陈邦傅叛清，朱由榔继而转去南宁。

1651 年

正月，南明永历皇帝朱由榔驻南宁。

二月，任连城璧为两广总督，活动于广东沿海，组织抗清力量。

九月初二，陈邦傅诱杀焦琏以浔州降清，并为清取平乐、清远。

九月二十日，杜永和在海南降清。

十月，南明永历皇帝朱由榔从南宁出奔驻新宁。

1652 年

五月，锦衣卫指挥使，加左都督、车骑将军、南阳伯李元胤被执，不屈死。

是年，连城璧与王兴为主帅的邓耀和李常荣等部，以恩平、新兴（今台山）、阳江一带为据点，坚持抗击清军。

1653 年

二月下旬，李定国定梧州，师出广东，连城璧配合战斗和联系郑成功。

二月二十六日，李定国开始进攻肇庆。

四月初，李定国撤回广西。

1654 年

三月，李定国入广东，连城璧配合取高州、雷州。

四月，李定国取罗定、新兴、阳江、阳春等县。李定国遣使约郑成功出兵，八月使者方回。

六月二十九日，南明军新会战役开始，连城璧配合战斗。

十月初三，李定国亲统军攻新会。

十二月十八日，南明军战败。

十二月二十六日，李定国撤回广西，连城璧仍在文村斗争。

1656 年

春，清军数万进攻文村，环营十里。连城璧、王兴临危不惧，率部固守，还不时派奇兵出击，激战两月，清军死伤近万，被迫撤退。

七月，"八镇将军"总指挥部被攻破，游击将军陈兆典被清兵捕获，解至梧州杀害。

1657 年

正月，清军又从新会出军来攻，被连城璧、王兴事先侦得，派出一支军队在200 里外设下埋伏，击败清军先头部队。清方知道王兴已有准备，再次退回。

是年冬，永历朝廷嘉其忠贞，特派使者敕封王兴为广宁伯。

1658 年

七月，在文村战役中，明漳平伯周金汤被俘，总兵官李常荣则向清方投降，王兴壮烈牺牲，总督连城璧未罹其难，后回故乡（江西金溪）隐居。

至此，明朝两广总督的"番号"从此消失。1658年十月，明代两广总督长达95年（1564—1658）的历史宣告落幕。1662年四月二十五日，南明永历皇帝朱由榔也被吴三桂以弓弦绞死于昆明篦子坡。

附录二

明朝两广总督驻肇庆的广东行政区划

一、简况

广东布政使司：元属江西行中书省、广西行中书省。

洪武元年（1368）置广州府、韶州府、南雄府、惠州府、肇庆府、德庆府、高州府、化州府、雷州府、廉州府；同年乾宁安抚司改置琼州府。

洪武二年（1369）置潮州府、钦州府，并高州府、化州府、雷州府、廉州府、钦州府、琼州府往属广西行省。

同年置广东行中书省，治广州府，辖广州府、韶州府、南雄府、惠州府、潮州府、肇庆府、德庆府、连州；寻连州直隶州废。

同年广西行省高州府、化州府、雷州府、廉州府、钦州府、琼州府来属，又琼州府降琼州直隶州。

洪武三年（1370）琼州直隶州升琼州府。

洪武七年（1374）高州府、化州府、廉州府、钦州府分别降高州直隶州、化州直隶州、廉州直隶州、钦州直隶州。

洪武九年（1376）高州直隶州升高州府，德庆府降德庆州，廉州直隶州降散州，化州直隶州、钦州直隶州分别降县。

同年广东行省改置广东承宣布政使司。

洪武十四年（1381）廉州升廉州府。

万历五年（1577）泷水县升罗定直隶州。

二、府（州）辖地

【广州府】元为广州路。洪武元年改置广州府，二年属行省。

南海县：倚郭［城西偏］。西北有三江巡司驻侧水村，后迁县境村堡；县境有黄鼎、江浦巡司，西北有金利巡司，西偏南有神安巡司，西南有五斗口巡司，后迁县境磨刀口，再迁县西南佛山镇。

番禺县：倚郭［城西偏］。东偏南有鹿步巡司，南偏东有沙湾巡司，北有慕德巡司，东南有茭塘巡司，北偏西有狮岭巡司。

顺德县：景泰三年（1452）析南海、新会二县于南海县大良堡置顺德县，来属广州府。西南有马宁巡司，北偏西有紫泥巡司；西偏北有江村巡检司，后迁县西北查浦；北有都宁巡司，后迁县北都粘堡；又南有马冈巡司，后废。

东莞县：西偏北有中堂巡司，西南有白沙、缺口镇巡司；东南有茶园巡检司，后迁县东偏北京口村，更名京口巡司。

新安县：万历元年（1573）析东莞县于东莞所置新安县，来属广州府。东偏南有官富巡司，西北有福永巡司。

三水县：嘉靖五年（1526）析南海、高安二县于南海县龙凤冈置三水县，来属广州府。西南有三江巡司，北偏东有胥江巡司，东偏南有西南镇巡司，南有横石巡司。

增城县：西南有乌石巡司，西偏北有茅田巡司。

龙门县：弘治八年（1495）析增城、博罗二县于增城县七星冈置龙门县，来属广州府。东有上龙门巡司。

香山县：北偏西有黄圃巡检司，西北有香山巡司，后更名大揽巡司。

新会县：东北有潮连巡司，西南有牛肚湾巡司；西北有乐迳巡司，后迁县北石螺冈；东北有大瓦巡司驻中乐都，后迁县东北鸢台村；南偏东有沙村巡检司驻大神冈，后迁县南仙洞村，再迁县南偏东长沙村，后复迁大神冈。

新宁县：弘治十一年（1498）析新会县于德行都之上坑葫置新宁县，来属广州府。西有望高巡司，又西南有城冈巡司，后废。

从化县：弘治二年（1489）析番禺、增城二县于番禺县横潭村置从化县，来属广州府，九年（1496）徙治流溪马场曲；北有流溪巡检司驻石潭村，后迁县西南神冈村，仍名流溪巡司。

清远县：东偏北有湛江巡司，西有回岐巡司，西北有滨江巡司；又东偏北有横石矶巡司，后废。

【连州】元为桂阳直隶州［无倚郭］，并连州直隶州［无倚郭］寄治。洪武二年省桂阳州入连州，同年连州属行省，同年又省入连山县，三年其地改属阳山县；十四年复置连州，改属广州府。北有朱冈巡司。

阳山县：元属桂阳直隶州。洪武二年改属连州，同年又改属韶州府，十四年复改属连州。北偏西有星子巡司；连州北偏西有西岸巡司驻仁内乡，后迁本县东偏南青莲水口，仍名西岸巡司。

连山县：洪武二年改属韶州府，三年省入阳山县，十三年（1380）复置连山县，改属广州府，十四年复改属连州；永乐元年（1403）自县西北钟山徙治西程山下，天顺六年（1462）又徙治小坪。南偏西有宝善巡司驻旧县治。

【肇庆府】元为肇庆路。洪武元年改置肇庆府，二年属行省。

高要县：倚郭。东南有古耶巡司驻龙池都之冯村，后迁县东横槎下都；东有禄步巡司驻下村，后迁县东上村水口；东有横槎巡司驻上半都，后迁县东水口，寻废。

高明县：成化十四年（1478）析高要县于高明镇巡司置高明县，属肇庆府。东北有太平巡司驻太平都，后迁县东都含海口，再迁县西南山台寺，再迁县东偏南清溪申石奇海滨。

四会县：东南有南津巡司驻黄冈村，寻迁县东南之南津水口。

新兴县：元为新州直隶州倚郭。洪武二年新州废，县改属肇庆府。西南有立将巡司；又南有禄缘巡司，后废。

开平县：永历七年（1653）析恩平、新兴、新会三县于恩平县开平屯置开平县，来属肇庆府。东南有沙冈巡司驻沙冈村，后迁县东南平康都长沙村。南偏东有松柏巡司，北有四合巡司。

阳春县：元属南恩直隶州。洪武元年改属新州直隶州，二年改属肇庆府。北有古良巡司，寻废，后于县西复置古良巡司，再迁县西偏南之南乡都小水口；又北有思良巡司，后废。

阳江县：元为南恩直隶州倚郭。洪武元年南恩州废，县改属新州直隶州，二年改属肇庆府；南偏西有海陵巡司驻海陵山。

恩平县：成化十四年析阳江、新兴、新会三县于阳江县恩平巡司置恩平县，来属肇庆府。原恩平巡司初驻本县东北故恩平县，后迁恩平堡，成化十四年迁县东南城村，仍名恩平巡司，后再迁县境白蒙屯。

广宁县：嘉靖三十八年（1559）析四会县置广宁县，后自县西南潭圃山下徙治大圃村福星山下。西北有金溪巡司；南有扶溪巡司驻东乡水口，后迁县境扶溪口，再迁县境官埠。

【德庆州】元为德庆路。洪武元年改置德庆府，二年属行省；九年降为德庆州，改属肇庆府，并省倚郭端溪县入州。东偏南有悦城乡巡司驻故悦城县，后迁县境灵溪水口。

封川县：元为封州直隶州倚郭。洪武二年封州废，县改属德庆府。北有大洲口巡司，后迁县西北贺江口，再迁县北为文德巡司。

开建县：元属封州直隶州。洪武二年改属德庆府。北偏东有古令巡司驻古令村，后迁县北偏东褥村。

【韶州府】元为韶州路。洪武元年改置韶州府，二年属行省。

曲江县：倚郭。东北有平圃巡司，南偏西有濛瀼巡司。

乐昌县：北有九峰巡司，西北有黄圃、罗家湾巡司；又东有高胜巡司，后废。

英德县：元为英德直隶州［无倚郭］。洪武二年降为英德县，改属韶州府。西南有洸口巡司，东偏南有象冈巡司，东北有清溪巡司，西偏北有含洸巡司；又南有南崖巡司，后废。

仁化县：明朝自县北水西村徙治城口村。东北有扶溪巡司，北有恩村巡司。

乳源县：洪武元年自县东偏南虞塘徙治洲头津。西北有武阳巡司。

翁源县：元属英德直隶州。洪武二年改属韶州府，洪武初年自县西北故城徙治长安乡。东有桂丫山巡司驻茶园铺，后迁南浦。

【南雄府】元为南雄路。洪武元年改置南雄府，二年属行省。

保昌县：倚郭。西偏北有百顺巡司，东北有平田巡司；北偏东有红梅巡司驻梅关下，后迁县东北。

始兴县：南有清化径巡司；东北有黄塘巡检司驻璎珞铺，后迁县东北黄塘江口，又迁县北偏东黄田铺。

【惠州府】元为惠州路。洪武元年改置惠州府，二年属行省。

归善县：倚郭［府城东十里］。东南有内外管理、碧甲巡司。

博罗县：西有石湾巡司，西偏北有善政里巡司。

长宁县：隆庆三年（1569）析归善、英德、翁源三县于归善县鸿雁洲置长宁县，来属惠州府；万历元年徙治君子峰下。西有乍坪巡司；又北有黄峒巡司，后废。

永安县：隆庆三年归善、长乐二县于归善县安民镇置永安县，来属惠州府。西南有宽仁里巡司驻苦竹派，后迁县西南桃子园，寻复迁苦竹派；西南有驯雉里巡司驻凤凰冈，后迁县东乌石屯，寻复迁凤凰冈。

海丰县：东偏南有甲子门巡司，西偏南有鹅埠岭巡检司；西南有长沙港巡司，后迁县西南谢道。

龙川县：元为循州直隶州倚郭。洪武二年循州废，县改属惠州府，东偏南有通衢巡司，后迁县东偏北老龙埠，寻复迁通衢；东北有十一都巡司。

长乐县：元属循州直隶州。洪武二年改属惠州府，洪武初年自县南紫金山北徙今治。南偏东有十二都巡司；又西有清溪巡司，后废。

兴宁县：元属循州直隶州。洪武二年改属惠州府，徙今治。东南有水口巡司驻水口隘，后废，又复置水口巡司驻下岸，寻迁上岸水东；北偏西有十三都巡司，后迁县境白水砦，寻复迁十三都。

【连平州】崇祯六年（1633）析和平、长宁、河源、翁源四县于和平县惠化都置连平县，来属惠州府，同年升为连平州。南偏西有长吉里巡司，东南有忠信里巡司。

河源县：元属惠州路。洪武二年自县西南故城徙治寿春市，万历十年（1582）徙今治，崇祯六年改属连平州。东北有蓝口巡司。

和平县：嘉靖元年（1522）析龙川、河源二县于龙川县和平置和平县，来属惠州府，崇祯六年改属连平州。西北有浰头巡司。

【潮州府】元为潮州路。洪武二年改置潮州府，同年属行省。

海阳县：倚郭。西北有潘田巡司；西北有枫洋巡司，寻称钗县南园头村。

潮阳县：东有招宁巡司，北偏西有门辟、桑田巡司；西北有吉安巡司驻浃水都南山下，后迁县西偏北贵屿村。

揭阳县：县境有湖口巡司驻湖口村，后迁县西偏南棉湖寨，更名南寨巡司；东有北寨巡司驻县西北冈头山，后迁县东北乌石山南，寻复迁冈头山上，再迁县东桃山铺前。

程乡县：元为梅州直隶州倚郭。洪武二年梅州废，县改属潮州府。西北有太平乡巡司驻梅塘堡，后迁县西北石镇村旁；西北有丰顺乡巡司，后迁县东北松口市。

饶平县：成化十二年（1476）析海阳县于三饶地置饶平县，来属潮州府。东南有黄冈巡司，西南有凤凰山巡司。

惠来县：嘉靖三年（1524）析潮阳、海丰二县于潮阳县惠来都置惠来县，来属潮州府。县西南有北山巡司驻北山村，后迁县南偏东神泉村，更名神泉巡司。

镇平县：崇祯六年析平远、程乡二县于平远县石窟巡司置镇平县，来属潮州府。原石窟巡司迁县东为蓝坊巡司。

大埔县：嘉靖五年析饶平县于大埔村置大埔县，来属潮州府。西北有虎头沙巡司，西南有三河镇巡司；南偏东有大产巡司，后迁县东黄沙；西南有乌槎巡司，后迁县南偏西高陂。

平远县：嘉靖四十一年（1562）析程乡、兴宁之大信地、武平、上杭、安远五县于程乡县豪居都林子营置平远县，来属江西赣州府，嘉靖四十二年（1563）改属潮州府，其原属武平、上杭、安远三县地仍复还属三县。

普宁县：嘉靖四十二年析潮阳县于浃水都置普宁县，来属潮州府，寄治贵山都贵屿村；万历十年徙治县西北黄坑，析浃水都等地复还属潮阳县。西南有云落径巡司。

澄海县：嘉靖四十二年析海阳、揭阳、饶平三县于海阳县辟望巡司置澄海县，来属潮州府。原辟望巡司迁县北南洋府，仍名辟望巡司；西南有驼浦巡司。

【高州府】元为高州路。洪武元年改置高州府，二年属广西行省，同年改属行省，七年降为高州直隶州，九年复升为高州府；洪武初年徙治茂名县。

茂名县：倚郭。洪武初年徙高州府来治，七年省入高州，十四年复置茂名县，仍为倚郭；后析电白县故县城来属。南有赤水巡司，东南有平山巡司驻红花堡，后迁县东北故电白县，仍名平山巡司；又南偏西有博茂巡司，后废。

电白县：元为倚郭。洪武初年高州府徙治茂名县，去倚郭名目；成化三年（1467）徙治神电卫城。西北有立石巡司，后废。

信宜县：北偏东有中道巡司驻治在怀德乡黄僚寨之左，后废，又复置巡司于县境罗马村，寻迁县境三桥。

【化州】元为化州路。洪武元年改置化州府，二年属广西行省，同年改属行省，七年降为化州直隶州，并省倚郭石龙县入州；九年降为化县，改属高州府，十四年复升为化州。北有梁家沙巡司。

吴川县：洪武九年改属高州府，十四年复改属化州。

石城县：洪武九年改属高州府，十四年复改属化州。西偏南有零绿巡司。

【雷州府】元为雷州路。洪武元年改置雷州府，二年属广西行省，同年改属行省。

海康县：倚郭。西南有清道巡司，东南有黑石巡司。

遂溪县：西偏南有湛川巡司驻故湛川县，后迁县东南故铁杷县；西南有涠洲巡司驻涠洲海岛博里村，后迁涠洲岛蚕村。

徐闻县：天顺六年（1462）徙治县东南海安所城，弘治十四年（1501）复徙故治。西有东场巡司，东偏北有宁海巡司；又北偏西有遇贤巡司，后废。

【廉州府】元为廉州路。洪武元年改置廉州府，二年属广西行省，同年改属行省，七年降为雷州直隶州，九年降为散州，改属雷州府，十四年复升为雷州府。

合浦县：倚郭。洪武七年省入雷州，十四年复置合浦县，仍为倚郭。东南有珠场巡司，北偏东有永平巡司；北偏东有高仰巡司驻马栏墟，后迁县西南。

石康县：洪武九年改属雷州府，十四年复改属廉州府；成化八年（1472）省入合浦县。

【钦州】元为钦州路。洪武元年改置钦州府，二年属广西行省，同年改属行省，七年降为钦州直隶州，并省倚郭安远县入州；九年降为钦县，改属廉州，十四年复升为化州。南有淞海巡司，西偏南有长墩巡司，西北有管界巡司；又西有如昔、又有佛淘二巡司，宣德二年（1427）属安南国，嘉靖二十一年（1542）复属钦州。

灵山县：洪武九年改属廉州，十四年复改属钦州。西南有林墟巡司，西偏北有西乡巡司。

【琼州府】元为乾宁安抚司。洪武元年改置琼州府，二年属广西行省，同年改属行省，又降为琼州直隶州，三年复升为琼州府。

琼山县：倚郭。东南有清澜巡司，后废。

澄迈县：西北有澄迈巡司驻石矍都；南偏东有兔颍巡司驻曾家东都，后迁县南之南黎都，后废；西南有铜鼓巡司驻新安都，后迁县西南之西黎都，后废；西偏南有那拖巡司驻那拖市，后迁县偏南之森山市，后废。

临高县：南有田牌巡司，后迁县境坟横冈；又东有定南巡司，后废；北有博铺巡司，后废。

定安县：元为南建州［无倚郭］。洪武元年复降为定安县，仍属琼州府。西有青宁巡司；东有宁村巡司驻潭览村，后迁县南之南资都，仍名宁村巡司。

文昌县：西北有铺前巡司；东北有青蓝头巡司，后迁县东抱凌港。

会同县：东有调嚣巡司驻端赵都，寻迁县东南之南沧村。

乐会县：隆庆六年（1572）由知县操持，用石料筑城，开东、西、南三门，巡司驻城。

【儋州】元为南宁直隶军。洪武元年改置儋州，改属琼州府；正统四年（1439）省倚郭宜伦县入州。西南有镇南、安海巡司；又东有归姜巡司，后废。

昌化县：正统六年（1441）自县东南故城徙治昌化所城。

万州：元为万安直隶军。洪武元年改置万州，改属琼州府；正统四年省倚郭万安县入州。东有莲塘巡司，后废。

陵水县：正统年间自县东北故城徙治南山所城。东北有牛岭巡司。

【崖州】元为吉阳直隶军。洪武元年改置崖州，改属琼州府；正统四年省倚郭宁远县入州。东有藤桥巡司，西偏北有抱岁巡司，西北有通远巡司。

感恩县：元属万安直隶军。正统五年（1440）改属崖州。东南有延德巡司。

【罗定州】元为泷水县属德庆路。万历五年升为罗定直隶州，属布政司。东有开阳乡巡司，东北有晋康乡巡司；东有建水巡司驻建水乡，后迁县东古模村，再迁高要县境白坭村，寻复迁古模村。

东安县：万历五年析罗定、德庆二州，高要、新兴二县于罗定州东山黄姜洞置东安县，来属罗定州。东南有罗苛巡司。

西宁县：（今郁南县）万历五年析罗定、德庆二州，封川县于罗定州西山大峒置西宁县，来属罗定州。北偏西有都城乡巡司；又西南有怀乡巡司，后废。

三、军事机构

广东都司：洪武四年（1372）末置广东都卫，治广州府，八年（1375）改置广东都指挥使司。

广州左卫：倚郭。洪武八年置广州左卫于广州府。

广州右卫：倚郭。洪武八年置广州右卫于广州府。

广州前卫：倚郭。洪武二十三年（1390）置广州前卫于广州府。

广州后卫：倚郭。洪武二十三年置广州后卫于广州府。

南海卫：洪武十四年置南海卫于东莞县。

东莞千户所：洪武十四年置东莞守御千户所于东莞县南偏东（后为新安县）。

大鹏千户所：洪武十四年置大鹏守御千户所于东莞县东南（后为新安县东）。

从化千户所：嘉靖十四年（1535）置从化守御千户所于从化县。

广海卫：洪武二十七年（1394）置广海卫于新宁县南。

香山千户所：洪武十四年置香山守御千户所于香山县，直属都司，后改属广海卫。

新会千户所：洪武十七年置新会守御千户所于新会县，直属都司，后改属广海卫。

海朗千户所：洪武二十七年置海朗守御千户所于阳江县东偏南。

新宁千户所：嘉靖十年（1531）置新宁守御千户所于新宁县。

清远卫：洪武十七年（1384）置清远守御千户所于清远县，二十二年（1389）升置清远卫。

韶州千户所：洪武六年（1373）置韶州守御千户所于韶州府，直属都司，后改属清远卫。

南雄千户所：洪武六年置南雄守御千户所于南雄府，直属都司，后改属清远卫。

连州千户所：洪武二十八年（1395）置连州守御千户所于连州。

雷州卫：洪武二年置雷州卫于雷州府。

海康千户所：洪武二十七年置海康守御千户所于海康县西南。

乐民千户所：洪武二十七年置乐民守御千户所于遂溪县西南。

海安千户所：洪武二十七年置海安守御千户所于徐闻县东南。

锦囊千户所：洪武二十七年置锦囊守御千户所于徐闻县东北。

石城千户所：正统二年（1437）置石城守御千户所于石城县。

廉州卫：洪武十四年置廉州守御千户所于廉州府，升置廉州卫。

钦州千户所：洪武二十七年置钦州守御千户所于钦州。

永安千户所：洪武二十八年置永安守御千户所于合浦县东南。

灵山千户所：正统二年置灵山守御千户所于灵山县。

海南卫：洪武五年（1372）置海南卫于琼州府。

崖州千户所：洪武十七年置崖州守御千户所于崖州。

儋州千户所：洪武二十年（1387）置儋州守御千户所于儋州。

万州千户所：洪武二十年置万州守御千户所于万州。

昌化千户所：洪武二十五年（1392）置昌化守御千户所于昌化县西北（后为昌化县）。

清澜千户所：洪武二十七年置清澜守御千户所于文昌县东南；万历九年（1582）徙治县东南陈家村。

南山千户所：洪武二十七年置南山守御千户所于陵水县西南（后为陵水县）。

潮州卫：洪武三年置潮州卫于潮州府。

程乡千户所：洪武十五年（1382）置程乡守御千户所于程乡县。

蓬州千户所：洪武二十六年（1393）置蓬州守御千户所于海阳县南（后为澄海县西南）。

大城千户所：洪武二十七年置大城守御千户所于海阳县东偏南（后为饶平县东南）。

海门千户所：洪武二十七年置海门守御千户所于潮阳县南偏东。

靖海千户所：洪武二十七年置靖海守御千户所于潮阳县西南（后为惠来县南偏东）。

澄海千户所：万历初年置澄海守御千户所于澄海县。

惠州卫：洪武六年置惠州卫于惠州府。

龙川千户所：洪武二十一年（1388）置龙川守御千户所于龙川县，改南海卫，后改属惠州卫。

长乐千户所：洪武二十四年（1391）置长乐守御千户所于长乐县。

河源千户所：洪武二十七年置河源守御千户所于河源县。

碣石卫：洪武二十七年末置碣石卫于海丰县东偏南。

海丰千户所：洪武二十七年置海丰守御千户所于海丰县。

平海千户所：洪武二十七年置平海守御千户所于归善县东南。

甲子门千户所：洪武二十七年末置甲子门守御千户所于海丰县东偏南碣石

卫东。

捷胜千户所：洪武二十八年置捷胜守御千户所于海丰县南偏东。

肇庆卫：洪武六年置肇庆卫于肇庆府。

神电卫：洪武二十七年置神电卫于电白县东南（后为电白县）。

高州千户所：洪武十四年置高州守御千户所于高州府。

双鱼千户所：洪武二十七年置双鱼守御千户所于阳东县西南。

宁川千户所：洪武二十七年置宁川守御千户所于吴川县城东南。

阳春千户所：洪武三十年（1397）置阳春守御千户所于阳春县。

信宜千户所：正统五年置信宜守御千户所于信宜县。

增城千户所：洪武二十八年置增城守御千户所于增城县。

德庆千户所：洪武六年置德庆守御千户所于德庆府。

阳江千户所：洪武六年置阳江守御千户所于阳江县。

新兴千户所：洪武十三年置新兴守御千户所于新兴县。

四会千户所：洪武二十三年置四会守御千户所于四会县，属肇庆卫，万历六年徙治广宁县，直属都司。

泷水千户所：弘治十二年（1499）置泷水守御千户所于泷水县（后为罗定州）。

南乡千户所：万历五年置南乡守御千户所于东安县西北。

富霖千户所：万历五年置富霖守御千户所于东安县西南。

函口千户所：万历五年置函口守御千户所于西宁县境，十六年（1588）徙治罗定州西南鸡沟驿。

封门千户所：万历五年置封门守御千户所于西宁县西南。

龙口屯田千户所：建制不详，嘉靖三十八年置龙口屯田千户所于广宁县北。

海口千户所：建制不详，洪武二十年置海口守御千户所于琼山县北。

水会千户所：建制不详，万历二十八年（1610）置水会守御千户所于定安县西南水蕉村。

潭览屯田千户所：建制不详，洪武二年仍置潭览屯田千户所于定安县东，永乐四年（1406）废。

四、明代部分地名考

南海县佛山镇巡司：今佛山市；　　三水县西南镇巡司：今三水市；

龙川县老龙埠巡司：今龙川县；　　饶平县黄冈巡司：今饶平县；

西宁县都城乡巡司：今郁南县；　　中道巡司（黄僚寨）：今信宜市；

广海卫：今台山市广海镇；　　　　　碣石卫：今陆丰市碣石镇；

大鹏所：今深圳市龙岗区大鹏镇；　　海朗所：今阳江市阳东区东平镇海朗村；

海康所：今雷州市西南海康港；　　　乐民所：今遂溪县乐民镇；

海安所：今徐闻县海安镇；　　　　　锦囊所：今徐闻县锦和镇；

永安所：今合浦县山口镇永安村；　　清澜所：今文昌市清澜镇；

蓬州所：今汕头市金平区鮀浦镇　　　大城所：今饶平县大埕镇；

海门所：今汕头市潮阳区海门镇；　　靖海所：今惠来县靖海镇；

平海所：今惠东县平海镇；　　　　　甲子门所：今陆丰市甲子镇；

捷胜所：今汕尾市城区捷胜镇；　　　双鱼所：今阳西县上洋镇双鱼村；

水会所：今琼中县黎母山水上村；　　封门所：今郁南县通门镇；

函口所：今罗定市西南函口；　　　　富霖所：今云浮市云安区富林镇；

南乡所：今云浮市云安区六都镇南乡街。